KB267068

일본의 군사력 증강정책 연구

일본의 군사력 증강정책 연구

신 경 식 著

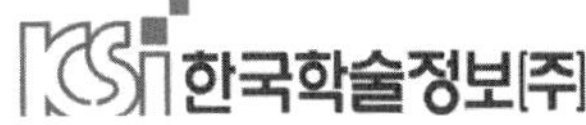
한국학술정보㈜

|머리말|

우리의 역사를 공부하다 보면 정말로 한반도는 하루도 편한 날이 없었구나 하는 생각이 쉽게 든다. 그래서인지 우리는 '고난의 역사' 또는 '고난의 행군'과 같은 말들을 곧잘 입에 뇌이면서 당연하게 받아들이는 것 같다. 강대국들을 주변에 두고 사는 형편이다 보니 어쩔 수 없는 운명인지도 모른다.

냉전이 끝나자 이제는 평화가 올 것이라고 누구나 기대했던 것이 사실이다. 초기의 다소간 혼란쯤이야 세기의 변화를 맞이하는 입장에서는 어느 정도 감수할 수 있는 과정이다. 그런데 유럽에서는 그렇게 세차던 광풍이 이제 거의 기억조차 희미할 정도로 사라져 진정으로 평화가 왔는데, 우리 주변에서는 아직도 삐걱거리는 소리가 요란하다. 과연 누구 때문인가?

요즘 북한의 미사일 발사와 핵실험으로 온 지구가 시끄러운 것을 생각하면서 많은 사람들은 당연히 북한 때문이라고 목청을 높일 것이다. 그러나 손뼉은 두 손이 마주쳐야 소리가 나기 마련이다. 그러니 어느 누구 하나 때문이라고 꼬집어 말하기는 대단히 어렵다. 그것은 과연 북한이 없어지고 나면 영원한 평화가 올 것이라고 보장할 수 있겠는가 곰곰이 생각해 보면 답을 얻을 수 있는 문제이다.

저자는 일본도 주범 중의 하나라고 생각한다. 북한의 핵개발이나 미사일 발사 때마다 호들갑을 떠는 쪽은 일본이다 보니 일본이 북한과 마주치는 손뼉의 한쪽 상대임에 틀림없을 것이기 때문이다. 물론 북한의 미사일이 자국 근해에 떨어지는 입장에서 가만히 있을 리는 만무하다. 그렇지만 과연 이것이 그들의 행동에 대한 이유의 전부이겠는가.

우리는 이웃 나라로서 그동안 일본의 행동거지에 대해 경각심을 가지고 주시해 왔다. 그 결과 어떤 이는 일본이 그동안 엄청난 투자로 군사력을 증강하여 이미 군사대국이 되었다면서 그 위험성에 새삼 소스라친다. 반대로 어떤 이는 독도분쟁에 격분한 나머지 일본과의 일전을 불사할 것을 주문하고 있다. 그렇다면 일본의 군사력은 도대체 어떤 단계에 와 있는가?

저자는 평소 일본 군사력에 대한 궁금증에서 자료를 수집하기 시작하여, 정리한 내용을 박사학위논문('일본의 군사력 증강정책 결정에 관한 연구')으로 제출한 바 있고, 거기에다 최신 자료를 추가·수정하여 이번에는 단행본으로 출간하게 되었다. 우리로서 일본에 대한 뿌리 깊은 감정의 골이 메워지지 않고 있는 실정에서 일본 군사력에 대한 연구는 자칫 선입견과 편견에 사로잡힐 소지가 많다. 엄정한 방법론을 적용하면 그러한 오류를 어느 정도 극복할 수 있겠지만 말과 같이 쉬운 일은 아니다. 따라서 여기에서는 우선 양쪽의 극단론으로부터 탈피하기 위한 방법론 선택에 심혈을 기울였다.

물론 연구결과는 만족할 만한 수준이 아닐 것이다. 항상 저자의 능력 부족을 스스로 질타하고 있으며, 따라서 모든 오류는 전적으로 나의 책임이다. 앞으로 더욱 노력하여 시정하고, 더 좋은 자료를 수집하여 계속 보완해 나갈 계획이다. 엄정한 비판과 아낌없는 지도편달을 바라마지 않는다.

이 책이 출간되기까지는 많은 분들의 따뜻한 배려가 있었다. 이 자리를 빌려 진심으로 고마움을 전하고 싶다. 먼저 저자가 오랜 공직생활을 마치고 학문의 길을 걷도록 인도하신 하느님께 감사드리면서, 특히 대학에서 연구와 강의를 할 수 있게 자리를 마련해 주신 한서대학교 함기선 총장님과 나사렛대학교 임승안 총장님께 마음에서 우러나오는 감사와 존경의 뜻을 표하고자 한다. 또한 항상 아낌없는 지원과 함께 학

문과 대학교육의 중요성을 일깨워준 동료교수 및 직원 여러분들께도
감사드린다.

　한편 컴퓨터에 올린 원고를 보통사람으로서는 참아내기 힘든 인내심
을 가지고 처음부터 끝까지 빈틈없는 교정과 함께 유익한 의견을 개진
해 준 인생의 동반자 이순자 권사, 그리고 컴퓨터가 고장 나면 밤을 새
워서라도 수리해 놓은 맏이 솔민이, 자료정리 및 일본어 교정을 도와
원고를 무사히 끝낼 수 있게 해 준 새아기(유현숙)와 현민이의 수고도
대단히 컸다.

　아울러 어려운 여건에서도 이 책의 출간을 맡아주신 한국학술정보
(주) 채종준 사장님과 전문적 편집으로 아름다운 장정을 마련해 주신
임직원들께 감사드린다.

2007년 3월
용산 도원에서 저자 씀

|목 차|

제1장 서 론 ··· 15

제1절 연구의 목적 ··· 15

제2절 연구의 범위와 방법 ································· 19

　1. 연구의 범위 ·· 19

　2. 연구의 방법 ·· 21

제2장 일본 군사력 증강정책의 이론적 배경 ··········· 23

제1절 군사력 증강정책의 특징 및 결정요인 ········· 23

　1. 군사력 증강정책의 개념과 특징 ················· 23

　2. 군사력 증강정책의 결정요인 ···················· 26

제2절 일본의 군사력 증강정책 분석의 틀 ··········· 41

　1. 안보환경의 특수성 ······································ 41

　2. 선행연구와 본 연구의 시각 ······················· 53

　3. 분석의 틀과 연구가설 ································· 63

제3장 냉전기의 군사력 증강정책 결정 ··················· 73

제1절 전후 초기의 재군비 및 군사력 증강 (1950년-1957년) ·········· 73

　1. 미국의 점령정책 변화와 일본의 대응 ·············· 74

　2. 재군비 및 군수기업의 가동 ······················· 83

　3. 군수기업의 민수화 조치 ···························· 94

제2절 방위력정비계획에 의한 군사력 증강 (1958년-1976년) ········· 108

　1. 군사력 증강의 환경 변화 ···························· 109

　2. 방위력정비계획(1차-4차) ··························· 115

제3절 군사력 증강의 침체(1973년-1979년) ··························· 144

   1. 군사력 증강의 환경변화 ·· 145

   2. '대강' 초기(1977년-1979년)의 방위력정비 추진내용 ··············· 162

제4절 군사력 증강의 확장(1980년-1990년) ······························ 166

   1. 신냉전 구조의 형성과 군비 증강의 여건 변화 ·················· 167

   2. 나카소네의 선택 ··· 169

   3. 신냉전기간 중 군사력 증강의 내용 ····························· 171

제5절 냉전기 군사력 증강의 가설 검증 ································· 188

   1. 상황별 일본정부의 대응선택 ··································· 188

   2. 냉전기의 군사력 증강 내용 평가 ······························ 198

제4장 탈냉전기의 군사력 증강정책 결정 ····················· **203**

제1절 탈냉전의 환경변화 ·· 204

   1. 기존의 동기 부여와 억제요인에 대한 영향 ·················· 204

   2. 새로운 변수: 대외위기 ··· 207

제2절 미국의 새로운 세계전략과 일본정부의 대응 ·············· 209

   1. 미국정부의 아태정책 변화 ····································· 209

   2. 걸프전에 대한 일본의 대응과 미국의 불만 ·················· 212

   3. 일본의 입장과 대응논의 동향 ································· 214

제3절 미국의 일본 중시와 일본정부의 대응 ····················· 225

   1. 새로운 논의 동향: 미일안보체제의 강화 ···················· 225

   2. 신'방위계획의 대강' 책정 ······································· 227

   3. 미일안보공동선언과 신가이드라인 책정 ····················· 232

   4. 후속 입법조치 ··· 235

   5. 신'방위계획의 대강' 하의 방위력정비계획 ··················· 238

제4절 일본의 방위정책 전환 시도 ··································· 255

   1. 9·11테러 이후의 환경변화와 일본의 대응방향 ··············· 256

   2. 일본정부의 자위대법제 정비내용 ····························· 263

   3. '방위계획의 대강'의 재개정 ···································· 270

   4. 개정 '방위계획의 대강' 하의 방위력정비계획 ················ 279

제5절 탈냉전기 군사력 증강의 가설 검증 ······················· 289

1. 상황별 일본정부의 대응선택 ······························· 289
2. 탈냉전기의 군사력 증강 내용 평가 ······················ 294

제5장 결 론 ·· **301**

제1절 연구결과의 요약 ·································· 301
1. 냉전기 환경요인과 일본정부의 대응선택 ·············· 301
2. 탈냉전기의 변화와 일본정부의 대응선택 ·············· 306
3. 일본의 군사력 증강 내용 ··························· 307
제2절 이론적 시사점과 연구의 한계 ······················· 310
1. 이론적 시사점 ································· 310
2. 연구의 한계 ·································· 312

참고문헌 ·· **315**

부 록 ·· **325**

찾아보기 ··· **343**

|표 차례|

〈표 2-1〉 일본 군사력 증강에 영향을 미치는 변수의 조합 ···················· 69
〈표 3-1〉 특수(特需) 계약고 ··· 90
〈표 3-2〉 특수 수입(特需 收入)의 내역 ·· 91
〈표 3-3〉 1950년-1954년간 방위예산과 국내조달 ···························· 93
〈표 3-4〉 1950년-1955년간 연도별 방위예산의 이월액 ····················· 93
〈표 3-5〉 1954년-1959년간 공업총생산과 군수조달액의 비율 ·········· 104
〈표 3-6〉 방위계획의 시안 작성과정 ·· 116
〈표 3-7〉 1차방의 방위예산 및 주요 장비 조달액 ························· 119
〈표 3-8〉 2차방의 방위예산과 주요 장비 조달액 ·························· 124
〈표 3-9〉 3차방의 주요 항목별 경비배정 내용 ····························· 127
〈표 3-10〉 3차방의 기술연구개발 분야와 내역 ···························· 128
〈표 3-11〉 일본공업생산 중 군수생산의 지위 ······························ 130
〈표 3-12〉 3차방의 소요경비 예정규모와 실제 방위비 비교 ··········· 131
〈표 3-13〉 장기자주방위계획(1972년-1981년간)의 달성목표 ··········· 136
〈표 3-14〉 4차방 기간 중 방위비의 구성비 변동 ·························· 142
〈표 3-15〉 4차방의 방위예산과 주요 장비 조달액 ························ 143
〈표 3-16〉 '방위계획의 대강'의 별표 ··· 155
〈표 3-17〉 일본 무력공격 시의 작전구상 ····································· 160
〈표 3-18〉 1975년-1979년간 연도별 방위예산의 구성 추이 ············ 165
〈표 3-19〉 석유 위기 이후의 경제실적 변화 ································· 167
〈표 3-20〉 안보사무레벨협의 시 미국 측의 주요 요구 내용 ··········· 169
〈표 3-21〉 1977년-1985년간 연도별 방위예산의 구성추이 ············· 172
〈표 3-22〉 주요 장비 조달의 계획과 실적(연간평균치) ·················· 173
〈표 3-23〉 1977년-1985년간 방위예산에 대한 항목별 비율 ············ 177
〈표 3-24〉 1986년-1990년간 용도별 방위예산의 추이 ·················· 183

〈표 3-25〉 1986년-1990년간 방위예산에 대한 항목별 비율 ·················· 183

〈표 3-26〉 1984년-1991년간 물건비의 전·후방 배분추이 ·················· 184

〈표 3-27〉 1977년-1990년간 연도별 방위예산의 구성비 추이 ················ 200

〈표 4-1〉 냉전 종식 이후 일본정부의 군사력 증강 선택 가능성 ········ 206

〈표 4-2〉 탈냉전 이후 일본 군사력 증강의 변수조합 ····················· 209

〈표 4-3〉 1990년-2000년간 일본의 국민총생산 추이 ···················· 215

〈표 4-4〉 1991년-1995년간 용도별 방위비의 추이 ······················ 222

〈표 4-5〉 1991년-1995년간 방위예산에 대한 항목별 비율 ················ 223

〈표 4-6〉 신·구 '방위계획 대강'의 정비규모 비교 ····················· 231

〈표 4-7〉 미일안보공동선언의 주요 내용 ································· 232

〈표 4-8〉 신·구가이드라인 비교 ··· 234

〈표 4-9〉 별표 1·2의 내용 ··· 237

〈표 4-10〉 1996년-2000년간 방위예산의 항목별 추이 ···················· 243

〈표 4-11〉 1996년-2000년간 방위예산에 대한 구성비 추이 ·············· 244

〈표 4-12〉 2001년-2004년간 방위예산의 구성내역 ······················ 252

〈표 4-13〉 2001년-2004년간 방위비에 대한 구성비 ····················· 253

〈표 4-14〉 대강의 목표와 2004년도까지의 달성수준 ···················· 254

〈표 4-15〉 미일의 공통 전략목표 ······································· 258

〈표 4-16〉 주일미군 재편 및 재배치의 주요내용 ······················ 260

〈표 4-17〉 테러대책특별법상의 활동내역 ······························· 264

〈표 4-18〉 분야별 법제 정비의 항목 ··································· 267

〈표 4-19〉 자위대법 103조의 개정 항목 ································· 268

〈표 4-20〉 분야별 정비대상의 관계 법률과 변경내용 ··················· 269

〈표 4-21〉 신·구 '방위계획의 대강'의 정비규모 비교 ·················· 278

〈표 4-22〉 2005년도 방위예산의 구성내역 ····························· 286

〈표 4-23〉 '방위계획의 대강'의 목표와 단계별 실현 전망 ·············· 287

〈표 4-24〉 2005년도 방위비에 대한 구성비 ···························· 288

〈표 5-1〉 탈냉전기 일본 군사력 증강의 변수조합 ····················· 306

|그림 차례|

〈그림 2-1〉 리차드슨의 군비경쟁모형 도표: 안정사례 ·················· 28
〈그림 2-2〉 대외정책 결정의 구조와 과정 ·························· 37
〈그림 2-3〉 일본 군사력에 대한 서로 다른 시각 ···················· 58
〈그림 2-4〉 일본 군사력 증강정책의 동기 부여와 억제요인 ·············· 66
〈그림 2-5〉 환경요인 – 수단선택 – 결과 간 관계의 개념도 ·············· 70
〈그림 3-1〉 냉전기 일본의 군사력 증강 결정 변화 ··················· 199
〈그림 4-1〉 냉전종결 이후 일본의 군사력 증강 결정 변화 ············· 296
〈그림 5-1〉 일본정부의 정책선택 구조도 ························· 302

▼
▼
▼

제1장 서 론

제1절 연구의 목적

우리가 '전후'라고 하는 1945년-1990년간 지구상에 전쟁이 전혀 없었던 기간은 모두 합해 3주에 불과했다는 토플러(Alvin & Heidi Toffler)의 연구결과(Toffler, 1994: 28)가 말해 주듯이, 인간은 항상 전쟁 또는 전쟁 가능성 하에서 살고 있다. 그러한 위협에 대한 대응으로는 크게 협상과 무력에 의한 방법이 있는데, 무력으로 문제를 해결하고자 할 경우에는 어떤 형태이든 군사력이 존재해 왔다고 할 수 있다. 그러므로 군사력은 전쟁을 전제로 존재하는 실체이다.

전후 일본의 군사력도 일본사회가 처한 실정 하에서 무력에 의한 문제해결을 전제로 존재하는 일종의 전쟁수단임에 틀림없다. 전쟁을 준비하여 세계대전을 일으켰고 그 전쟁에 패하여 전쟁을 포기한 일본이, 또다시 전쟁을 준비하여 막강한 군사력을 축적함으로써 주변 제국은 물론 국제사회의 경계심을 집중시키는 것은 그 군사력이 전쟁을 전제로 하기 때문이다.

패전 후 일본은 미국이 기획하는 데 따라 미국의 우방이 되어 미국 다음의 경제 강국으로 성장하고 미국의 요구에 의해 재무장하게 되었으며, 경제력과 기술력을 바탕으로 군사력 증강에 나서 이제는 국제사회에서 강대국으로서 새로운 역할이 논의되고 있다. 많은 사람들은 이같은 전쟁→패전→복구→재무장→군사강국 등의 과정을 두고 과거 강

16

대국 간 패권쟁탈과 같은 전전의 상황으로 되돌아가는 것이라고 지적하면서 역사는 반복되며, 특히 국가관계사(the history of nations)는 몇 번이고 반복된다고 주장한다(Friedman & LeBard, 1991: 1).

일본 군사력에 대한 연구는 군사력 자체의 내용과 더불어 일본 군사력의 위험성을 증명해 보임으로써 일본에 대한 경각심을 촉구하는 효과도 함께 거두려는 경향이 있다. 일본은 보수우익의 지식인들을 중심으로 전쟁책임보다는 전쟁 중 미국의 가혹행위, 원폭투하 등의 부당성을 부각시키면서 오히려 피해의식을 바탕으로 한 보수화 분위기에 국민들을 길들여 왔다.[1] 또한 일본은 경제력 신장에 거의 비례적으로 군사비를 증액함으로써 군사력은 증강일로(增强一路)에 있는 것으로 보인다. 일본의 군사력 증강과 관련하여 그 목적이 안정적인 자원공급 및 수출시장 확보 등 전전에서부터 고민해 오던 일본의 취약점을 자력으로 극복해 보려는 시도라거나, Pax Nipponica(Vogel, 1986: 762-767)와 같이 보다 더 큰 국가적 야심(野心)이 작용하고 있다는 지적 등 다양한 평가가 있다. 일본 군사력이 어떤 의도에서 추진되는 것인지는 일본 군사력 연구에서 항상 제기되는 과제이다.

군사력과 군사력이 지향하는 목표를 어떻게 파악할 수 있을까? 가장 흔하게 볼 수 있는 방법은 군사력을 측정하여 그 크기를 기준으로 군사소국, 중급국가, 대국 등으로 분류하는 것이다. 군사력을 측정하는 기준도 병력규모, 무기장비의 수량 및 성능 등 현존무력(forces-in-being)을 확인하거나 전쟁에 동원할 수 있는 자원, 군사적 동기, 행정능력 등 군사잠재력(military power potential) 또는 전쟁잠재력(war potential)을 대상으로 하기도 하며(Knorr, 1968: 325-332), 그 방법에 따라 각 항목의 수량 등 개수를 계산하여 결과를 비교하는 단순 개수비교를 비

---

1) 이런 시각은 일본사회에서 "NO라고 말할 수 있는 일본"(도쿄도지사 이시하라 신타로와 쏘니 회장 에토 준 등 공저)으로 대표되는 우익세력의 목소리가 고조되고 사회 전반이 점차 보수화되더니 마침내 자민당의 원내의석 신장과 함께 고이즈미 수상과 같은 극우파의 실권 등장으로 이어져 더욱 현실화되었다.

롯하여 기술적 전력지수(ccc), 조직역량모델 등 다양하다(함택영, 1998: 42-63).

그동안 일본의 군사력에 대한 평가도 대부분 이런 방식으로 이루어져 왔다. 즉 군사비 규모, 병력 및 무기장비의 종류와 수량 등을 여타 주변국이나 선진제국의 규모와 비교하고 이를 통해 전쟁수행능력을 평가하는 것이다. 그 군사력에 대해서는 보는 시각에 따라 정반대의 결론에 이르기도 한다. 일본정부의 소극안보정책에 따라 군비를 최소한으로 제한함으로써 군사력은 소규모이고, 경제력에 걸맞은 응분의 역할도 수행하지 않으려 한다고 주장하는가 하면, 반대로 과도한 군사력은 이미 전전의 군국주의의 수준을 넘어 주변국에 위협이 된다는 시각도 있다.

이와 같은 서로 다른 평가는 일본 군사력을 바라보는 입장과 접근방법이 다른 데서 도출되는 결과의 차이이다. 그런 주장은 다분히 일본 군사력을 어느 한 시점에서 정지시켜 놓고 본다면, 또한 관찰자가 속해 있는 위치를 강조하다 보면 쉽게 나올 수 있는 결론이다. 그러나 전후 일본의 군사력은 변화된 환경에 일본정부가 새롭게 적응하는 과정의 산물이기 때문에 상당히 유동적이고, 지금도 부단히 적응해가고 있는 과정의 산물이다. 그런 만큼 정지상태로 보면 그 변화의 맥락이나 역동적 실상을 소홀히 할 소지가 있다. 따라서 관점이 다르면 결과도 다르게 나타나게 된다는 점에 유의하여, 군사력 증강의 내용을 측정된 결과의 개수 등으로 평가하는 방법에 국한하지 말고 군사력 증강의 결정이나 추진 등 보다 역동적인 측면을 중시하는 분석방법도 필요하다.

본 연구는 전후 일본의 군비 증강 내용을 그 규모의 대소나 성격에 대한 평가에 앞서 군사력 증강의 맥락(context)을 확인하는 것이 긴요하다는 인식에 따라, 증강정책 추진과정에서 일본정부가 정책 환경의 변화에 적응해 나가는 형태를 분석하고자 하는 것이다. 따라서 이 책에서는 일본 군사력을 정책 환경, 결정 작성 및 추진결과 등 정책과정의 산물로 파악하고자 한다. 여기에서 정책과정이란 정책의 결정 및 집행에 영향을 미치는 변수들 간의 역할관계를 의미하며, 따라서 일본의 군사력 증강정책 결정에 영향을 미치는 변수들을 확인하는 것이 관건이다.[2]

일본의 군사력 증강정책의 결정형태를 강조하는 것은, 측정된 군사력의 개수나 전력강도 등도 무시할 수 없지만, 정책을 운용하는 입장에서는 개수나 전력강도의 개별적인 의미보다 전체적인 맥락이 결과에 결정적인 영향을 미칠 수 있는 만큼 그런 결과에 이르게 된 과정이 보다 중요한 연구과제라고 보기 때문이다. 구체적으로 일본정부가 추진하는 군사력 증강정책의 진전과정은 각 단계의 투자계획과 그 추진결과로 나타나는데, 계획의 목표와 추진성과를 비교하면 진전도가 확인되고 그 진전도는 전체 과정에서 차지하는 각 단계의 위치를 평가하는 근거가 된다. 이 경우 진전도나 전반적 추세를 알 수 있는 근거는 그때그때의 군사력 그 자체보다도 증강정책에 영향을 미치는 환경요인들의 역할관계에 의해 더욱 명확해지는 경향이다.

본 연구가 추구하는 목적을 정리하여 제시하면 다음과 같다.

첫째, 일본정부가 추진해온 군사력 증강계획의 내용을 정책 환경으로부터 영향을 받아 결정과정을 거치고 결정내용을 집행한 결과로서 나타나는 연속과정으로 파악하여, 기존연구 검토 및 문헌연구를 통해 연구모형을 설정하고 그 모형을 바탕으로 전후 일본정부가 추진해온 각 단계의 군사력 증강과정에서 노출된 변수와 변수들의 역할을 확인한다.

둘째, 전후 국제냉전체제의 환경 하에서 일본정부가 방위력정비계획을 추진함에 있어 환경인식 - 정책 결정 - 집행 등의 각 단계를 통해 변수들이 반복적으로 수행하는 역할을 근거로 변수 간의 관계를 확인하여, 그 확인된 변수 간 역할관계를 일본 군사력 증강정책의 결정형태로 제시한다.

---

2) 예컨대 침략의 위협이나 적대국의 군비, 경제적 능력, 국민여론, 거부세력 등 대내외 요인은 일본의 경우에도 공통적으로 적용되는 변수이다. 또한 여타 외국과는 다른 일본 독자적인 환경, 전통, 새로운 여건변화, 국가목표 등도 일본의 군사력 증강에 상당한 영향을 미치는 요소일 것이다.

셋째, 군사력 증강계획에서 일본정부가 설정한 목표와 추진실적을 비교함으로써 군사력 증강의 전반적 진전추세를 파악하고, 냉전체제에서 형성된 군사력 증강정책 결정의 변수관계가 탈냉전의 새로운 환경에서도 적용되는지를 검토하며, 그 연장에서 일본정부가 지향하는 군사력 증강의 궁극적 목표도 확인한다.

제2절 연구의 범위와 방법

1. 연구의 범위

이번 연구는 전후 일본정부가 추진해 온 군사력 증강정책을 내용적인 범위로 한다. 일본에서 사용되고 있는 군사력의 개념은 전전에는 '국방', '군대', '군사력'이라 하던 것을 전후에는 '방위', '자위대', '방위력' 등으로 바꾸었는데, 이는 패전에 따라 달라진 안보 상황이 용어의 선택에 영향을 미친 것 같다.

전후 일본 군사력은 '방위력'으로 표현되는 모든 전력을 포함하며 주로 자위대의 방위체제를 의미한다(海原治, 1985: 160). 일본자위대는 경찰예비대(1950년 8월), 보안대(1952년 8월)를 거쳐 1954년 7월 발족되었는데, 본 연구대상인 군사력 증강정책은 1958년부터 시작된 일본정부의 '제1차 방위력정비계획'으로 본격화되었다.

군사력의 구성요소는 그 지표로서 ① 병력, 사기 등 인적 요소, ② 무기 장비, 군사비 등 물량적 요소, ③ 작전반경 확대 등 군사전략적 요소로 나누어 설명하는 것이 일반적이다. 일본의 군사력 증강정책도 이 3가지 요소를 포함하겠지만 자위대 창설 이후 실제 정원에 미달하는 수준으로 병력을 제한하고 부실한 후방지원체제를 유지하면서 주로 장비 확충에 주력해 온 입장에서 군사력 증강의 논의는 곧 무기조달, 특히 장비국산화,

기술개발 등의 결정문제에 집중되어 왔다(海原治, 1985: 170-194).

이에 따라 이 책에서는 연구대상을 군비투자, 특히 정부의 재정운용에 의해 전적으로 좌우되는 군수생산육성 등 물량적 분야의 군비 증강정책에 초점을 맞추었다(물론 환경요인의 변화시점에서는 군사전략적 측면에서의 군비 증강이 이루어졌는지 여부 등 문제를 검토한다). 전후 일본정부가 병력이나 작전능력보다 무기장비생산 투자에 치중해 온 현상은 일본의 경제성장우선정책에 따른 인력 배분과 함께, 미일안보체제하의 제한된 작전반경 등 특수한 안보환경을 반영하고, 군사력 증강단계로서의 전략적 선택이며, 그 자체가 바로 일본방위정책의 특징이다.

군수생산은 안보·산업·기술적 측면 및 국가동원능력의 이미지 등 다양한 요소를 내포하는 특징적 측면이 있다. 이러한 군수생산의 다면성과 안보정책 내에서 차지하는 높은 비중은 일본 및 미국의 정부부처·기업·경제단체·기능인력·전문가 등 다양한 주체들이 정책과정에 참여할 소지를 부여한다는 점에서 일본의 군비 증강정책 결정형태를 다각적으로 접근할 수 있게 해준다.

전후 일본의 군수생산은 일본경제인단체인 '경단련(經團連)'의 재개 요청(1951년 1월)에 대한 맥아더 사령관의 검토지시(1951년 2월)가 공식 출발점이지만 한국전쟁 발발과 함께 이미 암암리에 가동되기 시작(1950년 7월)했다. 따라서 연구의 시간적 범위는 전후 60년 가까이 된다.

군비증강정책의 전환을 기준으로 연구대상의 기간을 구분해 보면 다음과 같다.

첫째, 재군비-자위대 창설(1954년 7월) 시기는 한국전쟁에 따른 미군의 수요에 의해 군수생산이 시작되어 당초 일본의 비무장화에서 재군비로 180° 방향 전환하는 계기가 되었다. 특히 자위대 창설 이후 군수생산의 국내수요가 증가함으로써 자주적 생산체제로 조정하는 등 군사력 증강의 준비가 본격화되었다.

둘째, 제1차-4차 방위력정비계획(1958년-1976년)은 군수생산을 국가

전략산업으로 정착시키기는 데 주력함으로써 일본 군사력 증강의 기반을 확립했다.

셋째, 1973년-1979년간 국제긴장 완화추세와 2차례의 석유 위기로 인한 경제 불황에 직면하여 군사력 증강추세가 조정기를 맞이한다. 하지만 이 기간은 매우 짧았을 뿐 아니라, 이것이 오히려 일본 방위당국에게 위기감으로 작용하면서 국제 신냉전구조(1980년-1989년)의 형성과 함께 국제사회에서 일본경제의 상대적 우위가 확인되자 군비 확장으로 진전되는 계기로 작용했다.

넷째, 냉전종결(1989년) 이후에는 국제정세의 변화와 함께 일본 버블경제 붕괴의 장기불황이 겹쳐져 군사력 증강정책은 전면 조정을 거치고, 냉전체제 하에서 형성된 미일안보체제와 동맹관계의 성격 변화에 대응하는 시기이다.

2. 연구의 방법

군사력 증강정책의 분석모델은 군비 증강의 결정요인들을 설명하는 경우 크게 대외적 요인과 대내적 요인으로 대별한다. 일반적으로 대외 요인으로는 군비경쟁모형, 동맹이론, 국제체제론 등을, 대내 요인으로는 관료제, 조직과정, 군산복합체의 압력, 정치경제적 순환주기 등을 제시하며, 양쪽을 절충하거나 새로운 요소를 첨가한 보다 더 복합적인 모델을 가지고 더욱 광범위한 설명을 시도하기도 한다(Russett, 1983: 541-568). 이런 요소들을 일본의 경우에도 적용하여 그 영향력의 강도에 따라 다시 분류할 수 있을 것이다

또한 일본의 군사력 증강정책 결정에는 일본의 특수한 환경요인이 작용하기 마련이다. 미일안보동맹은 전후 일본의 특수한 환경을 반영하며, 전후의 경제난관으로부터 형성된 경제우선주의에 대한 국민적 합의는 군사력 증강에 대한 경제적 제약요인을 설명하는 데 유용한 근거가

될 것이다. 본 연구에서는 위의 이론들이 일본의 군사력 증강정책 결정에서도 타당한가를 일차적으로 검증했다.

변수들의 역할은 항상 일정한 것이 아니기 때문에 일률적으로 적용하기는 어려우나 그렇다고 모든 변수를 열거하는 것이 반드시 현실적인 것은 아니며 바람직하지도 않다. 변수들 가운데 핵심적인 역할을 수행하는 변수의 조합을 발견하여 그 핵심변수 간의 관계를 중심으로 여타 변수와의 관계 및 영향력의 순위를 확인해 나가는 방식이 보다 효율적이므로 문헌연구 등을 통해 일본 군사력 증강의 특수성을 가감한 핵심변수를 추출하는 데 주력했다.

일본의 군사력 증강정책에 작용하는 변수도 대내 및 대외적 요소를 포함하고 있다. 대내 요인으로는 국내의 정책 결정과정이 중심이 되고, 대외 요인으로 주변국들의 군비경쟁, 냉전체제, 국제여론의 압력, 미국의 요구 등이 있다. 이번 연구에서는 로즈노(James Rosenau)의 연계모델(Linkage Model)에서 보듯이, 이들 변수들이 상호 연결되어 작용하고 있는 것으로 분석되었고, 핵심변수로는 대외 요인들 중 '미국의 요구'와 대내 요인들 중 '경제적 제약'을 대표적으로 선택하여 2변수가 구성하는 서로 다른 환경의 매트릭스를 일본정부의 정책 결정과정에 적용하여 분석했다.

본 연구는 일본의 군비 증강정책 결정에 대한 일종의 사례연구(case study)로서 국내외 단행본, 논문, 인터넷자료, 그리고 군사력 증강정책의 각 단계별로 발표된 일본정부의 각종 간행물 및 통계자료 등에 주로 의존하였다. 또한 정책 결정과정의 실상을 파악하기 위해서는 공식화된 다수의 의견보다도 채택되지 않은 소수의 의견이 더 긴요할 수 있다는 관점에서 언론보도, 자서전, 비망록, 비화(秘話) 등을 보완적으로 활용하였다.

연구의 시간적 범위는 전후 60년 가까운 장기간에 걸쳐 있다. 이에 따라 문헌조사가 갖는 한계성, 관련자 부재 등의 제약이 있었으며, 그래서 연구목적과 부합되는 경우에 한해 일본정부 내 총리부(내각부), 내각관방, 방위청 등의 기존 여론조사 등 자료를 최대한 활용하였다.

제2장 일본 군사력 증강정책의 이론적 배경

제1절 군사력 증강정책의 특징 및 결정요인

1. 군사력 증강정책의 개념과 특징

군사정책이란 한 국가가 보유하고 있는 군사력 운용에 관련된 제반 정책을 의미한다. 그러나 이렇게 정의하면 자칫 군사라는 한 국가조직의 업무 영역이 별도로 있고, 그 관리에 대한 것으로만 오해하기 쉽기 때문에 다른 국가정책이나 국가목표와의 관계 등과 함께 설명하지 않으면 안 된다.

군사정책과 비슷한 의미로서 국방정책, 국가전략, 안보정책 등이 혼용되는 것은 '국가의 생존과 독립문제'라는 공통 영역을 가지고 있기 때문이다. 전통적으로 국가전략은 군사력의 역할과 운용의 개념을 중심으로 구상됨으로써 순수한 군사 분야와 순수한 정치 분야를 상정하고 그 타협의 결과로 보았지만 오늘날에는 정치적, 경제적, 군사적 요인의 종합적 개념으로 파악되기 때문에 각 개념 간에는 중첩되는 부분이 불가피해졌다(Howard, 1979: 975- 986).

국가이익 개념의 확대로 국가안보의 대상이 넓어지면서 군사전략의 개념도 군사력 운용의 차원을 넘어 비군사적 요소를 포괄하게 되었다. 전시 군사전략을 중심으로 안보정책을 구상하던 과거와는 달리 현대 전략은 전시에 고려되는 정치, 경제, 이념, 기술, 비군사적 수단은 물론 평시 국가안보를 위한 전략구상도 요구한다. 따라서 현대 군사전략은 어느 시기를 막론하고 국가목표 달성을 위해 구상하는 군사력 사용계획 모두를 지칭하는 포괄적 의미로 이해된다.

그래서 군사전략은 군사력이 적용되지 않으면 안 되는 환경을 분석하고 적절한 군사 운용을 처방하는 방법론이다. 국가수준에서 군사전략은 군사적 및 비군사적 수단(외교, 경제 등)의 협조를, 군사적 수준에서는 군사력을 최대한 유효하게 운용할 수 있는 육·해·공 전력의 통합 운용과 협조 및 지원을 의미한다.[3]

국제사회를 무정부상태로 보면 국가주권이나 평등주의를 지향하는 국가는 국가 간의 공동복지보다는 개별 국가의 이익을 방위하기 위해 모든 수단을 강구하고, 다른 국가의 행동을 예측해서 자신의 행동을 결정하는 전략적 상호 의존관계 때문에 목적 달성을 위한 최후의 수단으로서 군사력을 사용하게 된다. 그래서 군사력은 군사력 자체만으로는 생존과 번영의 문제를 해결하지 못하지만 정치와 함께 조화롭게 사용되어 보다 더 강한 군사력을 보유한 국가로부터의 침략도 막기 위한 최후의 전략수단이 된다(Art & Waltz, 1983: 3-8).

---

3) 군사정책의 유형으로는, 그 관여하는 분야별로 대내정책과 대외정책에 밀접하게 관계를 맺고 영향을 미친다. 한 국가나 사회 내의 집단들 간 가치배분에 영향을 미치는 정부의 제반 행동을 대내정책이라 한다면 다른 정부들 간 가치배분에 영향을 미치는 정부의 행동을 대외정책이라 할 수 있고, 군사정책은 대내외적으로 다같이 영향을 미치는 특징을 가지고 있다. 또한 군사정책은 전략과 구조 등 2개 범주를 가지고 있다. 전략은 단위부대와 무력행사에 관한 것으로서, 프로그램 이슈와 사용 이슈로 대별하여 논의된다. 프로그램 이슈는 군사력의 전반적인 규모와 구성 및 무기 체계에 관한 것, 즉 무기의 양·형태·발전속도 등에 대한 문제를 포함하고, 사용 이슈는 군사력의 배치·수행·운용에 관한 것으로서 전쟁계획, 선전포고, 병력출동 등의 형태를 구현하는 문제이다. 구조적 측면은 군사력의 단위와 필요한 자원의 획득, 조직에 관한 것으로서 군사력에 투자할 수 있는 자금의 규모와 분배에 관한 **예산정책**, 군인의 획득·유지·보수·교육훈련, 근무환경 등에 관한 **인력정책**, 무기장비 획득과 분배에 관한 **획득정책**, 목적·임무·명령·통제와 행정요령 및 형태에 관한 **조직정책** 등으로 세분할 수 있다(Huntington, 1968: 319-323).

군사력 증강정책은 군사력의 효용을 높이기 위한 정부의 제반 행동을 의미한다. 그동안 국제긴장완화 및 냉전구조 와해, 우방관계 재편성 등으로 군사력의 효용이 점차 감소될 것으로 낙관하는 군사력 무용론도 주장된 바 있으나 그 반대의 현상이 일반적이다(Knorr, 1977: 15). 즉 탈냉전도 탈군사화로 이어지지는 않고 있다는 지적이다(김진균·홍성태, 1996: 19-21). 군사력은, 공격전략은 물론 억지전략에서도 외교수단과의 조화를 통해 전략목표를 달성하는 주요 수단이다. 군사력의 크기와 취약점에 따라 전략전개방법이 달라지기 때문에 군사력을 운용하는 입장에서는 항상 군사력 우위와 증강 필요성을 제기하게 된다.

안보전략은 미래에 대한 낙관적 예측보다는 가능성 있는 최악의 상황을 전제로 한다. 따라서 그 스스로 군사력의 축소를 주장하지는 않고 그것을 추진할 수 있는 여건이 각 국가가 처해 있는 상황에 의해 제약을 받아 완급을 조정할 뿐이며, 축소할 경우에도 전략의 일환으로 계획하기 때문에 언제나 전체 증강계획의 일부분이나 그 계획의 일시 유보로 취급하는 것이 특징이다.

군사력 증강은 사회경제적 과정으로서 군국주의(militarism)를 추구하는 것과 군비 증강(military build-up)으로 나눌 수 있지만 일반적으로는 군비 등 가시적 요소의 증강으로 표출되며, 상대의 군비 증강에 대한 인식도 대부분 표출된 군사력의 동향을 통해 내용이 형성된다. 군비 증강은 전쟁 목적의 증강(전쟁준비 등)과 전쟁 회피를 위한 증강(방위, 억지 등)으로 구분된다.

군사력 증강의 형태는 국가에 따라, 국가의 상황에 따라, 또한 그 국가 운영을 주도하는 지도자에 따라 다르다. 군사력 증강의 심리 구조에 대해 국민의 호전성이나 공격성도 영향을 미친다고 상정하여 설명하려는 시도도 있으나 이를 입증하기는 대단히 어렵다. 그보다는 대부분 상대국의 국력증강 노력을 호전성이나 위협으로 간주하여 이를 의심하는 국가와 국력증강 주체국 간 갈등현상으로 설명된다(Levi, 1966: 146-155).

즉 자국의 군비 증강은 방위용이지만, 상대의 경우는 전쟁준비용이라고 주장하는 것이 일반적이다(Shaw, 1991: 9-15).

2. 군사력 증강정책의 결정요인

군사력 증강정책의 결정요인은 크게 대외와 대내 요인으로 나눈다. 대외 요인을 분석하는 이론은 국가 중심의 안보나 군비경쟁에 영향을 미치는 국제체제의 환경요인을 추적하는 것이 대표적이며(예컨대 작용·반작용모형, 동맹이론 등), 대내 요인을 강조하는 이론은 정책 결정에 영향을 미치는 국내 정책결정자, 관료와 조직과정, 군산복합체의 압력, 정치경제적 순환주기 등에 관심을 집중시키고 있다.

대내·외 요인의 구분은 국제정치의 서로 다른 접근법을 반영한다. 대외 요인을 강조하는 이론은 주로 현실주의의 입장을, 대내 요인을 분석하는 이론은 이상주의(예컨대 비교대외정책론)의 접근법을 바탕으로 한다. 국가행동에 대한 대내·외 요인을 구분하여 접근할 경우 각각 분석상의 한계를 내포하게 된다는 반성에 따라 요인 간의 상호 침투를 일반적으로 인정하고 있는 실정에서 대내·외 요인의 구별이 아니라 통합된 또 다른 요인 분석도 아울러 검토할 필요가 있다.

2.1. 대외 요인

대외 요인을 강조하는 이론모형은 외부로부터의 자극이나 압력 또는 환경변화에 반응하는 공통적인 국가행동과 그 역동성을 설명할 수 있고 그런 결과로서 나타나는 공통현상을 개별 국가에 적용하여 대응행동을 예측해 볼 수 있는 장점이 있다. 반면 개별 국가의 특성, 또는 대외 요인이 개별 국가 내에 침투하여 영향력을 행사하는 통로나 과정을 관찰하는 데 소홀하여 각 국가가 서로 다른 형태로 대응하는 현상을 식별해 내지 못하는 단점이 있다.

이 단점을 극복하기 위한 노력으로서 대내·외 요인을 연결하는 이론모형을 발견하려는 시도가 부단히 이루어져 양면게임(Two-level Game Approach)이나 반작용연계모형(Reactive Linkage Model) 등으로 발전되고 있다.

2.1.1. 작용·반작용 모형

대외 요인을 강조하는 이론은 공통적으로 국가안보론의 관점에서 군비경쟁을 설명한다. 국가는 전쟁에 대비 또는 전쟁을 억제하여 살아남기 위한 수단으로서 군비를 보유·증강하는데, 즉 군비는 국내적인 필요보다는 국제체제 및 국가 간 관계에서 국가를 방어할 필요에 따라 정부가 취하는 대외적인 기능으로 파악된다. 군비를 국가 중심적 대외 행동이라고 하는 의미에서는 현실주의나 체제론자의 입장에 차이가 없고, 국가가 대외정책을 위해 최선의 대안 선택에 노력한다는 합리주의모형도 같은 입장이다. 따라서 이들에게 군사력 증강정책은 국제체제나 경쟁국가 간의 작용과 반작용의 함수관계이며 위기결정작성의 결과이다.

대표적 이론으로서 리차드슨(L. Richardson)의 군비경쟁모형을 들 수 있다. 리차드슨은 모든 국가는 잠재적 적대국가가 투자한 군사비에 비례하여 군사비를 증가시킨다는 가정을 기초로 군비경쟁모형을 구상했다. 그 내용은 어느 시점에서 한 국가의 군사비 증가를 적대국의 실제 군사비로 나누면 그 값은 일정하다는 것이다. 군비 증강에 부정적 영향을 미치는 제한변수로는, 예컨대 군사비 과다지출이 국가경제에 부담을 주어 결국 군비 증가율을 감소시키는 결과가 된다. 거기에다 당시의 작용·반작용 관계만 아니라 오랫동안 쌓여온 감정(적대적이건, 우호적이건)도 영향으로 작용한다고 했고, 이를 수식으로 설명하고 있다(Richardson, 1960: 12-17).

28

즉 2국가(X, Y) 간에 있어 일정 시기(t)의 군비 증강(dX/dt 및 dY/dt)은

$dX/dt=kY-aX+g$,

$dY/dt=lX-bY+h$로 나타낼 수 있다.

※ Y, X: 상대의 군비재고, k, l: 반작용계수로 상대에 대한 잠재적 반응(긴장도 등), g, h: 상대에 대한 불신에 따라 상대가 무장해제(X, $Y=0$)해도 지출할 군비, aX, bY: 자국 군비투자의 한계효용 감소분, 즉 군비투자의 피로, 경제적 제약요소(a, b: 부담계수).

만약 상대방에 대한 반응만을 고려한다면 다음과 같은 간단한 일반 등식으로 재정리할 수 있어 설명 및 도표화하는 데 더욱 편리해진다. 이는 2국가(X, Y)의 군비지출이 안정되어 더 이상 군비를 증강하지 않는 경우(dX/dt, $dY/dt=0$)로서, 아래 수식이 된다. 계수 a, b, g, h, k, l 은 현실에서 경험적 자료를 수집하여 계산할 수 있는 것이므로 계수를 대입하면 수식을 〈그림 2-1〉과 같이 표시할 수 있다.

$0=kY-aX+g$ ······L,

$0=lX-bY+h$ ······L'

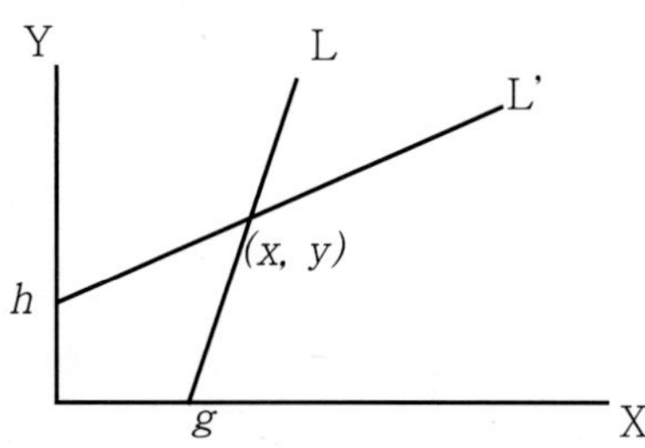

〈그림 2-1〉 리차드슨의 군비경쟁모형 도표: 안정사례

출처: D. Zinnes & J. Gillespie eds., *Mathematical Models in International Relations* (N.Y.: Praeger Publishers, 1976), p.193.

2선의 교차점은 양국이 군비지출에 만족하는 수준으로서, 일단 균형점이기는 하지만 안전이 보장되는 것은 아니다. 만약 그 균형점이 안전하다면 양국은 그 점에 이르기까지 군비를 증강시켜 이제 더 이상 증강하지 않고 그 수준을 유지하고 있는 것(→·←)으로 볼 수 있고, 불안전하다면 방향도 없이 불확정하게 군비를 증강 또는 감소시켜 온 것(←·→)이다. 이 안전도는 반작용계수 k, l에 의해 좌우된다. 즉 k, l이 1 이하(1: 기존의 긴장도)이면 체제는 안전할 것이나 1 또는 1 이상이면 불안전할 것이다(Zinnes & Gillespie, 1976: 192-217). 실제 리차드슨은 1908년-1914년, 1929년-1939년간 무기경쟁 자료를 대비하여 이 기간의 무기경쟁이 불안전균형을 내포하고 있었음을 제시한다(Richardson, 1960: 77-97, 192-212).

한편 같은 작용·반작용의 접근법으로서 버튼(J. Burton)은 군사력 증강이 군사력 자체보다 국력 전반의 차원에서 상대국에 대한 도전이나 현상변화(現狀變化)의 의도로부터 시작되고 도전과 반도전의 악순환 중 어느 쪽이 좌절하게 되면 군사적 태세로의 전환을 결행하여 군비나 무장경쟁이 시작되는 것으로 설명한다. 이 단계가 되면 처음의 국력신장이나 현상변화보다는 도전과 승리가 목적이 되어버리는 것이 군사력 증강의 특징이라고 한다(Burton, 1962: 91-92).

군사력이 일단 증대되면 타국에 대해 영향력을 행사하고 싶은 야망, 즉 군사력은 한 번 휘둘러보고 싶은 공격적 야심의 현실화 충동욕구를 자극한다. 이런 야망을 차단하면 공격적 동기를 감소시킬 수 있으리라는 가정도 가능하겠지만 그 국가의 좌절과 분노를 초래할 경우 오히려 제한 없는 권력에 대한 욕구를 증대시킴으로써 결국에는 공격적이고 위험한 상태로 진전될 수 있다는 것이다. 따라서 개인의 공격본능을 배설 또는 흡수시키는 장치가 필요한 것과 마찬가지로 국제사회에서도 경제적·군사적 능력이 증대되는 국가의 요구가 평화로운 또는 기존의 변동장치에 의해 충족되도록 조정할 필요가 있고, 그렇지 못한 국제체

30

제에서는 국제 불안의 결과가 된다고 설명한다(Burton, 1962: 60).

작용·반작용 모형에 대해 몇 가지 문제점이 지적된다. 첫째, 작용·반작용 가설의 적용범위이다. 국가가 상대국의 군비재고나 군비 증강에 반응하는 것은 사실이나, 이런 공식적·대칭적 함수관계로 반응하는 것만은 아니고 보다 넓은 의미에서 선제 및 후속의 군비 증강, 비싼 무기보다 병력이나 비재래식 무기를 증강하는 보다 경제적인 접근, 경쟁국의 군비 증강보다는 적대수준에 따른 대응 및 과도한 반응 등의 경우도 포함한다. 둘째, 군비경쟁 외에도 다른 외적 변수, 즉 수혜국(受惠國)에 중요한 동맹 구조, 동맹체제 변화(예컨대 중·소 분열 등), 다국가체제에서 그 국가의 지위(예컨대 강대국의 약소국 보호관계 등), 지역차이, 국제체제의 순환주기 등도 주요 변수가 될 수 있다. 셋째, 대내정치과정도 매우 중요하며, 넷째, 모형을 입증할 현실적 자료수집도 문제이다(함택영, 1998: 102-103).

이런 문제점에도 불구하고 구체적으로 경쟁국 간의 군사력 증강을 설명할 수 있는 여지는 많다. 군비재고량을 기준으로 자료를 수치화화고, 수치화된 자료를 토대로, 그 밖의 다른 요인들은 일시 유보한 후에 리차드슨의 모형이 추구하는 작용과 반작용의 원리를 적용하여 이 국가들의 군사력 증강을 설명하면 실제 사례를 통한 모형의 타당성, 신뢰성, 유용성 등을 검증할 수 있을 것이다.

예를 들어 일본 군사력 증강의 경우, 우선 일본에게 군사적 관점에서 경쟁상대국이 있는지, 군사력 증강을 자극한 국가가 어느 국가인지, 일본의 군비 증강과 연동된다는 결론을 도출할 수 있는 위기의식에 대한 구체적 근거는 무엇인지, 현재도 일본은 작용·반작용의 원리에 따라 경쟁상대국에 대응하는지, 아니라면 일본의 특수성에 따른 변수요인은 무엇인지 등 논의의 출발점으로서 이 모형을 적용해 볼 수 있다.

또한 '군사투자의 한계효용 감소'개념을 일본의 경우에 적용해 볼 여지도 있다. 과도한 군비투자가 국내경제에 영향을 주는 것은 리차드슨의 모형이 아니라도 설명이 가능하지만, 특히 경제성장에 집착해 온 일본의 상황에서 군비 증강의 피로를 회피하기 위한 방안으로서 GNP대비 낮은 비율을 유지하는 정책 결정은 리차드슨 모형의 타당성을 입증할 수 있는 자료로도 논의해 볼 만하다.

2.1.2. 동맹체제하의 군비 증강

대외 요인으로는 동맹으로서의 역할수행을 위한 군사력 증강을 지적할 수 있다. 상호 경쟁관계에 있는 2국가는 상대적 권력의 지위를 유지·개선할 수 있는 3가지 선택이 있을 수 있는데, 스스로 국력을 증강하는 방법, 타국의 힘을 자국에 보태는 방법, 타 국가가 상대편에게 힘이 되는 것을 제거하는 방법이다. 첫째 방법은 군비경쟁이고, 두·셋째는 동맹정책이다. 한 국가의 동맹정책 결정 여부는 원칙(principle)보다는 편의성(expediency)의 문제이다. 즉 동맹의 도움 없이도 충분히 이익을 지킬 수 있다거나 동맹에 따른 부담이 기대이익을 능가하면 동맹을 체결하지 않을 것이기 때문이다(Morgenthau, 1963: 181).

동맹조약을 위해서는 이해관계를 공유하는 공동체일 필요성이 있지만 이해관계가 같다 해서 동맹조약이 반드시 성립되는 것은 아니다. 동맹은 공통이해에 기반을 둔 기존의 공동체에 특별제한의 정밀한 조건을 부과하고 공통이익을 위한 일반 정책이나 특정조치에 대해서도 정밀조건을 부여하게 될 때 가능해진다(Morgenthau, 1963: 182).

동맹의 형태는 여러 가지로 분류된다. 가장 일반적인 동맹은 상호방위조약, 중립(불가침)조약, 협의(entente)조약 등 3가지로 구분된다(Bueno de Masquita, 2000: 403-404). 모겐쏘(H. Morgenthau)는 동맹국 간 이해 및 그 실현정책의 본질적 성질과 관계, 편익과 권력의 배분, 국가 전체 이익에서 점하는 범위, 동맹기간, 동맹국 간 공동정책과 행동에 미치는 효과 등 5가지를 기준으로 분류한다.[4]

군사동맹의 경우 홀스티(K. Holsti)는 지원의무발생사유(casus foederis)의 성격, 조약체결국의 보증공약 형태, 가맹국의 협력 또는 군사적 통합의 상태, 조약의 지리적 적용범위 등 4가지 기준에 따라 분류, 비교할 수 있다고 한다. 지원의무발생사유란 동맹조약의 효력발동조건으로서 제2차대전 이후 그 사유는 극히 한정적이나 ① 무력 공격, ② 무력 공격에 의한 침략, ③ 무력 공격을 받아 전쟁상태에 있는 경우, ④ 무력 공격이 아닌 침략 행위·평화를 위협하는 여타 사태 등 4가지 패턴으로 분류한다(Holsti, 1988: 103-104).

동맹국 간에는 이익과 동시에 의무가 부과된다. 그 성패가 동맹의 신뢰성을 좌우하여 그 존속 여부를 결정하는 주요소이므로 상호적인 것이 가장 이상적이지만 약소국도 여타 동맹국이 무시할 수 없는 엄청난 가치를 지닌 자산을 소유하고 있을 수 있다. 그로 인해 약소국은 독특한 이익을 얻게 되므로 동맹 안에서의 지위도 상승하게 되고, 경우에 따라서는 실제 물리력의 배분 상황과 전혀 어울리지 않는 높은 지위를 누릴 수도 있다(Morgenthau, 1963: 185).

반면 동맹국은 자조에 의해 저항할 수 있는 각종 능력을 유지 발전시키도록 의무가 부과되는데, 의무는 역할분담에 의한 것이 대부분이다. 미국은 반덴버그 결의(1948년 미 상원의 결의)의 "계속적이고 효과적인 자조와 상호 원조를 기초로 하고 또한 합중국의 국가적인 안전에 영향이 있는 지역적 및 기타 집단적 결정에 합중국이 헌법상의 절차를 거쳐 참가한다."는 규정(제3항)[5]을 중심으로 자조의사가 있는 동맹국

---

4) 모겐쏘는 5 가지를 기준으로 분류한 결과, ① 같은 이해관계와 정책으로 인한 것, 보완적인 것, 이데올로기적 연관을 가진 것, ② 상호적인 것과 일방적인 것, ③ 일반적인 것, 제한적인 것, ④ 일시적인 것, 영구적인 것, ⑤ 실효적인 것, 비실효적인 것 등으로 분류했다(Morgenthau, 1963: 183).

5) 이 규정은 NATO조약(제3조), 미비(美比), 한미(韓美), 미화(美華), 동남아제국과의 안보조약(각 제2조)에 포함되어 있고, 미일안보조약 제3조는 "체약국은 개별적 및 상호적으로 협력하여 계속적이고 효과적인 자조 및 상호 원조에 의해 무력 공격에 저항하는 각종 능력을 헌법상의 규정에 따른다는 조건으로 유지

을 지원한다는 방침을 시행해 오고 있다.

원칙적으로 동맹국은 공동이익의 몫과 동맹의무 수행에 따른 부담을 계산하여 이익의 크기를 초과하지 않는 범위 내에서 군사역할 및 군비투자 등 부담에 나선다. 기대치와 신뢰성 간의 관계를 계산하기 위해 COW종합능력점수(the Correlates of War composite capabilities score) 등의 방법도 사용(Bueno de Masquita, 2000: 414)하지만 이익과 부담에 대한 동맹국의 인식은 다분히 주관적이다.

군사력 증강이 반드시 동맹을 위해 이루어지는 것만은 아니지만 동맹의 요구가 군사력 증강의 정당성을 대내외(對內外)에 주장할 수 있는 구실을 제공함으로써 군사력 증강을 촉진시킨다. 이러한 내용들을 미일동맹체제를 바탕으로 하는 일본의 군사력 증강에도 적용하여 설명해 볼 수 있을 것이다.

2.2. 대내 요인

군사력 증강의 대내 요인은 국가의 사회 환경변수로서 정부 및 이익집단 등 비정부세력의 활동을 포함하여 국가사회 전반의 체제와 속성이 정책 결정에 영향을 미치는 것으로 파악한다. 따라서 사회구성의 성격, 정치권력과의 관계, 사회세력의 위치, 집단구성원의 응집력 등 국내체제 전반을 포괄적으로 파악함은 물론 NGO 등을 매개로 한 국제사회 영역에까지 확대할 필요성이 제기된다.

사회세력의 변수요인을 파악할 경우 그 사회세력의 성장배경이 크게

발전시킨다."고 규정하여 이를 근거로 자조에 의한 방위력의 충실 강화가 의무로 되었다. 따라서 이 조항은 미국이 대일 방위력 증강의 법적 근거이면서 안전보장상의 공약을 약속하는 조건이기 때문에 자조에 의한 군사력 증강에 소홀히 하는 것은 곧 안보조약의 신뢰성과 실효성을 저하시키는 것으로 해석된다(吉原恒雄, 1988: 128).

다를 수 있어 정치권력 구조, 정부의 정책 결정과정, 최고결정자의 이념 및 성향, 지지세력 분포, 관련 제도 등 국내정치체제와의 관계를 먼저 고려하는 것이 필수적이다. 그러나 국가 전체 역량의 차원에서 군사력 증강을 설명하기 위해서는 국가 중심적인 접근방식을 극복할 필요성도 제기되고 있다(함택영, 1998: 91). 또한 대내 요인을 중시하다 보면 대외 대응에 있어 국가 간의 차이점을 비교할 수 있는 장점은 있으나 국내체제의 정태적 측면만을 항상 강조하는 타성에서 벗어나지 못하는 맹점도 지적된다.

2.2.1. 국내정책 과정

정부는 제반 국가정책 결정의 주체로서 정책 결정에 참여하는 범위와 과정에 의해 그 역할이 좌우된다. 대외정책 결정 구조는 결정 참가자의 구성관계를 의미하며, 일반적으로 최고정책결정자군(미국: 대통령, 관계각료, 안보보좌관, CIA장 등), 보좌진(최고결정자의 최측근 보좌관), 관료조직, 외곽의 행위자(의회 내의 지도급 인사, 정당지도자, 언론인, 이익단체) 등을 포함한다(Allison, 1969: 709).

참가자의 구성과 역할관계는 정치체제와 정치과정을 가장 민감하게 반영하게 되는데, 정치체제가 다르면 참가자의 서로 다른 역할에서 오는 정치의 수준과 정도가 다르게 되며, 따라서 정책 결정 유형도 여러 가지로 나타난다. 예를 들어 정책 결정의 형태는 크게 대통령(수상)이 정책 결정에 압도적인 영향력과 리더십을 발휘하는 경우(대통령정치)와 여타 참여자들 간 밀고 당기는 상황에서 타협과 조정과정을 거쳐 결정하는 경우(관료정치)로 대별되고, 더 세분하면 각 정책 결정에서 나타나는 서로 다른 정치의 수준과 정도를 설명할 수 있다.

대외정책 결정에 영향을 미치는 정부 구조의 변수와 각 변수들 간의 관계를 설명하는 방법으로서 합리적 행위자모형, 관료정치모형, 조직과

정모형 등이 제시된다.[6] 이 모델들은 상호 배타적이기보다 초점이 다른 변수들에게 맞춰져, 여타 변수는 상수로 취급될 뿐이다(Allison, 1969: 689- 718).

2.2.2. 경기주기론

경기주기론자들은 자본주의사회에서 군비 증강이 경기불황에 대처하기 위한 방편으로 이루어지는 현상이라고 설명한다. 특히 보수주의자들을 중심으로 군산복합체가 형성된 사회에서는 경기불황 시기에 군수기업의 수요를 창출하기 위한 군비 증강계획이 추진된다고 하며 이를 '군사적 케인즈주의'라고도 한다. 이 주장은 선진자본주의사회의 모순을 비판하는 마르크스주의적 접근방식인데, 군비지출을 전쟁연합의 집단이기주의적 이해뿐 아니라 독점자본을 대표하는 자본주의국가의 통치행

---

6) 합리적 행위자모형은 최고정책결정자가 정책과정을 주도함으로써 그 인지 구조, 성향, 리더십, 권력관계 등에 의해 정책 결정형태나 변수의 활동범위가 좌우된다고 본다. 최고결정자는 단독, 또는 참모와 관료조직 및 비공식 채널도 동원하여 정보수집, 대안개발, 검토과정 등에서 최선을 다하여 정책목표에 가장 부합하는 정책을 선택하려 한다. 최고결정자의 역할이 지배적이고 관료 등은 결정을 위임할 뿐 타협이나 거래가 아니므로 정책 결정의 정치성은 떨어지나 전체적 결정과정 자체는 정치적이다.
관료정치모형은 최고결정자나 그 보좌진이 덜 개입하는, 그래서 다른 결정자들과 관료가 핵심으로 등장하여 개인의 이익 또는 국가이익을 위해 교섭, 타협, 연합 등 방법으로 경쟁함으로써 정책은 고도의 정치적 결과로서 결정되는 형태이다. 이런 방식은 국가이익에 충실하지도, 최선의 대안이 선택되는 보장도 없고, 따라서 합리적이지도 않다. 대응에 여유가 있고 최고결정자의 관심을 끌지 못하거나 이해 대립이 첨예하면 이런 결정방식이 도입될 수 있고, 경쟁 집단 내의 변수분석에 유용하다.
조직과정모형은 관료정치모형과 같은 정치과정에서 나타난다. 다만 참가자 개인들 간의 경쟁이 아니라 다수 조직이 참가하여 조직의 이익이나 국가이익을 위해 경쟁하는 경우이다. 정치현상은 관료정치와 비슷하며, 변수들은 조직의 집단성과 절차, 관행을 발전시켜 일상 업무를 통해 독자적 추진력을 확보하고 조직 간의 역학관계가 결정에 작용하고 있는 점이 특징이다(Rosati, 1993: 251- 256).

위에 의해 자본주의경제의 숙명적 평균이윤율 저하에 대처하기 위한 방편임을 설명하려 한다. 이 이론은 자본주의의 모순으로부터 자본주의 사회의 부후화(腐朽化) 및 붕괴 필연성을 도출하려 했고 자본주의경제의 군사화를 바탕으로 붕괴를 예언하려는 것이 주목적이었다(김진균·홍성표, 1996: 25).

그러나 군사력 증강을 경제적 측면에서 분석한다는 입장이라면 구태여 자본주의 붕괴를 미리 염두에 둘 필요는 없다. 현대 사회주의나 자본주의사회 모두 막대한 군비를 투자하여 군사력을 항상 유지하고 있는 실정에서 어느 쪽이나 군사력 운용의 경제적 측면을 무시할 수 없는 사회 구조가 되었다. 군사적 경쟁은 마침내 경제력 경쟁이 되어 이제는 군사력 증강이 경제에 미치는 영향을 고려하여 그 관리를 치밀하게 하지 않으면 체제 동요로까지 파급되게 되었다.

결과적으로 자본주의의 붕괴를 예언한 사회주의자들의 이론은 빗나가 사회주의체제는 붕괴되고 자본주의체제는 존속해 있다. 이는 경제의 군사화를 바탕으로 한 체제경쟁, 즉 군사력과 경제력 관리에서 사회주의에 대한 자본주의체제의 우위가 입증된 것이다. 동시에 군사력 증강은 경제의 상당한 왜곡을 초래하기도 하지만 그 관리에 따라 경제적 우위도 가져올 수 있음을 확인해 준 것이다.

따라서 이론의 적용범위를 종전과 같이 군사력 증강원인으로서의 경기순환적 현상에 한정할 필요는 없고 경제의 군사화 및 군사력의 경제화 현상으로서 군사력 증강의 관리적 측면을 강조하는 것이 타당하다는 근거라고 할 수 있다.

각 변수들은 스스로 정책을 결정한다기보다는 변수들에 대한 결정 참가자들의 인식을 통해 작용하는 것이기 때문에 그 과정과 결과는 서로 다르고 또한 대단히 복잡하다. 변수들은 별개로 작용하기도 하지만 일반적으로 상호 연계 하에 복합적으로 작용하므로 결정과정의 파악을 더욱 어렵게 만든다.

국제체제와 국내 구조 간의 관계를 일방적인 것으로 취급함은 비현실적이라는 인식에서 대내·외 요인의 상호 연계를 강조하지만, 상호 의존도 일률적으로 적용하기보다 각각의 구체적인 정책사안에 따라 변수의 적절한 조합을 발견하는 것이 효율적이다. 〈그림 2-2〉은 대내·외 요인 간의 동심원적 상호 의존을 강조하는 로즈노(James Rosenau)의 분류법인데, 주요 변수 군을 분류 및 선택하는 데 유용하다.

〈그림 2-2〉 대외정책 결정의 구조와 과정

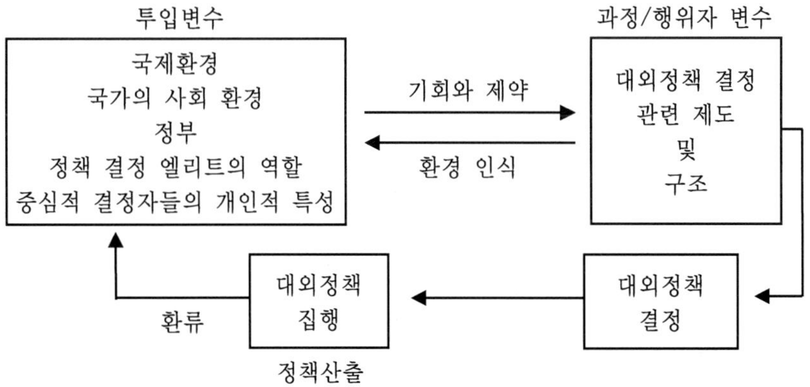

출처: M. Papadakis & H. Starr. "Opportunity, Willingness, and Small States: The Relationship Between Environment and Foreign Policy." C. Herman, C. Kegley & J. Rosenau eds. *New Directions in the Study of Foreign Policy*(Boston: Allen & Unwin, 1987), p.417의 내용에 따라 작성.

2.3. 기존의 모형에 대한 비판과 국가 총체력의 개념

군사력 증강정책 결정을 설명하는 군비경쟁모형이나 점증주의적 관료제모형 등은 실제 경험적 시각에서 설명력에 한계가 있음이 지적되면서 보다 근본적인 설명의 필요성을 제기하게 된다. 군비 증강모형의 경우 군비 증강에 작용하는 변수들의 단순한 조합이 아니라 다양한 정치이슈에 따라 관련 행위자, 대상 층, 갈등유형, 게임규칙이 다르다고 하는 '이슈 영역'이 대외정책 결정의 정치과정을 규정하는 데 도움이 되기 때문이다(함택영, 1998: 112).

함택영 교수는 국제사회에서 국가의 위치를 현실주의나 체제론(신현실주의)보다 국가 간의 관계나 국가 내의 대시민사회관계에서 파악하고자 한다. 군비분석을 위한 단순화작업의 출발점으로서 군비에 필수불가결한 '자원'을 택하고, 그 자원이 국가 내에서 군사력으로 동원되는 과정을 분석함으로써 군사력 증강이라는 대외정책과 국내정치를 연결시킬 수 있다고 본다(함택영, 1998: 111-143).

자원을 바탕으로 한 군비분석에서 오간스키(A. F. K. Organski)와 쿠글러(J. Kugler)의 국력공식에 기초한 자원총량(R), 국가의 자원가동률(E: 자원추출, 동원능력), 자원배분(A) 등 3가지 요소를 조합하여 국력을 설명(Organski & Kugler, 1980: 71-86)하고, 이를 군비에 적용해 보면 다음과 같은 등식이 된다.

$$M = R \times E \times A,$$
$$M/R = E \times A \qquad ※ \ M: 군비, \ M/R: 군비부담률$$

즉 국가의 군비(M)는 자원총량(R)에 의존하고, 자원총량 중 추출 가능한 비율(E)에 따라 국력의 지표로 사용되는 가동량(R×E)이 결정되며, 가동된 자원은 각 분야별로 배분된다. 배분율(A) 책정에 따라 군비의 양이 결정되는데, 그 과정에는 위협에 대한 지각, 군수조달에 따른 특정 수혜자와 연합한 군부관료제의 증강압력, 이와 상충된 세력의 군비 감축압력 등이 복잡하게 작용한다.

군비는 총자원에 크게 의존하지만 자원총량과 함수관계는 아니다. 경제적으로 강한 국가가 항상 우월한 군사력을 보유하는 것이 아님은 역사적 사실인데, 이는 자원추출이 나라마다, 시기마다 다르기 때문이다(함택영, 1998: 114).

이런 현상의 인과관계를 이해하기 위해 함 교수는 논의의 출발점을 그람시(Antonio Gramsci)의 '확장적 국가개념'에서 찾는다. 즉 국가는 정부의 기구(the apparatus of government)뿐 아니라 '헤게모니'나 시민사회의 '사적(私的)' 기구(the 'private' apparatus of 'hegemony' or civil society)로도 이해해야 한다(Gramsci, 1971: 261). 국가권력의 개념을 헤게모니와 강제(强制) 간의 변증법적 통합으로 새롭게 정의하여 국가 중심적 및 시민사회 중심적 시각을 종합하는 개념의 틀을 제공하고, 이로써 국가권력, 사회적 이익대변 및 국가의 자율성을 보다 잘 설명할 수 있다.

국가와 시민사회는 상호 침투하므로 지배는 국가 영역과 함께 시민사회에서도 일어난다. 국가권력도 총체적인 정치권력, 즉 지배의 총역량이고, 자원추출능력도 국가기구와 시민사회의 능력을 합한, 즉 정치체계의 총역량이다. 그렇다면 국가기구의 권력은 강제에서, 시민사회의 권력은 정치비용 지불을 요하는 동의에서 나오고, 국가기구의 능력은 조세로, 시민사회의 능력은 기업이윤으로 측정되며, 자원추출능력은 군비 등 강제력만이 아닌, 조세와 기업이윤의 합이다. 이렇게 함으로써 국가 중심주의를 극복할 수 있다(함택영, 1998: 124-125).

국가건설의 초기에는 강제를 위한 군비가 추출능력에 비례하지만 국가성장단계에서는 동의를 확보해 나가면서 강제의 한계효용이 감소하므로 군비노력의 증가는 둔화된다. 마침내 국가권력은 시민사회의 헤게모니에 더 의존하게 되고 그 결과 강제를 위한 군비보다 동의를 위한 비용의 중요성이 증가한다. 그래서 강제력 행사에만 의존하는 지배보다 주민의 자발적 복종 등 적극적 정통성(즉 헤게모니)을 갖춘 지배가 보다 강력하고 안정된 국가라는 점을 뒷받침한다. 현행국가의 경험 자료로 비교해 보면 추출능력(조세＋기업이윤)이 높은 국가(일본)가 뒤지는 국가(프랑스)보다 군비/GNP 비율이 낮고, 이윤 집중적 국가(일본)가 조세 집중적 국가(스웨덴)보다 군비부담이 낮으며, 추출능력이 앞선 국가(프랑스)가 낮은 국가(스페인)보다 많은 군비를 부담한다(함택영, 1998: 130-131).

이런 설명이 일본 군사력 증강에도 적용될 수 있는지 검토해 볼 만하다. 패전 후 비군사화 및 민주화개혁에 따라 일본정치세력은 민주선거만으로도 정통성을 확립했고, 정통성 부족의 보전수단으로서 군사력은 의미가 없게 되었다. 그래서 헌법에 무력 영구포기를 명문화하는 것도 쉽게 수용했고, 국민지지를 얻기 위해 경제복구 및 민생복지를 외치는 새로운 정치관행에 익숙해지도록 노력했다.

이런 맥락에서 미국의 재군비 및 군사력 증강요구는 일본지도자들에게 이율배반적인 것이다. 경제성장에 과도하리만큼 집착하는 일본의 정계·재계 지도부는 물론 일반국민으로서도 미국의 요구를 그대로 수용하기는 어렵고, 따라서 군사력 증강결정은 처음부터 지지를 상실한 채, 전략적 선택의 대상이 되었다.

이렇게 형성된 국가와 시민의 새로운 영역과 군사력 증강문제를 분석하는 데는 그람시의 개념이 적절한 설명력을 제공할 수 있을 것이다. 어느 부분이 강제력에 의한 추출이고, 시민사회의 헤게모니 부분인지, 일본에 과연 진정한 의미의 시민사회가 있는지 등의 측면에서 논의할 필요가 있다. 함 교수의 이론모형을 바탕으로 군비를 결정하는 국가기구와 시민사회의 추출 등의 맥락을 분석하고 군비부담률(M/R), 국가재정의 건전성, 국민경제 내의 분포 등의 측면에서 종합적으로 평가하는 것이 더 세련된 분석이라고 이해된다.

이상의 접근법에 대한 설명내용 중에는 일본의 군사력 및 군사력 증강정책을 분석하는 데 그대로 적용되는 부분도 있고, 다소 수정을 요하기도 하겠지만 적용 가능성을 검토하는 입장에서는 하나도 소홀히 할 수 없는 이론들이다. 일본과 어떤 국가 간의 전투를 가상하면 화력, 병력, 작전 및 군사전략 등을 분석해 내는 것이 시급한 과제이겠지만, 평시 일본 군사력에 대한 그런 접근은 자칫 과소평가하는 오류를 범할 가능성이 있다. 일본 군사력은 현재 국가기구의 강제력, 즉 작전동원능력의 면에서는 뒤질지 모르나 함 교수의 이론모형이 설명하는바, 강제력과 함께 사적 영역(private sector)의 헤게모니를 고려하여 일본의 전체 역량을 보다 충실하게 평가한다면 그 내용은 달라진다.

정책을 운용하는 입장에서는 각 분야별 전력지표 등 개수나 전력강도의 개별적 의미보다는 전체적 맥락을 더 중요시하고 그 결과에 의해 새로운 의미가 부여되는 측면도 크기 때문에 일본 군사력 증강정책의 결정형태를 강조하는 것이다.

제2절 일본의 군사력 증강정책 분석의 틀

1. 안보환경의 특수성

한 국가가 대외정책 추진에서 추구하는 목적은 공통적으로 국가의 독립과 안전(survival), 경제적 번영(prosperity)의 추구 및 보호, 그리고 국가적인 위신(prestige)이다(Deutsh, 1978: 100). 그러나 국가마다 처한 환경이 다르기 때문에 정책을 추진하는 방법이나 양상은 다르다.

전후 일본의 군사정책은 안보환경의 특수성 때문에 여타 국가와는 다소 다른 양상을 가지고 있다. 첫째, 스스로의 선택이 아닌 외부세력에 의해 기본방향이 주어졌고, 둘째, 주어진 방향도 일관되지 않고 정반대의 모순(헌법은 무력 영구포기, 미일안보조약은 군사력 증강요구)을 그대로 내포한 채 진전되어 왔다.

이 모순을 해결하는 방법은 헌법을 개정하거나, 아니면 미일안보동맹을 단절하는 것인데, 보수정권 하에서 헌법 개정을 선호했지만 역부족이었고, 진보야당은 안보체제 파기를 주장했지만 수용되지 않았다. 두 모순의 유지가 안보체제의 특수성을 형성하고 있고, 일본정부는 양쪽으로부터 오는 부담과 편익을 적절히 이용하면서 미국의 요구에도 대응하고 자체 목표를 수립하여 시행해 온 것이다.

따라서 일본의 군사정책은 군사력의 증강과 억제 요소를 모두 내포하고 있는 것이 특징이다. 대표적으로 전수방위, 문민통제, 집단자위권 부정, 비핵3원칙, 지원병제, 해외파병 억제 등의 통제적 원칙과 방위력 정비계획 등을 통한 세계적 수준의 군비투자, 무기장비 조달, 군사기술 연구개발 및 자위대 파병 등 확산적 시책이 혼재해 왔다. 일본정부는 군사력 증강에 유리하게 규정을 해석하고, 군사력 증강을 위장하거나 또는 미일안보조약의 규정과 미국의 요구임을 내세워 정책적 배려를 주장하며, 애매한 지침 등을 통해 모순된 체제로부터 오는 장애를 회피하면서 설정된 목표를 달성해 온 것도 특징 중 하나이다. 이러한 전후 일본의 안보환경에 미치는 변수는 다음과 같다.

1.1. 지리적 조건

일본은 대륙에 근접해 있는 도서국가로서 대륙의 영향은 물론 해양세력의 영향도 받아왔다. 이것은 일본이 대외노선을 선택하는 데 중요한 변수로 작용해 왔고, 대외 행동에 나타난 특징을 설명하는 데도 주효하다.

일본은 바다를 이용하여 교통이 편리하고 해양자원을 이용하는 이점이 있지만 좁은 국토면적(37만 2,000km^2)과 부속도서가 확산되어 있어 본토의 4대 섬을 중심으로 육지면적의 남북거리가 약 1,800km, 작은 섬까지 포함하면 최남북단 간 무려 3,500km나 된다. 복잡한 해안선은 총 연장이 미국과 비슷하여 해안선을 따라 국토수호에 막대한 군비가 소요되는 안보상 취약점이 있다. 또한 부존자원의 결핍은 공업생산에 심각한 문제를 안겨준다(須藤眞志, 1982: 227-256).

1868년 메이지유신을 기점으로 시작된 제조업과 수출산업은 협소한 국토와 부존자원 결핍이 결정적 취약점이고, 정책 결정에 항상 특수성으로 작용해 왔다. 자원의 안정공급과 수출시장 확보가 생존, 번영 및 국가위신을 결정하는 최대 요인으로 인식되어 대외전략에서 우호협력과 군사적 대응이 동시에 필요했다.

취약점을 극복하기 위해 산업진흥과 함께 군사력 증강을 통한 서양열강과의 제국주의 경쟁을 선택했는데, 서양세력과의 충돌 및 패망으로 이어졌고, 전후에도 지리적 취약점은 그대로인 채 다시 자원의 안정공급과 수출시장 확보에 나서지 않으면 안 되었다. 현재 일본은 전 세계 육지면적의 0.3%, 세계 전체 인구의 2.8%밖에 안 되는 인력으로 세계 GNP의 15% 정도를 생산하고 있다. 이는 막대한 양의 해외자원을 동원함으로써 가능한 것이다.

지리적 조건에서 오는 일본의 선택방향에 대한 논의에는 상반된 2가지 접근이 있다. 하나는 모든 국가, 특히 자원보유국가들과 우호선린관계를 유지하여 자원의 안정공급을 보장받는 것이 최선이라는 '전방위 평화외교'로 상징되는 노선이고, 다른 하나는 자원보유국과의 선린우호만으로 쉽게 자원을 공급받는 것도, 그렇게 순진한 이념을 항상 선의로 받아들이는 것도 아니라는 자각이다. 특히 중동까지의 긴 항로대(航路帶)를 가지고 있는 일본이 경제대국으로 성장하려면 국제적 지위를 확보하고 이를 뒷받침하는 제해권과 제공권 장악이 절실하다는 주장이 일본의 군사력 수요와 증강의 정당성을 제공한다(村上薰, 1973: 152).

지리적 조건은 전후 일본의 국가적 운명을 바꿔놓았다(Friedman & LeBard, 1991: 107)고 할 만큼 전략적 가치를 인정받는 주요인이었다. 일본은 전전과는 정반대의 노선을 선택했는데, 미국의 대소봉쇄전략에 따라 일본의 전략적 가치가 인정되었고 미일안보동맹이 형성되었다. 미국의 보호 하에서 일본은 막대한 군비를 투자하지 않고도 자원의 안정 공급과 해외시장을 확보하여 경제 강국으로 성장했다(細谷千博, 1991: 20-31). 소련 붕괴 이후에도 자원의 안정공급과 해외수출시장을 확보해야 하는 일본의 입장에 따라 전략적 가치는 계속 추구된다.

지리적 조건을 해결하기 위한 앞의 2가지 상반된 논의에서 어떤 선택을 강요받게 되고, 그 선택에 따라 군사력 운용이 결정된다면 지리적 조건은 일본의 당면한 군사력 증강정책 결정은 물론 군사전략목표를 좌우하는 주요 변수이다.

1.2. 패전에 따른 대외 관계의 특수성

패전 후 미일 간의 '보호-피보호자' 관계는 이후 점령군 당국에 의한 대개혁에 이어 서방진영의 일원이 되고 거대한 군사비를 부담하지 않고도 자원의 안정공급 및 해외시장 확보 등 혜택을 누리게 해 주었다. 이런 관계는 이후 일본의 대외 관계를 보다 특수한 것으로 규정하게 되고, 정책 결정도 그 특수 관계에 의해 계속 영향을 받게 했다.[7]

일본의 대외 행동에 미치는 미국의 특수한 영향은 제3국 관계를 항상 부차적 시각에서 취급하게 하는데(細谷千博, 1991: 23), 대외 관계 설정에 있어 미국을 정점에, 다음에 일본을, 여타 국가들을 일본과의 관계로 대비하여 분포시키는 관행으로 서열을 정한다. 그 저변에는 정

---

7) 일본에서는 전후 미일 관계를 '글로벌 파트너십' 등으로 규정하면서 점령체제로부터 독립하여 일반 관계로 발전했음을 애써 강조(五百旗頭眞, 2000: 65-186)하는가 하면, 많은 자료는 다분히 일방적이고 특수한 관계이었음을 뒷받침하며, 아예 보호-피보호자적 관계의 계속이었음을 인정(細谷千博, 1991: 22)하기도 한다. 불평등 관계에 대한 자세는 전후 국제정치의 흐름 속에서 차라리 일본의 군사역할 대부분을 주둔 미군에 맡긴 채 무임승차를 원했던 것(猪口孝, 1992: 28-29)이라는 분석도 가능하며, 일방적·강제적 측면과 동시에 양국에 이익이 되기 때문에 유지된 것이라고도 할 수 있다.

책 결정자들의 대미 열등의식과 그 반사작용으로서 여타 약소국에 대한 우월의식이 작용하며, 이는 전통적으로 몸에 익혀 온 서열의식과도 맞게 정착된 것이다(오기평, 1981: 259-261).

이런 내용을 전제로 할 때 일본의 정책 결정에서 '미국의 압력과 요구 또는 협력'이라는 변수는 국제관례, 국제기구의 역할, 경쟁국의 군비, 주변정세 등 여타 변수들의 영향력보다 훨씬 더 강하게 작용하는 것으로 가정할 수 있다. 그래서 전후 일본의 군사정책, 특히 군사력 증강정책 결정에서 미일안보동맹을 바탕으로 하는 미국의 영향력은 특수한 변수로 취급할 수밖에 없다.

미일안보조약은 미군의 계속 주류(駐留)를 보장하기 위한 것이었지만 일본은 외부의 적을 미군이 섬멸해 주고 미군 주둔만으로도 침략을 억지하는 안전 확보, 경제성장에 주력할 수 있는 여유(재정적, 시간적) 및 소모억제 등 이익을 기대하게 한다. 반면 동맹의 의무가 부과되고(吉原恒雄, 1988: 112-137), 미국의 광범위한 간섭이 부수되며, 양국 간 갈등의 경우에는 보다 우월한 힘을 바탕으로 미국의 대일 압력을 초래할 수 있기 때문에 '기회와 부담'이 함께 주어진다. 그것은 일본의 대외 행동반경을 규제함은 물론 무기 체계, 작전개념, 군사력 증강 계획 등 지엽적인 분야에까지도 미국을 추수하지 않을 수 없는 결과로 나타난다.

그러나 이런 비대칭적인 특수 관계에서도 일본정부로서는 미국과 동맹관계를 유지함으로써 얻는 혜택(안보, 자원의 안정공급과 해외시장 확보, 서방선진국지위, 선진기술 접근 등)과 포기함으로써 기대되는 새 이익을 계산하여 현재의 이익이 더 크기 때문에 안보체제가 유지되고 있다고 해석할 수 있다.

1.3. 일본인의 대외위기위식과 경제성장에 대한 집착

어느 국가이든지 안보정책은 외부로부터의 위기의식에서 출발한다. 따라서 위기에 대한 인식은 곧 대항방법 등과도 직결되는 문제로서 군사정책의 핵심변수 중 하나이다. 자원의 안정공급과 해외시장 확보에 대한 위기의식이 결국 대미선전포고를 선택하는 데 결정적 영향을 미쳤고, 패전 후 일본인의 위기의식 여하가 군사정책과 대외 행동의 향방을 결정한 것으로 보는 것이다.[8]

패전 후 안보를 일단 미국에 맡긴 상황에서 일본의 국민과 지도자들은 미군 당국의 비군사화 요구도 쉽게 수용했다. 거기에다 당장 외부의 침투위협이 없어 정치자원의 분배적 이익에 더 큰 국민의 관심은 군사안보보다 경제안보에 더 공감하고, 선거 등 과정에서 방위문제의 정책적 매력이나 사회세력들의 참여 압력은 약해져 방위정책은 주변문제가 되고 말았다(Calder, 1989: 370-387).

점령 초기 일본인의 안보의식에 대해 그 내용이 평화주의이며 아주 안정적이었다는 점을 들어 반(反)군사문화(anti-military culture)가 안보규범의 지표라고도 주장(Katzenstein, 1996: 57-58)한다. 반면 1970년대 말경 소련의 군비 증강에 따라 고조된 위기의식은 일본이 미국을 지원하는 방식을 통한 국제질서 보전에 기여해야 한다는 의견으로 대두되어 그동안 자제해 온 방위문제가 공론화되는 계기로 작용함은 물론, 군사력 증강을 추진하여 1980년대 군비 확장노선으로 선회할 수도

---

8) 위기에 대한 인식은 정책 결정자들이 제일 민감할 수 있고 위기의식을 자신들의 정책의도에 유리하게 해석, 과장, 조작할 수도 있는가 하면, 일반국민들이 먼저 감지하고 직접 또는 여론으로 조성하여 정부대응을 촉구하는 경우도 있다. 일반적으로 여론과 안보정책 간에 ① 여론이 정책을 통제, ② 정책입안자들이 여론을 통제, ③ 여론과 정책은 무관, ④ 여론과 정책이 상호작용 등 네 가지의 경우(Russett & Graham, 1989: 239)를 상정할 수 있고, 각각에 해당되는 현실적 사례가 있지만 어느 한쪽의 일방적 통제나 전혀 무관계보다는 상호 영향을 미친다고 보는 것이 타당하다.

있었다고 해석한다(Katzenstein & Okawara, 1993: 127).

한편 1970년대 말 당시 소련의 군사력 증강에 대한 일본 내의 논의 과정에서는 안보개념을 해석함에 있어 군사적·전략적인 의미는 회피하고 주로 '총합안보', '통상로 보호' 등 경제적 의미로 일관했다는 점이 중요하다. 이는 자민당으로서 대외위기보다 경제안보에 민감한 유권자들의 의구심을 완화하기 위해 애매한 개념을 사용한 것인데. 많은 일본인들은 적당한 군사력을 평화 시에도 유지하는 계획 정도로 이해하고 수용할 수 있게 한 것이다. 소련 붕괴에 따른 역내의 역학관계 불안정 등 환경변화에 대해서도 마찬가지로서, 미국의 아시아 방위에 대한 신뢰도가 흔들려 일본 내의 위기의식, 즉 안보불안이 증대되기 시작했지만 큰 동요 없이 지나가, 역시 일본인의 기존 안보문화를 변화시키기에 충분하지는 않은 위기의식이었다고 해석할 수 있다(이숙종, 1999: 85).

그렇다면 일본 내의 위기의식을 고조시킨 원인과 위기의식의 정도를 측정하여 리차드슨의 군비 증강모형을 적용해 볼 여지도 있지만, 일본인들이 외부침략에 대한 우려보다 경제적인 난관에 더 민감하게 반응한다는 내용은 군비경쟁 촉진요인으로서의 위기의식과는 전혀 다른, 차라리 경제성장에 집착하는 특수한 국민성으로 이해하는 것이 타당하다. 상대국의 군비재고에 반응하기보다는 경제에 미치는 부정적 파급을 우려하는 형태라면 오히려 리차드슨의 분석모형에서 군비억제요인으로서의 경제적 제약에 해당되는지 검토해 볼 만하다.

경제에 집착하는 전후 일본인의 특성에 대해서는 그 강조점에 따라 관료역할론, 기업의 특수성론, 산업구조의 특성론, 국가 중심이론, 제도 중심이론, 일본인론을 포함한 문화론적 접근 등 다양하다(염재호, 1995: 161-187). 일본인의 심리적 특성과 정부의 구조적 특징 어느 쪽이든 경제 주체와의 상호관계 하에서 각 요소들이 전후 일본의 대외정책 결정에 영향을 미치는 변수임을 밝혀내고 있다.

이런 현상은 안보보다 경제우선을 일본정부의 일관된 정책기조로 하여 군사비를 책정하고 비핵3원칙(핵무기의 보유, 생산, 반입 부정) 및 무기수출3원칙(공산권, 분쟁국, 유엔의 결의국가에 대한 무기 수출 금지), 지원병제 등을 유지하는 지지기반으로 나타났다. 일본정부는 방위예산을 경제성장과 연동시켜 일정비율을 유지함으로써 과도한 부담이 되지 않도록 조정하며, 그 결과 예산액이 정책의 성장만큼 자동 증가하는가 하면, 반대의 경우 예산부처의 재정통제기반을 강화해 주는 결정적 근거도 되었다.

일본정부의 어떤 정책 결정에도 경제우선주의에 따른 경제적 이해득실의 판단이야말로 항상 선결적 검토기준이었다고 한다면, 군사력 증강 결정에 있어서도 외부압력·관료제·헌법제도·여론·주변국의 반대 등 다른 어떤 이유보다 경제적 이해득실을 근거로 제시하면 정책 결정자를 쉽게 설득하고 국민적 합의도 쉬웠던 것으로 보이며, 따라서 군사력 증강 결정의 핵심변수로서 그 영향력을 검토할 필요가 있다.

1.4. 대외정책의 결정기구와 과정

일본의 군사력 증강정책에 영향을 미치는 일반적인 국내 요인으로서 정부관료제, 정당, 재계 등 압력단체 및 국민여론을 포함한 시민활동 등을 제시할 수 있지만, 그 영향력이나 활동내용은 특수하다는 주장('일본 특수성론')도 쉽게 제기되고 있다.

일본에서는 정책은 전문가인 관료가 해박한 지식과 많은 정보를 바탕으로 입안하고 방향을 제시하는 만큼 사실상 관료에 의해 만들어지고 최종 결정과정은 추인(追認)에 불과하다는 시각이 일반적이었다. 그러나 사회가 복잡해지고 국제환경의 침투가 확대되면서 여러 세력들이 정책 결정에 참여함으로써 결정과정에서 다양한 주체들 간의 협조와 경쟁현상이 대두되었음을 강조하는 주장도 점점 설득력을 얻고 있다.9)

군사정책의 결정에는 관련 법규와 관행을 중심으로 내각, 수상, 방위
성(청) 및 관계부처 등 직접 참가자와 국회, 정당, 재계 및 시민이 일
정한 역할을 수행하고 있다.

1.4.1. 수상과 각의

일본의 내각은 수상과 각료로 구성되며 대내외를 불문하고 정책을
통합하는 최고위기관으로서, 합의제인 각의를 통해 일단 정책이 결정되
면 정부 전체의 의사로 권위가 부여되고 모든 부처가 구속된다. 그러나
비전문가인 수상이 현안에 일일이 개입하기보다는 주로 관계부처의 자
문에 따르며, 각의 심의도 전문적 정책 결정보다는 부처 간 의견조정과
합의 도출의 성격이 강하다.

한편 최고정책결정자로서의 역할은 점점 중시되고 특히 각 부처 간
의 이해 대립을 조정할 필요가 있는 경우와 기존의 대외노선이나 일상
적인 대외정책으로부터 전환을 시도할 경우에는 관료들의 타성적인 보
수성보다는 수상의 권한과 리더십을 활용하는 사례가 늘어나는 추세이
다. 또한 정상외교가 보편화되면서 수상의 외교 감각과 역량이 중요 요

---

9) 전후 자민당 우위체제 하의 정책 결정은 정(政)·관(官)·재(財)의 삼위일체,
그중에서도 실제 관료에 의해 모든 것이 작성된다는 생각이 지배적이었다(細谷
千博, 1977: 4-5). 경제성장과정에서 관료엘리트들이 견인차의 역할을 해 온 사
실로 볼 때 관료의 역할을 분석하지 않고 정책 결정과정을 제대로 파악할 수
없다는 주장은 설득력이 있다. 반면 1970년대 중반 이후 다양한 사회세력의 출
현은 물론 관료와 수상 관계도 변하고, 정치인들의 정책조정역할, 재계의 다양
화. 여타 정치 및 관료세력들과의 다원적 협력과 갈등을 형성하는 다원주의나
조합주의현상도 나타났다(中野 實, 1986: 1-11). 다원주의나 조합주의 모형은
본래 미국과 유럽사회의 현상을 설명하기 위해 개발된 것으로서, 이를 일본에
그대로 적용하기에는 한계가 있고, 구태여 적용한다면 그 의미를 수정 또는 한
정하는 형용사를 붙여 '패턴화된 다원주의', '경계 지어진 다원주의', '관료적 포
괄형 다원주의', '노동 없는 코퍼러티즘', '노동의 한정적 참가형 코퍼러티즘', '기
업복지 코퍼러티즘', '기능적 코퍼러티즘', '반침투적 코퍼러티즘' 등 용어를 사용
하고 있다(村松崎夫·伊藤光利·辻 中豊, 1992: 83-85).

소로 부각되어 성장배경, 사고방식, 이데올로기, 성격, 취향 등 개인적인 특성과 이를 바탕으로 한 수상과 각료 간의 관계 등에 관심이 집중되는 경향을 보이고 있다(渡邊昭夫, 1977: 33-37).

정책 사안이 중대하고 긴박한 경우에는 정책 결정의 참여범위가 좁아지고, 그만큼 수상의 결단에 의한 정책 결정 가능성이 커진다. 일본에서는 미일안보문제와 같은 아주 중대한 사안을 관료들 간의 이해타산이나 거래, 타협에 의해 정책이 결정되도록 맡겨 두지는 않고 수상이 직접 나서거나 최선의 선택을 위해 노력하는 합리주의적인 정책 결정 현상이 일반적이다(依田博, 1993: 138). 특히 미국의 압력이 강해지면 그 절충과 타협을 통한 대응으로서 수상의 리더십에 의해 좌우되어 왔기 때문에 최고정책결정자의 역할이 점점 중시되고 있다.

1.4.2. 방위성(청)과 관련 부처

방위성(청)은 산하에 자위대를 관할하면서 방위정책 전반을 수행하는 주무부처이지만 헌법(66조)의 '문민통제'규정을 원칙으로 하는 일본적 특성에 따라 그 역할과 정부 내의 지위에 있어 제약을 받고 있다. 즉 방위성 직원의 경우 현역으로 충원하지 못하도록 되어 있고 안보정책은 안보동맹의 특수성과 미일 관계의 중요성에 따라 외무성이 주도하도록 되어 있다. 방위성 경리국장과 관방장은 재무성(대장성) 출신자로, 장비국장은 산업성(통상산업성)등 출신자로 보직되며 재무성 직원 4-5명이 파견 근무하여 독자적 정책 결정은 불가능하다(廣瀨克哉, 1989: 82-97).

군사력 증강계획 등 주요 업무는 각의의 승인을 받아야 한다. 관계부처로 구성된 안전보장회의(구 국방회의) 및 각 단계별 관계관회의에서 사전 조정을 통한 합의가 관행이고, 관계부처 간의 거래나 타협에 의한 조정 및 결착을 유도하는 관료정치현상은 일본에서는 아주 특수한 경우이다(渡邊昭夫, 1977: 42-44).

1.4.3. 국회와 정당

일본에는 안보방위에 대해 대략 4가지의 입장, 즉 구 사회당과 공산당의 진보주의, 민족주의적 극우주의, 자민당 강·온파의 보수주의가 있다(진창수, 1999: 20-23). 이들 세력은 군사력 증강정책 결정에 직접 참가, 국회심의, 여론조성 등을 통한 영향력의 조합 및 역량에 따라 동기 부여나 억제의 역할을 수행한다.

일본국회는 대외정책을 직접 입안하지는 않고 정부의 대외정책 결정과 활동사항을 논의할 수 있는 권한이 부여되어 있어 그 범위 내에서 정책조정, 승인, 예산조치 등의 영향력을 행사한다. 그러나 내각책임제 하의 의회는 결국 정당의 활동, 특히 집권여당에 의해 주도되는 정책활동의 장이다. 그런 점에서 방위정책에 대해서는 자민당의 조정역할과 야당의 견제활동이 핵심이다.

자민당은 정무조사회의 역할과 정책전문가인 족의원(族議員)10)의 대두 및 역할 강화 등에 따라 정책 결정에서 당과 관료의 역학관계가 변화되는 추세이다(依田博, 1993: 81-82). 대외정책은 하부기관인 외교조사회와 안전보장조사회가 중심이 되어 정책조사 및 연구를 하고 그 내용을 외교부회가 심의한다.

안보방위 분야는 의원들의 재선욕구나 유권자 및 지지단체의 이해계산과는 별로 연계되지 않아 개인적 이익을 초월한 정치이념이나 신념

---

10) 족의원은 자민당의 정책입안과 관련하여 중추적 지위를 차지하는 정무조사회의 정책 활동 과정에서 정책에 영향을 미치는 유권자, 이익단체, 관료제 등의 요구가 주로 자민당 의원들을 통해 수용되면서 각 의원들은 자신의 이해관계, 정책적 관심 등에 의해 전문 분야의 지식과 정보를 습득하게 되고 그것을 바탕으로 당의 정책을 형성함으로써 자연스럽게 출현한 정책전문가 의원이다. 족의원의 등장은 정부관료의 정보와 지식 독점으로 주도되어 온 정책 분야에서 당이 중요한 역할을 하면서 자민당 의원들에게 정책과 행정에 대한 전문능력을 향상시켜 주는 역할도 했고, 이제는 행정부 내의 각 부처에서도 문제해결을 위해서는 족의원의 지원이나 조정을 요청하는 등 관료의 지위가 상대적으로 저하되는 요인으로도 작용했다(的場敏博, 1986: 156-180).

을 가진 의원들에 한정된다. 따라서 국민적 관심을 환기시키고 여야대립으로 국민적 논의대상이 되거나, 석유 위기 등 국민생활에 직결된 외교문제, 당내 파벌투쟁 및 자금조달과 연계된 경우 등 초미의 관심사항에 한하여 지지하는 것이 일반적이고 그 외는 크게 부각되지 않는다(的場敏博, 1986: 179; 草野 厚, 1989: 80-81).

야당의 경우 사회당 등 진보정당이 당 노선으로서 자위대 위헌, 미일안보조약 반대, 주일미군 철수 등을 제시하고 국회활동, 여론조성 등으로 정부의 대외 및 방위정책에 영향력을 행사해 왔으며, 중·소 및 여타 사회주의국가와의 교류 등 활동을 주도해 온 바 있다. 그러나 일본사회의 전반적 보수화가 당세의 급격한 하락을 초래했고, 공산당의 역할도 크게 지지를 얻지 못하고 있는 실정이다.

1.4.4. 이익단체

일본에서는 정부, 여당지도자, 고위관료, 재계지도자로 구성되는 삼위일체적 엘리트집단을 권력의 핵심으로 보는데, 정책 결정에의 참여빈도나 영향력에서 다른 집단에 비해 단연 우세하기 때문이다(細谷千博, 1977: 5). 그 가운데 전후 군수기업을 중심으로 한 경제단체의 대정부·자민당 압력, 로비활동, 군수기업과 정부 간의 유착 등이 이익단체의 역할로서 대표적이다.

정책 결정에 대한 재계의 역할은 '이해 조정', '여론 조성', '직접 교섭'을 통해 영향력을 행사하는 것인데, 정부정책에 대한 '요망서' 형태로 입장을 발표하거나 각종 회의를 통한 의견교환은 물론 정·재계 간 오랜 유대관계를 바탕으로 정책을 조정하는 것이 관례이다(三澤潤生, 1977: 185-192).

방위정책에 대한 역할은 군수기업을 대표하는 경단련(經團連) 산하 방위생산위원회(經濟團體連合會, 1999: 23-24)의 활동이 대표적인데, 이 단체는 일본정부의 각종 방위정책에 대한 업계입장 전달, 언론에 공표 등 여론조성 및 정부·자민당과의 유착,[11] 심지어 미국과 연계한 대정부 압력도 행사하고 있다(大嶽秀夫, 1984: 19; 黑川修司, 1986: 210-232).

그러나 최고결정자의 리더십에 크게 좌우되는 일본 군사정책 결정의 특징은, 논의는 허용되지만 일단 결정되면 정부조직은 물론 재계나 국민도 쉽게 순종하는 것이 일반적 추세인 만큼 이익단체의 역할은 한정적이다(木村修三, 1977: 127-146). 특히 방위정책과 같은 중대한 국가 결정은 다소 불투명해도 결정자에 맡기고 신뢰하므로 결정과정이 쉽게 바뀌지 않는다(武貞秀士, 1999: 113).

2. 선행연구와 본 연구의 시각

일본의 군사력과 군사행동에 대한 연구는 크게 2가지의 서로 다른 시각으로 대별해 볼 수 있다. 하나는 미국을 중심으로 현재 일본의 군사력과 국제사회 내에서의 군사역할이 경제규모에 비해 왜소하다는 것이고, 다른 하나는 일본의 주변국들, 주로 과거 일본의 침략이나 식민통치를 경험한 한국, 중국, 동남아 등 아시아 국가들을 중심으로 일본의 군사력 규모는 경제력을 바탕으로 계속 증강되어 왔기 때문에 이제는 군국주의 시대의 수준을 크게 넘어 위험수위의 군사대국이 되었다는 시각이다.

미국은 냉전 시기에 대소대응전략의 거점으로 이용하려고 일본을 무장시켜 아낌없이 지원해 온 입장에서 미국의 요구에 충분히 응해 주지

---

11) 이 내용을 군산복합체(軍産複合體)라고 주장하는 시각과, 군산복합체의 존재 자체를 부정하는 시각이 있다. 대표적 군수기업인 미쓰비시의 수주패권과 몇몇 대기업에 의한 주도, 군수기업 계열화, 정부·자민당과의 가격인상유착 등이 군산복합체가 아니고 무엇이냐는 주장(Axelbank, 1972: 41; 木川田榮, 1973: 127-162)은 전자이고, 1950년대 통산성 중심의 군수산업육성계획을 바탕으로 자민당을 매개한 군산당복합체(軍産黨複合體)의 형성조짐이 있었지만 대장성의 긴축정책, 미국 관련기업의 공세 등으로 좌절되어 오히려 미 군산복합체의 하청으로 편입되고 말았다는 주장(大嶽秀夫, 1984: 59-61)은 후자의 시각이다.

않는 일본의 군사행동이 미국에게는 능력이 있음에도 불구하고 의도적으로 기피하는 것으로 보였던 것이다. 이런 인식은 걸프전 등의 기회에 '안보무임승차'를 제기하여 "같이 피 흘리는 군사지원"을 촉구하는 방식으로 표출되었다(Johnson, 1995: 264-270).

그러나 아시아 주변 국가들은 일본정부가 지속적인 군사력 증강으로 군사대국을 지향하고 있는데다 이를 통제할 수 있는 미국이 오히려 군사역할 증대를 부추기고 있어 경제대국을 바탕으로 군사패권을 추구하고, 이에 따라 역내 안정과 평화를 파괴하는 주범이라는 인식을 갖고 있다(한국여론조사 결과 77.4%가 일본 재무장이 동북아평화에 부정적 요소라고 답변: 사회과학연구소편집실, 1990: 71-81). 더구나 일본정부와 자민당 지도자들의 헌법개정 추진이나 신사참배, 교과서 왜곡을 통한 군국주의침략 미화는 전전의 군부관행을 되풀이하는 방식으로서 '군국주의 부활'의 전조로 보고, 관련 동향이 있을 때마다 정부의 공식 항의, 성명발표, 시위 등으로 대응하고 있다.

이런 서로 다른 시각은 정부 당국자의 입장 차이를 반영한 대일정책의 선택문제인 동시에, 과연 일본의 군사력 증강문제를 어떻게 규명해야 할 것인가 하는 방법론의 과제로서 학문적 접근을 통한 다각적인 논의를 필요로 한다. 일본의 소극적 군비부담과 무임승차성향의 원인에 대한 문화규범론 및 제도론적 접근(소극안보론)과, 세계 2-3위의 군사비를 투자하는 군사력 증강에 대한 군비누적론적 접근(군사대국론) 등 기존연구를 분석하고 이를 바탕으로 본 연구의 시각을 정립하고자 한다.

2.1. 소극안보론

문화규범론적 접근에 의하면 일본사회에는 패전의 경험으로부터, 또는 그보다 더 오래전부터 반군사문화(anti-militarism or pacifism)가 형성되어 왔고 구조화되어 있다. 그들은 이런 반군사주의가 진보·중립인 사는 물론 보수인사에게도 이상론으로 받아들여지고 각 분야에서 여론의 지지를 받고 있어 일본이 전수방위의 범위를 벗어나 전쟁으로 연결될 수 있는 군사력 증강 추진에는 제약요인으로 작용하게 된다고 주장한다(Berger, 1993: 137-140; Katzenstein, 1996: 38-42, 53-58).

제도주의자에 의하면 일본정부 내에는 오랫동안 경제우선정책을 추진해 온 결과 특히 예산통제부처가 발언권이 강할 뿐 아니라 때로는 필요한 예산을 배정하지 않는 등의 권한을 가지고 있어 안보방위부처가 군사력 증강에 나서도 정책을 추진하기 어려운 경우가 많다. 이는 전후 초기 경제복구가 지상과제이던 시기부터 시작된 것으로서, 경제부처가 경제성장에 공헌해 온 공로가 있어 아직도 정부 내의 관행이 되고 있다는 것이다(Calder, 1989: 370-376; Berger, 1993: 140-147).

또한 일본에서 군사력 보유는 헌법에 위배되는 것인데다가 이를 근거로 사회당 등 진보성향의 야당이 자위대와 미일안보조약을 강하게 반대하면서 정부 및 자민당에 대한 공격 자료로 이용해 왔기 때문에 이것이 일본정부의 군사력 증강에 제도적 장애요인으로 작용한다. 따라서 헌법을 개정하지 않는 한 군사력 증강에 계속 한계가 있을 수밖에 없으나 헌법을 개정할 수 있는 충분한 의석(전체 의석의 2/3)을 자민당이 보유하고 있지 못하여 지금까지도 그 규정을 유지하고 있다는 것이다(Hellmann, 1977: 328-332; Stockwin, 1989: 104-106).

이와 같은 형편에서 일본정부는 경제력을 바탕으로 국제사회 내의 정치·군사적 지위 및 역할을 강화해 나가고 싶어도 국내적인 제약 때문에 용이하지 않다. 그 결과로서 일본 군사력은 그 자체 충분하지도 않고, 군사정책은 아직도 미국의 극동전략 범위 내에서 미국에 추수(追隨)하는 소극적인 안보방위정책을 견지하고 있을 뿐이라는 결론이다.

2.2. 군사대국론

반면 일본 군사력과 관련하여 1990년 이래 한국에서 발표된 10여 편의 논문내용을 중심으로 보면, 일본은 그동안 경제력을 바탕으로 상당한 군비투자가 이루어져 엄청난 군사력이 누적되어 왔다는 것이다. 일본의 재군비로부터 군사비의 증액 및 각 분야에서의 전력 증강에 이르는 과정을 검토하고, 그 결과를 바탕으로 군사력이 막강함을 지적한 후 대부분 일본이 군사대국의 방향으로 나아가고 있다는 등의 결론에 이른다.

그 근거로서 '군사비'는 미국에 이어 세계 2-3위(정구종, 1990: 102; 김경민, 1998: 248), '무기장비'는 세계 제1의 무기수입국(김경민, 1998: 248), '핵무기를 제외한 재래식 전력'은 세계 최강(이도형, 1990: 171), '군사기술'은 대미역류 수준(윤정석, 1990: 196; 김경민, 1995: 38), '군사력증강정책'은 공격능력 증강으로 이미 전환(박용옥, 1990: 234, 이도형, 1990: 141), '자위대의 작전'은 영역 확대(이도형, 1991: 183; 윤정석, 1998: 155; 진창수, 1999: 42) 등을 지적하면서 군사대국화나 전전의 군국주의 부활, 주변국 침략 가능성 등을 경고한다. 또한 같은 시각에서 미일전쟁의 재발 가능성에 주의를 환기시키는 미국 내의 지적(Friedman & LeBard, 1991: 12)도 있다.

위의 분석은 일본이 이미 헌법 9조의 규정과 같은 제도적인 제약이나 관료제의 갈등 및 국민여론의 장애에도 불구하고 상당한 규모의 군사력을 증강해 왔고, 일본사회가 점차 보수화되면서 자위대와 미일안보체제는 더욱 공고해진 반면 군사력 증강에 극렬하게 반대해 온 사회당은 이미 군소정당으로 전락함으로써 사실상 장애요인이 사라졌다는 사실로 더욱 뒷받침된다고 주장한다. 따라서 일본은 더 이상 최소 전력에 의한 소극안보를 견지하고 있지도 않고, 필요할 경우 언제든지 군국주의적인 침략에 나설 수 있는 충분한 군사능력과 전략의도를 갖추고 있다고 주장하는 점에서 앞의 시각과 다르다.

2.3. 제3의 시각

이 양극적(兩極的) 시각은 충분히 납득할 수 있으나 또한 비판의 여지도 내포하고 있다. 우선 전후 일본의 재군비가 미국의 요구에 의해 수동적으로 시작된 점에서는 소극안보라는 데 동의하지만 당시 일본정부는 국익을 극대화하는 계산된 선택을 했고, 그 점에서 다분히 전략적이며, 전략적 선택은 계속되었다는 점을 들어 앞의 분석을 비판한다. 따라서 전략적 선택의 특징과 과정 및 목적을 소홀히 하면 일본의 정책결정에 대한 설명은 물론 정책판단에 오류를 범하게 된다는 주장이다.

대표적으로 일본정부의 안보방위정책 결정과정을 분석한 Tae-Hyo Kim의 논문내용에서는 일본의 전략적 의도를 포괄적으로 설명한다. 그에 의하면 일본의 소극안보는 반군사문화나 제도적 메커니즘의 결과가 아니라, 전후의 불확실 상황에서 경제복구에 최우선을 둔 일본정부로서 미국의 안보공약을 확보하는 것이 비용을 최소화함으로써 가장 손쉽고 값싼 선택을 한 결과이다. 따라서 그것을 반군사문화로 보는 것은 피상적 관찰의 결과일 뿐이라고 주장한다(Tae-Hyo Kim, 1997: 9).

이렇게 보면 미일안보동맹도 양국의 이익에 부합하기 때문에 반세기 동안이나 유지되고 있는 것이다. 미국은 소련에 대항하고 동북아지역 내의 영향력을 확보하려는 의도에 따라 일본의 전략적 가치를 이용한 것이고, 일본도 미군의 계속 주둔을 계획하는 미국의도를 간파한 이상 일본안보를 아예 위임하는 것이 우선 미국의 점령통치를 빨리 끝내고 경제재건에 나서는 데 긴요하다고 판단하게 되었다는 것이다. 이런 실리적 계산이 이후 미국의 보호 하에서 서방세계의 일원으로서의 혜택을 누리면서도 미국의 각종 군비 증강요구에 대해서는 헌법적 제약, 주변국의 반발, 야당의 반대 등을 이유로 가급적 회피하여 이익의 극대화 전략을 구사하게 했다는 주장이다(Tae-Hyo Kim, 1997: 10).

저비용 및 저위험의 구조로 최대의 이익을 추구하는 일본의 안보방위정책에 대한 이러한 분석은 "위험부담 극소화의 상황적응적 선택"(Michael Blaker), "세계시장에 국가에너지를 집중시킨 전략적 선택"(Norman Levin), "위험은 최소화, 기회는 최대화하는 길을 찾아 요리조리 피해 나가는 대외정책의 방어 운전사"(Susan Pharr) 등 용어를 달리하는 평가내용과 시각을 같이하고 있다(Tae-Hyo Kim, 1997: 11-12). 이들의 주장은 일본의 군사력이, 기대하는 바 경제력에 걸맞은 충분한 수준에는 이르지 못하고 있지만 결코 아무 전략도 없는 소극안보정책(Minimalist Security Policy)에 바탕을 둔 것은 아니라고 하는 점에서 위의 두 분석과 다르며, 따라서 제3의 시각이라고 할 수 있다.

일본 군사력에 대한 각각의 시각을 군사력의 강도와 전략의도의 ‘유’·‘무’로 단순화하여 분류해 보면 〈그림 2-3〉과 같은 매트릭스로 정리할 수 있을 것이다.

〈그림 2-3〉 일본 군사력에 대한 서로 다른 시각

	「일본 군사력이 충분히 강함」	
	긍 정	부 정
「일본의 선택이 전략적」 긍정	I 정구종, 김경민, 이도형, 윤정석, 박용옥, 진창수, G. Friedman & M. Lebard	II Tae-Hyo Kim, M. Blaker, N. Levin, S. Pharr
「일본의 선택이 전략적」 부정	III ? ?	IV T. Berger, J. Stockwin, K. Calder, D. Hellmann, P. Katzenstein

분면(Ⅰ)은 일본 군사력이 충분히 강하고 일본정부의 운용도 전략적이라는 시각이다. 군사력에 대한 평가는 반드시 일치하는 것은 아니지만 주로 수량에 의한 개수비교 방식으로 접근하여 그 규모가 엄청나다는 결론에 이르는 점에서는 비슷하다. 전략적이라는 근거에 대해서는 세부적으로 분석하지는 않고 다만 전략목표를 군국주의 또는 군사대국화를 전제로 하고 있는 점에서 공통적이다.

분면(Ⅱ)은 군사력의 수준은 미흡하여 소극안보의 규모이지만 일본정부의 선택은 전략적이라는 시각이다. 군사력의 수준이 미흡한 근거로는 핵무기 불 보유, 병력수준 제한, 문민통제 및 작전반경의 한계 등을 제시하고, 전략적인 근거를 세부적으로 분석하고 있으나 전략목표에 대한 검토는 공통적으로 유보하고 있다.

분면(Ⅲ)은 일본 군사력이 강하면서도 비전략적인 경우가 해당되는데, 일견 모순되는 것으로 보이기도 하지만, 구태여 예를 든다면 현 일본 군사력의 수준이 상당히 강하다는 점은 인정하면서도 결코 주변국들이 주장하듯이 군국주의로 되돌아가거나 군사대국화를 추구하지 않고 오직 전수방위 목표를 고수한다고 주장하는 일본정부의 대외홍보 내용이 가장 비슷한 사례이다. 이런 주장이나 결론은 일본이 실제 군사대국화를 추구하는 것으로 판명되는 경우 사실에 대한 하나의 위장으로서 "강하고 전략적이다."(분면 Ⅰ)로 돌아가는 형태가 되고 말 것이다.

분면(Ⅳ)은 군사력의 수준도 미흡하고 전략적 선택이나 전략목표도 없이 미국의 보호 아래 현상유지를 선호하고 있다는 시각이다. 군사력 수준이 미흡한 근거로는 일반적으로 일본 군사비가 경제규모에 비해 현저하게 왜소한 점을 미국, 러시아 및 여타 서방국가들의 경우와 비교하여 제시하고 있다. 일본의 군사전략에 대해 공통적으로 '전수방위', '비핵3원칙' 등이 지켜질 것으로 보면서 국제사회 내의 군사역할에 대한 논의나 참여에 나서지 않는 점에서 비전략적이라고 주장한다.

각각의 시각은 같은 대상을 놓고 관점이 다르기 때문에 다른 결론이

나왔다고 본다. 일본의 단순 개수화된 무기장비의 수량을 자신의 기준에 따라 평가한다면 결론이 평가자의 의도에 의해 좌우될 여지는 얼마든지 있다. 이는 마치 반 컵의 물을 놓고 다른 입장에 따라 '많다'거나 '적다'거나 하는 논리와 같다고 하겠다.

따라서 그 강약을 단정하지 말고 군사력 증강 추진의 환경여건과 결정 및 결과로서의 군사력을 함께 검토하면 일본정부의 정책과 그 실현에 필요한 군사력으로 대상을 한정하게 되어 각자의 입장에서 본 평가보다 객관성을 유지할 수 있다.

2.4. 본 연구의 시각

2.4.1 기존연구에 대한 반론

위의 서로 다른 시각과 관련한 문제점을 검토하고 그 결과를 바탕으로 이번 연구에서 추구하는 내용의 관점을 제시하고자 한다.

첫째, 일본국민의 평화애호나 반군사주의 문화가 일본정부의 군사력 증강정책을 모두 설명할 수는 없다. 패전 직후 일본사회에서 전쟁공포와 반전분위기가 조성되어 재군비에 장애가 되었던 것은 사실이다. 그러나 국민은 전쟁과 군비에 반대하지만 정치엘리트들은 온갖 수단을 동원하여 국민을 설득, 강제하고 군사력을 보유하게 된다. 일본역사상 국민은 아무리 평화를 갈구했어도 수많은 전쟁을 경험해 왔고, 또한 전후 반전분위기 하에서도 다른 요인에 의해 군비 증강은 이루어졌다. 따라서 현재 일본 군사력에 대한 반전문화의 역할은 다양한 촉진이나 억제요인 중 어느 하나이지 전부는 아니다.

둘째, 군사력 증강에 장애요소로 여겨져 온 일본헌법의 전쟁 및 무력 영구포기 규정이나 강력한 야당의 방해 등의 역할도 점차 약화되어 왔다는 점이다. 일본정부는 자위대 창설, 군사력 증강, 작전범위 확대, 해외파병 등을 실현할 때마다 헌법규정의 내용을 재해석하여 장애를 극복해 왔다. 진보야당은 극렬하게 반대했지만 결과적으로 정부의 의도는 실현된 반면, 이에 반대한 사회당은 유명무실한 정당으로 전락하고 말았다. 또한 일본정부가 미국의 군사력 증강 요구에 대해 헌법적인 제약이나 야당의 공세, 주변국의 반발 등 내외여건을 이유로 내세운 것은 오히려 협상을 유리하게 하기 위한 하나의 전략이었을 수도 있다.

셋째, 일본관료제 내에서 상대적으로 강한 경제부처의 영향력이 군사력 증강 추진에 장애요인이라는 지적은 일본정부의 정책 결정과정을 너무 단선적(單線的)으로 보는 시각이다. 일본정부 내의 부처이기주의에 의한 대립, 갈등 및 이해조정의 관행이 예산 배정 등에서 대장성(현 재무성) 등 경제부처의 월등한 영향력으로 작용하는 현상 등은 잘 알려진 내용이다. 그러나 경제부처의 영향력도 부처 간 의견조정의 한 현상일 뿐이며, 여타 대내외 요인과의 조합에 의해 증감하는 것이지 모든 사안에 대해 항상 압도하는 것은 아니다.

넷째, 일본 군사력의 평가도 문제이다. 우선 단순 개수의 기준으로 군사비가 GNP의 1%에 불과하고 여타 선진국의 5-6%와 비교하면 현유 군사력이 경제력에 걸맞지 않다는 주장도 타당하나, 군사력의 충실도(낮은 부담률로 강한 군사력을 유지하는 정도)나 잠재력으로 보면 반대의 결론에 이른다. 즉 이런 2가지 상반된 사실은 왜소하다거나, 거꾸로 과도하다는 양쪽의 주장을 동시에 뒷받침할 수 있는 근거이다. 핵무기 미보유로 군사강국이 아니라는 지적(Tae-Hyo Kim, 1997: 1)도 그 잠재력과 기술수준으로 보면 군사대국의 절대적 지표로서 적당하지 않다.

전후 일본의 군사력 증강은 대외위기에의 대응 등 분명한 목표나 스스로의 수요를 기반으로 추진되기보다는 대내외 요인으로부터 끊임없는 압력을 받고 대응하는 과정이었다. 따라서 군사력 증강은 대내외 환경요인의 변화에 따라 항상 유동적이었고, 이런 유동적 현상은 일본의 대외정책 결정에 있어서도 대내외 변수의 역할이 똑같이 강조되며 변수 간의 관계를 규명하는 것이 과제임을 말해준다.

현실주의자들은 대외 요인만을 강조함으로써 국내 정책과정이나 일본의 특수성을 소홀히 하게 되어 전후 일본정부의 군사력 증강이 작용·반작용의 원리에도 맞지 않고 동맹으로서의 의무도 다하지 않는 소군비주의(小軍備主義) 등의 측면밖에 볼 수 없었을 것이다. 반면 현실주의가 소홀히 한 대내 요인을 강조하는 입장에서는 전후 일본정부의 군사력 증강에 대한 제약요인으로서 반전문화를 분석하거나 제도적 장애, 진보성향의 야당, 관료제 간의 갈등 등을 지적하고, 그 결론은 항상 국내적 장애 극복을 위한 미국의 강한 압력과 일본지도자의 리더십 강화 필요성을 제시하지만 더욱 강화된 미국의 압력이 왜 만족할 만한 결과로 나타나지 않는지 설명하지 못한다.

전후 일본의 군사력 증강은 대내외 어느 한쪽만 아니라 복합적 영향을 받아 역동적으로 이루어지기 때문에 여건에 따라 군사력 증강이 촉진되기도 억제되기도 하는 과정이며, 따라서 대내외 변수 어느 한쪽만으로 그 변화과정을 적절히 설명할 수 없다. 각각의 변수는 군사력 증강의 촉진이나 억제요인으로서의 역할을 수행하는 개별 요소에 불과한만큼 개별적 분석에 그치지 말고 군사력 증강 전체 구조에 통합시킴으로써 변화과정 전반을 추적해 나가는 것이 바람직하다.

이상의 내용을 두고 볼 때 그 시각의 차이는 보는 입장이 다른 데서 나온 결과일 뿐이지 어느 쪽이 옳고 그르다는 문제는 아니다. 따라서 각자의 입장에 맞는 어느 한 가지만의 지표보다는 다각적인 접근의 필요성이 제기된다.

2.4.2. 본 연구의 관점

이번 연구에서는 전후 일본의 군사력 증강이 처음부터 방어전쟁이나 침략 등 일정한 목표를 향해 출발한 것이 아니므로 상황변화에 따라 적응해 나가는 과정으로 본다. 군사력 증강은 대내외 변수에 의해 내용이 결정되고, 그 내용은 새로운 환경에 의해 다시 변경될 수 있다는 것을 상정(想定)한다. 일본정부가 주어진 환경으로부터 영향을 받으면서 정책목표를 실현하기 위해 최선을 다하고, 특히 군사력 증강정책은 전략적 선택에 의해 이루어졌을 것이라는 시각에서 접근한다.

소극안보론이 주장하는 바대로 미일안보체제 하에서 일본의 군사력 증강정책 결정은 미국의 요구에 의해 주도된 것이 사실이다. 만약 일본정부의 정책 결정이 전략적 선택이 아니라 미국의 요구대로만 실천되었다면 일본의 정책 결정은 미국의 요구 내용을 분석하는 것만으로 쉽게 파악할 수 있을 것이다. 이 경우 일본의 전략목표가 따로 있다고 보기는 어려울 것이고, 일본의 안보정책이 반군사문화나 제도적 장애 때문에 미국의 요구에 마지못해 따라가는 것이었다면 이것이 바로 여기에 해당된다.

그러나 본 연구에서는 일본정부의 안보방위정책, 특히 군사력 증강정책은 미국의 요구를 놓고 미국에도 호응하지만 가장 이익이 되는 선택을 모색하기 위해 노력하는 한편 오히려 미국의 요구를 국내정책 결정에 적절히 이용하는 적극적 대응의 결과로 보고자 하는 것이다. 일본정부가 적극 대응하는 것은 미국의 요구에도 응하면서 일본의 당면한 문제 해결이나 국익에 기여하고 나가서는 장래의 국가목표에도 연계시켜 나갈 수 있는 비전이 있기 때문이라고 가정한다. 따라서 일본의 선택이 전략적이라 함은 일본은 나름대로의 전략목표가 있고 그 목표 달성을 위해 결정의 자유가 있으며, 또한 최선을 선택했다는 것을 의미한다.

3. 분석의 틀과 연구가설

이번 연구에서는 일본의 군사력 증강정책 결정에 영향을 미치는 변수들과 변수 간의 역할관계를 규명함으로써 군사력을 증강하는 일본정부의 결정형태를 설명하고자 하는 만큼 우선 대내외 변수를 확인하는 것이 관건이다.

정책 결정 연구에서 대내외 변수 간의 역할 관계는 항상 논란의 대상으로서, 적절한 조합을 발견하는 것이 핵심이지만 분야에 따라, 입장에 따라 다르게 취급되고 있다. 대내·외 변수가 상호 작용하는 것도 이해되지만 그 균형의 유지도 일관성을 기대하기는 어렵다. 그렇다면 정책을 결정하는 그때그때의 환경, 참가자 그리고 결정과제 등의 여건 여하에 따라 서로 다른 영향력의 순위를 반영할 수밖에 없다.

전후 일본 군사력 증강에 작용하는 영향력의 측면에서 대내외 요인의 우선순위는 일본의 특수한 여건을 반영하고 일본정부가 선택한 정책으로 나타난다고 볼 수 있다. 그래서 로즈노의 연계이론에서 열거되는 변수요인들을 일본에 적용하여 그 순위를 검토해 볼 수 있을 것이다. 로즈노는 대외정책 결정에 대한 참여나 영향을 미치는 개인과 조직 등을 망라하여 5가지의 변수로 분류하여 국제환경, 국가사회 환경, 정부, 정책 결정 엘리트의 역할, 중심적 결정자의 개인적 특성 등을 제시한 바 있다(Rosenau, 1980: 128-129).

전후 일본의 군사력 증강은 군사력의 필요성에 대한 자각과 그 실현을 위한 선택이기보다는 미국의 강제에 의해, 그것도 심각한 갈등 하에서 비자발적으로 출발했던 특수한 사정을 반영한다. 따라서 변수의 역할은 일본정부를 군비투자로 유도하는 동기 부여와 이에 대한 국내적인 대응(지지와 반대)으로 파악하는 것이 더 큰 의미를 가진다. 이에 적절한 변수들의 조합을 발견하기 위해서는 로즈노의 각 항목을 동기 부여와 억제요인으로 단순화시키는 것이 현실적이다.

3.1. 동기 부여 및 억제요인

일본 군사력을 군비투자의 측면에서 접근하면 우선 그동안 무기장비 조달의 방식(예컨대 해외구입, 연구개발에 의한 자주생산, 소모억제 극대화)으로 축적시켜 온 결과로 나타나고, 각 단계의 결정은 군비투자를 동기 부여 또는 억제하는 요인 간의 역할관계로 설명할 수 있다.

동기 부여 요인으로 주변국의 군비경쟁·위협·동맹관계·국제기구의 참여요구 등 외부 요인과, 민족적 프라이드와 야심·자체 방위 필요성·재계의 요구·경기순환주기 등 내부 요인을 열거할 수 있다. 억제요인으로는 전후 일본사회 내에서 공감대를 형성해 온 경제성장에 대한 국민적 여망과 정부의 경제우선정책에 따른 경제적 제약요인을 들 수 있고, 그 밖에 헌법규정 등 제도적 제약·반전여론·야당의 반대·관료간의 갈등 등 내부 요인과, 국제사회 내의 일본군국주의 부활 경계·주변국의 반발·제재위협 등 외부 요인을 열거할 수 있다.

군사력 증강정책 결정에 영향을 미치는 변수들을 앞에서 검토한 바 있는 일본의 특수성에 맞춰 정리하면 동기 부여의 측면에서 동맹체제 하의 '미국의 요구'가 가장 직접적이고 여타 변수들은 다분히 미국과의 관계에서 재규정되어 왔음을 용이하게 발견할 수 있다. 그리고 억제요인으로는 전후 일본사회 내에서 국민의 강한 여망과 정부의 최우선 정책목표를 바탕으로 형성된 경제우선주의에 대한 공감대를 반영하여 '경제적 제약'이 가장 강하고 지속적인 영향력을 발휘하는 특징을 상정할 수 있다. 각 항목을 앞의 〈그림 2-2〉에서 살펴본 로즈노의 모형에 대치해 넣고 재정리하면 〈그림 2-4〉의 도식이 된다.

<그림 2-4> 일본 군사력 증강정책의 동기 부여와 억제요인

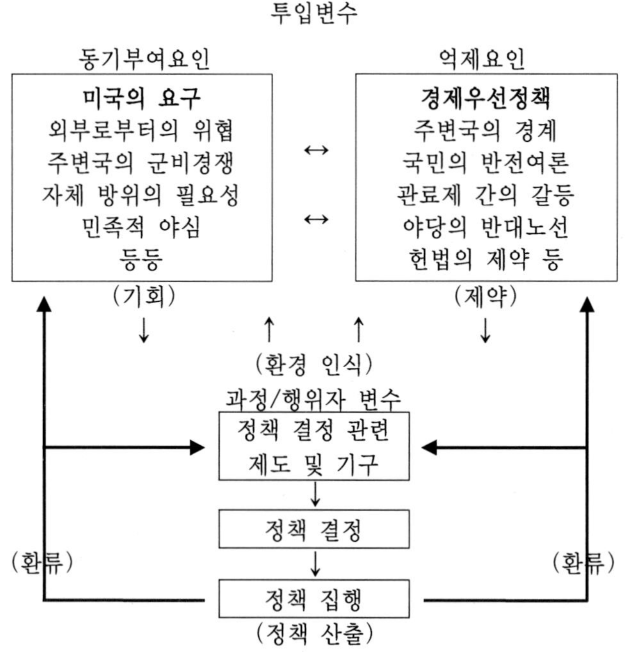

3.2. 변수 간의 관계

변수 간의 관계는 일본의 특수성 등을 고려하여 각각의 영향력을 가감함으로써 파악하게 된다. 이렇게 함으로써 일본정부의 군사력 증강정책 결정에 미치는 각 변수들의 영향력 통로와 그 상대적 크기를 설명할 수 있고, 구체적으로는 환경요인-정책 결정(수단 선택)-집행 결과(군비 증강)의 과정으로 나타난다.

일본정부의 군사력 증강에 대한 동기 부여로서 미국의 요구를 강조하는 것은 일본의 패전에 따른 시기적 특수성, 이후 미국의 냉전전략과 이를 바탕으로 한 미군 주둔 및 미군 주둔으로 대표되는 동맹관계의 비대

칭성과 함께, 미국의 일본에 대한 시장 제공 등 동맹체제 하에서 부여되는 편익(경제 이익)과 부담(군사역할)이 교환(substitute)됨으로써 '미국의 요구'가 외압으로서 가장 강력한 동맹효과를 발휘한 데 비해, 일본은 대미의존을 통한 전후복구 및 국익증진전략 이외에는 선택의 여지가 극히 좁았다는 점을 고려하여 여타 변수보다 가중시킨 결과이다.

'미국의 요구'라는 변수가 동맹의 지위로부터 나온 것이라면 부담과 편의를 모두 내포한다. 원칙적으로 미국으로부터 오는 부담과 편익을 계산하여 편익이 더 크면 동맹이 유지되고, 그 반대이면 파기될 것이다. 그러나 전후의 특수한 관계로 보아 대등한 입장에서 일본정부가 미국 측과 동맹으로서의 부담과 편익을 협상한다고 보기는 어렵다. 미국과의 동맹은 국제냉전체제를 바탕으로 형성된 만큼 미국의 대소전략에 의해 좌우되고, 냉전구조 하에서 작동하는 변수라고 할 수 있다. 따라서 동맹으로서의 '공동의 적과 공통의 이해'는 미국의 전략에 주도되어 변화될 수도 있고, 때로는 압도적 영향력에 의해 미국의 일방적 이익만을 추구하는 경우도 있을 수 있다.

그렇다고 해서 일본정부가 미국의 요구에 항상 순종하는 것은 아니고, 오히려 일본 측은 미국의 요구를 놓고 일본의 국가이익(예컨대 안보무임승차, 첨단군사기술 획득 등)이나 정책결정자의 이익(미국의 지지를 통한 국내입지 강화 등)을 위해 이용할 수 있는 여지를 탐색할 수도 있으며, 이것이 오히려 전략적 선택의 속성이다. 미국의 요구는 강할 수도, 약할 수도 있고 요구가 일본정부의 기대보다 크면 '강하다'고, 같거나 그 이하이면 '약하다'고 받아들여진다.

억제요인의 경우도 마찬가지이다. 전후 경제복구에서 고도성장에 이르기까지 경제성장에 대한 국민적 공감대를 바탕으로 경제우선정책에 집착해 온 일본의 지도부 및 국민 전반의 성향에 따라 경제적 판단이야말로 일본정부의 어떤 정책 결정에서도 항상 선결적인 검토기준이 되어 왔으며, 군사력 증강의 경우에도 예외가 아니다. 이는 군비 증강에 반대하는 경우 다른 어떤 이유보다도 경제적인 이해득실을 근거로 제시하면 정책결정자에게 설득력이 있고 국민적 합의도 쉬웠던 반면, 헌법의 명문규정(제9조) 등 제도적 제약 장치, 사회당의 반전운동, 국민의 반대 등 변수도 일정한 역할은 있었지만 재군비나 자위대 발족 및 그 후의 군비 증강을 억지하지 못한 사실과 대조적이다.

경제적 요인의 억제역할도 일률적일 수는 없다. 일반적으로는 경제적 여건이 어려우면 군비를 축소하기 마련이다. 그렇지만 거꾸로 군사력 증강이 경제성장에 기여한다면 오히려 군사력 증강을 촉진한다는 논리도 성립된다. 경기순환주기에 의하여 유효수요를 창출하는 '군사적 케인즈주의'가 그런 경우일 수 있는데, 이런 예외적인 사례가 실제로 일본정부의 정책 결정과정에서 확인되면 그것을 일본의 군사력 증강정책 결정의 특징적 구조라고 할 수 있을 것이다.

군비 증강에 대한 경제적 억제요인은 일본정부의 정책 우선순위를 결정하는 과정에서부터 작동한다. 즉 그것은 군비투자를 허용하는 재정적 범위를 말하는데, 구체적으로 재정 통제를 주도하는 재무성(구 대장성)이 방위성(청)의 예산 요구를 반영시켜 주는 정도로 표현된다. 군비는 소모적 분야이기 때문에 경제성장이나 복지의 측면에서는 항상 저해요인으로 간주되기 쉬워 정부정책의 우선순위에서 뒤로 밀린다. 특히 일본에서와 같이 경제성장이 우선하고 전쟁의 위기가 급박하지 않은 실정에서는 경기동향에 더욱 민감하게 반응하여 경기의 호오(好惡)가 제약요인의 강약으로 나타난다.

이 2가지 대내·외 변수 간 상호작용은 '미국의 요구'라는 대외변수가 일본정부 내의 정책과정에 침투하면 일본에서는 제일 먼저 '경제적 판단'에 의해 점검된 후, 수용 또는 대립갈등을 유발하면서 정부대응을 촉구하여 정책을 결정하게 되는 메커니즘이다. 미국은 요구를 관철시키기 위해 일본정부 이외의 이익집단이나 정치세력을 매개로 압력도 행사하고 이익집단이 정부에 도전하기도 하지만 이익집단이나 정치세력들도 '경제적 제약요인'과 '미국의 요구'의 강도를 바탕으로 행동하고, 결국에는 그 반영인 정부의 전략적 선택으로 수렴된다고 본다. 이렇게 하여 대내·외 변수 간 상호 영향의 통로도 확인할 수 있다.

　일본 군사력 증강에 대한 동기 부여와 억제요인은 영향력의 크기에 따라 모두 고려하는 것이 원칙이다. 그것은 한꺼번에 가능하지는 않고, 따라서 각 상황에 적합한 변수들의 조합을 구성하여 순차적으로 검토하되 여타 변수는 일단 상수로 취급한다. 전후 일본정부의 군사력 증강 결정은 우선 2 가지의 핵심변수 '미국의 요구'와 '경제적 제약'의 서로 다른 '영향력의 조합'에 따라 다음 2×2의 매트릭스를 구성하고 각각의 경우에 작용하는 변수들의 역할을 점검함으로써 영향력의 순위로 확인해 나갈 수 있을 것이다.

<표 2-1> 일본 군사력 증강에 영향을 미치는 변수의 조합

구　분		미국의 요구	
		강　함	약　함
경제적 제약	강　함	선택(Ⅰ)	선택(Ⅱ)
	약　함	선택(Ⅳ)	선택(Ⅲ)

　이런 변수의 매트릭스에 의해 형성되는 각각의 환경조건에서 실제 일본정부가 선택한 내용(수단 선택) 및 그 결과를 상호 연관시킴으로써 3 요소간의 상관관계를 확인할 수 있다. 수단 선택으로서는 일반적으로 군사비 책정·무기장비 조달(연구·개발·획득 포함)·법제 정비·방위정책 전환 등이 있고, 그 결과는 크게 ① 병력·사기 등 인적 요소, ② 무기장비·군사비 등 물량적 요소, ③ 작전반경 확대 등 군사 전략적 요소로 나누어 설명하는 것이 바람직하다.

　이렇게 하여 환경요인 – 수단선택 – 결과(군비증강)간의 상관관계를 설명할 경우 냉전 및 탈냉전 시기 일본의 군비 증강정책 결정 구조를 더욱 명확하게 규명할 수 있게 된다. 그 구상을 개략적으로 표시하면 다음 〈그림 2-5〉과 같다(신경식, 2004: 246). 동 구상을 바탕으로, 전후 일본정부가 단계별로 추진해오고 있는 '방위력정비계획'의 자료를 토대로 군사력 증강 내용을 요소별로 나누어 설명하고 그 연장선상에서 금후의 전개방향도 전망해 보고자 한다.

<그림 2-5> 환경요인 – 수단선택 – 결과 간 관계의 개념도

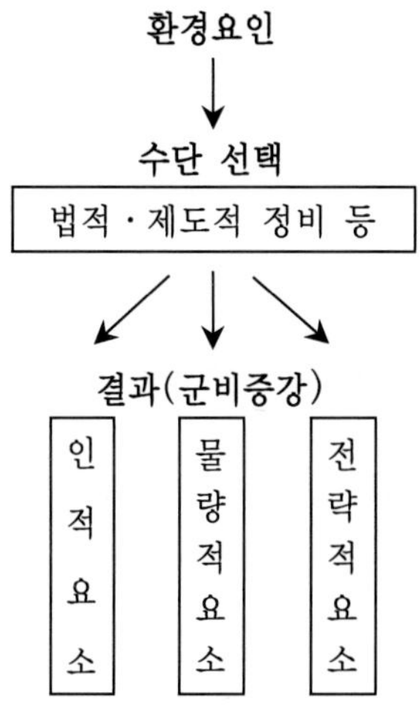

3.3. 연구 가설

이상의 내용을 바탕으로 이 연구에서 확인하고자 하는 사항을 다음과 같이 가설로 정리할 수 있을 것이다.

가설 1. 미소냉전체제 하에서 일본의 군사력 증강정책 결정은 주로 '미국의 요구'와 '경제적 제약'의 2 변수에 의해 결정된다.

1-1. 경제여건이 악화되면 일본정부는 군비 증강보다 경제회복에 주력하면서 안보는 전적으로 미국에 의존하려 한다. 미국의 압력

이 강하면 타협하려고 하지만 경제여건이 호전되지 않는 한 미국의 요구를 모두 충족시키기는 어렵다(선택 Ⅰ).

1-2. 경제여건이 악화된 상황에서 미국의 지원도 후퇴하면 일본정부는 군비축소를 선택한다. 미국의 지원이 기대되지 않아 자주방위 등도 구상해 보지만 경제여력이 없기 때문에 어떻게든 미국과의 기존협력관계 등을 부각시켜 약화된 억지력을 복원하려 한다(선택 Ⅱ).

1-3. 경제여건이 허락하면 일본은 미국의 압력이 아니라도 스스로 군비 증강에 나선다(선택 Ⅲ).

1-4. 경제여건의 호조에 따라 군사력 증강이 진전되는 상황에서 일본의 증강계획을 뛰어넘는 미국의 압력이 가해지면 갈등이 발생하지만 일본정부는 이를 군비 확장에도 이용한다(선택 Ⅳ).

가설 2. 냉전체제의 붕괴로 미국이 일본의 군사력 증강을 지원할 공동의 적과 공통의 이해기반이 약화되었다. 이는 '미국의 요구'와 '경제적 제약'에 의하여 결정되는 기존 정책 결정의 구조적 변화를 의미한다.

2-1. 탈냉전기에는 냉전기에서와 같이 '미국의 요구'에 의한 대소대응 전략으로서 일본의 군사력 증강은 이루어지지 않는다.

2-2. 그러나 미국의 지원이 계속되지 않더라도 자체 동기 부여나 국제군사역할 강화 등을 통한 군사력 증강의 당위성을 모색하려 할 것이다.

2-3. 탈냉전기에도 경제우선주의에 대한 일본정부와 국민의 집착성향이 없어지지 않는 한 군사력 증강에 대한 경제적 제약은 지속될 것이다.

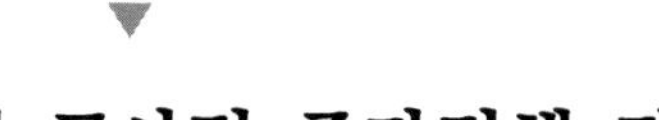

제3장 냉전기의 군사력 증강정책 결정

제1절 전후 초기의 재군비 및 군사력 증강 (1950년-1957년)

미군점령 하의 일본은 주권이 박탈되고 점령군최고사령부(GHQ)의 명령에 복종만 하는 사실상 주종관계에 있었으며, 이는 포츠담선언, 항복문서 및 GHQ지령(SCAPIN)으로 규정되었다. 일본정부는 존속했으나 GHQ지령을 국내법령[포츠담성령(省令)]으로 바꿔 시행하는, 즉 점령정책의 효율적 집행을 위한 기구일 뿐이다. 당시 미국은 무소불위의 세력으로서 미국정부의 의사가 일방적으로 관철되고, 일본정부나 국민은 참회하는 마음과 자세로 따라만 간 측면도 강하다.

그런 중에도 일본지도자들은 국익을 위해 최선을 다하는 자세가 있고, 상대의 막강한 권력을 적절하게 이용하여 국내입지를 강화하면서 점령당국의 내부알력, 이견과 이해 대립 등 현상을 발견하면 곧바로 일본의 입장을 반영시키는 기회로 이용하는 다양한 대응양상도 있었다. 당시 미국의 대일정책도 유동적이었고, 일본이 예상보다 일찍 항복하여 준비부족의 상태에서 부처 간 입장 차이와 이해 대립도 표출되어(Kennan, 1967: 370), 일본 측이 이용할 여지는 충분했다.

이 시기 미국정부의 의도가 관철된 사실에는 의심의 여지가 없으나 일본 측의 전략적 대응노력도 간과할 수 없는 내용으로서, 특히 요시다 수상의 정치적 리더십과 교섭능력이 주도적 역할을 수행했다. 여기서는 초기 군사력 증강정책의 결정요인과 그 역할을 검토하고자 한다.

1. 미국의 점령정책 변화와 일본의 대응

1.1. 미국의 점령정책

점령군 당국의 당면정책은 일본 내의 치안확보와 함께 사전에 결정되어 있던 제 방침을 이행하는 것이다. 그것은 일본에서 군국주의가 재기할 수 없게 하는 비군사화조치(de-militarization), 민주이념을 정착시키기 위한 민주화개혁(democratization) 및 합리적 수준의 경제복지(a reasonable degree of economic well-being) 유지로 요약된다(Reischauer, 1965: 235).

비군사화와 민주화 조치는 무장해제, 전범재판과 처형, 군국주의단체 해체, 우익세력의 공직추방, 군수산업과 재벌해체, 언론자유, 여성참정권 부여 등을 단행하고, '전쟁과 무력 포기'(제9조) 등을 헌법에 명문화(1947년 5월 발효)함으로써 이를 영구 정착시킨다는 의지로 나타났다.

전쟁배상절차는 미 대통령특사 폴리(Edwin W. Pauley)를 단장으로 하는 사절단이 방일(1945년 11월)하여 실태조사 후 '일본으로부터의 배상실시계획'(1945년 12월: 중간보고, 1946년 4월: 최종보고)으로 구체화되었다. 그 내용대로라면 군수생산은 물론 조선·경금속 생산력의 전부와 철강 생산력의 75%, 화학·기계공업·화력발전소의 절반이 일본 통치의 피해국들에게 배상으로 제공되고, 일본은 사실상 농업국으로 돌아갈 형편이었다(原康, 1991: 134). 일본정부와 재계가 저지에 나섰지만 대상기업 철거 등 시책을 통해 그대로 이행되어 나갔다.

미국은 일본에 대한 반감과 엄격한 군사통제 하에서 자족적 경제를 영위하는 맥아더(D. MacArthur)의 '동양의 스위스'구상과 같은 중립국가(吉田茂, 1957, 3卷: 110)를 이상적 모델로 삼았던 것으로 보인다. 특히 국무부는 극동전략의 핵심을 중국에 두고, 중국공산화(1949년 10월) 후에도 '모택동의 티토화'에 대한 기대감에서 공산정권 회유에 집착(五

百旗頭眞, 2000: 67)하면서, 정책 성공을 위해 여타 주변국에 대한 관심 표명과 전략변경 조짐은 극단적으로 자제해 왔다.

전후 생산은 전전의 20% 수준에 불과하여 극심한 물자부족을 겪었는데, 미 점령지구제(救濟)계획의 틀에 의해 제한되고, 수입도 외화부족과 허가제 때문에 쉽지 않았다. 일본정부는 GHQ를 통해 식량 수입을 요청했지만 미국정부가 불허하여 GHQ의 보유식량 방출로 연명하기도 했고, 1947년 다소 완화되어 일본정부가 가용량의 20% 정도를 GARIOA(Government And Relief In Occupied Areas)예산으로 수입하여 공급하는 실정이었다(大藏省財政史室, 1976 3卷: 269-277).

1.1.1. 점령정책의 변경

미국의 점령정책은 극동전략의 전개방향에서 이루어지는 것으로서, 전략이 바뀌면 점령정책도 달라지지 않을 수 없다. 미국정부 내의 대일정책 변경문제는 이전부터 제기[12]되어 오다가 전후 미국이 이 지역에서 가장 심혈을 기울여 지원해 왔던 중국이 공산화되면서 본격화되었다. 미국의 대공산권 방어선에서 중국이 떨어져 나가자 일본의 전략적 가치는 더욱 중시되고 마침내 조속한 전후복구와 조기강화(講和) 및 재군비의 필요성이 제기되기에 이르렀다. 한국동란의 발발에 따라 일본 중시는 기정사실화되고 이후 정책의 초점은 대일지원에 맞춰졌다.

미국이 새롭게 인식한 일본의 전략적 가치란, 의견이 분분했지만, 미 국방부의 평가(1949년 6월 1일 NSC 49)[13]로 요약된다. 이 내용으로

---

[12] 점령정책의 변화는 1947년 3월 트루먼(H. Truman)선언, 5월 애치슨(D. Acheson)국무장관의 '일본을 동양의 공장으로' 발언, 1948년 1월 로열(K. Royall)육군 장관의 '자족적 민주주의 일본 확립' 발언, 10월 9일 신대일정책문서 NSC 13/2, 1949년 5월 극동위원회 미국대표(맥코이)의 배상종결 선언이 속속 발표되는 데 따라 확대되었다.

[13] 미 국방부의 평가는 ① 일본의 지리적 위치로 보아 소련이 태평양상의 미군기

보면 결국 미국은 일본을 경제적으로 재건하고 무장시켜 당장 소련이 침략하면 이에 대항하게 하며, 차후 미군이 이 지역에서 철수하더라도 일본을 아시아의 병기창으로 만들어 대행하도록 함으로써 미국의 국익을 방어할 수 있다는 구상이다.

인식변화는 일본에 대한 지원정책으로 구체화되었다. 그 내용은 크게 경제재건·조기강화·재군비 지원으로 나누어 볼 수 있지만, 미국 측이 재군비에 무게를 둔 데 비해 일본 측은 경제재건과 조기강화에 집착하여 재군비가 처음부터 원만하게 진전되지 않았고, 그것이 금후 일본의 군사력 증강정책 결정에 있어 특징으로 작용했다.[14]

1.1.2. 조기강화와 재군비 문제

조기강화는 일본 측이 최우선적으로 원했던 것이다. 미소냉전의 진전

지를 직접 공격할 수 있는 기지로 사용 가능하여 미국이 장악하면 소련의 침략 및 방어용 최중요 전략거점을 제압하는 결과로서 유사 시 소련을 제압하고 동해, 황해, 동중국해에 대한 실질적 장악이나 중립화할 수 있는 전초기지로 활용할 수 있을 것, ② 풍부한 인력과 산업잠재력으로 전시 미국의 이익에 크게 기여할 것, ③ 제2차대전 시 증명된 일본의 전쟁수행능력이 소련의 장악하에 들어간다면 무기공장 가동과 참전인력을 공급하게 될 것, ④ 서태평양지역에서 미국의 전략적 전초기지체계의 필수불가결지역이라는 것 등으로 요약된다(U.S. Dept. of State, 1976 Vol.Ⅶ: 774-777).

14) 제일 먼저 일본경제의 조기재건에 착수했다. 미 정부는 점령시행의 경비와 원조가 국민의 납세에 의한 것이며 그 부담을 줄이기 위한 일본의 인플레경제와 적자재정 개선 필요성에 따라 GHQ의 반대에도 불구 1948년 12월 경제안정9원칙(징세강화, 신용확대 제한, 임금안정, 물가통제, 외환 통제, 수출 촉진, 광공업생산 증강, 식량 집하 촉진)을 책정, 일본정부에 통보하도록 하고, 덧지(Joseph Dodge)디트로이트 은행장을 총사령관고문자격으로 일본에 파견(12월 11일)했다(大藏省財政史室, 1976 3卷: 405-409). 덧지는 일본경제의 발본 개선을 위해 초긴축정책(덧지라인) 의 불가피성을 일본정부에 설명하고 시행에 들어갔으나 덧지라인의 엄격한 시행으로 체화(滯貨), 실업, 도산, 통화부족 등 격심한 경제난과 악성디플레에 빠져 일본정부가 미국정부에 덧지라인의 완화를 호소하던 중 한국동란 발발로 경제환경의 변화를 기대하게 되었다(原康, 1991: 138-140).

과 함께 일본의 전략적 가치가 인정되면서 경제재건의 일환으로서 조기
강화 및 유엔에 의한 안전보장안이 맥아더의 단독발상으로 제기(1947년
3월 17일)되었고, 국무부는 내부의견의 불일치하에서도 강화조약안을 작
성(1948년 8월 5일)했으나, 충분한 재군비문제로 국무부와 국방부의 의
견이 강경 대립하고 있었다.[15]

재군비문제는 점령군 당국에 의한 일본의 무장해제, 새 헌법에 전쟁
및 무력의 영구 포기를 명문으로 규정해 놓은 사실과 모순 된다는 점
과 미 정부 내의 이견(국무부: 조기강화, 국방부: 강화 전 재무장, 맥
아더: 비무장중립화)으로 처음부터 논란을 불러일으켰다. 냉전이 진전
되면서 의견 조정이 이루어져 1948년 11월 22일 국무부와 육군부 공동
으로 ① 경찰과 해상경비대의 인원과 장비 및 훈련 개선, ② 재해와 시
민폭동 진압을 위한 기동성 있는 경찰예비대 창설, ③ 대내안전상태를
정부에 건의할 수 있는 조사감시기관(FBI와 유사기관) 창설, ④ 국가
경찰의 권한과 책임을 확대하는 법 조항 입법 등 내용을 GHQ에 전문
으로 지시(U.S. Dept. of State, 1976 Vol.Ⅵ: 1252)해 놓고 있었는데,
재군비에 반대하는 맥아더의 입장[16]에 따라 GHQ가 유보하고 있었다.

---

15) 국무부는 단독강화로 조기 전쟁상태를 종결하고 일본의 정치·경제적 독립을
   고무시키는 것이 바람직하며 장기적으로 일본의 자위력 보유 및 증강이 필요
   하지만 당장은 재무장에 반대(U.S. Dept. of State, 1976 Vol.Ⅶ: 873)하고, 미
   일군사동맹으로 미군의 일본주둔 확보가 중요하다는 주장인 데 비해, 국방부는
   재무장시킬 수 없는 일본이라면 포기하는 것이 유리하다는 '일본포기론'(1949
   년 2월 6일 로열 육군 장관)까지 나올 정도로 조기강화에 반대하고 일본주둔
   미군사기지의 존속(장기점령)을 절대조건으로, 일본의 자위능력 보유 및 친서
   방화가 달성될 때까지 강화를 연기할 것(강화 전 재무장 달성)을 고집했다
   (U.S. Dept. of State, 1076 Vol.Ⅶ: 648).
16) 맥아더는 재군비 반대의 이유로 ① 일본의 재군비는 국제공약에 위배되는 것
   으로서 특히 극동위원회 구성국가들이 반대, ② GHQ의 점령통치 기본원칙에
   도 위배되어 일본 내의 위신 실추 우려, ③ 재무장한다 해도 일본 군사력은 5
   등급 수준밖에 안되어 자국방위가 불가능하고 오히려 소련에 먹이를 제공하는
   결과 초래, ④ 일본이 현 상태로 군대유지비용까지 부담하면 경제회복은 불가
   능, ⑤ 일본이 군사력 보유 자체를 원하지 않는 점 등을 제시하고 있었다(U.S.

1.2. 일본 측의 전략적 선택

일본정부 및 정치지도부가 최우선 순위를 둔 것은 민생안정과 경제회복이다. 실현방안으로는 우선 미국의 파격적인 경제지원을 유도하고, 그 다음 가능한 한 조기에 주권을 회복하여 자력으로 문제를 해결하는 반면, 전쟁의 고통에서 겨우 헤어난 일본국민들에게 정신적 부담을 주고 경제재건의 노력을 저해하는 재군비는 어떻게든 회피하는 것이다.

이들 문제는 당시 점령국과 피점령국 간의 특수 관계를 반영하고 미소냉전의 진전과 이에 따른 미 극동정책의 변화에 영향을 받으면서 장차 점령통치 종료를 염두에 둔 일본의 대외노선을 선택하는 문제로도 귀결되었다. 이 시기 일본의 정책 결정과정에서 자주적 선택은 물론 정책 결정 참여도 극히 제한되어 당시 수상 요시다 및 그 측근들의 구상과 리더십에 의해 주도되었다.

1.2.1. 요시다의 안보구상

전후 일본사회 내에는 크게 ① 비무장중립론, ② 집단안보론, ③ 자위론 등 3가지 서로 다른 입장이 있었다. 비무장중립론은 사회당의 당 노선이고, 스위스 모델의 중립론(맥아더)도 있었으며, 자위력을 주장하는 보수정당들의 입장과 함께, 일본 단독으로는 부족하므로 유엔이나 여타 강대국과의 집단안보를 구상하는 안 등이 다양하게 논의되고 있었다.

요시다는 수상 취임(1946년 5월) 이래 외무성에 강화조약과 방위문제를 연구하도록 지시하였다. 그 결과 ① 중립화방안은 지정학적 위치와 냉전 상황으로 볼 때 강대국들이 전략적 가치가 있는 일본을 그대로 둘 것 같지 않아 국제보장도, 실효성도 없는 하나의 환상이나 망상에 불과

Dept. of State, 1974 Vol.Ⅵ: 708-709).

하고(加瀬俊一, 1967: 77), ② 미소대립은 유엔의 기능을 위태롭게 하여 유엔에 의존하는 안전보장도 기대할 수 없으며, ③ 일본의 독자군비는 국민의 과중한 부담으로 제3국과의 연계를 통한 독립 보전이나 집단안보가 바람직한 선택이라는 결론이었다(吉田茂, 1963: 131-133).

또한 제3국의 경우도 당시 미군이 점령하여 주둔하고 있는 상황에서 소련과의 동맹을 통한 대소의존은 전혀 고려할 수 있는 방안이 아니고, 유엔도 기대할 수 없다면 결국 대미의존이 가장 현실적이고 가능한 선택이라는 것이었다. 그 내용을 요시다는 그의 저서에서 다음과 같이 밝히고 있다.

> 영, 불, 이, 서독 등 제국에서는 일부 소수의 좌익파괴주의자들을 제외하고 모두 NATO를 전면적으로 지지하고 있다. 책임 있는 정당으로서 NATO에 반대하는 경우는 전혀 없다. 누구나 미국과 긴밀하게 협력하는 것이 지상명령이라고 확신하고 있고 오히려 미군 철수를 우려하고 있다. 미군을 유럽으로부터 추방하여 유럽을 중립화한 다음 이를 장악하려고 하는 것이 소련의 저의임을 잘 간파하고 있기 때문이다. 일본도 이들 서유럽제국과 입장을 같이하려는 것인데, 소련과 중공은 미일을 이간시켜 일본에서 미군을 몰아내려고 밤낮을 가리지 않고 획책하고 있다. 모스크바와 북경이 일본에게 중립을 권고하는 것은 언중진실(言中眞實)이다. 즉 안보체제로부터의 이탈은 망국의 길을 걷는 것 외에 아무것도 아니다(吉田茂, 1963: 133).

요시다의 신념은 미국과의 군사동맹 아니면 장기 주둔의 선택밖에는 없다는 인식에 이르고, 이제는 일본과의 동맹이 미국에 이익이 되고 따라서 필수적이라는 인식을 심어주는 것이 가장 큰 과제라는 생각과 함께 구체적 방안으로 극동지역의 병기창으로서 일본의 대미군수지원, 미일 간의 군사협력, 미군의 계속 주둔 등을 제의하기 위한 기회를 노리고 있었다(Dower, 1979: 373-374).

요시다의 태도가 '대미종속'이라는 좌우세력으로로부터의 비난에도 불구하고, 소신을 굽히지 않고 관철시켜 나간 것은 당시 일본의 현실과 국제정세에 대한 냉철한 판단, Pax Britannica가 Pax Americana로 바뀐 현실에서 영일동맹(英日同盟) 시기의 원대한 이상을 꿈꾸던 외교관으로서의 경험, 미국의 정책에 대한 연구를 바탕으로 전략적 선택에 대한 자신감이 있었기 때문(Dower, 1979: 373)이라는 평가이다.

1.2.2. 전략 추진

요시다로서는 1945년 10월 25일부로 외교기능이 정지되어 미국과 정식외교업무가 불가능한 실정에서, 초기에는 점령군 및 미 정부기관에 대해 일본의 어려운 사정과 조기강화 및 미일협력의 필요성을 호소하여 좋은 성과가 있었다(吉田茂, 1957, 3卷: 25-26). 다음은 맥아더와의 개인적 친분관계를 조성하는 것이었는데(吉田茂, 1958, 4卷: 175), 인간적 친분과 상호존중관계가 현안 해결에 긴요한 협력과 신뢰기반이 되어 고비마다 효력을 발휘했다. 요시다는 최종적으로 사령관과 직접 절충(高坂正堯, 1968: 27)할 수 있었고, 맥아더는 요시다와의 협력관계가 점령정책의 성공요인이었다고 시인할 정도이었다(MacArthur, 1964: 141-142).

요시다는 냉전의 진전과 함께 일본의 전략적 가치에 대한 미국의 평가 및 조기강화론이 대두되면서 자신의 구상실현 가능성을 높여 주게 되자 GHQ와 캐넌(G. Kennan) 국무부정책기획실장 등 미 정부 요로에 대한 다각적 공세[17]를 강화했다(吉田茂, 1957, 3卷: 113-114). 특히 미국의 정책을 연구해본 결과, 미국정부가 일본 내의 유리한 군사적 입장을 결코 포기할 리 없다는 결론에 이르게 되자(Dower, 1979: 373) 요

---

17) 요시다는 자신의 구상을 기회마다 미 정부 요로에 전달하려 했다(Weinstein, 1971: 20-21). 심지어 수상에서 물러나 있는 동안(1947년 5월-1948년 10월)에도 가타야마(片山哲) 내각의 아시다(蘆田均) 외상과 협력하고 그 내용을 '아시다메모랜덤'으로 작성하여 1947년 9월 13일 미8군사령관 아이켈버거(C. Eichelberger) 중장의 일시귀국 편을 통해 워싱턴 수뇌부에 전달해 주도록 요청한 바 있다(吉田茂, 1957, 3卷: 113).

시다는 이케다(池田勇人) 대장상을 직접 워싱턴에 파견(1950년 4월 25
일)하여 조기강화계획안을 미국정부 측에 전달했다.

주요 내용은 ① 가능한 한 빨리 강화조약 체결을 희망, ② 강화조약
성립 후 이 지역 안전을 보장하기 위해 미군의 일본주둔 필요성이 있을
것인데, 미국 측이 제의하기 어렵다면 일본 측이 먼저 제의하는 방법도
가능, ③ 미군 주둔의 내용이 강화조약 내에 설정되면 헌법상 그렇게 하
는 것이 문제소지를 적게 할 것이나 일본 측이 별도 의뢰하는 것도 헌법
에 위배되는 것은 아니라는 것(宮澤喜一, 1991: 36-37) 등이었다. 그에
대한 반응은 강화문제를 협의하기 위한 덜레스(John F. Dulles) 국무부
고문 일행의 방일(1950년 6월 17일 및 6월 21일-26일)로 나타났다.

1.3. 미일 간의 절충내용

덜레스와 요시다의 회담(1950년 6월 22일)은 지금까지 표출된 문제
의 최초 공식협의로서, 요시다는 안보구상의 실현 가능성을 시험하는
동시에 그 결과가 독립 후 일본의 지위를 규정한다는 인식에서 매사에
신중자세로 접근했다(U.S. Dept. of State, 1976 Vol.Ⅵ: 1231-1232). 회
담의 걸림돌은 역시 일본의 재군비문제인데, 덜레스가 재군비에 대한
확실한 입장표명을 촉구하는 등 공세를 취한 데 대해 요시다는 정면
대응은 피하면서 준비해 온 재군비 불가의 이유로 헌법 9조의 장애, 경
제여건상의 애로, 주변국들의 반대, 국내 군국주의부활 가능성 등 논리
를 전개함은 물론 국무부와 의견이 다른 맥아더와 사전에 협조해 놓고
이를 동원하는 방법 등 가용한 수단은 모두 강구하는 치밀함을 보였다.

첫 회담으로 만족할 수는 없지만 마침내 덜레스로 하여금 ① 주일미
군기지 제공, ② 일본의 유휴군수공장을 활용하여 미국의 군비재건에
협력하는 방안 등의 절충안을 원칙적으로 수용하도록 유도함으로써 자

82

신의 구상 실현에 자신감을 가질 수 있게 되었다(吉田茂, 1963: 99-103). 한국동란의 발발로 급거 귀국한 덜레스는 귀국보고에서 한국전쟁이 일본인들로 하여금 단독 조기강화와 주일미군의 계속 주둔 필요성을 더욱 인식하게 했다(U.S. Dept. of State, 1976 Vol.Ⅵ: 1231)고 호의적으로 평가했다. 또한 애치슨(D. Acheson) 국무장관에게 한국전쟁에 대한 군사적 대처와 함께 대일강화문제의 정치적 대응도 병행할 것을 건의(7월 19일)하여 한국전에 따른 국방부의 대일강화 연기주장을 차단했다. 그 결과 국무부와 국방부가 강화예비교섭을 추진키로 공동각서를 작성(1950년 9월 7일)했고, 트루먼(H. Truman) 대통령이 승인하면서 예비교섭 개시를 지시(9월 8일)함으로써 강화교섭을 단숨에 궤도에 진입시켰다(西村熊雄, 1974: 62-63).

한국전쟁은 요시다의 구상 실현에 요긴한 도움[18]을 주었다. 1951년 1월 25일 다시 방일한 덜레스와의 회담(1월 29일)에서도 미국 측이 경찰예비대(1950년 7월 맥아더 지시로 창설)와는 다른 진정한 군대 창설을 요구하여 재군비가 핵심쟁점이었지만 요시다메모랜덤(1월 30일)을 통해 재군비 불가입장을 거듭 확인하는 몇 차례의 공방이 있은 후 미국 측의 요구에 부응하여, 조기 대규모의 재군비에는 응할 수 없으나 경찰예비대와 다른 명실상부한 군대를 창설한다는 계획안[19]을 제출(2월 3일 실무협의)하여 회담 타결의 실마리를 먼저 마련했다.

재군비문제의 진전은 회담을 우호 분위기로 반전시켜 마침내 미국의

18) 그간 요시다의 대미의존을 비판해 온 우익의 자주방위론, 진보세력의 영세중립론, 맥아더의 비무장중립론 등의 논거를 무너뜨리고 일본군국주의 부활 가능성에 대한 미국 내의 우려도 사라지게 했으며, 국민여론도 재군비 찬성(1950년 8월 38.9%→9월 54.0%→1951년 2월 63.0%→9월 71%: 升味準之輔, 1983 下: 365)으로 나타났다.

19) 계획안은 ① 경찰예비대와 별개로 5만 명의 보안군을 창설하여 국가치안성에 두고, ② '자위기획본부'를 국가치안성 내에 설치하여 미일공동위원회의 업무와 동시에 이를 장차 참모본부격으로 발전시키며, ③ 이 구상에 대한 우수한 미군의 지도를 통해 장래 민주군대의 싹으로 만들고자 한다는 내용이다(永澤勳雄, 1979: 254-255).

적극적인 일본 지원을 골자로 하는 정책(NSC 48/5)으로 채택되고, 1951년 9월 8일 징벌내용이 포함되지 않은 유리한 조건의 강화조약과, 요시다구상인 미군 주둔을 명문화한 미일안보조약을 동시에 체결(1952년 4월 28일 발효)할 수 있게 되었다. 이로써 일본은 7년간의 점령통치를 끝내고 독립과 함께 일본안전에 대한 미국의 보장을 확보하는 한편, 점진적이고 소규모의 군비 증강에 대한 양해를 얻어내어 우선 군수생산과 경찰예비대로 재군비에 착수하는 동시에, 경제자립을 위한 미국원조를 유도할 수 있었다(U.S. Dept. of State, 1977 Vol.Ⅵ: 33, 1409).

2. 재군비 및 군수기업의 가동

한국동란이 발발하자 이번에는 맥아더 사령관이 본국과 협의도 없이 독단적으로 재군비에 착수했다. 이는 맥아더 사령관으로서 주일미군의 주력부대가 한국으로 이동하여 공백상태가 된 일본의 안전이 걱정되는데다, 그간 무시해 온 국무부와 육군부의 공동전문내용을 이행하는 조치이기도 하다(Kowalski, 1969: 29-31). 또한 미군당국은 일본을 무장시켜 소련이 침공해 오면 제1선 방어전력으로 투입하려는 당초 계획과 함께, 당면 한국동란에 긴급 파견할 병력의 확보수단으로서 일본 측의 의사를 계속 타진하고 있었다(Kowalski, 1969: 49-53).

재군비는 거의 미국의 일방적인 결정과 이행 압력으로 경찰예비대→보안대→자위대의 단계를 거쳐 군대의 형태를 갖추지만 요시다의 관심의 초점은 군수산업 가동에 있었다. 전력(戰力)의 구성을 병력, 장비 및 작전으로 본다면, 요시다는 병력을 통한 국방은 미군에 맡기고 우선 군수 분야를 선택한 것인데, 이는 대소 제1선방어의 전력으로 투입하려 했던 미국 측의 당초 의도에 역행하는 것이기 때문에 논란의 요인이었으나 일본 측의 끈질긴 저항으로 순서가 바뀌었다. 병력은 가급적 억제하고 군수 분야를 중심으로 증강되는 일본 군사력의 특징적 현상도 여기에서 비롯된다.

2.1. 경찰예비대

일본의 재군비는 1950년 7월 8일 맥아더 사령관이 요시다 수상에게 "7만 5000명의 경찰예비대 설립과 해상보안청의 정원 8000명 증원을 위한 권한을 부여한다."는 내용의 서한을 보냄으로써 시작되었다. GHQ 는 이것이 일본헌법이 금지하고 포츠담선언에도 위배되는 사항임을 의식하여 비밀리에 추진하고, 합법성의 근거로서 군대가 아닌 경찰예비대를 창설한다는 점과 경찰력을 허용할 수 있는 포츠담선언의 규정[20]을 들어 뒷받침했으나, 구상은 장래 4개 사단의 육군으로 증강할 유사군대를 만든다는 것이었다(Kowalski, 1969: 30).

이런 미군당국의 조치에 일본 측은 그저 따라가기만 할 수밖에 없었다. 당초 그들은 미국의 요구에 대해 정면으로 저항하거나 전폭 지지하고 나서지도 않았고 자기주장을 강하게 내세울 형편도 아니었지만, 그러나 미국의 결정을 추수하면서도 국익에 도움이 되는 선택을 위해 현 상황에서 얻을 수 있는 이익만큼은 정확하게 계산하고 선택지(選擇枝)를 탐색하는 치밀한 행동을 보였다.

미 점령당국의 경찰예비대 설치계획이 어느 정도 마무리된 단계에서 간부들을 만찬에 초대한 요시다 수상은 발언을 통해 맥아더 원수의 조치에 감사한다는 의례적 수사와 함께 경찰예비대에 대한 의견을 피력했는데, 그 내용을 보면 일본 측의 의도가 잘 드러나 있다.

---

20) 포츠담선언은 일본의 법과 질서를 위해 최대한 20만 명의 경찰력을 보유할 수 있도록 허락하고 있다. 이 규정을 바탕으로 맥아더는 그때까지 자치경찰과 국가지방경찰을 조직하도록 했고 그 인원을 자치경찰 9만 5000명, 국가지방경찰 3만 명, 합계 12만 5000명으로 억제했기 때문에 포츠담선언이 규정한 정원에서 7만 5000명의 결원이 있고, 그 숫자의 경찰을 증원할 수 있는 권한이 있다는 것이다(Kowalski, 1969: 28).

일본정부는 아주 어려운 입장에 처해 있음을 알고 계시지요. 오늘 일본을 재군비시키는 것은 불가능합니다. 재군비하기에는 곤란한 장애가 가로놓여 있고 예비대를 한국에 파병하는 것은 전혀 불가능합니다. …… 우선 일본국 헌법은 어떤 전력(戰力)의 보유도 금지하고 있습니다. 기록을 읽어 보면 아시겠지만 나 자신은 헌법을 그렇게 바꾸는 데 반대이었습니다. 그러나 내 주장은 연합국에 의해 무참하게 무시되고 그 결과 일본은 재무장을 금지하는 헌법을 받들게 된 것입니다. 헌법을 개정하기 위해서는 중참(衆參) 양원에서 2/3의 표를 필요로 하기 때문에 쉬운 작업이 아닙니다. 사회당을 주축으로 하는 야당은 아시다시피 참의원에서 1/3 이상의 의석을 갖고 있습니다. 야당이 재군비에 관해 정부를 지지한다는 것은 생각할 수 없습니다.

일본국민에게도 재군비를 받아들일 마음가짐이 되어 있지 않다는 것을 인정하지 않을 수 없습니다. 점령군은 일본의 무장해제를 물심양면에서 훌륭하게 해치웠습니다. 여러분은 일본국민들로 하여금 군국주의뿐만 아니라 군사적인 것 일체를 반대하도록 만들었습니다. 한때 경찰조차 맨손이 되었던 것을 잊지 않았겠지요.

또 지금은 여성들도 선거권을 가지고 있습니다. 여성은 인구의 절반을 넘고 전쟁과 재군비에 반대입니다. 백화점과 장난감 가게에 쳐들어가 전쟁놀이 장난감을 전부 때려 부순 사실은 신문에서 읽어 알고 있겠지요. 국민을 재교육시키는 것은 이만저만한 일이 아닙니다. 또한 일본은 가난한 나라라는 것이 사실입니다. 경제도 이제 막 다시 시작했습니다. 재군비를 꾸릴 자력(資力)이 없습니다. 여러분, 일본은 재군비가 불가능합니다. 그러나 점령군이 일본에게 경찰예비대의 조직과 배치를 허락해 준 데 감사합니다. 이것은 국내 치안유지용의 부대가 되겠지요. 이로써 파괴활동으로부터 일본을 보호할 수 있게 되겠지요. 또 일ㆍ미 양 국민이 각자 각자의 자리에서 맡은 일을 다 하면 장래 어느 땐가 국외의 공격으로부터 일본을 지키는 것도 가능하게 되겠지요. 이것은 한 발작 한 발작 천천히 전진하는 방식입니다. 그러나 가장 중요한 것은 그런 부대의 필요성에 대해 일본국민을 교육시키지 않으면 안 된다는 것입니다(Kowalski, 1969: 57-58).

이때까지도 요시다는 재군비 불가론을 주장하고 있는데, 발언요지는 "여건이 어려우니 재군비나 한국전 참가 및 군비 부담은 할 수 없고 오히려 경제적으로 도와 달라"는 내용으로 요약된다. 구체적으로 요시다는 군수기업 가동, 한국동란의 특수 발주, 무상원조에 의한 재군비 등을 끝까지 요구했고 그 방향으로 대부분 진전되어 나갔다. 미국의 요구도 일부 수용되어 소규모이지만 해상보안청의 기뢰제거 팀이 한국해역에 비밀리에 출전했다(Auer, 1973: 64-66). 그런 점에서 요시다의 재군비 불가 주장은 하나의 협상 전략적 측면이 강하다.

한편 일본정부는 재군비과정에서 과거 제국군대 간부들의 일본군 복원 움직임에도 대항하지 않을 수 없었다.[21] 군국주의 부활을 경계하고 재군비 부담을 극소화하려는 당면 전략에 차질을 우려한 요시다 수상은 맥아더 사령관에게 직접 호소하여 결국 자신의 측근이며 비군인 출신인 하야시(林敬三) 궁내부 차장(구 내무성관료, 돗토리현 지사 역임)을 경찰예비대 본부장에 임명함으로써 이를 저지할 수 있었다(Kowalski, 1969: 71-77). 이로써 구정치인 중심의 강경보수 세력을 견제하여 자신들 신보수파의 정치적 권익을 보호하고, 문민통제의 전통을 지금까지 유지하게 되었다.

2.2. 보안청과 보안대 및 경비대

주권을 회복한 후 대내외의 여건변화 하에서도 일본정부는 경찰예비대 등 군사기구의 관리운영은 물론 미일안보조약(신조약에는 제3조)의

---

21) 육군에는 전 육군대령 핫토리(服部卓四郎), 해군에는 전 해군대령 요시다(吉田英三) 등이 중심이 되어 복원계획을 연구하면서 GHQ의 정보국(국장: Willoughby 소장)과 협력관계도 유지하고 있었다. 이들 복원계획의 실현 기회가 온 것은 경찰예비대가 마무리되고 인선문제가 대두될 무렵으로서, 인사 담당 윌로비 소장의 후원으로 핫토리를 본부장에 영입하는 구상이 구체화되고 있었다(Kowalski, 1969: 63-70).

전문(前文)에 근거한 미국의 군사력 증강 압력을 받게 되었다. 경찰로 위장한 경찰예비대를 공식화하기 시작한 것은 우선 미국과의 약속을 이행하는 조치의 일환으로서 1952년 7월 31일 보안청법을 공포하고 총리부의 외국(外局)으로 보안청을 발족(8월 1일)시켰다.

보안청법은 방위업무의 행정기구인 보안청과, 실력조직인 정원 11만 4,947명의 보안대(경찰예비대의 후신), 5,038명의 경비대(해상경비대의 후신)를 하나의 법률로 규정하고 있다는 점이 특징이다. 보안청 산하에는 육군인 보안대와 해군인 경비대를 두고 공군은 아직 설치되지 않았는데, 전전 일본군의 편제에 가까워 미국의 감각에는 맞지 않는다는 점에서 과도기적 편제이었다.

2.3. 자위대

미일안보조약 발효 1년이 경과한 시점에서 미일 간의 주요 쟁점은 이미 합의해 놓은 재군비 약속을 충실히 이행하는 문제이었다. 미국 측은 이를 위한 제반 지원을 제공한다는 입장을 강조하면서 일본 측이 제시할 구체적 군비 증강계획에 대해 기대하고 있었지만, 일본정부는 주로 미국이 제공할 지원내용과 그것이 일본경제에 미칠 파급효과에 관심이 있었다.22)

미국 측은 일본의 조기 대규모의 군사력 증강을 촉구하면서 그 조속한 이행을 조건으로 1954회계년도부터 대일원조를 MSA협정에 의한 군사원조(상호방위원조법, 즉 MSA법에 의해 잉여농산물의 해외 판매 대금을 자금으로 제공하는 군사원조)로 바꾸어 제공할 방침(1953년 5

---

22) 일본정부는 주권회복과 재군비로 인한 군수수요의 증가에 대비하면서 이미 군수산업관련 법안들을 정비하기 시작했다. 1952년 7월 항공기제조사업법, 1953년 8월 무기등제조법이 제정되고 군수생산에 대한 업계의 관심이 고조되면서 경제단체인 경제단체연합회(經團連) 산하에 방위생산위원회가 발족(1952년 8월)된 것도 이때다.

월 덜레스 국무장관)을 밝혔다. 이것은 일본정부의 군사력 증강에 대한 적극적인 원조를 제도화하는 동시에 그에 상응한 일본의 조치를 요구하겠다는 의미이기도 하며, 그 밖에 군사력 증강에 비례한 방위지출금 삭감[23] 등의 갖가지 특혜수단을 동원하고 있었다.

이런 실정에서 미국의 MSA원조[24] 제의는 일본의 군비투자로 군수생산문제를 해결하고 미국무기의 도입촉진 의도도 있는 것으로 받아들여졌다. 수락문제를 놓고 논란이 있었으나 일본정부는 군사 분야 외에 순수경제원조 확대로 유도하여 파급효과를 노린다는 계산에서 일단 교섭에 임했다. 협상(1953년 7월)이 군비 증강속도(3년 내 지상군 증원규모: 미 측 35만, 일 측 18만 명)로 대립되자, 요시다는 주무부처를 배제하고 이케다 전 대장상과 대장성 요원들로 구성된 대표단을 미국에 파견하여 로버트슨(W. Robertson) 국무차관보와의 회담(1953년 10월)에서 결착을 시도했으나, 미국 측의 입장 고수로 일본 측은 MSA원칙

---

23) 미국정부는 미군의 주둔비용에 대한 일본의 재정부담 의무를 규정한 안보조약의 규정에 따라 '방위지출금' 명목으로 경비를 부담시켰는데 그 액수는 1960년 신안보조약이 발효되어 동 항목이 일반회계에서 빠질 때까지 누계 3500억 엔 이상에 달했다. 액수는 매년 예산편성 시 미군 측과 교섭하여 정했고, 1952년 및 1953년에는 일본 자체의 방위비보다 많았으나 그 후 점차 삭감되었다. 삭감에는 일본 측의 군사력 증강이 조건이고 방위비 증액에 연동함으로써 실제 일본에 대한 군사력 증강 압력의 수단으로 이용되었다(朝日新聞安全保障問題調査會, 1967 9卷: 64-65). 미국은 어떻게 해서든지 일본정부로 하여금 군비 증강을 회피할 수 없도록 갖가지 방안을 강구했다.

24) MSA원조는 미국이 자유제국의 군비강화를 목적으로 하는 경제·군사기술원조의 근거규정으로서 1951년 성립시킨 MSA(Mutual Security Act: 상호안전보장법)에 따라 제공하는 대외원조의 한 형태이다. 전후 미국의 대외원조는 종전직후 잉여자산상각, 점령지원조 등 구제적(救濟的)인 것으로부터 시작하여 마샬플랜을 거쳐 그 후 종합적인 원조체계로 발전하면서 1951년 그때까지의 대외원조법(상호방위원조법, 경제협력법, 국제개발법)을 MSA법으로 통일시켰다. 이를 근거로 각 대상국과 협정을 체결하고, 그 조건에 맞는 원조를 제공한다. 일본과는 상호방위원조, 농산물구입, 경제조치, 투자보증 등 4개 협정을 중심으로 군사력 증강에 초점을 맞춰 체결했고, 미 정부가 소맥 등 자국의 잉여농산물을 구입하여 일본에 매각한 대금을 일부 증여나 차관의 형태로 사용하여 '소맥자금'이라고 부르기도 한다(朝雲新聞社, 1980: 36, 270).

을 용인하는 대신 대규모의 군비 증강이 불가능하다는 점을 미국 측에 납득시키는 것으로 만족할 수밖에 없었다(宮澤喜一, 1991: 81-85).

군사원조에 국한하는 미 정부의 강경입장에 일본 측의 끈질긴 불만과 저항으로 우선 잠정안(초년도에 11만 명에서 14만 명으로 증원)에 합의하여 1954년 3월 MSA협정을 체결(5월 1일 발효)했고, 일본 측은 그 응답으로 6월 방위청 설치법과 자위대법(방위 2법)을 성립시켰다(有賀 貞, 1991: 91-92). 방위2법은 1954년 7월 1일 시행되어 행정기구인 보안청은 방위청, 보안대는 육상자위대, 경비대는 해상자위대로 개편하고 새로 항공자위대를 설치하여 미국이 요구하는 육·해·공의 형태를 갖춘 군대조직[25]을 탄생시켰다(百瀬孝, 1995: 352-361).

2.4. 군수생산의 가동

미국정부 내에 일본을 아시아지역의 군수창으로 활용한다는 구상은 이미 있었지만 일본군수기업의 가동은 한국동란 발발에 따른 미군의 특수 발주로 본격화되었다.[26] 일본정부와 재계가 나서서 이 기회를 경제재건의 기반으로 활용하는 데 주력하고 미국도 적극 지지함으로써 체화(滯貨)된 수출품 일소, 생산과 기업의 수익 확대, 국제수지의 흑자

---

25) 자위대 정원은 육상 16만 4,538명(해상: 종전의 5,038명, 항공: 6,738명)으로 출발했으나 육상자위대의 정원문제는 미일 간의 대립요인으로서, 어디까지나 잠정적인 것으로 받아들여졌고 이후 미국의 압력으로 정원이 조정(1958년: 17만, 1973년: 18만 명, 2000년 약 17만 명)되었다(防衛日報社, 2000: 83).

26) 미군의 특수발주는 1950년 7월부터 이미 시작되었는데 초기에는 철거되지 않고 남은 전전의 군수공장이, 그것도 점령군에 의해 군수생산이 금지된 상태에서 밀조(密造)의 형태로 가동되어 소규모 생산에 임했지만 당초 일본정부와 재계가 나서 그토록 저지노력을 경주해 온 배상용 해체 및 철거대상의 군수공장을 복귀, 재생시킬 수 있었던 점과 전후 피폐되어 재건의 방도가 전혀 보이지 않던 일본경제에 활력소를 불어넣을 수 있다는 기대감을 제공한 점 등에서 획기적인 전기가 마련된 것이다.

전환 등으로 진전되어 장래 기간산업의 기반으로서 군수산업을 되살려 놓을 수 있는 계기도 되었다(原敬, 1991: 140).

특수는 한국전 휴전에 따른 축소나 종결 우려에도 불구하고 계속되고, 1952년 4월 강화조약 발효를 앞두고 GHQ가 무기생산을 공식 허가한다는 지령과 함께 군수공장의 배상지정도 해제(3월)하며 항공기제조 시설 등 850개 공장의 반환 방침을 발표(4월 26일)하면서 발주의 비중도 완성무기로 이동했다. 이는 일본 군사력, 특히 군수산업을 가동시켜 병참기지화 하겠다는 의지를 확인시켜 주는 것이다. 1950년 7월부터 시작된 특수발주의 계약고는 〈표 3-1〉와 같다.[27]

〈표 3-1〉 특수(特需) 계약고

(단위: 천달러)

기 간	물 자	용 역	합 계
1950년 7월 ― 51년 6월	229.995	98.927	328.922
1951년 7월 ― 52년 6월	234.848	78,435	313,283
1952년 7월 ― 53년 6월	253.695	103,535	357,230
1953년 7월 ― 54년 6월	105.126	143,970	249,096
1954년 7월 ― 55년 6월	79,330	110,266	189,596
1955년 7월 ― 56년 6월	64,890	107.156	172,046
합 계	967,884	642,289	1,610,173

출처: 朝日新聞安全保障問題調査會, "日本の防衛と經濟", 「日本の安全保障」 9卷 (東京: 朝日新聞社, 1967), p.159.

일본은행의 조사로는 특수 발주와 주둔군의 일본 내 소비 등을 포함한 비용으로부터 획득된 외화수입은 1950년-1953년간 23-24억 달러로,

―――――――

27) 처음에는 마대·모포·의류 등 섬유류, 트럭·철도화차·증기기관차 등 운송기기, 건전지류, 네이팜탄용탱크, 항공연료탱크, 유자철선, 철강조립가옥, 드럼통 등 물자와 트럭수리 등 용역이 대부분이었으나, 섬유류는 감소하고 금속제품, 특히 무기부분이 압도적으로 증가하여 공군용 탄약, 낙하산부착 조명탄의 새로운 계약과 함께 완성무기 발주도 개시되었다(1954년 5월 10일 관보; 富山和夫, 1979: 27-29에서 재인용).

무역 외 총수입의 70%, 외화총수입의 30% 이상이다(大藏省財政史室, 1976 3卷: 497-498). 1955년까지 포함하면 훨씬 증가하는데, 당시로서 큰 외화획득이며, 경제회복에 크게 기여했다〈표 3-2〉.

〈표 3-2〉 특수수입(特需收入)의 내역

(단위: 백만 달러)

구 분	미군구좌입체	주둔군인소비	유엔ECA조달	기타 합계
1950년	38	110		149
1951년	337	150	12	592
1952년	504	271	16	824
1953년	456	301	17	809
누계(1950-53)	1,335	832	45	2,374
1954년	246	293	15	596
1955년	194	276	70	556

출처: 日本銀行外國換局, 「貿易及び貿易外便覽」(1959년 12월), 大藏省財政史室 編. "アメリカの對日占領政策", 「昭和財政史」 3卷(東京, 1976), p.497에서 재인용.

경제회생이 최대명제라고 표방해 온 일본정부로서는 군수생산이 당시 기업을 가동할 수 있는 절호의 기회[28]인 만큼 군수생산기업의 외화가득과 함께 내수에 의한 수입도 철저하게 관리한 것으로 나타난다. 그 내용을 분석하면 이 시기 군수기업의 수입(收入)과 이것이 일본경제에 미친 파급영향은 물론 요시다가 왜 그토록 인건비 위주의 병력 확대요구에 대해 저항했는지 설명할 수 있다.

1950년 8월 경찰예비대 발족의 경비로 미군 측은 우선 국채상환기금에서 200억 엔을 충당해 주고 그중 국내조달로 48억 엔을 책정하여 제

---

28) 특수는 탄약, 소화기 등 완성무기 생산에서 제트기수리까지 광범한 분야에 걸쳐 이루어졌고, 특수 참가 주계약자 수는 물자생산계약 150개사, 수리 등 서비스계약 85개사, 총 235개에 이르며, 하청업체는 그 수배로서 기계공업 대부분이 어떤 형태로든 특수의 영향 하에 있었다는 것이 된다(朝日新聞安全保障問題調査會, 1967, 9卷: 165).

복, 구두, 식량 등을 보급했으며, 무기는 전량 미군의 무상 또는 대여 형태로 제공되었다. 자위대가 발족된 1954년까지의 내역은 〈표 3-3〉와 같고 1952년 주권회복을 계기로 소모품 위주의 미군발주로부터 장비 위주의 일본정부 조달방침으로 관심이 바뀌고 1953년에는 항공기와 선박 등으로 확대되면서 국내 군수업계가 무기장비 생산을 통한 기업진흥의 가능성에도 기대를 걸게 되었다.[29]

군수기업의 수입은 방위예산의 국내조달분과 미군의 특수발주가 좌우했다. 특히 요시다로서는 병력규모를 미국의 요구대로 대폭 증강하면 일본병력의 한국전 파견을 회피할 수 없음은 물론, 인건비 증가로 방위예산에서 군수기업에 돌아갈 몫이 그만큼 적어진다는 것을 간파하고 끝까지 양보하지 않은 것으로 설명된다.

---

29) 연도별 국내발주로 1951년에 75억 엔 규모의 통신기재, 시설기재, 차량 등을, 1952년에는 주권회복(4월)과 보안청 발족(8월)으로 예산과 국내발주도 대폭 확대되어 281억 엔 규모의 차량 등을 발주했다. 1953년에는 예산과 국내발주의 증가는 물론 보안청이 탄약 위주의 미군발주에는 없는 항공기와 함정조달계획이 재계를 놀라게 하여 관심을 고조시킴은 물론 국내발주와 해외구입을 놓고 부처 간의 갈등이 고조되는 현상도 보였다(1953년 예산안은 심의 중에 중의원이 해산되어 지연되어 오다가 7월 말에 이르러 겨우 성립되었으나 그 여파로 항공기의 일부 및 함정 발주는 1954년도로 이월). 1954년에는 방위청과 자위대의 발족과 함께 조달실시본부가 새로이 구성되어 조달업무도 전문화 및 통합화됨으로써 본격적인 국산화 등 획기적 변화를 기대했으나, 미국의 무상원조와 MSA협정을 계기로 고급 미국제 화포 등이 도입되고 함정(100억 엔), 항공기(20억 엔), 무기(6억 엔)에 대한 배정이 예상보다 적어 본격적인 국산화 단계로는 기대하지 못하게 되었으며(赤城正一, 1969: 57-62). 이는 MSA원조가 사실상 미국 재고무기의 처리방편이 아니냐 하는 논란을 불러일으키는 요인이기도 했다.

<표 3-3> 1950년-1954년간 방위예산과 국내조달

(단위: 백만 엔)

구 분	방위예산	국내조달액
1950년	20,000	4,800
1951년	31,000	7,500
1952년	59,151	28,100
1953년	61,110	25,500
1954년	74,285	24,200

출처: 赤城正一, 「日本の防衛産業」(東京: 三一書房, 1969), p.60.

이러한 의도는 예산 사용과정에서도 나타났다. 당시 방위예산은 본래 은행에 그대로 회수되어야 하는 국채상환기금으로부터 전용된 것으로서, 사용되는 액수가 그대로 시중에 나올 경우 인플레를 악화시키게 된다는 점을 고려하여 일본정부는 방위예산 가운데 상당량<표 3-4>을 사용하지 않고 의도적으로[30] 이월시킨 것이다.

<표 3-4> 1950년-1955년간 연도별 방위예산의 이월액

년 도	예산액(엔)	이월액(엔)
1950	200억	67억 7,700만
1951	310억	157억(전년 이월액 포함)
1952	591억 5,100만	289억(불용액: 33억)
1953	611억 1,000만	257억(불용액: 15억)
1954	742억 8,500만	235억(불용액: 4억)
1955	866억	228억(불용액: 5억)

출처: 朝日新聞安全保障問題調査會, "日本の自衛力", 「日本の安全保障」, 8卷(東京: 朝日新聞社, 1967), p.55를 바탕으로 작성.

---

30) 미사용분에는 군수기업이 미처 납기를 충족시키지 못하여 발생한 사례도 있지만 이때도 그 기업을 위해 철저히 유보했다. 독립 후 1953회계년도부터 스스로 방위예산 및 정책을 수립하면서 미국의 압력에 못 이겨 예산편성단계에서는 미국요구대로 예산규모를 높게 책정하지만 집행을 지연시키거나 유보하여 지상목표인 '자립경제 달성'에 지장을 주지 않도록 했다(朝日新聞安全保障問題調査會, 1967 9卷: 55-58).

위 내용에 따라 1945년-1953년간 군사 분야의 수지를 계산하면 약 33억 달러(* 35억 달러 이상: Friedman & LeBard, 1991: 117)가 되고, 그 후의 수입도 포함하면 더 늘어나 일본의 엄청난 수지흑자로 나타난다.[31]

3. 군수기업의 민수화 조치

자위대 발족 이후 일본의 군사력 관리는 새로운 국면을 맞이하게 된다. 이미 가동된 군수기업의 무기생산 수요와 미국의 군사력 증강 압력을 충족시키기 위해서는 자위대의 규모 확대가 불가피하고, 특히 군수업계는 이에 대한 기대가 컸다. 이번에도 동기는 미국에 의해 부여되었는데, 처음에는 자위대의 규모에 대해, 다음에는 군사비 증액 등 보다 구체적 요구로 나타났다.

한편 한국전쟁의 특수로 이제 상당한 수준의 설비투자가 이루어진 군수생산 기업들이 특수 격감 및 종결을 맞이하면서 전업이나 새 발주처를 찾지 않으면 도산하게 되었다. 경단련과 방위생산위원회가 미국측과 직접 절충에 나서 요청해 보았지만 실패하자 일본정부의 대책을 강요하고 나섰다(赤城正一, 1969: 22).

일본정부는 소규모 군비로 시작하여 점증시켜 나간다는 요시다 수상의 구상에 따라 대내외압력에 저항하면서 기존입장을 견지해 왔으나, 군수기업의 노력으로 경제복구가 시동된 실정에서 이들의 난관을 해결해 주지 않으면 기업도산, 실업 등의 문제로 경제가 또다시 침체국면으

---

31) 점령통치기(1945년-1952년 4월) 일본 군사비는 패전국으로서 지불한 미군의 점령업무처리비 총 5,202억 엔(당시 환율 1달러: 360엔으로 약 14억 4,500만 달러)이 일종의 대미군사지출이다. 이를 미군의 식량방출과 원조(기간 중 약 23억 4,000만 달러: 朝日新聞安全保障問題調査會, 1967, 9권: 50)와, 이후 미군 발주 특수 및 기타 소비 등에 따른 외화수입(1950년-1953년 약 24억 달러)과 비교하면 약 33억 달러의 수지흑자이다.

로 돌아갈 수 있어 업계의 요구도 무시할 수만은 없었다. 반면 미국의 요구와 업계의 주장을 충족시키려면 군사력이 증강되어야 하는데, 이는 그대로 재정적 부담이 되어 일본정부가 최우선 순위에 두고 있는 경제 성장정책에 차질을 초래하게 된다(大嶽秀夫, 1984: 22-23).

군사력 증강문제는 군수산업 육성과 민수화 조정이라는 대립되는 정책 가운데 선택을 요구받게 되었고, 결국 '미국의 요구'와 '경제적 제약' 등 두 요소에 의해 규정되는 상황 하에 놓이는 결과가 되었다. 2요소와 연계된 각계의 입장은 대립했고, 일본정부 내의 처방도 서로 다르며 심지어 미국을 이용하여 입장을 관철하려는 움직임도 나와 마침내 요시다 수상의 결단을 기다리게 되었다.

3.1. 정비해야 할 대상과 그 방법에 대한 각계의 대립

일본군수기업의 특수 참가는 외화 가득과 무기생산공급체제를 확립해 놓은 반면 어려운 시기 불황 탈출을 위한 수단으로 기업들이 무작정 군수생산에 뛰어들다 보니 시장의 불안정, 출혈경쟁, 기업 구조의 편중, 그에 따른 비정상적 기업 운영 등의 취약점을 안게 되었다(赤城正一, 1969: 43).

시장의 불안정성은 발주처인 미군의 필요에 의해 조달품목과 발주량이 결정되어 때로는 소나기식 발주로 기업이 물량을 소화해낼 수 없고, 반대의 경우 조업이 멈추게 되는 등 기업의 생산계획이나 설비투자, 자금사정이 무시되어 조달품목에 따른 생산기업의 편중이 불가피하게 되었다(大嶽秀夫, 1984: 22). 한국동란 중 미군의 탄약 고갈에 대응한 탄약 중심의 무기발주로 기업의 생산이 탄약 분야에 집중된 결과, 출하량의 95-98%는 총포탄이고, 1956년도 전반기의 생산능력은 허가량(연 5만 톤)의 3배인 15만 톤에 이르는 편중 구조[32]를 초래했다(朝日新聞安

96

全保障問題調査會, 1967 9卷: 166). 기업들은 수주를 위한 출혈경쟁에 나서 발주처인 미군당국에 이용되기도 했다. 네이팜탄의 경우 1950년 2-3개사의 입찰로 단가 70달러이던 것이 입찰 시마다 떨어져 53달러→ 32달러→1951년에는 50여 개사가 난립하여 26.5달러까지 하락했다(赤城 正一, 1969: 43).

채산악화와 경영부실은 기업의 감량 조업(수주액의 절반, 심하면 20%까지)과 임시공 채용, 하청업체 이용 등 변칙경영으로 대응하는 현상과 함께 군수생산의 불투명한 장래성을 미리 의식하여 자체 설비투자는 점차 기피하는 추세로 나타났다. 거기에다 금융계는 무기산업이 갖는 위험부담을 경계하면서 경단련 등의 융자권유에 적극 나서지 않음으로써 기업 도산은 가속화되었다. 대표적 군수기업인 닛뻬이산교(日平産業)의 도산(1954년) 후 "무기생산의 비중이 20-30%에 머물고 다른 민수생산에서 채산이 있는 경우에만 융자대상"이라는 방침에 따라 기업의 사정은 더욱 어려워졌다(大嶽秀夫, 1984: 22). 이런 사정은 특수가 감소하면서 상황을 더욱 악화시키고 특수가 종결되는 시점에서는

---

32) 통산성의 자문기관인 산업구조연구회(産業構造研究會)가 1955년 시점에 자위대의 정비계획 완료(1960년) 후 탄약의 연간 소요보급량을 예측, 비교한 자료에 의하면 아래 표와 같이 무기생산업계가 탄종에 따라 5-20배의 생산능력을 이미 가지고 있었다.

탄종별 자위대의 1960년도 예상 연간소요보급량 비교

탄 종	연간 가동능력		연간 보급량	
	생산능력(천 발)	금액(천 달러)	보급능력(천 발)	금액(천 달러)
60밀리 박격포탄	480	2,064	100	559
81밀리 박격포탄	720	6,048	60	655
4.2인치 박격포탄	480	10,977	60	1,784
3.5인치 로켓포탄	600	7,080	168	2,577
75밀리 무방동총탄	240	3,840	12	250
105밀리 곡사포탄	720	16,560	80	2,392
155밀리 곡사포탄	240	10,560	40	2,288
0.3인치 총탄	100,000	8,000	43,000	4,472
계		65,129	계	14,977

출처: 赤城正一, 「日本の 防衛産業」(東京: 三一書房, 1969), pp.51-52.

과잉시설로 남아 대량도산, 실업 등 문제를 야기하여 민수화 조정도 어렵게 하는 요인이 되었다.

군수산업문제 해결과 관련한 각계의 서로 다른 주장과 입장을 보면 3부류로 나눌 수 있다. 크게는 정부가 군수산업 진흥을 위한 독자적 지원책을 갖고 적극 나섬으로써 현재의 대미의존을 탈피하는 명실상부한 국가의 기간수출산업으로 육성할 것을 촉구하는 안과, 이와 반대로 국가의 건전한 경제발전을 위해 군수산업에 대한 과도한 투자는 회피해야 한다는 안이 서로 대립하고 있었고, 그 밖에 조금씩 절충한 다른 여러 형태의 주장들이 제기되고 있었다.

경제계에서는 1953년 2월 방위생산위원회가 '방위력정비에 관한 시안'과 '방위생산에 관한 조사자료'[33]를 내놓았는데, 그 세목은 당시 업계의 엄청난 기대를 반영하는 것이었다. 이와 달리 경단련 중진은 미국에게 군사원조만 아니라 경제원조를 강하게 요구해야 한다는 입장인가 하면, 일반 재계인과 금융관계자들은 미군발주에만 매달리는 무기생산의 심한 수요변동이 건전경제(健全經濟)를 해치고 미 군사전략에 말려들 수 있어 국가기업으로서 바람직하지 않다는 인식에서 군수산업에 과도한 의존을 반대하는 입장 등[34]이 있었다(大嶽秀夫, 1984: 19-20).

---

33) 1953년-1958년간 정비계획은 육상병력: 15개 사단, 30만 명(장비: 30개 사단분); 해상전력: 함정 29만 톤, 병력 7만 명; 항공전력: 항공기 2750기, 병력 13만 명으로 하고, 예산규모는 연도평균 4800억 엔, 6년간 총 2조 9000억 엔으로 하는 내용(朝日新聞安全保障問題調查會, 1967 9卷: 172)이다. 이 내용은 방위산업계를 대표하는 방위생산위원회의 계획안이라는 점에서 주로 업계의 요망사항이 반영되었을 것이나 미국의 사주를 받아 부풀렸다는 시각도 있었고, 전후 재계에 투신한 구(舊)군부 엘리트들이 위원회를 주도하고 있어 그들의 자주적 재군비 주장도 크게 영향을 미친 것으로 보인다.

34) 그동안 제기된 서로 다른 구상을 정리해 보면, 미국 측이 일본정부에 요구(1951년 1월 덜레스·요시다 회담 시)한 우선 소련의 침공을 거부할 수 있는 10개 사단 35만 명 규모의 지상군을 보유하는 안(U.S. Department of State, 1977 Vol. VI: 884)이 있고, 일본 내에서는 민주당 아시다 대표가 미 측에 제시한 15개 사단 20만 명의 병력안(蘆田均, 1986 4卷: 97), 개인적으로는 15-25만 명의 지상군과 해·공군 창설안(전 해군소장 高木惣吉), 육군 20개 사단 30만

3.2. 일본정부 내의 관할권 분쟁

무기생산은 보안청이나 방위청 발족 이전에 이미 시작되었고, 따라서 그 관할권은 관련법의 입안 및 운영을 주도한 부처에 귀속되기 마련이었다. 무기산업의 행정은 항공기제조법(1952년 7월)과 무기등제조법(1953년 8월) 제정을 주도한 통산성에 거의 일원화되었는데, 이는 실제 항공기산업의 감독권을 가지고 있던 운수성과 치열한 쟁탈전에서 승리한 결과이다. 그 후 무기산업의 관할관청인 보안청이 발족(1952년 7월)되었지만 타 부처로부터 관할권을 빼앗아 올 만큼 성숙되지 못한 사정과, 군수생산을 경제복구수단으로 생각하는 요시다 수상에 대한 통산성의 설득공작 등으로 일단 기득권은 지킨 것으로 볼 수 있다(大嶽秀夫, 1984: 30-31).

무기산업 육성은 이제 막 가동된 군수기업으로서 사활이 걸린 문제이고 특히 항공기 생산의 경우 군수뿐만 아니라 장차 민간항공산업의 시장과 직결되는 것이기 때문에 업계의 희망을 부풀게 할 만한 내용이었다. 그런 만큼 정부 내의 관계부처로서도 관할권을 놓고 대립될 수밖에 없었다.

3.2.1. 무기산업 육성문제

무기산업 육성은 통산성이 재계의 강한 요청과 외화획득 산업으로 육성한다는 방침에서 당초 법안을 검토했지만 대장성이 특수의 불안정성, 인플레 우려 등을 이유로 반대하여 작전상 우선 인허가제 법안으로 바꿔 추진(1953년 7월 성립)했다. 통산성은 육성책 재수립에 나섰지만 대장성

명과 공군 3,500기 및 해군 15만 톤안(전 육군대령 服部卓四郎), 육군 20만 명, 함정 20만 톤, 항공기 700기, 해·공군병력 5만 명안(전 해군대장 野村吉三郎) 이 있는가 하면(Dower, 1979: 386-388), 방위생산위원회의 시안(渡邊鐵藏안) 등이 나름대로 적정선임을 주장하고 있었다.

이 사사건건 반대하자 이번에는 개발은행(開發銀行) 융자상의 우대조치를 절충안으로 제시하면서 재계 압력과 미군 측의 요구임을 내세워 1954년도 예산안에 상정했다. 대장성의 방침은 확고하여 개은(開銀)에 대한 재정출자도 축소되고, 마침 이케다 대장상의 직계인 아이치(愛知揆一)가 대신(大臣)에 취임하자 또다시 무산되고 말았다(大嶽秀夫, 1984: 36).

방위청(보안청)은 무기의 실제 사용자이지만 발족 직후의 발언권이 없는 실정에서 육성책에는 관심이 없고 대장성의 긴축정책으로 예산확보가 어렵다고 판단하자 장기투자를 요하는 국산화보다 값싸고 손쉬운 미국산 수입을 선호하여 통산성 및 업계의 원성을 샀다. 다만 군수생산이 전전에는 군공창(軍工廠) 중심의 관영제(官營制)이었던 것을 GHQ가 민간으로 이전했음을 들어 그 자체가 변칙이고, 기술적으로 열세이며, 미국과의 MSA조약에 무기비밀 유지의무도 있어 다시 방위청의 책임 하에 관영공장으로 되돌려야 한다고 주장하고 있었다(大嶽秀夫, 1984: 34).

3.2.2. 항공기산업 육성문제

통산성은 항공기 국산화에 관한 특별상각, 법인세 3년 면제, 시작(試作) 장려 등 내용의 육성책도 대장성의 반대로 인허가제 확립을 위한 항공기제조법으로 바꿔 성립(1952년 7월)시켰다. 그 대신 국가자금과 시중은행융자도 교섭하고 제트엔진 시작(試作)을 위한 보조금(大宮富士工業에 320억 엔) 지급, 연구비(15억 엔) 계상 및 국립항공연구소 설립 추진 등 의욕을 보이면서 육성책 성립의 기회를 노렸다.

통산성의 항공산업 육성에 대한 집념은 항공기제조법 개정을 위한 여건조성, 즉 관계부처협의체인 항공기생산심의회 설치(1952년 10월), 금융계와의 간담회를 통한 자금난 타개, 대장성과 항공기공업에 대한 5년 단기상각 합의(11월), 항공기공업회, 항공기부품간담회 등 민간단체 추가 결성(1953년), 일본은행(日銀)의 융자 알선, 항공기 국산화예산 확보 등을 준비하고 1954년도 예산에 보조금을 계상하여 육성책 실현을 시도했다. 그러나 이번에도 대장성이 초긴축예산 편성으로 항공기 발주 및 제트엔진 개발계획에 대한 정부출자금을 삭감하여 일반무기산업과 마찬가지로 그 육성계획 자체가 또다시 좌절되었다(大嶽秀夫, 1984: 39-40).

3.2.3. MSA원조 공여와 관련한 이해 대립

1953년 5월 덜레스 미 국무장관이 MSA원조방침을 밝히자 일본각계의 입장도 복잡하게 나타났다. 특히 각종 군수육성책이 대장성의 초긴축정책으로 좌절된 부처나 업계는 미국원조에 큰 기대를 걸고 이해관계를 저울질하고 있었다.

보안청은 MSA원조를 전제로 방위계획('경비5개년계획', '방위5개년계획')을 작성했고 방위생산위원회도 미군당국의 지지와 비호 하에 35억 달러의 원조를 전제로 작성한 시안('방위력정비에 관한 시안')의 실현을 기대했다.

통산성은 미국무기 공여를 전제로 하면 관심이 없다는 입장이었고, 외무성과 대장성은 증여무기의 종류에 따라서는 그 유지에 상당한 인력조직과 자금이 소요될지도 몰라 2-3억 달러 정도의 원조로 군비 증강을 책임지는 것은 바람직하지 않다(宮澤喜一, 1991; 77-78)는 경계심, 요시다와 대장성 측은 군사원조 이외에 경제원조를 미 측에 관철시킨다는 회담전략(「エコノミスト」, 1953년 8월 29일)을 가지고 "MSA원조를 조건으로 병력 증원을 요구하면 원조 수용 자체의 단념도 불사한다."(大嶽秀夫, 1984; 50-51)는 강경입장을 밝히기도 했다.

마침내 요시다가 주무부처를 배제하고 이케다 전 대장상과 대장성 요원들만으로 구성된 대표단을 파견하여 결착을 시도(1953년 10월 이케다·로버트슨회담)했으나 소기의 성과를 거두지 못했고, 정부부처 간의 입장도 바뀌어 미국이 일본의 항공기엔진 개발지원에 MSA자금

1000만 달러를 책정하자 항공기육성사업 실현을 기대한 통산성도 MSA
교섭과 관련한 미국의 조건을 지지하고 나섰다. 결국 요시다와 대장성
측만 불만을 가지고 MSA교섭의 타결을 지연시켜 오다가 1954년 3월
어쩔 수 없이 '미일상호방위원조', '농산물구입', '경제조치', '투자보증'
등 4개 협정을 조인(5월 1일 발효)했다.[35]

3.3. 요시다의 결단과 대장성안의 선택

MSA협정이 일본정부의 의도대로는 되지 않았지만 요시다 수상이 정
부의 교섭대표 구성에 있어 주무부처를 제외시키고 대장성요원만으로 편
성한 데는 특별한 의미가 있다. 즉 앞으로 군비문제를 대장성의 복안에
의해 처리하겠다는 의지를 나타내는 한편, 방위력 정비와 관련해서도 각계
의 요구보다 경제회복과 성장에 우선순위를 두고 있음을 시사한 것이다.

---

35) MSA원조에는 무상원조(MAP: Military Assistance Program)와 유상원조(MAS:
Military Assistance Sale)가 있고 또 그 가운데 다양한 형태가 포함되어 있다. 일
본에 적용된 내용으로, 무상원조는 미 국방부 보유 무기장비를 무상으로 공여하는
것이고, 공여 이외 대여도 있으나 일본에는 선박대여협정에 따라 함정만 해당되
며 그 외는 공여품이다. 일본이 먼저 계획을 세워 희망품목과 수량을 제시하면
미국 측이 심사하여 품목, 수량, 연도를 결정한 후 원조계획에 포함시킨다. 품목
은 주로 미군의 중고품이고 각종 육상장비, 항공기와 그 엔진 및 부품, 함정적재
무기 등 광범위하다. 무상이므로 실제 대금지불이 없어 방위예산에 나타나지 않
지만 미일 간 계산단위로는 미국무기가격표의 금액이 표시된다. 무상원조의 특
수형태로, 피원조국이 일정 수준의 공업국이면 미국이 달러자금으로 피원조국
내에서 무기를 조달하고 그 무기를 무상 공여하는 방식이다(역외조달 군사원
조). 이는 피원조국이 무상으로 장비설치, 국내산업에 발주, 달러획득이 가능하
여 특수와 무상원조 양 효과를 동시에 얻기 때문에 일본정부가 가장 희망한 분
야이다. 유상의 경우 ① 미 국방부 보유무기로서 피원조국의 희망품목을 받아
수시 매도하는 방식(일반수입으로 불가능한 무기를 획득하는 이점), ② 미 국방
부가 보유하지 않은 무기로서 미 무기제조업자에게 발주하여 피원조국에 매도
하는 방식(주로 수리부품), ③ 비용분담에 의한 라이센스 생산방식(미국으로서
생산비 중 분담분은 무상원조로 계상하지만 일본은 취득무기 전체로 보아 유상
원조로 분류) 등 3가지가 있다(朝日新聞安全保障問題調査會, 1967 9卷: 70-74).

　군수산업 육성과 관련한 업계의 입장을 반영하여 육성책을 주장하는 통산성과 불황극복에 중점을 두고 비대해진 군수산업을 정비하려 했던 대장성 간의 대립은 요시다 수상의 비호 하에 대장성이 군수기업을 조정함으로써 결말이 났다.

3.3.1. 통산성과 대장성의 대결

　미국의 MSA자금지원에 고무된 통산성은 MSA협정 조인을 앞둔 시점에서 동 원조를 활용한 무기 및 항공기산업 육성방안 마련에 또다시 나섰다. 미국 측의 방침에 따라 MSA자금 5000만 달러 중 일본의 제트엔진 개발에 제공키로 한 1000만 달러(36억 엔)와, 일본정부의 재정투융자, 시중은행의 융자를 합한 총계 170억 엔의 자금계획('방위5개년계획')[36]을 수립해 놓은 것이다

　통산성은 미국 측이 정부의 국고부담에 의한 군비 증강을 촉구하는 점에 착안하여 미국의 압력을 움직여 성사시킨다는 구상을 바탕으로 1954년 초부터 대장성 및 경제심의청과 절충했다. 한편 통산성과 보안청 및 방위생산위원회가 보조를 맞춰 미국정부와 연대 하에 대장성에 공세를 강화하는 전략도 병행하여 추진했다.

　요시다 수상의 경제회복우선정책에 편승한 대장성의 기존방침과 강경자세는 전혀 동요하지 않았다. 무기산업의 거대화로 인해 발생할 운영문제, 해체 시의 고용불안 및 신용불안, 시장의 불안정을 지적하고, 이번에는 정부의 육성계획으로 업계가 국가에 기생하려는 경향, 정치적 보호와 기득권화, 자기증식 가능성 등을 이유(大嶽秀夫, 1984: 56)로 통산성의 계획을 조목조목 일축했다.[37]

---

36) 그 내용은 항공기산업육성에 중점을 두고 ① 제트엔진회사의 신설, ② 제트기의 분해수리설비, ③ 멘터(Mentor)연습기(富士), T-28 훈련기(新三菱), KAL연락기(川崎)의 생산설비 증강 등이 명시되었다(「日經新聞」, 1954년 1월 27일).

통산성은 대장성의 반대로 국내자금의 동원이 어렵다면 미국의 자금지원에 의한 역외발주가 무기산업 육성의 유일한 길이라고 보고 미 정부예산의 역외조달 규모가 어떤 수준에서 발표되는가를 기다리게 되었다. 미국정부가 1955년도 예산교서에서 일본정부의 소극적인 태도를 이유로 역외조달예산을 대폭 삭감하여 공표(1월)하자 통산성은 크게 실망하고 방위5개년계획을 전면 백지화하여 '자위대 수요를 중심으로 안정된 무기산업 육성과 기술 확충' 방향으로 축소함으로써 당초 무기산업 육성 및 수출산업으로의 진흥계획은 사실상 단념했다(「日經新聞」, 1955년 1월 20일; 3월 8일).

MSA자금에 의한 육성책이 완전 좌절된 시점에, 통산성은 장래 미국의 공여가 없어질 경우에 대비하여 무기생산설비를 정부매입으로 온존시킨다는 국유민영(國有民營)구상에 따라 '특수산업국유화법안'(가칭)을 제출키로 하고 1탄종 1계열의 설비매입구상과 함께 1956년 예산에 34억 엔을 요구했다. 방위청은 자위대 발주예산의 증액을, 방위생산위원회는 독자 매입안을 준비하여 교섭했으나 대장성은 이들 요구를 모두 일축하여 삭제했다(大嶽秀夫, 1984: 57-58).

통산성은 단념하지 않고 무기생산설비임시조치법을 준비하면서 1957년도 예산에 시설 매입이 아닌 유휴생산시설 관리비 명목 및 그중 국가가 부담해 주는 몫으로 5억 엔을 요구했다. 대장성은 1, 2차에서 전액 삭감한데 이어 제3차 부활절충에서 법률에 의한 유지비가 아닌 보조금방식으로 평년 1억 7000만 엔, 1957년도 4개월분 약 7000만 엔의 예산 계상에만 동의함으로써 통산성의 법안 제출은 후퇴했다.

MSA자금 36억 엔의 배분도 재정투융자의 출자는 없고 제트기 생산,

---

37) 재정투융자에 의해 무기산업에 추가 융자하는 것은 절대 안 되고 MSA자금 1000만 달러(36억 엔)도 군수산업 외 무기생산의 기초산업인 철강, 공작기계, 전기통신기계로까지 확대하며, 무기산업에 사용해도 상업베이스의 업종과 기업에만 출자해야 하고, 제트엔진 같은 대규모적이고 수요가 불투명한 산업육성은 자금을 바다에 넣는 것이므로 절대 반대한다는 것이다(「日經新聞」, 1954년 5월 8일).

금속티탄 등 무기생산소재 부문을 중심으로 하고, 무기업계 출자도 상업적 채산성이 있는 기업에게만 융자하게 되어 당장 군수설비의 유지 자체가 어렵게 되었다(大嶽秀夫, 1984: 56-57).

업계는 통산성과 대장성 간 대결 및 미국 측의 원칙 고수로 MSA자금이 지연되자 전업 움직임을 보이면서 관심이 무기산업으로부터 이탈하여 항공기, 전자기기의 희소금속인 티탄, 게르마늄 및 이를 사용한 트랜지스터 제조로 전환하기 시작했다. 미국은 일본정부의 선택에 강한 불만이었고, 이에 따라 미국정부가 태국과 필리핀에 미국산 무기 원조를 본격화하면서 일본의 방위산업계가 당초 기대했던 아시아지역에 대한 병기창으로서의 희망도 더욱 희미해지는 결과가 되었다.

그러나 무기생산기업들은 그 후 일본경제의 급속한 성장에 힘입어 무난히 민수로 전환되었고 실제로 기업 구제가 그렇게 필요하지도 않았다(大嶽秀夫, 1984: 58). 제1차 방위력정비계획의 개시(1958년)를 전후하여 공업총생산에 대한 군수조달액의 비율〈표 3-5〉이 1% 수준으로 정착된 것을 보면 쉽게 알 수 있다.

〈표 3-5〉 1954년-1959년간 공업총생산과 군수조달액의 비율

(단위: 백만 엔)

연 도	군수관계조달(A)	공업총생산(B)	비율(A/B)
1954	78,058	6,461,925	1.2%
1955	74,072	7,149,489	1.0
1956	86,591	9,193,033	0.9
1957	108,790	10,287,840	1.1
1958	102,831	9,246,400	1.1
1959	102,712	13,231,248	0.8

출처: 防衛年鑑刊行會, 「防衛年鑑」(東京, 1962), p.278.

3.3.2. 군수산업 조정의 의미와 요시다의 군사력 증강노선

경기순환론에 의하면 자본주의사회에서 수요가 공급을 하회하는 경우 경기진작을 위해 군비 증강 등의 방법으로 유효수요 창출이 불가피하며, 이를 '군사적 케인즈주의'라 할 수 있다. 통산성의 무기산업 육성을 통한 군비 증강구상은 재정지출을 기대한 것인데, 케인즈이론에 가깝고, 그래서 군산복합체의 일익이라는 분석도 가능할 것이다(大嶽秀夫, 1984: 43).

일본정부가 군수산업육성책을 받아들이지 않고 비대해진 군수기업을 조정한 것은, 전전의 경험에서 방만한 재정지출이 경제위기와 마침내 전쟁을 초래하게 되었다는 인식에서 전후경제회복에는 재정규모를 억제하여 건전재정을 달성하는 것이 가장 바람직하다는 대장성 내의 자유주의사조를 반영한다. 그것은 군수산업을 기반으로 전후경제를 발전시키지는 않겠다는 의지로서, 군수생산은 계속해도 무기생산이나 수출기반 조성을 통한 산업화정책은 일단 부정함으로써 그 수요를 자위대의 자체 필요에 국한했다. 군수생산도 별도 기업이 전담하기보다 민수(民需) 위주 기업에 분산시켜 군수생산 부담을 낮추고 채산기반을 유지할 수 있게 하는 선택이었다. 요시다에 의해 발탁된 이케다는 대장성 내의 자유주의사조를 살려 재정운영체제를 획기적으로 바꿔놓았다는 평가이고(長谷川慶太郎, 1984: 187-188), 이런 일본의 군수생산체제는 지금도 유지되고 있다(주요 기업의 총매출액 중 군수생산 비율: 닛뽕철강 26.1%, 미쓰비시중공업 18.9%, 카와사키중공업 16.4%, 이시카와지마하리마 10.7%의 순; 김경민, 1995: 96).

대장성의 정책이 반드시 군사력 증강을 억제만 한다는 것은 아니다. 군사력 증강에 대한 일본정부의 선택은 당시 대장성의 판단에 의해 주도되었고 건전재정주의가 군비 증강의 억제요인으로 작용한 측면도 있지만, 요시다의 발언("국력회복에 따라 자위력의 점증을 도모해야 함은 물론이나 아직 시기가 아니다.”: 1952년 11월 24일 시정연설)에 의하면 대장성의 긴축정책이 주효하여 불황을 극복하게 되면 미국의 군사력 증강 요구도 충족시킬 수 있다는 것이다.

초기 군사력 증강정책은 ‘요시다 독트린’이라 할 만큼 요시다에 의해 주도되었다. 그 특징을 정리하면 다음과 같고 후계자들에 의해 계승되고 있다.

첫째, 안보를 미국에 전적으로 맡겨놓고 최대한 여유(자원, 시간, 노동 등)를 지향하는 점이다. 국제냉전 하에서 미국의 공약이 당분간 불변[38]할 것을 전제로 가장 실리적인 선택(戶川猪佐武, 1972: 95)이 되도록 미국의 지원은 최대, 일본의 부담은 최소(안보무임승차)를 지향한다.[39] 이는 일본의 군비 증강을 통해 자국의 군비부담 축소를 노린 미국의 의도와 배치된다.

둘째, 군사적 합리성보다는 경제적 합리성을 바탕으로 군비를 누적시켜 나가는 방식이다. 군비가 건전경제를 해치지 않도록 재정형편에 맞춰 단계적으로 투자하므로 경제가 부진하면 군비가 침체하지만 경기가 상승하면 투자를 비례적으로 점증시켜 과잉투자도 가능하므로 반드시 소군비(小軍備)주의는 아니다.

셋째, 장기간 군비투자를 계획하고 있는 점이다. 미소냉전의 전면전화(全面戰化)나 중소의 일본침공을 부정하는 만큼 긴박한 군비보다 차근차근 여유 있는 준비로 계획성 있게 추진하는 것이다. 일시에 대규모

---

38) 요시다는 미국이 “스스로 점령의 주요 책임을 지며 일본의 실정을 다른 어떤 나라보다도 잘 알고 모든 문제에 있어 일본의 주장과 희망에 가장 동정적이다.”고 생각하고 “미국과 미국인 일류(一流)의 관용(generosity) 및 선의(good will)에 대한 신뢰에 따라 일본의 이익을 대변해 줄 국가는 미국밖에 없다.”(吉田茂, 1957, 3卷: 25)고 했다.

39) 미국의 능력에 대해서는 “대체 미국이라는 나라는 경제력이 풍부한 대국이기 때문에 스스로 국제경제의 파도 속에서 잘못될 것도 없어 통제나 무엇이나 그렇게 절실하고 심각할 것은 아니며, 한다면 되는 것 아닌가”(吉田茂, 1957, 3卷: 196)하는 비전문가의 극히 소박한 판단에 따라 미국의 결정에 대해 불만과 실망도 있었다 한다.

투자가 아니라도 목표 달성이 가능하고 재정부담이 적으며 그 실적을 위장하기 쉽다는 점을 염두에 두고 있다.

넷째, 소모를 억제하는 특징이다. 주둔미군에 의한 침략 미연방지 및 격퇴, 무임승차 등 비용 최소화, 소비 위주의 병력증원 억제, 인명 손실이 따르는 분쟁개입과 해외파병 자제[40] 등 일본정부의 선택을 두고 '소극안보주의', '반군사문화' 등으로 보는 시각도 있다. 그러나 겉으로는 소군비를 지향하는 것으로 보이지만 군비의 누적과정에 있는 일본정부로서 누적된 군비를 소모하는 것은 군사력 증강의 궁극적 목표(자원의 안정공급과 해외시장 확보에 필요한 독자 군사력 확보)에 도달하는 시간을 늦출 뿐이므로 군비사용을 억제하는 것이다. 이것은 군비누적 효과와 동시에 대외적으로 군비억제 선전 및 군비 증강 위장에도 이용하고, 소모성 억제를 통해 자원배분의 효율도 높이는 다각적 전략의도를 내포하고 있어 이를 평화주의적 반군사문화로 보는 것은 비현실적이다.

다섯째, 군수기업 육성을 통한 수출 등 기간산업화 전략은 반대하는 점이다. 군수생산으로 전후복구에 기여했지만 곧 군수기업을 조정했다. 경제가 어려워도 무기산업을 바탕으로 운영되는 체제보다 건전경제를 지향한다는 것으로서 자민당 온건보수파의 입장을 반영하며, 후일 무기수출3원칙 등으로 진전되었다.

여섯째, 미일동맹체제 하에서의 군비 증강은 주변국의 비난으로부터 방어수단이 되는 점을 이용하는 것이다. 일본의 군사력 증강이 미국의

---

40) 당시 미국은 한국전쟁으로 긴장상태에 있었고 미군뿐 아니라 연합군을 편성하여 대처하고 있는 상황에서 일본을 대규모적으로 무장시켜 미소냉전에 대응함은 물론 당면한 한국전에도 파견하고 싶었을 것(秦郁彦, 1976: 184)으로서, 요시다는 그것을 간파하여 어떻게든지 회피하려 했던 것이다(吉田茂, 1957 2券: 160-161). 맥아더의 참전요구를 받고 파견에 따른 희생 가능성과 국민사기에 미치는 영향을 걱정하여 이를 회피하려 하면서 고민 끝에 결정한 것은 소해부대 파견이었는데, 이를 끝까지 비밀로 할 것을 당부했다 하며(藤原彰, 1987: 322-323), 수상퇴임 이후에도 이 사실을 "무용(無用)의 의혹"이라면서 끝까지 부정하고 있다(吉田茂, 1957 2卷: 76).

통제 하에 있다는 점이 일본군국주의부활을 우려하는 주변국을 안심시키는 한편 군비 증강이 미국의 요구임을 내세워 주변국의 비난으로부터 방어할 수 있다는 계산이다.

이런 특징을 종합해 보면 요시다 독트린은 "당면한 문제를 해결하되 대규모 병력과 같은 당장 불필요한 낭비는 선택하지 말고 국익을 바탕으로 먼 장래를 생각하며 차근차근 준비하라"는 메시지이다. 미국과의 유대관계를 주축으로 하는 외교정책, 대미의존을 통한 안전 확보, 경제성장에 최우선적 자원배분, 군비의 점진적 증강을 선택하는 것 등으로 요약된다.

이와 같은 선택은 일본정부가 경제적 능력이 있으면 군사력 증강에 나선다는 것을 의미하며, 그것을 실천할 경우 "군비증강정책이 경제를 저해하지 않도록 함은 물론 과도한 경제 중시가 군비 증강을 침체시켜서도 안 된다."는 의미로 바꿔 말할 수 있을 것이다. 실제 이후 일본정부의 군사력 증강 추진과정을 보면 경제적 여건에 따라 완급을 조정하면서 이를 실천해 나가는 형태이었고, 군사력 증강의 결정은 크게 '미국의 요구'와 '경제적 제약'을 양극으로 하는 연속체(continuum) 위에서 위치를 선택하는 것으로 나타난다. 다만 초기의 재군비 과정에서는 다소 군비 억제에 중점이 놓였다고 할 수 있다.

제2절 방위력정비계획에 의한 군사력 증강 (1958년-1976년)

자위대 발족으로 본격화된 일본정부의 군사력 운용은 미일안보조약과 함께 대단히 부담을 주는 사안이지만 전후 국가형성을 위해 불가피한 것으로 받아들여졌고, 부담을 더는 방법으로서 요시다는 점진적 군비 증강노선을 제시했다.

한편 일본 국내정치가 크게 변화하여 요시다 수상도 퇴진(1954년 12

월)하고 자민당 발족(1955년 11월)의 소위 '55년체제' 하에서 새로운 리더십에 의한 국가정책 추진이 그 효율성을 시험받게 되었다. 이러한 변화는 요시다가 구축해 놓은 "기지를 대여해 주고 일본의 방위를 보장받는" 기존의 안보구상과 군사력 증강정책의 변수 간 관계에도 영향을 미칠 수 있는 사안이다.

요시다의 경제우선주의정책은 1950년대 중반 이후에 이르러 마침내 성장 기조를 확립하는 효과로 나타나고, 이케다 내각의 국민소득배증계획(1960년)으로 대표되는 고도경제성장은 70년대 초반까지 이어졌다. 이런 상황변화는 이전부터 군비 증강계획을 제시하라는 미국의 요구에도 자신 있게 대응하는 기반이 되어, 일본정부는 1957년에 이르러 오랫동안 준비해 온 '방위력정비계획'을 확정했다.

1. 군사력 증강의 환경 변화

1.1. 키시 내각의 미일안보조약 개정추진과 국민의식

요시다의 퇴진 후 보수 대연합으로 자민당 출범을 주도한 하토야마와 키시는 각각 수상이 되어 소위 '55년체제'의 새로운 주역으로 등장했다. 이들은 전전의 인물로서 자존심과 자주성향이 강하여 전후 미일관계를 주종(主從)관계로 보고 특히 안보조약에 대한 상당한 불만에 따라 개정을 벼르고 있었다.

자주외교의 기반 확대목적에서 하토야마 수상은 대소관계 개선에 나섰고, 미국에는 안보조약 개정을 요구[41](1955년 8월 시게미츠 외상과

---

41) 시게미츠 외상이 덜레스에게 제시한 구안보조약의 결함사항으로 ① 일본주둔 미군은 일본정부의 명시적 요청이 있으면 일본 국내의 내란 진압에 출동할 수 있는데, 이는 독립국으로서의 국민 자존심을 손상한다, ② 미군의 기지사용에는 제한이 없어 일본이 알지 못하는 사이 전쟁에 말려들어갈 수 있고, 핵무기를 제멋대로 가지고 들어올 수 있다, ③ 조약의 기한이 없다, ④ 미국에 대한 일본의 기지

덜레스 국무장관 회담)하게 된다. 미국 측의 일축으로 진전되지 못했으나 키시 내각에 이르러 이번에는 일본국민의 대미여론 악화를 의식한 미국이 조약개정을 서둘게 되었다.

1958년 10월 4일 안보조약의 개정교섭이 시작되었는데, 일본 내의 파급을 우려하면서 교섭절차에 시간이 걸림으로써 1960년 1월에야 신조약안을 조인할 수 있었다. 그보다 더 심각한 것은 일본 내의 비준과정(1960년 6월)에서 야당의 안보조약 반대는 물론 거대한 군중시위가 발생하여 폭력사태로 악화되고, 마침 일본을 방문(수교100주년 기념)하기로 했던 아이젠하워(D. Eisenhower) 대통령이 치안상의 문제로 방문을 취소(6월 16일)하는 불상사가 발생하여 중대한 정치문제가 되었다.

신안보조약은 자동 승인으로 성립(6월 19일)되었으나 키시는 예상하지 못한 이 사태를 놓고 그 의미를 확인한 후 사퇴(7월 19일)했다. 이는 일본사회가 안정되면서 과도한 대미 의존적 안보체제가 국민의 자존심과 민족감정을 촉발시키고, 동시에 키시로 대표되는 전전의 권위주의 정치와 정치인에 대한 국민의 반대도 민중시위 형태로 함께 표출되었다는 의미이다(五百旗頭眞, 2000: 102).

이 개정으로 미일안보체제는 일본국민이 보다 쉽게 납득할 수 있는 내용이 되었다.42) 말썽 많던 안보조약에 대한 논란이 해소되면서 안보체제

제공의무는 명문화되어 있는 데 반해 미국의 일본방위의무는 규정되어 있지 않다는 등의 내용이 지적되었다. 이 결함사항은 신조약에서 대부분 시정되었는데, ① 미국의 일본방위의무를 명기하며, ② 조약의 기한을 넣었고, ③ 내란조항을 삭제했고, ④ 안보문제에 대해서는 미일 간 협의(수시 및 사전 협의)의 필요성을 인정했고, ⑤ 유엔과 안보조약의 관계를 보다 명확히 하는 한편 ⑥ 미일경제협력 관계를 제창했다. 또한 NATO군의 지위협정을 참고로 행정협정도 수정하여 기지대여에 대한 세목으로 조약구역을 추가함으로써 크게 개선되었다. 그러나 조약구역에 오키나와가 포함되어 있지 않고 사전협의의 약속이 불투명하게 되었다는 등의 문제점도 내포하고 있다(五百旗頭眞, 2000: 86).

42) 조약교섭에서 일본이 지향하는 상호 대등한 조건이 되려면 미국의 일본방위의무와 똑같이 일본의 미국방위의무도 규정되어야 하나, 당시 일본의 군사능력 부족과 헌법의 집단방위금지규정으로 곤란하다 하여 논란이 되었다. 이와 관련

와 헌법에 대한 일본국민의 신뢰와 함께, 권위주의 강경파와 사회주의 진보세력에 대한 지지도 동반 퇴조하여 온건보수파의 정치안정 및 외교 기반 강화에 기여했다. 또한 안보는 미국에 맡기고 경제성장정책에 전념하라는 요시다노선의 기반도 그만큼 공고해졌다는 의미가 된다.

1.2. 미일 관계의 발전

안보조약 개정 소동으로 미국의 대일감정은 악화되었지만 그 내용에 대한 이해와 반성으로 미일 관계는 호전되기 시작했다. 특히 일본사회의 안정과 변화된 국민의식을 간파한 미국이 종전의 자세를 바꿔 진정한 파트너로 대우해 줌으로써 원만한 협력관계로 발전하게 된 것이다(五百旗頭眞, 2000: 111). 대내외 환경변화 하에서 이케다 내각은 고도 경제성장과 이를 바탕으로 자본주의진영의 일원으로서 국제체제에의 편입노력을 경주했고, 미국도 협력을 아끼지 않았다. 미국정부는 아직 군사력이나 경제력에서 일본을 압도하는 국력을 바탕으로 대국적(大局的)인 견지에서, 경제 중심노선을 추구하는 일본에 대해 너무 일방적으로 요구만 하기보다는 경제성장을 도와 쓸모 있는 동맹국으로 육성하는 것이 더 바람직하다는 인식을 하게 된 것으로 보인다.

특히 일본 측은 미국의 군사력 증강요구를 이행하면서 오히려 미국에 전향적으로 접근하여 미국무기와 관련기술을 제공받는 수준까지 교류가 진전되었다. 반면 베트남전쟁 격화로 미군의 출격장소인 주일미군 기지가 부각되어 선택을 어렵게 하자 일본정부는 헌법개정을 통한 해외파병과 적극안보를 주장하는 강경파나, 세계평화 구현의 이상론을 내

미국 측이 일본의 의무는 기지대여만으로도 상쇄된다고 하여 헌법개정 없이도 신안보조약을 성립시킬 수 있었다. 그래서 또한 헌법과 안보조약의 연계도 원활하게 해결됨으로써 헌법체제의 안정적 정착 등 효과를 거둘 수 있게 되었다(五百旗頭眞, 2000: 104).

112

세운 진보파 어느 쪽에도 치우치지 않는 노선을 선택했다.

미일안보체제 하에서 오키나와기지를 자유롭게 사용하기 원하는 미국 측에 협조하면 일본이 동맹국으로서 베트남전의 당사자가 된다. 더구나 세계 최강 미 제국주의 세력이 아시아 약소국을 힘으로 억누르려는 명분 없는 전쟁이라고 강하게 규탄하는 일본 언론과 시민단체를 중심으로 반전분위기가 팽배하여 대응에 고심하게 되었다. 반면 오키나와 시정권 (施政權) 반환을 실현시켜 보려는 일본정부로서 미군의 중요 전략거점인 오키나와기지 사용을 제한하여 미국의 비위를 건드리기보다 미국의 세계전략에 적극 협조하는 좋은 파트너라는 인식을 심어주지 않으면 곤란하다는 점도 고려하지 않을 수 없었다(五百旗頭眞, 2000: 122-125).

일본정부의 신중한 선택은 군사력 증강에서도 대규모 군비 증강을 통해 양쪽의 주의를 집중시키기보다 점진적 군비 증강을 선호하지 않을 수 없게 되었다. 무기수출3원칙 등[43]이 정부방침으로 명확해진 것도

---

43) 일본정부는 종래부터 핵무기의 보유, 생산, 반입을 부정하는 방침을 표명해 왔지만 1967년 12월 11일 중의원 예산위에서 최초로 비핵3원칙을 정부정책으로 밝혔다. 이어 1971년 11월 24일 중의원 본회의에서는 오키나와 반환과 관련하여 비핵3원칙의 준수를 결의했다. 그러나 비핵3원칙에 따라 일체의 핵무기는 정책적으로 보유하지 않지만 헌법9조의 해석과는 별개라는 견해(1978년 3월 11일 참의원 예산위)도 보이고 있다. 무기수출3원칙은 1967년 4월 21일 중의원 결산위에서 사토 수상이 "무기 수출은 수출무역관리령으로 특히 제한하고 ① 공산권, ② 유엔결의로 무기 수출이 금지된 국가, ③ 국제분쟁의 당사국 또는 그 위험이 있는 국가 등의 경우는 수출을 승인하지 않는 것으로 하고 있다고 처음 밝혔다. 그 후 통산성은 수출무역관리령에 따라 무기 수출을 승인하는 경우에 적용하는 내규로 삼아왔다. 또 ③항의 경우 해당국에 대한 판단을 폭넓게 해석하고 이 방향에서 통산성은 업계에 대해 무기 수출은 신중하게 하도록 지도하여 사실상 무기 수출을 금지해 왔다. 1976년 2월 27일 미키 내각은 중의원 예산위에서 "무기 수출에 대해서는 정부로서 금후에도 ① 3원칙의 대상지역에 대해서는 무기의 수출을 허가하지 않는다. ② 3원칙의 대상지역 이외의 지역에 대해서는 헌법 및 외국환관리법의 정신에 따라 무기 수출을 자제한다. ③ 무기 제조관련설비 수출에 대해서는 무기에 준하여 취급한다는 방침에 의해 처리하기로 하고 그 수출을 촉진시키는 일은 하지 않는다."는 점을 분명히 했다(防衛學會, 1980: 289, 300).

이 무렵이고, 이런 분위기는 요시다노선의 가치를 새로이 인식하게 했으며, 실제 이 시기 일본지식인들 사이에서 요시다 재평가 움직임으로 나타난 바 있다(五百旗頭眞, 2000: 108).

1.3. 국민소득배증정책의 추진

전후 일본경제는 정부정책에 따라 상승과 하락을 반복했다. 이케다 내각이 내놓은 국민소득배증계획(1960년 12월 각의 결정)은 1961년 -1970년간 평균목표성장률을 7.2%(전반 3년 목표: 연 9%)로 하고, 국민소득을 2배(26조 엔, 1인당 20.8만 엔)로 하며, 수출을 81억 달러로 늘린다는 내용이다(金森久雄·荒憲治郎·森口親司, 1988: 234).

이 계획은 실질 국민생산이 약 6년 후, 1인당 실질 국민소득이 약 7년 지나 배증(倍增)했고 수출도 연평균 16.8% 증가하여 최종년도인 1970년에 목표의 2.5배인 202억 달러에 달했다〈부록 1〉. 당초 예상은 7.2% 성장하는 것이었으나 실제 연 10.9%로 나타났다(五百旗頭眞, 2000: 115). 그 결과 전전과 달리 소비혁명에 바탕을 둔 성장, 민간투자와 중화학 위주로 산업구조 전환, 생산성 배증[1인당 생산액: 1970년(98만3700엔)/1960년(29만3500엔), 배율: 3.35], 기술혁신 등 변화를 보였다.

이 시기 일본의 기술발전에는 다음의 특징(박우희, 1989: 87-90)을 나타내고 있는데, 이런 특징은 군사기술의 연구개발에서도 그대로 나타나고 있다.

첫째, 도입기술을 응용기술로 개발하여 경제발전에 파급시키는 것으로, 1970년대 초부터 기술도입의 역할이 상대적으로 줄고 개발 중심으로 전환되었다.

둘째, 민간 주도의 기술개발체제로 운용하는 것이다. 일본은 여타 선진국보다 정부지출의 비중이 낮은데, 이는 정부기술개발정책이 왕성한 민간 연구개발투자를 통한 기업의 경쟁력 제고에 중점을 두고 있음을 의미한다.

셋째, 도입기술의 개량을 추구한다는 것으로서, 기술을 흡수하여 정착, 개량, 발전에 주력하면서 여러 종류의 기술을 재결합하여 실용화나, 질적 개선, 생산원가 절감, 양산체제로 발전시키는 것이 일본식 모방기술의 특징이다. 소형라디오, 흑백 TV의 트랜지스터 사용, 전자제품의 단소화 등이 대표적 사례이다.

1.4. 파급효과

대내외 환경변화는 안보소동 등으로 분열된 국론과 국민감정을 치유하는 데 큰 역할을 수행했다. 정치적 대립을 경제성장과 풍요사회에 대한 기대로 누그러뜨려 소비경제와 국민생활 향상에 노력하는 정치풍토로 바꿔 나가게 되었다.

일본을 미국으로부터 명실상부하게 독립한 국제사회의 세력으로 회복시키려는 노선과, 그것을 표방한 키시와 같은 정치지도자도 정계에서 사라졌다. 한편 일본국민들은 패전의 멍에에서 벗어나 자신감을 회복하면서 사회주의에 대한 기대감은 퇴조하는 대신, 자위대에 대한 지지율 상승(1950년대 50%대→1965년 80%대)과 경제우선주의에 동조하는 것으로 나타났다(五百旗頭眞, 2000: 109).

경제여건의 호전 등 정세변화는 일본정부로 하여금 1957년 제1차 방위력정비계획을 확정케 했다. 군사력 증강이 이제는 재정적으로 크게 부담되지 않는다는 판단과, 우에무라(植村甲午郎) 당시 경단련 부회장의 발언[44]과 같이 경제적 파급을 기대하여 계획성 있는 군사력 증강의

---

44) "최근의 방위가 항공기, 전자무기 등 기술의 최고수준을 요하기 때문에 방위산업 확립이 일반 공업의 기술수준 향상과 밀접한 관련을 가지고 있다는 것을 간과하는 논의는 있을 수 없다. 요컨대 방위산업은 그 규모로 말하자면 현재 산업 구조로서는 무시할 만하지만 그 일반 공업기술면에서 보면 아주 중요한 지위에 있다."(「經團連 月報」 1955年 2月號, 朝日新聞安全保障問題調査會, 1967 9卷: 182에서 재인용).

필요성이 수용된 것인데, 이제까지의 부처 차원에서 정부 차원의 체계적인 계획으로 격상되고 4차에 걸친 계획 수립 및 시행으로 일본 군사력의 규모와 질적 수준이 획기적으로 증강되었다.

일본정부가 군수기업을 정리할 때에는 군비 증강을 포기한 것으로 받아들여져 미국정부는 물론 국내 강경파와 업계의 반발을 초래한 바 있지만 스스로 방위력정비계획을 수립하여 군비 증강을 추진하는 것은, 시기가 아닐 뿐 경제여건이 조성되면 군비 증강에 나선다는 요시다의 발언(1952년 11월 24일 시정연설)을 확인하는 동시에, 일본 군사력 증강정책이 요시다의 노선에 바탕을 두고 결정되는 형태임을 검증해 주는 것이기도 하다.

2. 방위력정비계획(1차-4차)

2.1. 제1차 방위력정비계획

일본정부 내에서 군사력 증강계획은 주권회복 이후 보안청 내에 계획입안기관으로 '제도조사위원회'가 설립(1952년 9월)됨으로써 이미 시작되었고, 1953년 5월부터 시안이 나오기 시작했다. 이후 시안에 대한 수정작업이 계속되는데, 그 과정을 보면 일본정부 내의 서로 다른 의견 및 이해 대립과 미국의 기대에 대한 배려로 고심한 흔적이 그대로 나타나고 있음을 알 수 있다.

<표 3-6> 방위계획의 시안 작성과정

차안 수	1차	2차	3차	4차	5차	6차	7차A	7차B	8차	9차A	9차B	10차1	10차2	10차3	10차4
육상 (만 명)	35	20	15	20	20	20	20.2	18	18	18	18	18	18	18	18
해상 (만 톤)	45	14	8	14	14	14	15	15	12	12	13	10	12	12	12
항공 (백 기)	17	15	5	14	12	13	13	13	11	11	11	12	13	13	13

출처: 赤城正一, 「日本の防衛産業」(東京: 三一書房, 1969), p.62.

제1차안은 1953년도부터 1965년도까지 13년간의 계획으로서, 계획이 시행되면 종료시점에서는 육상병력 35만 명, 해상전력 45만 톤, 항공전력 1744기가 된다. 육상병력 35만 명은 미국 측의 요구(덜레스 국무부 고문이 1951년 1월 요시다와 회담에서 요구한 10개 사단 35만 명의 지상군 보유안)를 수용하려 한 흔적이 보이는 내용이지만 그 목표치는 표<3-6>에서 보듯이 거듭 조정된다. 1953년 6월 키무라 보안청장관이 기자회견에서 밝힌 내용은 5개 연간 육군병력 21만 명, 함정 170척, 14만5000톤, 항공기 1400대의 구상이었고, 이 수치가 정착단계에서 나온 정부안이었던 것으로 보이며 도표상의 4차안에 해당된다.

이 시안은 이후에도 계속 수정되었는데, 1954년 11월 요시다 수상이 방미하여 미국 측에 제시한 내용은 제7차 B안으로서 당시 일본정부 내에서는 일단 그 수준으로 낙착되고 있음을 의미하며, 나중에 미군의 항공기 공여를 크게 기대하여 제8차안에서는 목표치를 약간 상향시키지만 그 실현이 불투명해짐으로써 축소하는 쪽으로 제9차안이 작성된다. 제10차안은 1955년-1960년간의 6개년계획이었는데, 군수기업의 조정문제로 부처 간의 대립이 첨예해지면서 합의가 쉽지 않아 4번에 걸쳐 조정한 후 1955년 4월 최종안이 확정되었으며, 시게미츠(重光葵)외상이 8월 이 안을 휴대하고 방미하게 되었다(赤城正一, 1969: 60-62).

이 시기 일본 내의 분위기는 경제상황이 독립 후 최대위기라는 1953

년-1954년의 불황에서 벗어나 1956년부터 공업생산과 수출이 신장되기 시작한데다, 미일안보조약을 쌍무적 내용으로 개정하려는 키시 수상의 의중에 따라 미국정부의 비위를 맞추기 위한 배려로서 1956년 7월 국방회의를 내각에 발족시켰다. 한편 방위당국도 방위비가 GNP의 2%, 세출예산의 12-13% 정도라도 과중한 부담은 아니라는 여론조성(朝日新聞安全保障問題調査會, 1967, 9卷: 77)과 함께 미국의 군비 증강 요구를 적극 수용할 수 있음을 과시하는 등의 자세변화로 나타났다.

국방회의와 각의는 군사정책에 관한 최초의 공식문서라고 할 수 있는 '국방의 기본방침'[45]을 결정(1957년 5월 20일)했고, 이 지침에 맞춰 방위력정비계획안을 재심사한 후 마침내 1958년-1960년간의 '방위력정비목표에 대하여'를 채택(6월 14일 국방회의 및 각의)했다. 이는 본래 6개년 중 3개년이 지난 시점에서 후반의 3개년에 해당되며, 이것이 '제1차 방위력정비계획(이하 '1차방')'이 된다.

방위력정비계획이 복잡한 절차를 거친 것은 당시 일본정부로서 왜 군비 증강을 해야 하는지, 그 당위성과 목표에 대한 입장정립과 합의가 아직 이루어지지 않은 실정과 함께, 실질적 증강보다는 일본이 방위노력을 경주하고 있다는 인상을 미국에게 주려는 지도부의 의도 등 당시의 다양한 사정을 반영한다(五百旗頭眞, 2000: 22).

---

45) '국방의 기본방침'은 국방시책 추진에 있어 따라야 할 기본방향을 명시한 것으로서 '방위계획의 대강' 책정(1976년 10월 29일) 시까지 일본국방정책의 기본이 되고, 국방의 목적은 "직·간접침략 미연방지와 배제 및 이로써 민주주의를 기조로 하는 일본의 독립과 평화를 지키는 데 있다."고 했다. 이 목적 달성을 위해 ① 유엔활동 지지와 국제협조로 세계평화 실현, ② 민생안정, 애국심 고양 등 국가안전보장에 필요한 기반 확립, ③ 국력국정에 따라 자위를 위해 필요한 한도의 효율적 방위력의 점진적 정비, ④ 외부침략에 유엔이 유효하게 이를 저지할 수 있을 때까지 미국과의 안보체제를 기조로 대처 등 4 항목을 규정하고 있는데(朝雲新聞社, 2001: 19), 대미의존과 점진적 정비 등 요시다의 메시지에 충실한 내용을 명시한 점이 특징이다.

2.1.1. 계획의 주요 내용

방위력 정비의 목표는 ① '국방의 기본방침'에 따라 미일안보체제를 기조로 국력국정(國力國情)에 맞는 필요최소의 자위력 정비를 표방하고, ② 육상자위대: 병력 18만 명, 해상자위대: 함정 약 12만4000톤, 항공기 222기(1962년 말까지), 항공자위대: 33개 비행부대와 항공기 약 1342기(1962년 말까지) 정비를 목표로 하며, ③ 신무기는 자위의 필요 최소한도 내에서 연구개발에 주력하고 중요 장비품은 축차적으로 개선하는 한편, 국내생산 이외에 함정 및 항공기 일부 등 상당 부분은 미국의 공여를 예정하고 있다. ④ 이 목표는 내외정세추이 등에 따라 수시 재검토하는데, 특히 과학기술 진보에 맞춰 신무기 연구개발, 편성 및 장비쇄신으로 방위력의 질적 충실 실현을 강조하며, ⑤ 항상 경제안정을 저해하지 않도록 하고, 재정사정, 민생안정시책과 균형을 고려, 연차별 증강을 탄력적으로 결정하고, ⑥ 방위력 정비에 맞춰 방위산업도 정비하는 등의 소요조치(所要措置)를 강구하도록 제시하고 있다(朝雲新聞社, 2001: 58-59). 소요예산은 4530억 엔을 책정했다.

이 계획의 특징은 ① 침략의 미연 방지를 목표로 미국과의 안보체제가 기조이고, ② 군사력 증강은 '필요최소한', '점진적', '경제안정을 저해하지 않게 유의', '연구개발에 중점'을 강조함으로써 경제우선시책에 철저히 순응하며, ③ 육상자위대 병력을 획기적으로 높여(11만→18만 명), 미국의 기대에 부응하려는 의지를 부각시키고 있으나 ④ '미국의 요구'와 '경제적 제약'의 사이에서 아직은 다소 제한적인 의미에 중점을 둔 점이다.

2.1.2. 결과 평가

1차방의 전체적 결과는 당초 목표에 약간 못 미치는 수준〈부록 2-1〉이다. 공식집계로 육상병력은 17만 명, 해상자위대의 함정 톤수는 9만

9000톤(1960년 말 보유함정의 총톤수 약 11만2000톤은 노후화로 제적될 함정을 포함한 수치), 항공자위대의 경우 14개 부대 항공기 1133기를 달성했다. 1차방 계획은 주둔미군 감축에 따른 육상병력 충원과 육상장비 정비에 중점이 놓이고 장비조달은 기본장비를 중심으로 국산화 비중을 높이려는 경향이었다.[46]

그 결과에 대해 자위대 당국은 「자위대 10년사」에서 "전반적으로 시설 정비, 탄약 및 연료 비축 등 대책이 극히 불비한 상황이었다."(赤城正一, 1969: 63)고 하지만, 〈표 3-7〉와 같이 1차방의 3개 연간 무려 2400억 엔 이상의 거액을 장비 구입에 투입함으로써 국내업계를 윤택하게 하고, 미국의 공여무기를 바탕으로 라이센스 생산 등 국산화 토대를 착실히 구축해 놓은 것으로 평가된다.

〈표 3-7〉 1차방의 방위예산 및 주요 장비 조달액

(단위: 억 엔)

구 분	1955년	1956년	1957년	1958년	1959년	1960년
방위청 예산	866.0	999.7	1,006.9	1,197.1	1,352.2	1,509.5
장비 조달액	348.7	395.1	453.9	555.2	537.5	1,208.9
무 기	11.9	17.3	17.7	35.7	67.8	66.1
차 량	17.8	6.5	18.4	17.5	11.3	18.5
항 공	69.4	151.9	176.6	235.9	175.2	836.2
통 신	46.5	23.9	58.5	43.3	62.1	92.9
선 박	63.3	83.1	71.3	80.3	81.5	51.7

출처: 赤城正一, 「日本の防衛産業」(東京: 三一書房, 1969), p.68.

---

46) 연도별 국내조달은 1954년 236억 엔의 규모로 선박(100억 엔)·항공기(20억 엔)·무기(6억 엔)의 순으로 투자했고, 당시 거액의 설비가 필요하여 재정적 부담을 준다는 이유로 대장성이 강하게 반대했어도 이미 그때부터 장비 국산화 및 이에 필요한 기술연구개발에 집착해 온 것으로 보인다. 초기엔 미군의 무상원조로 주요 장비가 조달되었고 MSA협정조인을 계기로 고가의 무기가 도입되어 국산화가 늦어지는가 했으나, 1955년을 기점으로 속도가 빨라졌다. 이렇게 일본 측의 적극적인 대응으로 미군 측의 협조도 원만히 이루어져 1955년에는 미군의 계획에 의해 중등제트연습기의 기본설계가 시작되고, 왕복엔진(reciprocating engine)연습기, 호위함, 잠수함, 곡사포, 전차, 박격포, 장갑차 등이 국산화되었다.

다만 방위당국이 당초 계획을 통해 달성하려고 의욕을 보인 대량 발주 및 양산체제 확립이 1차방에서 아직 확립되지는 않았고 지출경비도 당초 예정액 4530억 엔을 하회하는 4059억 엔에 억제된 것도 사실(木川田榮, 1971: 71)이어서 전반적으로 일본정부가 군사력 증강에 적극 나서기 시작했다고 보기는 어렵다. 장비 조달은 방위청과 함께 부속기관으로 설치된 조달실시본부가 통합 관리하게 했다. 발족 당시 자위대의 장비는 주로 미군의 중고무기로서 재정문제로 방치되어 온 이들 장비 교체와 대미의존을 줄여나가기 위한 국산화 계획이 핵심과제이었다(장비부문 예산과 조달 내용은 〈표 3-7〉 및 〈부록 3〉).

기술개발은 방위청 기술연구소(1952년 8월 설립, 1958년 5월 기술연구본부로 확대)가 중심이 되어 전전의 것에 미군무기로부터 배운 지식을 응용하는 수준이었고, 미군에 없는 것을 보충하기 위한 방안으로서 1956년-1957년간 영국제 어뢰정(Thunder-throw), 제트연습기(Bumpier), 스위스제 유도탄(Erikon)을 구입해 연구하는 등의 다각적 시도도 있었다. 미군의 협조로 1955년도 기본설계에 들어간 중등제트연습기의 시작(試作) 1호기가 1958년 1월 첫 비행에 들어간 데 이어, F-86 및 T-33A제트기 생산, 해상자위대용 대잠초계기(P2V-7)의 국산화 착수(생산은 2차방) 및 1960년 F-104J의 국산화계약 체결 등으로 진전되었다(赤城正一, 1969: 64; 防衛廳技術研究本部, 1978: 5-9).

국산화 노력으로 장비조달원(裝備調達源)의 구성〈부록 4〉도 크게 달라졌다. 1950년-1954년 장비조달원의 구성이 무상원조 65.2%, 국내조달 34.2%로서 미국원조의 비율이 압도적이었나, 1960년에는 국내조달 75% 이상, 무상원조 20% 이하로 바뀌어 방위력정비계획이 크게 진전되었음을 말해준다.

1차방 기간 중 방위예산은 연 10%-19%로 계속 증가했지만, 1958년부터 크게 성장하기 시작한 일본경제가 1959년에는 전년비 광공업생산 24%, 수출 20% 증가했으며(朝日新聞安全保障問題調査會, 1967 9卷:

77), 1960년대 일본정부의 소득배증계획으로 연결되어 방위비의 GNP 및 세출예산 대비율〈부록 5〉이 크게 낮아졌다. 1960년도 방위비의 GNP 및 세출예산 대비율은 각각 1.23%와 9.99%로 낮아져 대장성의 견제 명분도 약화되고 방위당국은 재정적 부담을 덜고 차기방위력 정비에 적극자세로 임하는 기반을 마련했다.

기간 중 대장성에 의한 정부재정 주도가 확고하고 군사력 증강에 대한 견제가 강하여 전반적으로 방위당국의 의사는 억제되는 추세이었다. 그럼에도 대규모 경비가 소요되어 대장성이 반대하는 무기장비 국산화에 착수한 것은 정부 차원의 정비계획에 의해 예산을 사전 확보해 놓게 되는 제도적 장치가 마련되었기 때문이고, 그 범위 내에서 방위당국과 자위대 현역의 자율권이 확립된 것을 의미한다.

2.2. 제2차 방위력정비계획

2차방 계획은 경제호황의 환경에서 결정되었다. 동 결정은 일본정부의 소득배증계획이 책정되고 7개월이 지난 호황기인데다 미일안보조약 개정과 관련한 '아카기구상(構想)'47) 표명(1959년 10월 赤城宗德 방위청장관)으로 일본의 방위력 증강의지가 기정사실화된 시점이기도 하다. 재정 면에서 1961년도 일반회계예산의 대폭 자연증수(自然增收)로 대

---

47) 아카기 무네노리(赤城宗德) 방위청장관이 기자회견에서 밝힌 내용은 ① 일본의 방위력은 자위를 위한 것인 만큼 전략수세(戰略守勢)의 범위 내에서만 생각하고 전략공세(戰略攻勢)는 미군에 의존, ② 미군 지원은 부동(浮動)할 가능성이 있기 때문에 아주 대규모적인 침공에 대해 초기작전을 독력(獨力)으로 수행할 수 있는 능력을 정비, ③ 병력수준은 육상 18만 명, 13개 사단, 해상 16만4000톤, 헬리콥터 항모 중심의 대잠수함부대 1군(群) 정비, 항공자위대는 방공전투부대 중심의 24개 대, BADGE조직(반자동경계관제조직) 정비, 대미사일부대를 신설, ④ 소요경비는 국민소득의 2%를 목표로 하여 총액 1조3000억 엔을 예상하고 1500억 엔의 미 군사원조를 기대 등으로 요약된다(朝日新聞安全保障問題調査會, 1967, 8卷: 90-91).

장성의 대신(大臣)과 사무당국도 "방위비를 최소한도 GNP의 2%까지 충당해야 한다."는 아카기구상에도 비교적 너그러웠다(朝日新聞安全保障問題調査會, 1967 9卷: 78).

아카기구상을 토대로 작성된 계획안이 국방회의에 회부되어 심의에 들어갔으나 미일안보조약 개정과 관련한 정치혼란으로 시간이 지체됨으로써 1961년을 초년도로 하려던 구상은 무산되고, 1962년-1966년간의 5개년 계획이 되고 말았다(1961년 7월 18일 국방회의와 각의결정). 이로써 1961년은 1-2차방의 과도기가 되었지만 2차방은 실제 1961년-1966년간 6개년 방위력정비계획인 셈이다.

2.2.1. 계획의 주요 내용

계획 작성의 취지로는 발생 가능한 위협에 대처하여 유효한 방위력의 계획적이고 원활한 정비를 위해 '국방의 기본방침'에 의거, 작성한다고 강조했다.

방위력 정비의 방침으로는 ① 미일안보체제를 바탕으로 "재래무기 사용에 의한 국지전 이하의 침략에 대해 유효하게 대처할 수 있는 방위체제의 기반 확립"을 목표로 골간적 방위력의 내용을 충실하게 하고, 과학기술진보에 즉응(卽應)하는 정예부대 건설의 기초를 배양하여 육해공 자위대의 총합방위력 향상을 도모하고, ② 골간적 방위력의 내용 충실화로 장비 근대화 및 소모분에 대한 계획적 갱신, 기동력 증강, 후방지원태세 강화, 특히 기지 등 후방시설 정비 충실, 대략 1개월의 탄약 등 장비(裝備)에 중점을 두며, ③ 유도무기 진보에 따른 대공유도탄 도입, 정예장비 일부 정비 및 운용연구와, ④ 정보기능 정비, 기술연구개발, 민생협력과 대국민 대책 중시 등을 제시했다.

방위력 정비의 내용으로는 ⑤ 1966년 말까지 육상자위대의 자위관 18만 명, 예비자위관 3만 명, 해상자위대의 함정 약 14만 톤, 항공자위대의 항공기 약 1000기, 지대공유도탄부대 4개 대 정비를 명시하고, ⑥ 경비는 액수를 확정하지 않고 평균 195억 엔－215억 엔의 증가를 예상하는 범위만을 설정했다(朝雲新聞社, 2001: 59-60). 한편 업계의 기대 및 경제적 파급 등을 반영하여 장비조달액도 연평균 205억 엔 증가를 가정한 총계 약 3658억 엔 정도(赤城正一, 1969: 67)를 추산하면서, 1차방에 없던 장비품구입명세〈부록 6〉를 제시하여 장기일괄발주, 대량생산 등 그간 업계의 희망사항이 가시화될 것을 예고하고 있다.

2차방 계획은 1차방과 다른 특징이 있는데, ① 1차방의 '필요최소한의 자위력 정비'에서 '재래무기를 사용하는 국지전(局地戰) 이하의 침략에 유효하게 대처'로 보다 구체화하고 약 1개월분의 탄약 비축을 제시하여 미국지원 도착까지 1개월 정도의 저지작전이 목표임을 최초로 밝힌 점, ② 육상자위대 위주의 1차방 계획에 비해 광범위한 장비 확충에 나선 점, ③ 미군무기 공여가 실제 '미 중고무기 시장화'라는 비판을 받아온 1차방의 조달체계에서 탈피하여 독자생산과 이를 위한 기술연구 개발을 강조하고 있는 점, ④ 경비는 한도액 명시보다 증액을 전제로 융통성 있게 규정하여 특히 미국의 요구(1962년 2월 방일한 R. Gilpatrick 국방차관이 그동안의 방위비 확대요구를 이케다 수상에게 정식 전달)와 업계 및 강경보수파의 압력에 대한 응답으로서 아카기의 GNP 2% 구상을 가시화하는 점 등이다.

2.2.2. 결과 평가

2차방 계획의 결과는 수치상 목표에 약간 하회한 것으로 나타났다〈부록 2-2〉. 지출경비는 아카기 구상대로 1965년도 예상 GNP의 2%를 목표로 상정하여 1조1500억-1조1800억 엔을 책정했으나 실제로는 이를 초과한 약 1조3670억 엔을 사용했다.[48] 방위비의 대폭 증가와 함께, 특히 장비 국산화문제가 전면에 부각됨으로써 1962년-1966년간의 장비조달액도 1차방 기간을 포함한 5개년(1956년-1960년)간 3351억 엔보다 대폭 증가함은 물론 당초 예상(3658억 엔)을 훨씬 초과한 4758억 엔에 이르렀고 그 내역은 〈표 3-8〉와 같다.

무기장비의 조달 내용을 보면 1차방에 비해 획기적 진전이 있었다. 함정, 항공기, 무기 분야는 1차방에서 시작된 국산화가 거의 2차방에서 계획대로 완성되었고, 다만 아카기구상에서 제시된 미사일부대의 장비 편성이 실현되지 않음으로써 그 국산화는 3차방의 사업으로 넘어갔을 뿐이다.

〈표 3-8〉 2차방의 방위예산과 주요 장비 조달액

(단위: 억 엔)

구 분	1961년	1962년	1963년	1964년	1965년	1966년
방위청 예산	1738.2	2025.1	2332.6	2654.6	2869.7	3239.2
장비품조달액	593.2	812.5	841.4	886.9	1127.2	1089.7
무 기	92.9	103.9	209.4	90.9	187.4	173.1
차 량	33.6	112.9	18.8	17.8	38.9	64.0
항 공	197.5	245.5	231.5	141.4	424.9	259.3
통 신	83.6	102.4	100.6	221.7	166.0	106.4
선 박	52.2	78.7	89.3	94.1	129.1	119.6

출처: 赤城正一, 「日本の防衛産業」(東京: 三一書房, 1969), p.68.

이로써 소총·기관총·무반동총·박격포·전차·장갑차·대전차유도탄발사기·로켓발사기 등 육상장비와, 해상장비로서 소형함정은 이미 완전 국산화되고, 잠수함·소해정도 99% 국산화 등 비율〈부록 7〉을 크게 향상시켜 기본장비는 대량 생산이 가능한 단계에까지 진입하게 되었

---

48) 아카기구상 발표 당시 방위비로 1965년도 예상GNP(13조140억 엔)의 2%(2600억 엔)와 2.5%(3253억 엔)의 중간을 목표로 설정했다. 그 후 약간 삭감되었지만 결국 5년간 총예산은 2%를 초과하는 1조1500억-1조1800억 엔이 책정되었다. 그러나 예상 이상의 고도성장에 따라 실제 방위비의 GNP대비율은 2% 이하로 떨어졌다(赤城正一, 1969: 75).

다. 이에 따라 장비조달원의 구성〈부록 4〉도 1950년-1954년간 무상원조 65.2%, 국내조달 34.2% 및 1차방 계획의 종료시점(1960년)에 국내조달 75.2%, 일반 수입 2.7%, 유상원조 3.7% 무상원조 18.2%와 비교하여 2차방 계획의 종료 시점인 1966년에는 국내조달 83.7%, 일반 수입 7.5%, 유상원조 3.3%, 무상원조 5.5%로 국내조달의 비율이 아주 높아졌다.

그러나 기간 중 경제성장은 예상의 2배 이상을 기록함으로써 방위비의 GNP와 일반세출에 대한 비율〈부록 5〉이 각각 1.07%-1.18% 및 7.90%-8.59%로 크게 낮아졌다.

2.3. 제3차 방위력정비계획

3차방 계획은 방위비의 GNP 2% 증액 실현에 대한 방위당국의 강한 의욕과 함께 군사력 증강에 대한 기존의 '점증론'(1, 2차방에 이어 그 연장선상에서 늘려 나가는 방식)과 강경보수파의 '비전론'(장기구상론: 장기구상에 따라 군사력 증강을 실천해 나가는 방식) 간 논쟁이 고조된 상황에서 시작되었다. 방위청은 당시 고이즈미(小泉純也) 장관이 "육해공에 걸친 대규모의 방위력 증강은 생각하지 않는다."(1965년 3월 27일 중의원 외무위 답변)고 발언하여 2차방의 연장에서 실무작업에 착수했으나, 후임 마츠노(松野賴三) 장관의 "3차방(1967년-1971년)의 최종년도에 GNP의 2%가 되게 하라"는 지시에 따라 다시 1971년 예상 GNP를 약 40조 엔으로, 그 2%인 8200억 엔을 최종년도 방위비(5년간 총3조1000억 엔)로 책정했다가, 2차방의 방위비(최종년도: 3407억 엔, 총 1조3670억 엔)보다 과도하다는 인식에서 2조7000억 엔으로 조정하여 발표(1966년 4월 5일)했다.

원안에 대한 관계부처와의 절충 및 국방회의 간사회(구성부처 차관회의)를 통한 의견 조정에서 대장성이 경비총액의 과다, 급증을 지적하고 장비국산화 대신 수입을 통한 경비 절감 등을 내세워 심의가 진전되지 못하자 3차방 결정의 연기안(사토 수상, 7월 1일 중의원 예산위 발언), 6개년으로 확대하는 안(上林山榮吉 방위청장관)까지 나왔고, 이어 3차례의 국방회의의원간담회에서도 절충은 무산되었다. 방위청은 성향이 다른 장관 부임 시마다 서로 다른 계획을 가지고 절충했지만 대장성의 저항이 완강했고, 그래서 경비문제는 뒤로 미루고 먼저 '3차방 계획의 대강(大綱)'을 결정(1966년 11월 29일 국방회의 및 각의)하는 편법으로 돌파구를 마련했다(朝日新聞安全保障問題調査會, 1967, 8卷: 94).

경비는 국방회의에서 해를 넘기며 절충해 보았지만 결착되지 못하고, 마침내 사토 수상의 중재결단으로 대장성과 방위청안의 중간선으로 2조3400억 엔±250억 엔의 폭을 설정하는 특이한 방식을 제시함으로써 타결(1967년 3월 13일 국방회의, 14일 각의 결정)되었다(朝日新聞安全保障問題調査會, 1967 8卷: 94-99).

2.3.1. 계획의 주요 내용

3차방 계획은 '대강', '주요 항목', '경비'가 시차를 두고 결정될 만큼 부처 간 이해 대립의 사안이 되었고, 이는 군사력 증강문제의 비중이 변하고 있음을 의미한다.

대강(大綱)에서는 '국방의 기본방침'을 기조로 2차방 계획과 마찬가지로 "통상병력으로 국지전 이하의 침략사태에 가장 유효하게 대응할 수 있는 효율적인 것"을 목표로 하면서도, 목표 달성을 위해 "내외정세, 국력신장, 국제적 지위 향상 등을 고려하고, 육해공 자위대의 내용 충실 및 강화, 자위대원의 사기고양을 통해 강한 부대 건설에 노력한다."는 방침과, 주변해역 방위 및 방공능력 강화 등을 강조하여 자위대의 행동반경 확대를 구체화하기 시작했다.

정비의 내용도 다음과 같이 보다 구체적으로 제시되었다.

첫째, '해상방위력 강화'로서 함대공유도탄탑재함, 헬리콥터탑재함 14척 및 잠수함 5척을 포함하는 함정 56척, 약 4만8000톤을 건조하고 고정익(固定翼)의 대잠기(對潛機) 60기, 대잠헬리콥터 33기를 정비한다.

둘째, '방공능력 강화'로서 호크와 비핵탄두 전용으로 개선된 나이키 부대를 각각 2개 대 편성하고, 각 1개 대 추가 편성을 준비하며, 동 유도탄을 국산화하는 한편, 요격능력 향상을 위한 신전투기(차세대)의 기종을 선정한다.

셋째, '육상방위력 향상'으로서 기동력 향상을 위해 대형, 중형 헬리콥터 83기 및 장갑수송차 약 160량 취득, 수송기 10기 정비 및 전차 약 280량을 경신하고, 육상자위관의 정수를 8500명 증원한다.

넷째, '교육훈련 및 구난체제 충실'로서 각종 연습용과 구난용 항공기 55기, 훈련지원함 등 함정 4척 약 5000톤 정비 및 초음속고등연습기(TX) 국내개발과 조종사교육을 별도 검토 후 필요조치를 강구한다(朝雲新聞社, 2001: 63-64).

경비는 총 2조3400억 엔±250억 엔의 폭을 설정하고, 인건비 1조 엔, 물건비 1조200억 엔, 나머지 3000여 억 엔은 식량, 연구개발, 시설비 등이다〈표 3-9〉.

〈표 3-9〉 3차방의 주요 항목별 경비배정 내용

주요 항목	배정액(억 엔)	주요 항목	배정액(억 엔)
일반관리	9957	BADGE조직	452
육상장비	1858	교육훈련	862
함정	1687	일반지원	333
항공기	4292	시설정비	756
지대공미사일	984	기타	31
기술연구본부	489	내국. 시설청 등	1699
합　계		2조3400	

출처: 赤城正一, 「日本の防衛産業」(東京: 三一書房, 1969), p.79.

기술연구개발은 예산을 2차방(130억 엔)보다 대폭 확대(489억 엔)하고 다양한 분야로 확산시키는 동시에 항공기, 미사일 등 경제적 파급효과가 큰 고가화·첨단화로 중점이 이동하고 있다(〈표 3-10〉 및 〈부록 8〉).

이 계획에서는 첫째, 국내조달비를 2차방의 2배 증액하여 미군의 무상공여 종결에 대비하고 내구연수(耐用年數)에 달한 공여무기의 전면 교체에 나서 규모가 배증(倍增)추세를 보인 점, 둘째, 장비조달비의 약 50%〈표 3-9〉를 항공 분야에 배정하여, 최초의 초음속연습기 독자개발에 착수하고 전투기 F-104(2차방의 주력)보다 성능이 월등한 F-4 도입을 검토하는 한편, 방위청 원안의 육상장비 경신항목을 삭감하는 대신 합계 5만3000톤(연평균 1만 톤 이상: 2차방 시 7700톤)의 야심 찬 건함계획 등 해역방어와 작전반경확대 및 이를 뒷받침하는 무기장비 첨단화에 나선 점, 셋째, 기술연구개발은 예산이 2차방(130억 엔)보다 대폭 확대(489억 엔), 내용의 다양화〈표 3-10〉 및 항공기, 미사일 등 고가첨단화와 보조를 맞춰 군사력 증강의 초점이 첨단기술 파급확산에 모아지고 있는 점이 특징이다.

〈표 3-10〉 3차방의 기술연구개발 분야와 내역

연구개발 분야	세부 항목
항공기	대잠비행정, 조기경계기, 중형수송기, 무인정찰기, 소형원동기
미사일	AAM2형(IR), 단거리SSM, SUM, 단거리SAM
화 기	복합탄, 분진탄(噴進彈), 다연발SSR
차 량	전차, 신장갑차, 자주곡사포(105, 155밀리), 정찰전차
시설기기	자주가교(自走架橋), 지뢰원(地雷原)폭파장치
함 정	디젤주기(主機), 연료전지, hydrofoil정(艇)
수중무기	고속homing어뢰, 계추식자기기뢰(係椎式磁氣機雷)
훈련기기	대잠비행정용weapon system trainer, 공수협동공격훈련용attack teacher
측정탐지기기	원거리탐신(探信)장치, 수중고정청음(聽音)장치, 잠수함용 청음측정장치
레이더	저공역레이더, ECCM레이더, 이동site용 레이더, 신탐색레이더, 대포레이더
통신기기	야전용 ADPS(자동자료분석system), 이동용 OH(over horizen)통신기
ECM, ECCM	TSJ(tactical signal jammer), 지상전파, 기상전파 방해, 기상전파기만장치
광파기기	적외선기(機), 레이더기(機), 전장감시기(戰場監視器)
화학기기	대CBR용 탐지측정장치, 동 방호기기,
위생기기	대CBR 예방 및 치료 설비품

출처: 赤城正一, 「日本の防衛産業」(東京: 三一書房, 1969), pp.82-83 자료 종합.

2.3.2. 결과 평가

3차방에서는 항공기 등 일부 초과 달성을 포함하여 대상품목에 대한 거의 완전 국산화를 실현(계산상 약 97.5%: 原田曉, 1991: 292)했다〈부록 2-3〉. 지출경비는 예정(2조 3400억 엔)을 초과한 2조 5272억 엔에 달했고, 장비조달비도 당초(물건비: 1조 200억 엔)보다 팽창한 1조 4000억 엔, 그중 국내 조달분은 1조 2800억 엔(당초: 9200억 엔)에 달함으로써 정비목표를 대부분 달성했다.

이로써 '대강'에서 밝힌 주변해역 및 중요 지역의 방공능력 강화, 각종 기동력 증강, 연구개발, 장비국산화, 후방지원체제 등 전 분야에서 양적(量的) 도약으로 군사력이 대폭 강화되고(廣瀨克哉, 1989: 135), 초음속연습기(T-2)의 최초 국내개발(1971년 초음속비행) 등 고수준의 군사기술개발 축적이 확인됨으로써 기술도약과 그 효과파급에 군사력 증강의 당위성을 정립한 것으로 평가된다.

특히 방위력정비계획 추진 이래 전 공업생산 중 군수생산의 비율이 평균 0.4-0.6%로 안정되어 있는 반면, 유독 항공기 분야만은 55.6%-88.63%를 점하고 있다〈표 3-11〉. 이것은 일본정부가 군비 증강의 경우에도 자원배분의 측면에서 국가전략산업에 집중 투자함으로써 잠재군사력 확보와 함께 경제적 기술파급의 효과를 동시에 노린 것으로서,[49] 이 추세가 이후에도 계속되어 초음속기 개발에 있어 미국, 유럽과 함께 3파전에 이를 수 있는 기반을 구축하는 데 결정적으로 기여했다.

130

<표 3-11> 일본공업생산 중 군수생산의 지위

(단위: %)

연 도	1963	1964	1965	1966	1967	1968	1969	1970	1971	1972	1973	1974	1975	1976
항공기	483.8	85.6	77.1	69.6	65.2	55.6	58.5	67.2	73.4	81.84	83.66	86.42	86.89	88.63
선 박	3.1	3.2	2.4	2.0	1.8	2.1	2.5	1.8	1.4	2.11	0.94	2.05	1.87	1.66
차 량	0.4	0.4	0.4	0.5	0.4	0.3	0.3	0.2	0.2	0.12	0.11	0.10	0.09	0.08
무기탄약	99.2	98.9	97.5	98.3	98.4	98.9	99.3	99.9	99.8	95.03	99.23	99.25	99.29	99.85
전기통신	0.6	1.1	0.6	0.8	0.7	0.4	0.5	0.5	0.9	0.68	0.59	0.51	0.76	0.62
석유제품	1.9	1.5	1.3	1.2	1.1	1.0	0.9	0.6	0.5	0.48	0.42	0.39	0.41	0.41
석 탄	0.6	0.6	0.6	0.6	0.6	0.6	0.6	0.7	0.7	1.00	1.16	0.57	0.69	0.84
섬유제품	0.1	0.1	0.1	0.2	0.1	0.1	0.1	0.1	0.1	0.09	0.07	0.08	0.10	0.09
의약품	0.1	0.1	0.1	0.1	0.1	0.1	0.1	0.1	0.1	0.14	0.13	0.12	0.13	0.12
양 식	0.4	0.4	0.4	0.3	0.3	0.4	0.3	0.3	0.3	0.27	0.25	0.24	0.25	0.20
기 타	0.1	0.1	0.1	0.1	0.1	0.1	0.1	0.04	0.05	0.06	0.06	0.04	0.05	0.05
합 계	0.6	0.6	0.5	0.5	0.4	0.4	0.4	0.4	0.4	0.46	0.38	0.37	0.46	0.42

출처:防衛年鑑刊行會, 「防衛年鑑」(東京, 1971 및 1979), p.263 및 p.446의 내용 종합.

이런 결과는 군사력 증강정책에 현장의 우선순위가 반영되어 자위대 현역의 역할이 제고되면서 군사적 합리성의 논리가 점차 부각될 여지와 정부 내 경제부처와의 역학관계, 나아가 문민통제 운용에도 영향을 미칠 수 있는 새로운 현상이다. 미국의 무상원조 종결과 이에 대비한 장비국산화 진전으로 장비조달원의 구성비<부록 4>도 획기적으로 변화하여 국내조달이 93.6%로까지 상승했다.

---

49) 항공기산업의 기술파급효과

항공기산업의 기술	기술의 응용 분야
항공기술	자동차, 철도차량, 선박, 빌딩의 구조
시스템기술	각종 플랜트의 설계기술
기계기술	NC공작기계
전자기술	경량소형전자기기, 닉켈카드뮴전지
금속재료기술	알미늄제 배트, 스키용품
화학재료기술	보트 선체(복합재료), 불연성 기름
유압기술	공업용 로봇, 신간선 디스크브레이크
품질관리기술	IC, LSI생산
신뢰성기술	IC, LSI생산
안전성기술	충돌용 방지장치, 불연성 내장재
무공해기술	방음벽

출처: 原田曉, 「自衛隊けいざい學入門」(東京: 光人社, 1991), p.164.

<표 3-12> 3차방의 소요경비 예정규모와 실제 방위비 비교

(단위: 억 엔)

구 분	1967년	1968년	1969년	1970년	1971년	합 계
예정 경비	3,810	4,270	4,730	5,190	5,650	23,650
추정 국민소득	320,697	355,954	395,108	438,570	486,610	1,996,921
경비/소득	1.19%	1.20%	1.20%	1.18%	1.16%	1.18%
실제 방위비	3,809	4,221	4,838	5,695	6,709	25,272
국민소득	409,500	478,400	578,600	724,400	843,200	3,034,100
방위비/소득	0.93%	0.88%	0.84%	0.79%	0.80%	0.83%
일반회계세출	49,509	58,186	67,396	79,498	94,143	348,732
방위비/세출	8.45%	7.25%	7.18%	7.16%	7.13%	7.25%

출처: 예정 경비는 朝日新聞安全保障問題調査會, "日本の自衛力", 「日本の安全保障」 8卷(東京: 朝日新聞社, 1967), p.100, 실제 경비는 朝雲新聞社,「防衛ハンドブック」(東京, 2001), p.300의 자료 종합.

한편 경비사용의 경우 <표 3-12>의 예정 경비는 1967년 3월 책정된 소요경비의 상한선 2조 3650억 엔을 바탕으로 매년 460억 엔씩 증가시켜 시산(1967년 4월 14일, 경단련 방위생산위원회)한 것이다. 3차방의 기간 중 방위비 규모의 당초 목표는 최종년도 추정 국민소득의 2%이었는데, 최종년도의 예정 방위비 5650억 엔도 추정 국민소득의 2% 목표에 훨씬 못 미치는 1.16%이고, 이를 훨씬 초과한 실제 지출경비(6709억 엔)로도 추정 국민소득의 1.38%에 불과하다.

그러나 실질 국민소득의 증가가 추정 국민소득을 대폭 상회하여 사용경비는 마침내 GNP의 1%를 하회하는 결과가 되었다. 3차방의 총지출(2조5,272억 엔)은 2차방(1조3670억 엔)의 약 2배에 접근하는 규모로 증가했지만 대GNP 및 대일반세출 비율이 점점 떨어지는 경향을 보이면서 방위비의 자연증가가 별로 재정적 부담을 주지 않는다는 의미로 받아들여졌다. 이는 방위당국자로 하여금 차기방 계획 책정에서 다시 'GNP의 2% 실현'을 목표로 하여, 반드시 2%가 달성되지 않는다 하더라도 일단 미국에 대해 군사력 증강의지를 과시하는 효과도 되고 방위비 증액의 방편도 되어 강경보수파의 의중에 영합하는 결과가 되었다.

또한 군사력 증강이 가속되고 있음에도 불구하고 GNP의 1%를 하회한다는 사실은 일본방위당국으로 하여금 GNP의 1%에 불과하다는 의미를 강조하여 국민을 안심시키는 심리적 효과와 주변국의 군사대국화 비난에 대응하여 군사대국이 아니라고 반론할 수 있는 일종의 변명자료로 이용하는 계기도 되었다.

2.4. 제4차 방위력정비계획

일본은 전후 빠른 경제복구 및 고도성장으로 60년대 후반 마침내 경제대국으로 부상하고 이에 자신감을 회복하면서 자주국가의 정체성과 국제사회 내의 위상을 논의하기 시작했다. 4차방 책정과정에서 그동안 금기시된 자주방위논쟁이 촉발되었는데, 특히 군사정책에 대해 자민당 내 강경보수파 지도자들이 쌓인 불만과 비전 등 본심을 드러내는 계기가 되었다.

자주방위론은 자민당 강경파그룹의 구상이지만 궁극적으로 일본 군사력이 지향할 비전을 제시한 것이기도 하다. 그 내용과 추진과정은 당면 4차방 계획 책정에 영향을 미치고, 결과에 따라 기존의 정책 결정 구조를 바꿀 수도 있으며, 일본정부, 특히 강경파내각이 들어설 경우 전략 추진방향을 가늠해 볼 수 있는 사안이다.

2.4.1. 자주방위론의 부각

미국의 역내주둔미군 감축 등 정책변화가 가시화되면서 일본 내에서는 오키나와 반환문제가 대두되었는데, 동 반환을 위해 당시 사토 수상은 정치생명을 걸었고, 외무성 등 대외정책기구는 물론 각 부처와 정치권, 매스컴 등을 동원한 여론조성과 대미교섭에 적극 나섰다. 사토 수상은 1967년 11월 존슨(L. Johnson) 대통령과 반환시기를 조기 확정하기로 합의했고, 1969년 7월 닉슨(R. Nixon) 대통령의 '괌 독트린' 발표를 기다려 11월 닉슨·사토 간 공동성명에서 "1972년 오키나와 반환에 합의한다."는 내용을 발표했으며, 미국이 반환조건으로 군사력 증강을 요구하는 만큼 정부의 마스터플랜 작성에 착수하도록 했다.

사토 수상은 원활한 진전을 위해 국내분위기 조성에 나섰는데, 먼저 자민당 내 자주방위론을 선도해 온 반(反)사토파의 나카소네(中曾根康弘)를 적극 활용했다. 1967년 11월 운수상으로 입각한 나카소네는 이에 응답하고 소신 실현의 기회로 삼아 강연회와 언론매체를 통해 '국방의 기본방침' 수정은 물론 미일안보조약 폐기 등 과격한 내용의 자주방위론도 적극 주창하면서 분위기를 고조시켰다.

이러한 분위기는 미국의 증강요구에 대한 응답으로 출발했지만, 자민당공식기구를 움직이면서 주로 우파와 재계입장을 유리하게 했다. 자민당 국방부회와 안보조사회가 합동회의(1969년 6월)에서 장기자주방위계획의 기본구상 작성에 합의했고, 후나다(船田中)[50] 안보조사회장 등 우파인물은 '미군 철수＝일본의 역할 대행'논리로 이끌면서 대미의존의 모순을 시정하는 기회로 받아들였고, 이에 편승한 재계는 무기수출허가 등을 요구하고 나섰다(村上薫, 1973: 139-145).

이에 고무된 방위청도 "종래의 주종(主從)은 바꿔야 하고, 이것이 자주방위"(1969년 10월 有田喜一 장관, 국회답변)라는 입장에 따라 4차방계획의 작성 작업을 본격화했다. 또한 방위청은 1970년 1월 나카소네의 방위청장관 취임 후에는 나카소네의 자주방위론을 바탕으로 장기방위구상을 책정하고, 그때까지 수차 시도해 온 국방백서[51] 발간을 실현하

---

50) 후나다는 1969년 8월 오키나와 반환 후 미군 억지력의 대폭 저하에 대처하는 자위대전력 증강, 무기 수출 허가, 향토방위대 창설, 해군력 강화, 안보조약 장기 견지 등 내용의 사안(私案)을 공표한 후 당 정책기관에 제출하여 당 방침으로 채택하도록 하는 한편 방위청과의 조정을 통해 4차방에도 반영시킬 것을 희망했다(大嶽秀夫, 1983: 31-32).

여 그 내용을 백서에 공표한다는 방침으로 구체화시켜 나갔다.

나카소네의 자주방위론은 "70년대에는 자주방위가 주력(主力)이고 보충적으로 집단안보에 의존하도록 할 것"(1969년 3월 외신기자클럽 연설), "미군기지를 정리·통합하는 대신 자위대가 그 임무를 수행할 것, 오키나와 반환 시점에는 미일안보조약을 일단 폐기하고 새로운 미일친선관계를 확립할 것"(1969년 9월 미일관계민간회의 연설) 등으로 요약된다. 그 핵심은 미국의 지원이 없는 경우에 대비한다는 취지에서 기존의 방침을 수정한다는 것인데, 구체적으로 '국방의 기본방침' 중 대미의존자세가 농후한 제4항의 "외부의 침략에 대해 미국과의 안전보장 체제를 기조로 대처한다."는 문구를 "침략에는 제1의적으로 전(全) 국력으로써 이를 격퇴하고, 필요하면 미국의 협력으로 대처한다."로 바꾼다는 것이다.

자주방위구상은 "일본은 일본 고유의 본위에 입각한 방위전략을 가지고 미국과의 기능분담을 조정해야 하는데, 마침 미국은 퇴조(退潮)이고 일본인의 의식은 만조(滿潮)로서 종래의 막연한 대미기대나 무원칙한 의존에서 탈각하여 임무분담을 명확히 함으로써 양국이 실질적으로 대등한 입장에 설 필요가 있다."(1970년 3월 19일 자민당안보조사회의 발언)는 나카소네의 기본인식에 의해 주도되었다. 그 내용은 방위청에 하달(1970년 3월 31일)되어 장기자주방위계획의 시안 작성 및 4차방 계획 수립에 지침이 되었다.

---

51) '국방백서' 또는 '방위백서'는 일본방위에 대한 폭넓은 이해를 위해 방위청이 간행하고 있는 '日本の防衛'의 통칭이다. 발간과정을 보면 1957년경부터 구상이 있었으나 백서내용에는 일본에 대한 주변국의 위협이나 군사력 증강 등 문제를 포함하게 되는 만큼 야당공세, 국민의혹 등 후유증을 불필요하게 초래할 수 있다는 정치권의 우려가 주로 반영되어 진전되지 못해 오다가 1967년 마스다(增田甲子七) 장관의 지시로 재개되었지만 지지부진하던 것을 나카소네 장관이 강력하게 추진하여 1970년 10월 실현을 보게 되었다. 제1호가 출간되고 나서 다시 중단되었다가 1976년 6월 사카타(坂田道太) 장관에 의해 재개된 이래 매년 발간되고 있다(防衛學會, 1980: 328-329).

이를 바탕으로 방위청은 ① '국방의 기본방침' 중 "국력국정에 따라 방위력을 정비한다."는 문구 대신 '평화헌법 견지', '국토방위 철저', '비핵3원칙 완성' 등 나카소네의 '자주방위 5원칙'을 삽입하고, ② 비핵3원칙은 유지하면서 "자주방위를 주(主)로 하고 미일안보는 이를 보완한다."로 개정하는 내용을 그동안의 방위계획안에도 반영시켜 나갔다(大嶽秀夫, 1983: 36).

2.4.2. 4차방 계획의 수립

자주방위론에 기초한 계획안을 1970년 여름까지 작성하라는 아리타(有田喜一) 장관의 지시(1969년 10월 14일)에 이어 1970년 1월 방위청 구상안[52]이 언론에 보도되었다. 1970년 1월 취임한 나카소네 장관은 그 내용을 거의 그대로 유지하면서도 자신의 독자방침에 따라 '비핵중급국가(非核中級國家)'규모의 방위력 정비를 4차-5차방에 걸친 10년(1972-81년) 동안에 완성시킨다는 장기자주방위계획을 별도 구상하고 있었고, 방위청은 나카소네의 지시에 따라 장기방위계획도 별도 수립해 나갔다.

---

52) 방위청 구상안의 골자는 ① 육상자위대는 병력 18만 명 체제에다 장비 근대화에 중점, ② 해상자위대는 대함미사일 등 화력 충실, ③ 항공자위대는 4차-5차방에 걸쳐 차기전투기, 차기수송기 구입과 AEW(조기경계기) 조달, ④ 소요경비는 총액 5조5000억 엔 정도 예상 등이다. 1970년 3월 중순 나카소네 장관이 국회에서 밝힌 방위청의 4차방 개요 작성방향은 ① 영해·영공의 밖에서 침입하는 적을 타격하는 양상(洋上)격파체제 강화, ② 필요한 범위 내에서 제공·제해권 확립, ③ 이를 위해 선단(船團)공격능력 보유 항공기, SSM(함대함미사일), AEW(공중조기경계기) 보유 검토 등이며, 앞의 아리타 장관 시 방위청구상의 내용과 큰 차이가 없다(大嶽秀夫, 1983: 68-69).

<표 3-13> 장기자주방위계획(1972년-1981년간)의 달성목표

구 분	내 용
육상전투	- 중규모의 기습공격에는 상시 대처 가능 - 약간의 준비기간을 두고 행하는 수개 사단 규모의 공격에는 비교적 조기격퇴 또는 격퇴할 수 없더라도 상당기간의 지구전투(持久戰鬪) 가능 - 이와 병행하여 이루어지는 전국적 소규모 공격에도 대처할 수 있는 수준
방공전투	- 공격해 온 적기의 피해와 일본의 방공력 피해가 같은 정도를 유지함으로써 적기의 공격력을 점차 약화시킬 수 있는 수준
해상전투	- 대상 잠수함 등의 탐지, 격침도 제고로 적함의 자유로운 활동을 상당한 정도 괴멸시킬 수 있는 수준
양적목표	- 육상병력 18만 명, 해상병력 35만 톤, 항공병력 약 1050기

출처: 大嶽秀夫, 「日本の防衛と國內政治」(東京: 三一書房, 1983) p.70의 자료로 재구성.

장기계획은 양상공격(洋上攻擊), 제해·제공권 장악을 통한 통항로 (Sea Lane) 30% 확보가 핵심이며, 해상함정의 대형화·미사일화, 헬리콥터탑재 호위함대(미니 항모) 확충, 항공자위대의 폭격 및 장거리 정찰능력 강화 등 작전반경의 확대에 중점을 두고 있다<표 3-13>. 장기계획 수립과 그 시행을 통해 기대하는 전력은 극동소련군이 핵미사일을 제외한 통상전력으로 공격해올 경우 해상자위대 3개월, 육상자위대 1개월, 항공자위대의 방공전투기와 방공미사일 조합을 통해 대규모 공습약 10회 전후 저지를 목표로 하고 있다. 이런 내용은 기존의 방위력정비계획과 큰 차이가 없는데(村上薰, 1973: 154), 자주방위를 표방하면서도 현실적인 제약을 의식해서 국민이 납득할 수 있는 규모와 내용에 맞추려는 의도도 작용했기 때문으로 보인다.

결국 4차방 계획은 동 장기계획의 70-80%를 먼저 달성한다는 구상에 따라 작성된 방위청안, 즉 예산규모 5조2000억 엔의 '신방위력정비계획안의 개요'[53]가 최초의 방위백서 발표(1970년 10월 20일)에 이어 자민당 안보조사회·국방부회 합동회의에 보고(10월 21일)되었다. 자주방위론을 바탕으로 한 '개요'는 자민당과 방위청 내의 이견 부분을 약간 수정하여 자민당 안보조사회·국방부회 합동회의에 재상정되고, 승인(1971년 4월 27일)을 받아 국방회의의 검토는 생략한 채 원안으로 공표되자 대장성과 국방회의 사무국 등이 반발하고 나섰다.

2.4.3. 반론의 전개와 수뇌부의 결단

반론은 관계부처와의 조정 및 국방회의 심의를 생략한 절차문제도 있지만, 자주방위론 자체에 대한 반대, 주변국의 반발, 정치적 역학관계 및 닉슨대통령의 중국방문 전격 발표 등 내외의 상황변화가 그대로 영향을 미쳤기 때문이다.

우선 1969년 11월 발표된 닉슨·사토공동성명내용을 '일본의 역내 역할대행 요구'로 해석하는 우익 중심의 자주방위론 및 군사력 증강 추진 동향은 즉각 주변국들의 반발을 촉발시켜 이 지역 내의 경제진출을 배경으로 한 군사개입의도이며 일본군국주의 부활이라는 비난과 격렬한 항의로 이어졌다. 일본군국주의 부활 비난은 한국, 대만뿐 아니라 중국, 동남아시아, 호주로 확산되었고 심지어 미국에서도 정부 측은 군사력 증강을 지지[54]하지만 의회에서는 일본에 대한 군사대국화 우려를 표명

---

53) '개요'는 나카소네의 방위철학을 중심으로 "직접침략에 대해선 일본방위력을 가지고 제1의적으로 대처하고 일본방위력이 미치지 않는 부분은 미군에 기대한다"는 새로운 표현의 '방위의 기본구상' 등 다분히 나카소네 색채가 강하여 '나카소네 개요(槪要)'라 하며, 예산규모 5조2000억 엔에 해군력 강화 등 정비 중점이 열거되어 있으나 규모 증대 외에 장기계획을 뒷받침하는 획기적인 항목이 명시되지 않아 종전과 크게 다르지 않았다는 평가가 있다(廣瀬克哉, 1989: 139-142).

54) 나카소네 장관은 방미(1970년 10월)하여 총 160억 달러(5조8000억 엔) 규모의 4차방계획을 검토 중이라고 밝혔고, 레어드(Melvin Laird) 미 국방장관은 방일(1971년 7월) 시 신·구 방위청장관 및 사토 수상과 4차방에 대해 의견을 교환했으며, 사토 수상은 기자회견(1971년 7월 13일)에서 "레어드 장관의 무기근대화 지적에 동감하고 4차방에서 그 방향으로 중점을 두겠다."고 밝힌 바 있다

하는 사태에까지 이르렀다(五百旗頭眞, 2000: 152).

주변국의 격렬한 일본군국주의 비난은 자민당 온건파로 하여금 강경 우파를 견제할 수 있는 근거가 되었다. 나카소네의 시안이 국방회의의 월간담회(1970년 7월 24일)에 제출되자 카와시마(川島正郎) 부총재, 코사카(小坂善太郎) 외교조사회장, 아카기(赤城宗德) 안보조사회장을 중심으로 미일안보를 경시한다는 우려와 오해소지 등을 내세워 "자주방위를 주(主)로 한다."로의 개정과 "국력국정에 따라" 등 문구의 삭제에 극력 반대하고 나섰다.[55] 자민당 안보조사회(1970년 11월)에서도 반대론이 우세하여 "미일안보를 주축으로 한다."는 것을 재확인함으로써 나카소네식 개정은 사실상 보류되었다(廣瀬克哉, 1989: 143)

대장성의 반론은 "계획안 내용으로는 방위비를 매년 18% 증액해야 하지만 금후 5년간 경제성장률(명목)이 14.8%로 예상되어 방위비 신장은 사회보장 등 민생부문을 압박하므로 절대 인정할 수 없다."(「朝日新聞」, 1970년 10월 22일)는 것이고, 방위청이 수정(5조2000억→5조1950억 엔), 확정(1971년 4월 24일)한 원안에 대해서도 사전 절충 없이 공표한 처사를 규탄하는 여타 부처와 합세, 방위청을 사면초가(방위업계만 지지)로 몰고 갔다. 이어 닉슨의 방중계획 발표(1971년 7월 16일)와 달러방위를 위한 미국무기 구매요구(8월 15일)로 '닉슨쇼크', '달러쇼크'에 휩싸이고, 국제긴장완화로 군사력 증강의 당위성이 상실되면서 자민당 친중파 중심의 4차방 재검토 및 연기론이 고조되었다(大嶽秀夫, 1983: 77- 78).

(村上薫, 1973: 140-141).

55) 더구나 방위백서의 당초 초안에 있던 "징병제 반대와 핵개발의 위헌" 문구 삭제는 미국 측을 자극하는 등 문제가 되어 자민당에서는 나카소네의 집요한 설득에도 불구하고 "자주국방도 중요하지만 미일안보조약의 역할은 더 중대한 문제"(아이치 외상)라는 데 공감하면서 개정 신중론이 대세로 바뀌어갔다. 반대론의 내용은 "자위대를 전면에 내세우면 중·소, 동남아제국 등을 자극하여 마이너스", "4차방 시기에 자주방위를 전면에 내세우는 것은 군국주의부활에 대한 의혹을 증폭시킬 가능성", "자위대를 주(主)로 하여 일본을 방위하려면 결국 핵무장에까지 진전" 등으로 요약된다.

자주방위론이 궁지에 몰리자 사토 수상은 나카소네의 '비핵중급국가' 구상에서 후퇴하여 '전수방위' 고수를 요청하고 1971년 7월 개각 시 나카소네를 자민당 총무회장에 전보시켰다. 후임 마스바라(增原惠吉) 장관은 '국방의 기본방침개정 불필요', '헌법존중', '문민통제', '비핵 및 무기 수출 3원칙' 등 방침을 재확인한다면서 군국주의화 비난을 받지 않도록 조심하겠다(7월 5일 기자회견)고 밝혀 자주방위론은 후퇴하고 4차방 계획도 3차방의 연장으로 조정되었다.

그 후 장관의 잦은 교체와 정국혼란으로 계획이 진전되지 못하자 초년도(1972년)의 예산편성에 먼저 착수하려 했지만 이번에는 야당 측이 국방회의도 거치지 않고 먼저 예산을 획득하는 것은 문민통제를 무시하는 것이라고 반발함으로써 국회혼란을 우려한 사토 내각이 수습책으로 '4차방의 대강'을 먼저 국방회의에서 결정(1972년 2월 7일)하는 편법으로 대처했다. 예산은 야당의 반발로 동결되었고, 계속 삭감[56]하여 4조6300억 엔으로 축소된 안이 타나카(田中角榮) 수상의 중국방문 후 어렵게 성립(10월 9일)되었다(村上薰, 1973: 155).

아울러 각의는 문민통제 강화를 위해 국방회의의 멤버를 확충하고 자위대의 조직, 정원, 신형장비 등 중요 사항은 국방회의에 자문하도록 의무화하는 정부방침('문민통제의 강화를 위한 조치에 대하여')을 동시에 결정(廣瀬克哉, 1989: 144)했는데, 이는 온건파의 입지가 회복되었음을 의미하는 것이다.

---

56) 니시무라(西村直己) 장관(1971년 8월 2일 취임)은 5000억 엔을 삭감하여 관계부처와 절충했고, 후임 에자기(江崎眞澄) 장관도 노력했으나 교착된 채 타나카 내각(1972년 7월 7일)의 마스바라(增原惠吉) 장관에 와서 방위청안이 정식 결정(8월 1일)되었다. 타나카 수상은 중국 방문에 앞서 중국의 비위 및 국회대책용으로 다시 삭감했다.

2.4.4. 계획의 주요 내용

'정세판단'에서는 국제긴장완화의 정세변화를 인정하면서도 국지적·한시적 분쟁 가능성을 인식하고, '방위의 구상'에서는 종전과 같이 ① 미국과의 안보체제를 계속 견지하면서 일본도 유효한 방위력 유지로 침략을 미연 방지하는 것을 기본으로 핵위협은 미국의 억지력에 의존하고, ② 간접침략과 소규모 직접침략은 일본 독자적으로, 그 이상의 무력침략은 미국의 협력으로 배제한다는 것을 채택했다.

'정비의 주요 내용'은 양상격파, 미니 항모 등 나카소네의 구상을 제외시켜 3차방의 기조를 답습한 것(村上薰, 1973: 155)으로서, 주요 내용은 다음과 같다.

육상자위대는 기동력과 화력 향상을 위해 전차 280량(신형 전차 160량), 장갑차 170량(신형 장갑차 136량), 자주화포 90문, 헬리콥터 154기(V-107 20기, HU-1H 55기, OH-6 79기) 및 LR(연락정찰기) 5기 등 작전용 항공기 159기를 정비하고 방공력 강화를 위해 호크미사일부대 3군(沖繩, 西九州, 阪神)을 증강한다.

해상자위대는 해역방어 및 해상교통안전 확보능력 향상을 위해 헬리콥터탑재호위함(DDH 5200톤) 2척, 함대공유도탄탑재호위함(DDG) 1척, 함대함유도탄탑재호위함(DDA) 1척 등 함정 54척, 약 6만9600톤, 대잠 항공기 87기(P-2J 43기, PS-1 9기, HSS-2 34기, MASH 1기) 등 항공기 92기를 정비한다.

항공자위대는 방공력 강화를 위해 나이키부대 2군(沖繩, 青函)을 증강하고, 1군(中國)을 편성 준비하는 동시에 요격전투기(F-4EJ펜텀) 46기를 정비하는 외에 경계관제능력 향상 및 근대화를 도모한다. 또한 정찰기(RF-4E펜텀) 14기, 고등연습기(T-2) 59기, 지원전투기(FST-2 개량) 68기, 수송기(C-1) 24기를 정비하는 등 항공기의 경신 및 근대화를 추진한다.

  기술연구개발로는 공대함 포함 각종 유도탄, 대잠초계 및 조기경계기
능 향상을 위한 전자기기 등을 연구개발하고 기타 민생협력활동을 적
극 실시한다.

  소요경비는 총액 약 4조6300억 엔 정도로 예상하지만 경제사정과 여타
제 시책과의 균형을 고려하여 결정한다고 했다(朝雲出版社, 2001: 64-68).

  4차방 계획의 특징은 ① 국제긴장완화에도 불구하고 계획 자체는 군
비 증강 확대를 선택한 점, ② 최초 국내개발에 성공한 초음속전투기
(FST-2)가 조달되고, 유도무기, 대잠초계기 등의 첨단무기 국산화 및
연구개발에 나섬으로써 증강방식이 이미 차세대 무기장비의 일본 독자
개발 단계로 진전되고 있는 점, ③ 소요경비의 예산규모가 3차방의 2배
에 접근하여 2차방(1조1500-1조1800억 엔)→3차방(2조3400±250억 엔)
→4차방(4조6300억 엔)의 배증(倍增)추세가 이어지는 점, ④ 한편 일본
의 수출확대로 인한 보유달러 증가와 미국 달러방어정책이 미제무기구
매 요구로 확산되어 국산화개발 계획이 취소되는 사태도 발생하는
등57) 군사협력이 경제적 논리 등의 형태로 변화하기 시작한 점이다.

  2.4.5. 결과 평가

  4차방은 자주방위구상의 영향으로 각종 첨단무기장비의 대폭 확대
등 계획 자체는 군비 확장의 단계에 진입했으나 국제긴장완화의 변화
된 환경으로 군비 증강의 당위성이 흔들리고 야당의 반대와 부처 간

---

57) 4차방의 핵심사업으로 AEW(공중조기경계기)와 PXL(차기대잠초계기)를 국산
   화하여 최대한 조기 실전배치한다는 방위당국의 방침이. 미국의 달러방어정책
   을 배경으로 한 미국제무기 수입압력과, 수입가보다 월등하게 높은 국산화개발
   비 및 장기간 소요(AEW의 수입가 대당 50-70억 엔, 개발비용 대당 120억 엔
   과 배치까지 7-9년 소요)를 이유로 한 대장성 등의 제동에 따라 4차방 책정일
   (1972년 10월 9일 국방회의)에 백지 환원됨으로써 방위력 정비에 대한 미국의
   간섭이 가중되기 시작했다.

이견으로 시작부터 약 반년간 예산이 동결된 데다, 오일쇼크 이후 인플레로 계획 자체의 차질이 예고되었다. 결국 예정보다 지출은 대폭 증가했지만 목표달성은 부진한 결과가 되었다.

<표 3-14> 4차방 기간 중 방위비의 구성비 변동

(단위: %)

구 분	1972년	1973년	1974년	1975년	1976년
인건비	46.6	46.6	48.4	52.9	56.0
장비품구입비	24.9	25.4	22.9	19.0	16.4
유지비 등	14.7	14.5	14.2	14.5	14.5
기지대책비	7.6	7.5	8.8	8.6	8.2
시설정비비	2.9	3.1	2.6	2.3	2.3
연구개발비	1.4	1.3	1.0	0.9	0.9
기 타	1.9	2.0	1.9	1.8	1.7

출처: 防衛廳, 「日本の防衛」(1976年 6月), p.142.

기간 중의 지출경비는 당초 예산 4조6300억 엔을 1조 엔 이상 초과한 누계 5조6684억 엔이었는데, 일반회계세출의 신장률 20.9%보다는 낮지만 전체 평균 17.7%의 높은 증가율로 나타났다. 인건비는 주로 자위대원의 생활급으로서 <표 3-14>와 같이 인플레로부터 생활을 보호하기 위한 우선적인 급여 인상에 따라 매년 그 비중이 높아진 반면 물건비의 비중은 크게 하락했다.

물건비도 유지용(維持用) 경비를 우선 확보하다 보니 장비구입비, 시설정비비, 연구개발비 등 투자경비는 제약을 받게 되고, 육상장비, 함정, 항공기의 구입가격 급등에도 불구하고 예산배정은 평균 8.6% 신장<표 3-15>에 그쳐 주요 품목에 대한 조달중지 조치[58](1975년 12월 30일 국방회의, 12월 31일 각의)가 불가피하게 되었다.

---

58) 4차방의 계획기간을 1년 남겨놓은 1975년 12월 시점에서 경제재정사정의 변동 등으로 당초계획의 목표달성이 불투명해지자 다음 항목의 정비를 중지하기로 하고 별표로 명시하여 77년 이후의 정비계획에서 다시 검토한다는 것을 결정 (12월 30일 국방회의 및 12월 31 각의)했다(朝雲新聞社, 2001: 69).

〈표 3-15〉 4차방의 방위예산과 주요 장비 조달액

(단위: 억 엔)

구 분	1972년	1973년	1974년	1975년	1976년	합 계
방위청 예산 (증감률)	8,002 (＋19.3)	9,355 (＋16.9)	10,930 (＋16.8)	13,273 (＋21.4)	15,124 (＋13.9)	56,684
장비품조달액 (증감률)	1,993 (＋19.4)	2,374 (＋19.1)	2,503 (＋5.5)	2,520 (＋0.7)	2,485 (－1.4)	11,875
무기. 차량 등 항공기 선박 건조	809 835 349	835 1,178 361	943 1,130 430	928 1,292 300	928 1,107 450	4,443 5,542 1,890

출처: 防衛年鑑刊行會, 「防衛年鑑」(東京, 1977), p.561.

자주화포, 호위함, 잠수함, 지원전투기가 대폭 미달되어 주변해역과 중요 지역 방공능력 및 기동력 증강을 강조한 당초의 목표에 차질이 나는 것은 물론이고, 장비경신 및 근대화가 늦어진다 하여 방위당국과 군수업계의 불만이 고조되는 요인[59]이 되었다. 이러한 사정의 결과로서 장비조달원의 국내조달비율〈부록 4〉도 88%까지 떨어졌다. 지출경비도 액수 자체는 증가했지만 GNP와 일반세출에 대한 비율〈부록 5〉은 각각 0.83-0.90%, 6.2-6.98%로 하락했다.

결과적으로 4차방 계획의 전체적인 목표와 달성도〈부록 2-4〉를 비교해 보면 거의 전 분야에 걸쳐 목표에 미달성(수치상으로는 약 80%, 原田曉,

---

(별표)

육상자위대: 74식 전차 31량, 73식 장갑차 60량, 자주화포 70문, 작전용항공기(헬리콥터) 18기
해상자위대: 호위함 5척(함대함유도탄 탑재 호위함 1척 포함), 잠수함 2척, 기타 10척 등 함정 17척(약 2만1300톤), 작전용항공기 17기(대잠항공기 15기 포함)
항공자위대: 지대공유도탄(나이키J)을 장비하는 부대 1군, 지원전투기(FS-T2 개량) 42기.

59) 4차방의 핵심사업인 PXL이 미 록히드사의 P-3C를 수입키로 최종 결정(1975년 7월 11일)되자 장비국산화로 기술수준 도약의 획기적인 계기를 기대해 왔던 연구개발팀과 군수기업을 실망시켰다(千賀鐵也, 1975년 12월 16일 「每日新聞」 석간 기고문).

1991 : 292)인 것으로 나타났다 이런 결과로부터 경제여건이 변하면 일본 정부는 곧바로 군비를 축소한다는 결론을 도출할 수 있을 것이다.

그러나 1차방 이래 정비계획을 추진해 오면서 방위당국이 계획목표 달성에 집착해 온 것으로 보면 재정형편에 따라 완급은 조절하더라도 그동안 정립되어 온 현장의 마스터플랜을 포기하지는 않는다. 4차례에 걸친 방위력정비계획의 추진과정 전반을 두고 볼 때 일본정부는 경제력이 호전되면 미국의 압력이 아니라도 스스로 군사력 증강에 나서는 것으로 평가할 수 있다.

제3절 군사력 증강의 침체(1973년–1979년)

일본 방위당국은 3차방 기간 중 4차방 계획을 준비하면서 국제정세가 긴장완화의 방향으로 변화하고 석유 위기로 일본경제가 장기침체에 들어가자 그것이 4차방 달성에 미칠 영향은 물론 그 후의 방위계획에도 대응해야 할 필요성을 이미 인식하고 있었다. 그간 냉전체제에의 대응으로서 계획을 세워 군사력 증강목표를 차근차근 달성해 오던 그들에게 전혀 예상치 못한 이 변화가 자신들의 목표 달성에 차질을 초래할 것이 분명하여 위기로 받아들였다.

새로운 환경은 일본지도자들로서 국제사회 내에서 일본의 위치를 재발견하는 기회가 되었다. 일본 방위당국자들은 국제긴장완화를 배경으로 한 미국의 극동전략 후퇴조짐 등을 계기로 군사력운용체제를 전반적으로 재검토하지만, "군비증강에 의한 경제성장 저해는 물론, 경기하강에 따른 군비 침체도 원치 않는" 입장에서 기존의 국방정책을 견지해 나갈 수 있는 방안을 마련하는 데 주력했다. 그들은 우선 '기반적 방위력'이라는 개념을 창안하고 이를 바탕으로 새로운 방위정책인 '방위계획의 대강'을 채택하여 방위력 유지 및 군비 증강의 당위성을 주장하는 한편, 경제여건

악화 등의 환경변화에 대처하는 방위당국의 자세를 제시했다. 그러나 이번에도 미국과의 관계에서 해결책을 모색하려 함으로써 또다시 '미국의 요구'와 '경제적 억제' 사이에서 정책을 결정하는 기존의 형태에는 큰 변화가 없었다.

1. 군사력 증강의 환경변화

1.1. 군비 증강의 새로운 여건

일본의 고도성장정책은 제1차(1973년-1974년) 및 2차(1979년-1980년) 석유 위기로 사실상 끝나고 감속성장과 저성장시대로 진입하게 되었다. 생산활동(OECD Main Economic Indicator, 1975)은 1973년 11월 최고조에 달했던 것이 1975년 5월 20% 감소하여 미국(1974년 6월→1975년 3월 15.3%), 프랑스(1974년 8월→1975년 5월 14.9%), 서독(1973년 8월→1975년 7월 11.9%), 영국(1973년 10월→1975년 9월 11.0%)보다 심각했다. GNP도 1974년 중반부터 감소하여 1975년 초 마이너스를 기록한데 이어 그 여파가 1977년까지 계속되었다.

국제수지는 1973년 경기과열에 석유가격 급등으로 경상수지적자를 나타냈다. 1974년에는 경상수지의 적자폭이 더욱 확대되어 수출액이 전년대비 50% 증가했음에도 불구하고 47억 달러의 사상 최대적자를 기록했다. 이에 따른 엔화가치의 대폭 하락이 인플레를 가속화시켰고 1974년 후반부터 내수 정체가 수입 감소와 함께 1975년 말 수출 정체로 이어졌다.

일본정부와 기업은 산업 구조를 에너지절약형으로 전환하기 시작했으며 그 결과 수출증가로 무역수지가 흑자로 바뀌어 1976년 46억 달러, 1977년 109억 달러, 1978년 165억 달러의 흑자를 기록하여 미국 및 유럽과 무역마찰을 발생시켰다. 수출로 호전되기 시작한 경제는 국내수요 회복으로 이어지는 듯했으나 1979년 1월 제2차 석유 위기가 발생하여 석유수입가격이 2.8배 급등하고, 도매물가지수가 1980년 4월 전년 동기비 24%나 상승함으로써 제1차 시의 악성 인플레가 재현되었다.

경제상황의 추이는 동시에 방위계획 추진여건의 변화를 말해 주는데, 제1차 석유 위기(1973년-1974년)와 그 후유증의 기간은 4차방(1972년-1976년)에 해당되고, 제2차 석유 위기(1979년-1980년)는 '방위계획의 대강'(1976년 10월 결정)이 출발한 지 2년째 되는 무렵이다.

한편 미국 측은 대중국관계 추진에 최중점을 두고 역내미군을 축소시킨다는 계획이었기 때문에 일본에 대한 군비 증강 압력이나 군사지원이 대폭 후퇴했다. 또한 일본정부로서 미국이 동맹국 일본을 제치고 중국과 비밀외교를 추진한 데 따른 배신감과 함께 미국의 안보공약에 대한 의구심이 증폭되면서 중국과 국교수립을 전격 단행(1972년 9월)하는 등 양국 간 불편관계가 지속되었다.

미국의 안보공약 후퇴가 불안감을 조성했지만 자주방위론이나 자체 방위력 증강 등 요구는 나오지 않았다. 경제 전체가 흔들리자 국민의 관심은 안보위기보다 경제 불황의 장기화에 대한 우려와 함께 불황극복대책에 집중되었다. 또한 국제긴장완화의 분위기와 함께, 석유 위기 이후 불황 극복에 전념해야 하는 실정에서 안보위기보다는 군비통제의 목소리가 더 설득력을 얻었다.

대장성의 재정통제가 강화된 가운데 방위당국은 군비 증강만 고집할 수 없었고, 방위정책 논의는 정부정책의 우선순위에서 뒤로 밀렸다. 또한 야당의 반대와 부처 간 이견으로 약 반년 간 방위예산이 동결되기도 했고, 석유 위기 이후 악성 인플레로 4차방 계획의 차질이 이미 예고되었으나 방위당국은 저지할 능력이 없었다.

1.2. 국제긴장완화체제 하에서의 방위력 정비 논의

1.2.1. 쿠보의 '기반적 방위력' 구상

군사력 증강의 환경변화와 그 대응 필요성의 인식은 4차방 계획 수립과정에서 이미 나타났다. 당시 분위기는 군사력 증강을 제한하는 추세인 만큼 표면적으로 자제를 강조해도, 방위당국으로서 그동안 방위력 정비계획을 추진하면서 여건에 따라 완급은 조절하지만 본래 목표는 기필코 달성하겠다는 자세를 정립해왔기 때문에 어떻게든 위기를 극복하여 목표를 달성해 나가야 하는 당위성을 마련해 보려는 암중모색도 강했고, 따라서 그 구상의 내용은 다분히 이중성을 내포하게 되었다.

1971년 2월 말경 쿠보(久保卓也) 방위청 방위국장은 '방위력정비의 사고방식(未定稿)/KB개인논문' 제하(題下)의 문건(文件)60)을 익명으로 작성하여 방위청 내에서 회람하기 시작했는데, 그 속에 이미 '기반적 방위력'의 구상이 담겨져 있었다. 요지는 일본의 방위력은 현재적(顯在的) 위기나 유사시의 소요 방위력보다 평화 시 필요한, 즉 탈위협적인

---

60) 주요내용은 다음과 같다. ① 기본적으로 일본에 대한 현재적(probable) 위협은 생각하기 어렵다. ② 이런 정세판단에 따라 방위비는 앞으로도 대략적인 틀(GNP의 약 1% 정도)이 설정된다. ③ 앞으로 그때그때의 위협에 대응하는 방위력, 또는 그에 가까운 것은 방위비의 일정한 증액만으로 언제나 달성될 수 없다. 즉 평상시 잠재적(possible) 위협에 대처하고 필요에 따라 충분한 방위력을 보유하는 것도 거의 불가능에 가깝다. ④ 유사시 소요병력을 유지하는 데는 인원, 토지 등의 입수가 현실적으로 곤란하다. ⑤ 가령 유사시 소요 방위력이 유지되어도 국민의 협력과 관계 제 법령, 기타 국방기반이 불비(不備)한 채 있다면 국방체제로서 유효성이 감실(減失)된다. ⑥ 정면장비(전방장비)가 확충되어도 후방보급체제, 항감성(抗堪性), 탄약 등의 균형이 실현될 가능성이 적어 상응한 전력으로 연결되지 않는다. ⑦ 정면병력이 대규모화하면 근대화 경신이 어려워 신구(新舊)장비의 혼재(混在)가 현저해지고, 금후 근대적 장비가 보다 고도(高度)·고가화(高價化)되어 구식장비를 많이 가지고 있게 되면 정면병력은 겉만 그럴듯한 것이 되기 쉽다(廣瀨克哉, 1989: 145-146).

방위력에 근거하여 운용되어야 한다는 것이다. 지금까지와 같은 물량투자식의 방위력 정비뿐만 아니라 국내방위기반 확립, 국민의 국방의식 견지, 미일안보체제를 지주로 하고 평시에는 '방위력의 기반이 되는 것'을 달성해야 한다는 것이다(廣瀨克哉, 1989: 145-146).

쿠보의 구상은 바로 '기반적 방위력'을 말하고 있다. '기반'의 구체적 사항으로는 정면장비 편중의 정비보다 전체적인 균형을 중시하는 정비·국민의 지지·장비 근대화·전후방 균형 등을 열거하고, 방위비 규모는 GNP의 1% 정도라 하여 긴장완화 하에서의 군비축소 분위기를 구태여 부정하지 않고 있다.

변화된 환경에서 새로운 정책목표를 제시함으로써 방위력 정비가 원활하도록 당위성을 마련하려 한 점에서는 획기적이다. 그러나 방위력 정비의 구체적 수단을 명시하지는 못했고 또 환경변화에 영합하는 표현 속에는 본래 의도를 위장하려는 생각도 있을 수 있어 긴장완화시대에 진정으로 바라는 군사력 증강의 방향이라고 보기 어려운 애매성이 있다. 이는 쿠보 자신이 그 윤곽을 분명히 함으로써 논란을 초래 또는 해석상 지장을 주는 사태를 우려했거나 방위력 정비의 수단은 자유롭게 선택하게 하여 정비가 원활하게 하려는 목적에서 일부러 회피한 것일 수도 있다.[61]

---

[61] 쿠보는 이 논문 발표 이후 완성된 4차방 계획의 방위청 원안(1971년 4월 제출한 '나카소네 원안': 소요경비 5조6000억 엔의 대규모 군사력 증강 등 계획)과 관련하여 방위청 실무국장으로서 인터뷰(1971년 6월호 「國防」의 "대담: 기본적 방위계획의 사고방식")를 통해 나카소네 원안이 '기반적 방위력'의 개념과 모순되지 않는다는 입장에서 설명하고 있다. 그래서 쿠보 구상은 구체적인 방위력의 수준을 한정하는 기능보다는 항상 실태보다 과대 상정되기 쉬운 방위능력이, '기반적 방위력의 개념에 따르면' 실태에 맞춰 한정된다는 점을 부각시킴으로써 그 상대적 한정성의 표현을 통해 각 방면의 반발을 완화하고 지지를 확보하는 역할이 중심이었다는 해석(廣瀨克哉, 1989: 153)도 가능하고, 군사력 증강을 제한하는 의미와 군사력 증강을 은폐함으로써 증강의 길을 열어주려는 의도 등 양면성을 내포하고 있다고도 할 수 있다.

1.2.2. 평화 시 방위력의 수준문제

국제긴장완화에도 불구하고 4차방 계획의 예산규모가 3차방의 2배로 급증한 데 대한 야당 등의 우려 확산 분위기를 의식한 타나카 수상은 1972년 10월 소요경비규모를 다소 삭감하여 4차방 계획을 정식 결정하면서 '평화 시 방위력의 바람직한 모습'에 대해 검토하도록 방위청에 지시했다. 평화 시의 방위력에 대한 논란은 결국 방위력의 제한을 의미하는 것으로 받아들여졌지만, 방위청 내의 분위기는 '제한'의 의미를 탈각하는 대응방안을 검토하는 쪽으로 움직였다.

쿠보는 방위국장의 신분으로 1972년 12월호 「국방(國防)」에 기고한 논문('4차방의 성격과 특징')에서 4차방의 정비수준을 설명하면서 긴장완화의 상황에서도 '건설해야 할 최소한도의 방위력'의 개념을 제시하고 있다. 일본은 구체적인 위협이 있어서가 아니라 평시 필요최소한의 방위력을 목표로 해 왔으므로 긴장완화의 국제정세 하에서도 그간의 방위력 정비는 계속되어야 한다는 주장이다. '최소한의 방위력'의 구체적 수준을 명시하지 않았으나 '평화 시에 건설할 방위력'의 의미라면 '기반적 방위력'의 개념과 동일시되고, 명확한 기준을 설정하지 않는 것도 역시 제한적 기능을 회피하기 위한 것으로 볼 수 있다.

유사시의 전투력에 길들여진 방위청 내의 분위기가 제한적 의미로 보이는 쿠보의 '탈위협론'구상에 반발했고, '평화 시 방위력'의 제한적 의미를 탈각하기 위한 방안에 초점이 모아졌다. 평화 시의 적정 방위력 수준을 규명하기보다 '제한'사태를 회피하려는 목적에서 정책을 접근하는 당시 방위실무자의 행동은 마침내 정비항목의 수량을 표시하지 않는 방식을 고안해냈다. 그렇게 작성된 내용이 타나카 수상에게 보고(1973년 1월 24일)되자 방위력 정비의 한계를 구체적 수량으로 명시하지 않으면 야당공세를 돌파할 수 없다는 이유로 반려되고, 결국 삭감된 수치를 제시함으로써 '평화 시 방위력'의 제한적 역할이 불가피해졌다.

‘평화 시 방위력’에 대한 일본정부의 결정(廣瀬克哉, 1989: 163-164)은 육상전력 18만 명(5개 방면대, 13개 사단), 해상전력 25-28만 톤(5개 지방대, 4-5개 호위대군, * 해상자위대는 1개 호위대군 증강을 요청했으나 추가여부를 확정하지 못하여 4-5개로 표시), 항공전력 800기(3개 항공방면대, 8개 항공단, 1개 항공혼성단) 등으로 마무리되었다. 그러나 정부의 결정내용에 작용한 변수의 역할이 소요 군사력에 대한 방위청 및 자민당 내의 역학관계(力學關係)나 전문가적 정책판단도 아니고 오직 ‘제한’회피나 국회대책상의 이유에 근거한다면 진지한 논의의 결과는 아니다. 또한 일본정부의 결정이 야당의 반대를 의식한 결과로 보면 ‘야당의 역할’을 주요 변수로 고려할 여지는 있을 것이나 국회심의 중 야당의 태도도 적정한 군사력수준 제시, 아니면 삭감 등 정면 대응에 나서는 진지한 노력이 아닌 상당히 애매한 태도를 보여 결국에는 무산되는 사태로 끝났다.[62] 따라서 당시는 애매한 구상내용과 여타 변수의 역할에 의해 방위력 정비문제가 논의되고 규정되는 특징적 현상이 있었다고 할 수밖에 없다.

1.2.3. 「방위를 생각하는 회(會)」의 정세보고

4차방의 목표달성이 어렵다는 정부의 공식판단(1974년 5월 山中貞則 방위청장관) 이후 경제여건은 더 악화되고, 미키 내각의 등장(1974년 12월 9일)과 함께 ‘새로운 시도’로서 ① 「방위를 생각하는 회」 설치, ② 국방회의 활성화, ③ 국회에 방위전관위원회(防衛專管委員會) 설치, ④

---

62) 야당은 국회심의과정에서 보고서(“평화 시 방위력의 한계”)의 내용보다 국방회의와 각의결정을 거치지 않은 점을 들어 정부공식견해가 아님을 추궁하더니, 정부가 정부견해로 인정해 버리면 그 수준까지는 자위대의 존재를 용인하는 것과 연계될 우려가 있다는 지적에 따라 거꾸로 정부견해를 철회하도록 요구하게 되었다. 이에 정부와 자민당은 이제까지의 견해와 자료를 철회(1973년 2월 12일)하면서 정부는 평화 시의 방위력은 결정하지 않는다고 표명함으로써 결국 국회심의는 종결되고 만 것이다(廣瀬克哉, 1989: 165).

방위백서 복간을 제시하는 한편 외부공표를 금지해온 「방위핸드북(防衛ハンドブック)」의 일반 판매 및 내부작업과 관련한 장관의 지시문 전문(全文)을 「국방(國防)」지에 게재하도록 결정하는 등 방위정책 결정의 공개를 추진하는 4가지 시도가 있었다. 이는 방위정책 책정과정과 내용을 공개하고 쉽게 설명하여 국민의 이해와 지지를 확보한다는 사카타(坂田道太) 방위청장관의 구상인데, 그 첫째로서 '방위를 생각하는 회' 설치와 4차방 이후의 방위계획 검토 작업이 시작되었다.

사카타 장관은 4차방 이후의 방위력정비계획 작성을 지시(1975년 4월 1일, '제1차 장관지시')하면서 장관의 사적자문기관으로 '방위를 생각하는 회'를 발족(4월 7일)시켰다. 11명[63]으로 구성된 '회'는 6월 20일까지 토의 6회, 부대시찰 등의 실태 조사 후 보고서 '일본의 방위를 생각한다.'를 제출(9월 30일)했다.

보고서의 내용은 '정세판단'에서 "현재 일본에는 절박한 군사적 위협은 없다고 생각"하고, "모든 사태에 대응할 수 있는 방위력을 평소부터 보유하려 하면 끝이 없으므로 일본방위력은 군사적 요청만으로 판단하는 것은 타당하지 않다."(보고서 p.35)는 기본인식에 따라 '소요 방위력'에 의한 방식을 부정한다.

'평화 시 방위력'의 역할은 중요성이 높아지고 있다면서, 구체적으로 국제적 안정에 기여하는 평화 유지기능, 침략의 비용이 높다는 것을 상대에게 보여주는 '거부능력' 내지 '방지력', 피해를 줄여 국민의 이해와 지지를 확보하는 '민생협력기능', 전투행위를 제외한 유엔평화활동에 참가하는 '유엔협력기능' 등을 제시하고 있다(p.41).

'방위력의 바람직한 자세'로 "여러 현실조건을 고려한 후 일본이 평

---

63) 11명은 荒垣秀雄(아시히신문 '天聲人語' 담당자), 角田房子(평론가), 平澤和重(NHK해설위원), 牛場信彦(전 주미대사), 金森久雄(일본경제연구센터), 村野賢哉(NHK 과학담당해설위원), 緒方硏二(NTT), 河野義克(전 참의원사무총장), 荒井勇(전 내각법제국 제3부장), 佐伯喜一(전 방위연수소장, 노무라 總硏소장), 高坂正堯(쿄토대 교수).

시에 보유할 방위력의 상한을 가늠하고 그 이상의 사태는 정치의 지도에 맡기며"(p.49), "금후 질 향상에 중점을 두고 「작지만 매운」 방위력으로 과감한 방침전환이 필요하다."(p.51)고 제언한다.

'방위비의 한도'는 GNP의 1% 이하가 "이상적 근거는 아니나 방위비의 적부(適否)를 측정하는 척도와 같은 역할"(pp.35-36)을 하고 있어 국민지지를 획득하는 한도로서는 적당하다며, GNP의 1%가 국민경제 전체에서 점하는 정책상의 우선순위로 보아 어떻다는 것이 아니라, 국민감정에 대한 배려, 즉 국민지지를 획득하여 방위력 보유 그 자체의 긍정·부정이 정치 쟁점화되는 것을 방지하고 방위력의 존재 자체가 용인된 바탕 위에서 합리적인 방위력 정비가 가능한 조건의 형성을 최대 목적으로 하고 있다(廣瀨克哉, 1989: 174-176).

보고서의 내용은 대부분 쿠보의 논문이나 방위청의 보고에서 이미 거론된, 결국 군사력에 대한 제한요소 여부로 논의가 좁혀질 수 있는 주제들인데, 다만 침략에 대한 '거부능력' 또는 '방지력'[64]이라는 개념으로 설명하는 점이 특이하다. 이 내용은 평시 방위력의 설정 기준으로서 침략의 미연 방지 등 억지역할을 중시하는 입장에서 과도한 병력 보유가 불필요하다고 강조하는 등 제한적 요소를 내포하고 있고, 기반적 방위력의 군사적 규모가 보다 더 공식화되어 있다. 이 점은 제한적 의미를 탈각하는 데 초점을 맞춘 방위청의 '평화 시 방위력의 한계'에 대한 보고와 다

---

64) '방지력'은 '억지력'이 통상적으로 핵전력에 의한 억지를 의미하는 용어인 데 비해 통상무기에 의한 소규모 수준에서의 억지를 지칭하기 위한 코사카(高坂正堯) 교수의 신조어이다. 코사카 교수의 설명에 의하면 "국토에 대한 외적의 용이한 접근을 허락하지 않는 능력", 보다 더 구체적으로 "기습공격을 한 후 기정사실화하지 못하도록 하는 것", "적이 상대적으로 대규모 병력을 동원하지 않는 한 아측의 방위력을 압도할 수 없도록 하는 것"이며, 따라서 어떤 공격도 저지 가능한 대규모의 전력일 필요는 없다는 것이다. 이를 위해 필요한 장비체계는 "비교적 간단한 수송수단에 고성능 미사일을 장비한 것이 중심"이고 항감성(抗堪性), 커뮤니케이션 개선, 군사조직태세 재점검 등이 필요하다('보고서' pp.115-122, 廣瀨克哉, 1989: 175)고 지적한다.

소 차이가 있는 반면, 국민지지·커뮤니케이션 개선·항감성(抗堪性)·
조직 재점검 등을 강조하는 점에서는 쿠보의 논문과 유사하다.

1.3. '방위계획의 대강(大綱)' 책정

사카타 장관은 각종 연구결과를 참고로 4차방 이후의 방위력정비계획
작성 작업 지침을 '장관지시'의 형태로 발표(1975년 10월 29일, '제2차 장
관지시')했다. 이렇게 채택된 '기반적 방위력' 구상은 관계부처와의 절충
을 거쳐, 기존의 정부방침('국방의 기본방침')을 대신할 '방위계획의 대
강'('1977년도 이후의 방위계획의 대강에 대하여')으로 마무리되어 수상
에게 설명되었고, 수상은 국방회의에 대해 자문을 발(1976년 7월 12일)
했다. 국방회의의 답신(10월 29일)에 이어 '방위계획의 대강'을 새로운
정부방침으로 공식 결정(동일)했고, 경비(經費)에 대한 방침은 국방회의
가 별도로 결정(11월 5일)했는데, 대강의 주요 내용은 다음과 같다.
　대강은 '목적과 취지', '국제정세', '방위의 구상', '방위의 태세', '육해
공 자위대의 체제', '방위력정비 실시상의 방침 및 유의사항' 등 6개 항
목으로 구성되고, 별도로 '경비' 항목을 두고 있다(朝雲新聞社, 2001:
20-27). '방위의 구상' 등은 종전과 비슷하나, 다만 제시된 방위력 정비
의 규모와 방법에 다소 차이가 있다.
　'국제정세'와 관련해, 긴장완화의 흐름 속에 불안정요인은 남아 있으
나 핵 억지와 군사력 균형으로 대규모 무력분쟁의 가능성은 적고, 주변
에서도 강대국관계의 균형과 미일안보체제의 존재가 안정유지 및 침략
방지에 큰 역할을 수행하고 있다고 인식한다.
　'방위의 구상'에서는, 자체 방위태세를 구축하고 미일안보체제의 신뢰
성과 원활한 운용을 통해 어떤 침략에도 대응할 수 있는 방위체제로
미연 방지하는 것이 기본이고, 핵위협은 미국의 억지력에 의존, 간접침

략에는 즉응적 행동으로 조기 수습, 한정적 소규모의 직접침략은 독력(獨力)으로 배제하되, 독력으로 안 되면 모든 방법으로 저항하면서 미국의 협력을 기다려 배제한다고 했다.

'방위의 태세'에서는, 방위의 구상에 따라 ① 경계태세, ② 간접침략, 군사적 불법행위에 대한 태세, ③ 직접 침략에 대한 태세, ④ 지휘통신 및 후방지원태세, ⑤ 교육훈련태세, ⑥ 재해구난 등 태세로 나누어 구체적인 능력 확보를 강조하고 있다.

'육해공자위대의 체제'에서는 방위태세를 보유하기 위한 기간(基幹)으로 자위대의 방위력정비 항목을 제시하고 구체적 규모를 '별표'〈표 3-16〉에 명시했다.

육상자위대는 ① 일본 영역의 어떤 방향에서도 침략 당초부터 조직적인 방위행동을 신속하고 효과적으로 실시할 수 있도록 지리적 특성에 맞고 균형 있게 배치된 사단 등을 보유하는 것, ② 주로 기동적으로 운용하는 각종 부대를 최소 1개 전술단위는 보유하는 것, ③ 중요 지역의 저공역 방공에 대응할 수 있는 유도탄부대를 보유하는 것이다.

해상자위대는 ① 해상침략에 대응 가능하도록 기동적으로 운용하는 함정부대로서 상시즉응태세의 최소 1개 호위대군 보유하는 것, ② 연안해역 경계 및 방비를 목적으로 하는 함정부대로서 상시가동태세의 최소 1개 대잠수상함정(對潛水上艦艇)부대를 보유하는 것, ③ 필요 시 중요 항만과 해협 경계·방비·소해가 가능한 잠수함부대, 회전익 대잠기(對潛機)부대 및 소해정부대를 보유하는 것, ④ 주변해역의 감시초계 및 해상호위 등의 임무에 대응 가능한 고정익 대잠기(對潛機)부대를 보유하는 것이다.

항공자위대는 ① 주변 전공역(全空域)에 대한 상시경계감시 가능한 항공경계관제부대를 보유, ② 영공 및 항공침범에 대한 즉시태세의 상시유지 가능한 전투기부대와 고공역(高空域) 방공용지대공유도탄부대를 보유, ③ 착상륙(着上陸) 침공 저지, 대지(對地) 지원, 항공정찰, 저공침입에 대한 조기경계감시 및 항공수송임무에 대응 가능한 부대를 보유하는 것이다(朝雲新聞社, 2001: 24-25).

'방위력정비 실시상의 방침 및 유의사항'에서는, ① 자위대원 인사관리, ② 시설관리, ③ 장비품 국산화, ④ 기술연구개발 태세와 관련하여 특별히 유의할 사항을 제시했다(朝雲新聞社, 2001: 25- 26). 한편 각 년도 방위관계비 총액은 그동안 5개년의 규모를 정하는 방식이 아닌 "당면 그해 GNP의 1/100에 상당한 액수를 초과하지 않는 것을 목표로 하여 시행한다."고 했다(朝雲新聞社, 2001: 50).

〈표 3-16〉'방위계획의 대강'의 별표

구 분		항 목	수 량	4차방의 수량
육상자위대	자위대원	정 수	18만 명	18만 명
	기간부대	평시지역배치부대	12개 사단 2개 혼성단	12개 사단 1개 혼성단
		기동운용부대	1개 기갑사단 - 1개 특과단 1개 공정단 1개 교도단 1개 헬리콥터단	1개 기계화사단 1개 전차사단 1개 특과단 1개 공정단 1개 교도단 1개 헬리콥터단
		저공역방공용 지대공유도탄부대	8개 고사특과군	8개 고사특과군
해상자위대	기간부대	대잠수상함정부대(기동운용) 대잠수상함정부대(지방대) 잠수함부대 소해부대 육상대잠기부대	4개 호위대군 10개 대 6개 대 1개 소해대군 16개 대	4개 호위대군 9개 대 5개 대 2개 소해대군 16개 대
	주요 장비	대잠수상함정 잠수함 작전용 항공기	약 60척 16척 약 220기	60척 15척 약 200기(약 300기)
항공자위대	기간부대	항공경계관제부대 요격전투기부대 지원전투기부대 항공정찰부대 항공수송부대 경계비행부대 고공역방공용지대공유도탄부대	28개 경계군 10개 비행대 3개 비행대 1개 비행대 3개 비행대 1개 비행대 6개 고사군	28개 경계군 10개 비행대 3개 비행대 1개 비행대 3개 비행대 - 5개 고사군(1개 준비)
	주요 장비	작전용 항공기	약 430기	약 500기(약 930기)

* 이 표는 대강 책정 시 보유 또는 취득을 예정하고 있는 장비체계를 전제로 함.
** ( ) 내는 연습기 포함 수치.
출처: 朝雲新聞社, 「防衛ハンドブック」(東京, 2001), p.26.

‘대강’에 나타난 특징은 ① 침략의 미연 방지와 미일안보체제에 대한 비중을 종전보다 높여, 국제긴장완화 하에서 미일안보체제의 침략억지 기능에 더욱 기대하는 입장을 나타낸 점, ② 정면방위력보다는 보급 등 후방지원, 항감성(抗堪性), 교육훈련, 경계감시, 정보활동, 민생협력을 강조함으로써 기반적 방위력의 ‘한정성’을 부각시키고 있는 점, ③ 정원, 부대, 함정, 항공기 등의 대체적 정비방향만 표시하고 종전과 같은 구체적 내용 및 수량을 명시하지 않으며 규모도 종전수준의 유지를 제시하고 있어 양보다 질적 향상에 주력할 것임을 암시하는 점, ④ 논란의 대상이던 육상자위대의 부대 개편은 자위대원의 사기를 고려하여 취소한 반면, 해상자위대의 요망사항인 호위대군 확대(4→5개 군)는 4개 군으로 결정됨으로써 대장성의 긴축방침이 관철된 점, ⑤ 방위비는 시차를 두고 책정했고, 표현도 당초 ‘GNP대비 1% 정도’(방위청)가 ‘1% 초과하지 않는’(대장성)으로 결착되는 한편 5개년 계획의 방식이 철폐됨으로써 단년도방식에 의해 대장성의 간섭 여지가 확대된 점, ⑥ ‘당면’을 조건으로 부가함으로써 상황이 바뀌면 1%의 한계를 초과할 수 있도록 한 반면 종전의 2% 주장과 대비하여 ‘GNP 1%’가 갖는 ‘군비제한’의 의미를 부각시켜 국민지지 유도의 효과를 노린 점 등이다.

1.4. ‘대강(大綱)’ 책정 이후의 방위력정비 추진여건

1.4.1. 국민의 지지여론 상승에 의한 정당성 확보

‘기반적 방위력’구상으로 대표되는 새로운 개념의 군비 증강 추진과 관련하여, 전직 자위대간부들을 중심으로 ‘탈위기적 방위력의 허구성’, ‘유사시에 대비한 충분한 전력 필요성’, ‘자위대에 재해구난 등 임무 부여 및 강조로 사기 저하’, ‘평화 시 방위력은 말장난’ 등을 지적하면서 애매한 '기반적 방위력'의 개념과 문민통제 강화를 불평하는 입장이 있는 반면, 매스컴 논조는 대단히 유연해졌다. 야당들도 자위대를 반대하는 기존입장의 철회는 아니나 문민통제 강화 등의 취지에 따라 새로운 개념의 방위정책 수립에 반대할 명분을 상실하여 공세가 약화되고 사카타의 운영 개선노력에 대해서도 원칙적으로 긍정적이었다(廣瀨克哉, 1989: 200).

자위대·방위문제에 대한 내각관방 광보실(廣報室)의 3회에 걸친 여론조사 결과(朝雲新聞社, 1979: 307)를 보면, 사카타 방위청장관의 '정책 결정의 새로운 시도' 이후 국민의 지지여론이 계속 상승(전반적 인상에 대해 "좋다"와 "나쁘지 않다"의 합계가 1972년 59%→1975년 69%→1978년 76%)한 것으로 나타남으로써 '방위계획의 대강' 추진의 정당성은 일단 확보된 것으로 평가되었다.

자위대 현역들은 현장 실무자로서 방위청 내국(內局)의 정책 결정이 현장과 거리가 있다는 평소 생각에서 전폭 지지할 리도 없고, 어떤 간부는 "정말 국적(國賊)과 같은 행위"라고 탄식했다는 일선기자의 기록(原田曉, 1991: 298)도 있지만, 결정되면 일단 받아들여 현장의 당초 목표를 실현시키려고 노력하는 경향으로 보아 대강에 대해 공식 불만표시는 하지 않은 것으로 보인다. 더욱이 사카타 장관의 부임 이래 공개정책 추진의 일환으로 현장의 소리에 귀를 기울이는 등 현역들에게 신뢰감을 주었고, '대강'이 종전과 같이 정비목표를 세세히 규정하지도 않은 만큼 이념이나 원칙보다 현실의 제약 속에서 최대의 사업실현을 중시하는 현역들로서 오히려 수용하기가 어렵지 않았다는 지적(廣瀨克哉, 1989: 201-202)도 있다.

1.4.2. 미국의 통상압력 이용

미국은 고(高)달러로부터 구조화되어 온 무역적자폭의 확대문제를 해결하기 위해 이미 달러방어에 나선 상황에서 대일지원에 치중해 온 군사 분야의 협력도 바꿔 나가기 시작했다. 미국이 자국의 무역적자와는 달리 일본의 외환보유고가 급증(1971년 7월 80억 달러→1972년 7월 160억 달러)하고 있는 것을 그냥 두고 볼 리가 없었는데, 주로 군비 증강협력에 치중해 온 대일관심이 4차방 계획 이래 서서히 경제적 파급도 염두에 두면서 무기구매 압력 등을 가중시키고 있었다.

일본 방위당국의 주 관심은 대내외환경의 제약으로 군사력 증강이 어렵게 된 상황을 돌파하기 위한 탈출구의 마련이었다. 다분히 제한적 의미의 '대강' 하에서 당면 과제는 군사력 증강의 억제요인, 즉 대장성 등의 견제를 저지 또는 회피하여 방위력정비계획의 본래 목표를 달성하는 것이다. 그 방안으로서 마침 대일통상압력을 강화하기 시작한 미국을 이용하는 것이 제시되었는데, 미국의 요구임을 내세워 대장성 등을 견제함으로써 '대강' 하에서 예산확보 등 어려운 여건을 극복한다는 구상이다. 또한 대강이 양적 제한을 제시하고 있는 점에 착안하여, 중점을 무기장비의 규모보다 질적 향상에 두는 것이다. 무기장비의 첨단화 신기종(新機種) 도입, 기술개발 및 국산화에 집중 투자하여 군사력 증강의 내실화를 노리는 것인데, 미국의 지원을 유도하는 것이 절대적으로 필요했다.

1.5. 미일군사협력의 긴밀화전략

'기반적 방위력'의 개념을 바탕으로 한 새로운 방위정책은 '침략의 미연 방지'를 강조함으로써 미일안보체제 강화가 가장 실질적이고 중요시되는 실천수단이었는데, 그 취지에 따라 사카타 장관은 제도적 충실화에 나섰다. 미일 간에는 이미 안보협의위원회, 안보사무레벨협의, 안보운용협의회, 합동위원회 등 협의기구를 운영해 오고 있으나 주로 외교통로를 통한 국가 수준의 정책협력문제를 조정하고 있어 군사실무자

간의 실질적 교류는 부진하다는 점에 착안했다.

1975년 8월 슐레진저(J. Schlesinger)-사카타 간 방위수뇌회담에서 수뇌회담 정례화와 안보협의위원회의 하부기관으로 작전협의기관 설치에 합의했다. 이는 양군 간 유사시 실질적 역할분담 등의 작전협의는 물론 공동작전연구 및 훈련을 제도화하는 수준으로 발전시키려는 것이며, 방위협력소위원회[65] 설치(1976년 7월 8일), 가이드라인 작성(1978년 11월 27일), 공동훈련정례화로 이어졌다. 방위협력소위원회는 제1차 회합 이래 작전·정보·후방지원 등 3부회의 전문가적 검토를 통해 일본에 대한 무력 공격 시의 제 문제를 연구·협의하고, 제8차 회합(1978년 10월)에서 그 내용을 '미일방위협력을 위한 지침'(가이드라인)으로 완성하며, 제17차 안보협의위원회(1978년 11월)와 국방회의 및 각의에 보고하여 승인을 받았다.

1.5.1. 지침(가이드라인)의 내용

가이드라인은 '전문(前文)'과 함께 '침략을 미연에 방지하기 위한 태세', '일본에 대한 무력 공격 시의 대처행동 등' 및 '일본 이외의 극동에서의 사태로 일본의 안전에 중요한 영향을 주는 경우의 미일 간 협력' 등 3항목으로 되어 있다(防衛廳, 1979: 179-181). 그 내용 자체는 원칙적으로 양국 정부의 입법, 예산 또는 행정상의 조치의무를 부과하지 않으며, '사전협의에 관한 제 문제', '일본의 헌법상 제약에 관한 제 문제' 및 '비핵3원칙'은 대상에서 제외되었다.

전문(前文)에는 이 지침이 양국의 권리와 의무에 영향을 주지 않는다는

---

65) 방위협력소위원회는 1976년 제16차 안보협의위원회에서 안보조약 및 관련 결정의 목적을 효율적으로 달성하기 위해 긴급 시 양군 간의 공동대처행동 확보에 필요한 조치의 지침 및 협력자세에 관한 연구와 협의를 목적으로 설치되었는데, 일본 측은 외무성 아메리카국장, 방위청 방위국장, 통합막료회의 사무국장, 미국 측은 주일대사관 공사, 주일미군 참모장으로 구성되어 있다(防衛廳, 1979: 179).

것과, 미국에 대한 일본의 편의 제공 및 지원도 일본의 관계법령에 따라 시행한다는 것을 명백히 하고 있으나, 실제 지침에 기술된 내용을 바탕으로 미일 간 공동작전, 공동연습, 공동훈련, 역할분담이 구체화되어 나갔다.

'침략을 미연에 방지하기 위한 태세'로는 적절한 규모의 일본방위력과 미국의 핵 억지력 보유, 즉응부대 전방전개, 내원(來援) 가능한 여타 병력 보유를 기술하면서 자위대와 미군의 공동대처행동을 원활히 하기 위한 조치로서 공동작전계획 연구, 공동연습 및 공동훈련, 긴밀한 정보교환과 통신연락체계 정비 등의 조치 강구를 제시하고 있다.

'일본에 대한 무력 공격 시의 대처행동 등'에 대해, 무력 공격의 위기 시에는 '작전준비 및 필요 시 미군과 자위대 간의 조정기구 설치'를, 무력 공격 시에는 '미군과 자위대는 정보활동 및 후방지원활동에서 긴밀한 협력하에 각각의 지휘계통에 따라 일본은 일본의 영역과 주변해공역 방어작전, 미군은 자위대작전 지원 및 보완이 필요한 작전 실시'를 기술하고 있다.

'일본 이외의 극동에서의 사태로 일본의 안전에 중요한 영향을 주는 경우의 미일 간 협력'에 대해서는 '미일 정부가 정세변화에 대응하여 수시 협의하고 미군에 대한 편의제공에 대해 상호 연구한다.'고 되어 있다〈표 3-17〉.

〈표 3-17〉 일본 무력공격 시의 작전구상

구분	자위대	미 군
육상 작전	저지, 지구(持久) 및 반격을 위한 작전 실시	필요에 따라 내원(來援), 반격을 위한 작전을 중심으로 육상자위대와 공동작전
해상 작전	일본 중요 항만과 해협방비를 위한 작전, 주변해역에서 대잠작전, 선박 보호작전, 기타 작전의 주체로 실시	해상자위대의 작전 지원, 기동타격력 보유 임무부대사용을 동반하는 작전, 침공병력을 격퇴하기 위한 작전 실시
항공 작전	방공, 착상륙침공 저지, 대지지원, 항공정찰, 항공수송 등의 항공작전 실시	항공자위대의 작전지원, 항공타격력 보유 항공부대사용을 동반하는 작전, 침공병력 격퇴를 위한 작전 실시

출처: 防衛廳, 「防衛白書」(東京, 1979), p.270의 자료를 바탕으로 구성.

1.5.2. 양군 간의 관계진전과 파급영향

가이드라인은 소련의 아프간침공(1979년 12월) 이전에 작성된 것으로서 이를 예상하여 추진한 것은 아니겠지만 이후 미국이 요구를 침투시키고, 일본 역시 상호협력을 조정하는 데 주요 수단과 통로로 이용하게 된다.

일본의 적극적 자세는 그동안 4차례의 방위력정비계획에 의해 달성된 양적인 군사력에다 이제는 질적 향상과 자위대 현역들의 군사전술 운용에 대한 경험을 축적시킬 단계라는 판단에 따른 것으로서, 미국의 지원을 통해 이를 충족시키려 한 것으로 보인다. 미국 측도 그동안 일본에 대해서는 기본적으로 과소평가하는 경향이었지만 지난번 4차방 계획의 책정과정에서 나카소네에 의해 표출되었던 자주방위론, 핵개발 가능성(방위백서의 핵개발 위험론 표현 삭제) 등 불편관계도 있었기 때문에 일부에서 비판이 제기됨으로써 일본과의 군사협력관계를 정립해 놓을 필요성을 인식하게 되었다. 가이드라인이 완성되고 나서 현지사태를 조사한 미 상원 군사위 태평양연구그룹의 보고서는 "미국정부가 종래 일본의 방위논의에 대해 유익하고 초점이 정해진 공헌을 해오지 않았다. 미일공동방위노력에 관한 미국의 명확한 정책이 책정되지 않으면 안 된다."고 주장하고 있다(廣瀨克哉, 1989: 190).

이를 계기로 주일미군사령부와 통합막료회의사무국이 중심이 되어 공동작전, 해상로(Sea Lane)방어, 극동유사대처 연구를 통한 작전협력과, 상호기술교류, 공동훈련 확대 등 실질적 역할분담이 구체화되어 나갔다. 특히 일본방위당국은 안보여건을 공고히 하는 한편 군사력 운용과 첨단기술 등 미국으로부터 얻을 수 있는 새로운 안보이익을 최대 흡수하는 기반으로 이용해 나갔다.

이런 진전은 자위대 현역의 입지를 강화했다. 공동연구라 하지만 실제로는 유사시 행동계획을 상정하여 자위대의 육해공 막료감부(幕僚監部)가 작성하는 공동연구내용과, 통합막료감부가 종합하는 업무계획견적(業務計劃見積)이 서로 모순될 수 없어(森繁弘, 1986, 11-12), 그 연구내용은 그대로 방위계획에 최대 반영되기 마련이었다.

현역간의 군사연구는 일본에 대한 미군 측의 이해 촉진, 불신 해소 및 미국의 군사기술 지원 등 유도에도 활용되었다. 또한 공동연구내용 중 군사적 관점에서 필요한 작전행동이나 정책적 고려사항 등에 관한 미군 측의 보고는 미국정부를 통해 대일요구로 나타나는가 하면, 현장 정보를 근거로 대일요구의 수위와 강도가 높아지고 내용도 상세해지는 결과가 되며, 자위대 현역은 자신들의 요구를 미국을 통해 자연스럽게 일본정부에 반영시키는 채널로도 이용했다(中馬清福, 1985: 89-91).

2. '대강' 초기(1977년-1979년)의 방위력정비 추진내용

2.1. 새로운 추진방식: 단년도 방식

4차방까지의 계획은 5년간의 조달수량이 정해져 있어 연도별 조달계획은 대략 목표수량의 5등분을 기준으로 하지만, '대강'에는 그 기간과 목표 수치가 없어 방위청은 매년도 예산의 필요성을 일일이 소명해야 하고, 그만큼 대장성은 통제기능을 회복하게 된 것이다. 방위청으로서는 요구예산을 획득하려면 장기예측을 근거로 당해 사업의 타당성을 제시하는 것이 수월하므로 매년 장비조달량의 산출근거로서 각급 자위대의 내부계획을 마련하기로 하고 그 지침인 '방위 제 계획 작성 등에 관한 훈령'[66]을 제정

---

66) 훈령은 중·장기 방위력의 질적 방향 등을 포함한 정세분석 예측, 방위력 정비와 유지 등에 관한 계획 작성의 수순을 규정하고 있는데, 방위계획은 통합막료 의장이 작성하는 '통합장기방위견적[統長]'과 '통합중기방위견적[統中]', 이를 참고로 각 막료장이 작성하는 '중기능력견적[中能]' 및 '연도업무계획[年業]', 현 보유 방위력을 기초로 각 막료장이 작성하는 '방위·경비 등에 관한 계획 [年防]' 등 5가지로 대별된다.

(1977년 4월 15일)했다.

 이 계획은 오직 내부용 업무견적(業務見積)인 만큼 대장성과의 조정이나 국방회의 및 각의 심사도 없고 내용의 성격상 공표하지도 않지만 국민이해와 협력을 높이기 위해 '중기업무견적(中期業務見積: 이하 '중업 中業'이라고 약칭)'의 개요는 방위백서 등에 공개했다. 또한 정부 공식문서로서의 구속력은 없으나 나중에는 미국이 군사력 증강압력의 근거로 이 내용을 거론하고, 일본정부도 예산편성의 방침으로 내세우면서 점차 공식화되었다.[67]

 '대강'이 시작된 1977년부터 1979년까지는 업무견적의 작성과정상 견적 없이 단년도 예산으로 시행되었다. 1980년도부터는 1978년(昭和 53년) 작업에 착수하여 1979년 6월 완성한 53중업(작업착수의 昭和연호 명명, 계획기간: 1980년-1984년)을 비롯하여, 1981년(昭和 56년) 작업에 착수하여 1982년 7월 완성한 56중업(계획기간: 1983년-1987년)이 수립되었다. 1984년(昭和 59년) 작업에 착수한 59중업(계획기간: 1986년-1990년)은 재정악화와 문민통제의 문제점 등이 제기됨은 물론 당시 나카소네 수상의 획기적인 군사력 증강 의지도 반영되어 각의(1985년 9월)에서 5개년계획인 '중기방위력정비계획'으로 바뀌었다.

 '대강' 하의 방위력 정비는 기간을 단년도 방식에 의한 '대강'의 초기(1977년-1979년), 53중업(1980년-1982년), 56중업(1983년-1985년)으로 구분되나 계획기간과 시행기간이 다르기 때문에 각 기간별로 정비계획의 목표와 실적이 대비(對比)될 수 없고 수치를 연평균으로 환산함으로써 각각 단년도의 평균치를 비교할 수 있을 뿐이다. 한편 '대강'이 표방한 장비조달의 목표는 크게 ① 양보다는 질적 개선에 치중하는 것, ② 전방과 후방체제의 균형 달성에 따라 자원을 배분하는 것 등의 2 가지이다.

---

67) '중기업무견적(中期業務見積)'은 작성 다음다음 연도 이후 5개년을 대상으로 각 자위대의 주요 예정사업을 견적하여 방위청의 각 연도 사업계획, 예산개산요구(豫算概算要求) 등에 참고하려는 것인데, 5년 단위로 작성하지만 그대로 시행하는 것이 아니라 당해 년도의 예산결정 등에 필요하면 매년 수정하면서 3년 후 새로 업무견적을 하기(朝雲新聞社, 2001: 76) 때문에 그 성과는 단년도별로 평가될 수밖에 없다.

2.2. 단년도 방식에 의한 군비 증강 실적

주요 장비의 조달 내용〈부록 2-5〉을 각 기간으로 구분하고 그 결과를 4차 방의 내용과 비교하면 '대강' 책정 전후의 차이점과 특징을 파악할 수 있다.

1977년-1979년간의 실적은 4차방의 수준을 유지하거나 하회하는 것으로 나타났다. 독자 개발한 F-1전투기(FST-2의 개명)가 실전 배치되고, 미국으로부터 P-3C(대잠초계기), F-15(전투기) 조달이 시작되는 등 계속사업의 연장으로서 군사력 증강이 이루어지는 가운데, 품목에 따라서는 규모 축소에 그쳤다.

국제긴장완화와 석유 위기에 따른 경제 불황을 반영하고 단년도 방식에 의한 예산 확보의 어려움, 물가상승 등으로 4차방의 실적부진 추세가 계속되었다. 따라서 4차방의 후반기와 묶어 보면 보다 의미 있는 내용을 발견하게 된다. 4차방 계획 출발 후 2년 정도에서 석유 위기에 직면하자 인플레에 따른 봉급 인상 등으로 방위비 중 인건비의 점유율이 40%대 (1973년: 46.5%, 1974년: 48.5%)에서 50%대로 급격히 확대〈표 3-19〉되어 1974년 예산 중 호위함 등의 발주가 취소(「朝日新聞」, 1973년 12월 22일)되었고, 4차방의 완전 달성이 불가능하다는 방위당국의 선언(1974년 5월 山中貞則 방위청장관의 중의원 내각위 발언)에 이어 국방회의가 정비취소품목을 결정(1975년 12월)하는 사태에 이르렀다. 석유 위기의 여파가 가장 심했던 1975년-79년간 방위예산과 장비구입비는 전년대비 각각 10.2-21.4% 및 -1.4-20.5%의 큰 폭으로 증가했지만, 높은 인건비 점유율(51.4-56.0%)과 장비가격 상승으로 전반적인 안정세가 무너졌다. 일본정부는 우선 유류 소모가 큰 항공기·선박·차량의 동원훈련을 무기 연기하고 장비조달 등의 기존계획도 축소를 결정했다.

그 결과 낮아진 장비화율(인건비 대 장비구입비 비율)과 후년도 부담률, 세출화율〈표 3-18〉은 1977년부터 상승하기 시작했으나 4차방의 수준을 크게 벗어나지 않고 있다. 이것은 1980년대 들어 획기적으로 변화된 것(인건비: 40%대, 장비구입비: 20%대, 세출화비율: 1983년부터 30%대, 후년도 부담률: 1982년부터 60%대로 변화: 〈표 3-23〉)과 크게 대조적이고, 군사력 증강의 부진을 의미한다.

〈표 3-18〉 1975년-1979년간 연도별 방위예산의 구성 추이

(단위: 억 엔)

구 분	1975년	1976년	1977년	1978년	1979년
인건·양식비	7,021(+33.6)	8,477(+20.7)	9,304(+9.8)	10,345(+11.2)	10,765(+4.1)
(점유율: %)	(52.9)	(56.0)	(55.0)	(54.4)	(51.4)
장비구입비	2,520(+0.5)	2,485(−1.4)	2,939(+18.3)	3,258(+10.9)	3,925(+20.5)
(점유율: %)	(19.0)	(16.4)	(17.4)	(17.1)	(18.7)
세출화(%)	−	19.3	20.8	20.9	21.3
일반물건비(%)	−	24.6	24.2	24.7	27.3
후년도부담(%)	−	33.5	38.0	46.0	43.9
방위비	13,273(+21.4)	15,124(+13.9)	16,906(+11.8)	19,010(+12.4)	20,945(+10.2)

* 오른쪽 ( ) 내의 수치는 전년대비 증가율.
출처: 朝雲新聞社, 「防衛ハンドブツク」(東京, 1979), p.149.

갑작스런 물가앙등에 따라 경제 전체가 비정상적으로 운영되는 가운데 군사력 증강에만 투자확대를 고집하는 것은 무리인데다, 미군과의 협력도 전략연구와 상호이해 증진의 수준에 그치는 등 방위당국이 이를 이유로 재정지원을 요구할 만큼 강하지 않아 소극자세로 후퇴했다. 따라서 방위당국은 '기반적 방위력' 등 애매한 개념까지 동원하면서 기존의 추세를 유지해 나가려 했지만 의지가 있어도 능력이 없어 추진력을 상실한 채 군비 축소를 결정했다.

한편 정부발주 및 장비국산화가 대폭 취소되자 군수업체가 존립의 우려와 함께 무기 수출 재개를 요청하고 나섰고, 재해복구나 대민지원에 자위대의 존재의의를 두는 방위정책에 불만을 품은 우익세력과 자위대 간부는 "유사시 자위대가 초법규적으로 행동하지 않을 수 없다."고 반발했으나 모두 허용되지 않았다.68) 다만 방위청은 후쿠다(福田赳夫) 수상의 승인 하에 1977년 8월 유사법제연구작업을 재개한 후 1978

년 6월 사실을 공개했다. 취지는 헌법의 재해석보다 실정법을 통해 자위대의 지위를 확고히 하자는 것이었으나 당시에는 실현되지 않아 불황에서는 군비침체를 감수하는 선례가 되었다.

이러한 결과를 두고 볼 때 일본에서는 경제여건이 악화되면 군수조정을 하는 전례가 반복되었으며, 그 대신 미국과의 협력관계를 강화함으로써 그 보완책을 마련하려 하는 경향을 지적할 수 있다.

제4절 군사력 증강의 확장(1980년-1990년)

소련의 아프가니스탄 침공(1979년 12월)으로 국제긴장완화 분위기가 서서히 후퇴하고, 일본경제도 석유위기의 충격으로부터 점차 개선되면서 군사력 증강의 침체는 비교적 짧은 기간에 끝났다. 일본 방위당국으로서 침체기에서의 경험은 이후 위기타개를 위한 온갖 수단을 강구하게 하는 구실로 작용하여 경제여건이 호전되고 미국도 적극적인 자세로 돌아오는 등 군사력 증강의 여건이 변화하기 시작하자 마침내 군비확장을 선택하는 계기로 작용했다(大嶽秀夫, 1983: 159-170).

특히 제1·2차 석유 위기가 끝나 일본경제가 재도약할 시기와 미일무역마찰이 고조되고 일본방위당국이 미국의 압력을 이용하여 군사력 증강에 나섬으로써 군비확장노선으로 전환한 시기를 대비시켜 보면 일

---

68) 쿠리스(慄栖弘臣)자위대 통합막료의장은 1978년 7월 19일 기자회견을 통해 "현행법규로는 헌법을 포함하여 교전권을 인정하지 않기 때문에 자위대가 유사사태에 어떻게 대응할 수 있는지 분명하지 않다. 이 법령상의 허점을 그대로 두고서 유사시 자위대는 법률상 어쩔 도리도 없이 퇴각하고 말던가, 아니면 국가로서 생존하기 위해 무언가 행동을 취하던가 어느 쪽의 문제가 된다. 자위대로서는 헌법상 자위권을 인정하고 있는 이상 법률상의 허점은 그대로 두고 초법규적으로 행동하지 않을 수 없을 것이다."고 언급하여 문제가 되었고, 카네마루(金丸信) 당시 방위청장관은 이것이 문민통제에 대한 도전이라 하여 해임(7월 25일) 조치했다(吉原恒雄, 1988: 251).

본의 경제침체 – 군비조정 – 경제회복 – 미일무역마찰 – 군비확장의 연관
관계를 설명할 수 있다.

1. 신냉전 구조의 형성과 군비 증강의 여건 변화

　일본정부는 제1차 석유 위기의 경험에서 터득한 교훈으로부터 제2차
석유 위기에 의한 파급영향을 상당히 줄일 수 있었다. 제1차 석유 위기
이후 나타난 과잉자본설비가 감소하고 기존설비의 일부는 그동안 노후
화함으로써 1979년-1981년간 민간설비투자가 증가할 여지가 있었고, 또
한 에너지 절약을 위한 투자, 노동력 절약을 위한 오토메이션 투자 등
이 제1차 위기 시와 다른 현상이었다. 총수요는 수출이 1981년까지 착
실하게 증가하여 안정세를 유지할 수 있었고, 재정금융정책도 제1차 석
유 위기 시보다 여유가 있기 때문에 급격한 금융긴축과 같은 조치는
필요하지 않아 경기를 크게 악화시키지 않았다(小宮隆太郎, 1988: 74).
그 결과 1981년 2/4분기부터 여타 선진국보다 빨리 구조조정에서 빠져
나왔고, 상대적으로 양호한 경제실적〈표 3-19〉을 올릴 수 있었다.

〈표 3-19〉 석유 위기 이후의 경제실적 변화

(단위: %)

구 분	경제성장률		광공업생산		소비자물가상승		실업률		실업자 수
연 간	1963-73	1973-80	1963-73	1973-80	1963-73	1973-80	1972년말	82년 3월말	(82년, 만명)
일 본	9.8	3.8	12.7	2.8	6.2	9.7	1.2	2.3	147(3월 말)
미 국	3.8	2.4	4.7	1.8	4.4	7.1	5.6	9.0	1031(4월 말)
서 독	4.3	2.3	2.5	5.4	3.7	4.7	1.1	7.1	169(3월 말)
프랑스	5.4	2.8	5.7	1.6	5.2	11.1	–	8.8	199(4월 말)
영 국	3.0	0.7	2.7	-0.6	6.1	15.9	3.7	11.8	282(3월 말)
이태리	5.2	2.8	6.2	3.1	4.5	16.8	4.0	9.3(1월 말)	209(1월 말)

출처: 日本興業銀行, 「日本産業讀本」(東京: 東洋經濟新聞社, 1984), p.15.

　한편 미국의 대외정책기반이 베트남전쟁 패배와 워터게이트사건의

영향으로 약화된 틈에 소련이 중동·아프리카지역분쟁 개입, 해군력 증강 및 군비 근대화에 나섬으로써 국제긴장완화의 흐름은 다시 신냉전 구조로 돌아갔다. 1979년 12월 소련이 아프간을 침공하자 서방측 결속 문제가 긴급과제로 부상했다.

미국은 대소대응을 위한 결속 차원에서 어려운 경제에도 불구하고 막대한 국방비를 지출하면서 동맹국에 시장을 개방해 왔지만 일본과 유럽제국의 안보 및 경제협력 노력이 충분치 않다 하여 불만[69]이 높았다. 특히 일본이 안보무임승차로 경제성장에만 주력하면서 미국의 방위력 증강 및 미군주둔비 증액요구에 대한 조치는 회피한다는 인식에서 이번에는 요구수준을 상당히 높이기 시작했다. 오히라(大平正芳) 수상은 미국의 요구대로 모스크바올림픽 불참 결정(1980년 4월 25일)에 이어 '53중업'의 조기 달성에도 동의(5월 1일 정상회담)하고 '가이드라인'을 축으로 대미협력에 적극 나섰다.

오히라 수상의 급사(急死)로 정권을 승계(1980년 7월)한 스즈키(鈴木善幸) 수상은 외교에 문외한으로서 미국의 압력에 갈팡질팡하다가 갈등을 빚기도 했다. 미국 측은 1981년도 일본방위예산과 관련하여 방위청의 증액요청(전년비 9.7% 증액) 이상을 요구하는 등 구체적으로 간섭하기 시작했다. 국내 조정과정에서 결국 대장성의 반대로 최종 방위비는 전년비 7.6144% 증가로 결정(1980년 12월 31일)되자 미국정부는 즉시 성명을 발표하여 실망을 금할 수 없다고 불만을 토로했고, 스즈키 수상도 반론했다(「朝日新聞」, 1981년 1월 12일).

---

69) 일본에 대한 미국의 방위비 증액요구는 이미 60년대 일본경제가 고도성장을 하면서 제기되어 왔으나 양국 간 무역불균형 심화로 긴장이 고조되는 데 따라 점점 그 목소리가 높아진 것을 볼 수 있다. 구체적으로는 1975년경부터 일본이 석유 위기로부터 서서히 회복하면서 일본의 대미수출이 급증하여 무역불균형의 폭이 확대된 데다가 80년대 재정·무역 쌍둥이 적자를 초래하여 미국의 무역적자는 1981년 135억 8000만 달러, 1982년 150억 달러, 1983년 200억 달러, 1984년 300억 달러로 확대되었고, 이에 따라 양국 간의 마찰은 일상화되었다(佐藤英夫, 1996: 235-236).

1981년 3월 와인버거(Caspar Weinberger) 국방장관은 방미한 이토(伊藤正義) 외상에게 방공 및 대잠능력 향상노력을 요구했다. 일본정부가 수락(5월 8일 大村襄治 방위청장관, 국회답변)한 데 이어 5월 스즈키 수상이 방미하여 정상회담에서 '주변해역 수백해리와 항로대(Sea Lane) 1000해리 방위'를 언급하자 미국 측은 이를 공약으로 받아들여 6월 안보사무레벨협의(하와이)에서 주변해·공역과 1000해리 항로대 방위문제 협의를 요구했다(五百旗頭眞, 2000: 193-194). 안보사무레벨협의에서 미국 측이 요구한 군사력 증강의 내용은 〈표 3-20〉과 같으며, 모두 '대강'에서 책정하고 있는 수준보다 높고 일방적이어서 일본정부 당국이 당황한 점도 있으나 후임 나카소네 수상에 이르러 이런 과제들이 대부분 매듭짓게 된다. 4차방 계획의 책정과정에서 비록 좌절되었지만 자주방위를 주창한 장본인인 나카소네는 80년대 미일군사협력의 확고한 기반을 구축하여 자신의 소신을 실현시켜 보려 했고, 그 내용들을 구체적으로 중기방위력정비계획에 하나씩 반영시켜 나갔다.

〈표 3-20〉 안보사무레벨협의 시 미국 측의 주요 요구 내용

항 목	수 량	'대강'수준 대비율	전략의도
공격형잠수함	25척	1.56배	① 3해협봉쇄
호위함	70척	1.17배	② 대잠 및 대공정보 수집
P-3C대잠초계기	125기	1.25배	③ 일 초음속 폭격기 백파이어 제압)
F-15 등 요격전투기 부대	14개 대, 350기	1.4배	④ 미 제7함대의 부담 경감 등 기대
지원전투기부대	6개 대	2.0배	⑤ 기타 기뢰전능력 향상, 미사일
E-2C조기경계기부대	2개 대	2.0배	등 탄약 비축 증강

출처: 中馬淸福, 「再軍備の政治」(東京: 知識社, 1985), pp.89-90 자료로 구성.

2. 나카소네의 선택

엄밀한 의미에서 신냉전체제와 이에 대응한 미국의 대소우위전략 등 변화는 '대강' 설정 시의 국제정세와 전혀 상반된다. 일본에서도 '대강'

의 수정 필요성이 제기되었지만 방위당국의 반대(1980년 10월 11일, 大村襄治 장관의 국회답변)로 '대강'체제는 그대로 유지되었다. 책정 당시의 제한적 의미와 달리, 대강의 내용이 해석상 융통성이 있고, 책정된 범위 내에서 선택할 수 있는 재량의 여지가 있으며, 느슨한 통제규정 등(廣瀨克哉, 1989: 236)으로 오히려 정책 추진에 편리한 수단임을 경험한 방위실무자로서는 '대강'체제가 목표 달성에 용이하다고 판단하는 한편, 이를 재량 확대에 적극 이용하려는 의도이었던 것으로 보인다.

이런 여건변화와 함께 등장(1982년 11월 27일 취임)한 나카소네 수상은 자신의 자주방위구상을 실현시켜 보려는 야심도 작용하여 군비확장의 획기적 계기와 명분을 확보해 나갔다. 우선 레이건(R. Reagan) 대통령과의 친분관계('론－야스'관계)를 바탕으로 신뢰관계 형성에 주력한 것이다(五百旗頭眞, 2000: 197-198).

먼저 대미기술공여를 무기수출3원칙의 예외로 결정(1983월 1월 14일 각의)하고 방위비개산요구액(防衛費槪算要求額)을 전년대비 1% 증액한 후, 방미(1월 17일)하여 레이건 대통령과의 정상회담에서 ① 미일은 '공동운명체'라고 표현하고, 워싱턴포스트와 회견에서 ② 일본열도를 '불침항모'로 만들어 소련 백파이어 침입 저지의 방벽으로 하며, ③ 일본 부근 4해협을 지배하여 소련 원잠(原潛)을 통과시키지 않는 한편, ④ 해상로를 확보한다고 발언(1월 18일)함으로써 일본의 역할을 분명히 했다(オフィス・アール, 1992: 98). 이런 약속은 국내 후속조치와 함께 소련의 KAL기 격추사건(9월 1일)의 교신탐지기록 공개, 레이건 대통령의 방일 및 최초 국회연설(11월 9일－11일) 등으로 이어져 신뢰관계가 강화되었다.

이러한 나카소네의 선택이 지지율의 대폭 상승(1984년 11월 內閣官房廣報室 조사: '미일안보조약 필요성': 71.4% 지지)으로 나타나자 석유 위기의 침체기에 무기 연기되었던 자위대의 훈련을 재개시키고, 방위청의 '59중업'을 정부의 5개년 계획인 '중기방위력정비계획'(1986-1990년)으로 격상(1985년 9월)시켰다. 이로써 4차방 이후 중단된 방위력정비계획이 복귀되는 새 국면을 맞이하게 되는데, 이는 '대강'의 설정근거가 되었던 국제긴장완화의 분위기로부터 신냉전 구조로 되돌아간 국제환경, 일본경제력의 급성장에 반해 미국의 세계경제 주도력이 약화된 사정, 미국의 경제압력이 군사협력 분야로 본격 확산되는 현상에 의해 규정되기 시작한 것이라고 평가할 수 있을 것이다.

소련의 위협과 미국의 요구에 대응해야 하는 일본 자체의 입장과, 미일 간 경제역할의 변화로 새로운 관계 정립이 필요해진 상황에 따라 '미국의 요구'는 다른 형태의 압력으로 나타나 또다시 동기를 부여했고, 일본 방위당국은 이를 군비 확장에 이용하고 나섰다. 방위당국이 선택한 것은 소련의 위협을 방위력 증강의 필요성 등 설득자료로 활용하면서 그동안 구상으로만 제기되어 온 해협봉쇄, 해상로 방어 등 전략을 정부정책으로 구체화하여 필요한 무기장비를 조달함으로써 군비 증강 목표를 달성하는 것이다. 또한 미국의 무역불균형 시정요구임을 내세워 대장성 등 거부세력을 견제하는 전략인데, 군사장비 도입으로 양쪽을 동시에 해결할 수 있어 정치지도부로부터도 지지를 받을 수 있었다.

방위력 정비에 막대한 예산을 투자하고, 미국요구에 따라 엄청난 비용을 지불하면서 장비도입 및 기술공동개발에 나선 나카소네의 선택은 소련의 침공위협을 현실로 인식하여 이에 대응했다기보다는 소련의 위협과 미국의 요구임을 내세워 국내억제요인을 견제하는 한편, 서로 다른 국내의견을 내세워 미국의 더 많은 양보를 얻어내려는 양면게임의 전략으로도 설명된다.

3. 신냉전기간 중 군사력 증강의 내용

3.1. '중업'기간(1980년-1985년)의 장비조달 실적

'53중업(中業)'의 초년도인 1980년부터 중기방위력정비계획이 시작되기 전해인 1985년간을 '중업(中業)'기간이라고 할 수 있다. 이 기간 중에는 석유 위기의 불황이 진정되었고 미국의 일본에 대한 군사장비 구입압력이 가중되면서 방위비의 구성에서 인건비 점유율이 점차 줄어드는 대신, 그것이 장비구입비로 이전되어 장비화율도 그만큼 높아졌음을 볼 수 있다. 그 내용을 이전의 시기와 함께 묶어서 보면 변화추이를 더욱 명확하게 비교해 볼 수 있다〈표 3-21〉.

〈표 3-21〉 1977년-1985년간 연도별 방위예산의 구성추이

(단위: 억 엔, %)

구 분	1977년	1978년	1979년	1980년	1981년	1982년	1983년	1984년	1985년
인건·양식비	9,304 (55.0)	10,345 (54.4)	10,765 (51.4)	11,000 (49.3)	11,444 (47.7)	12,053 (46.6)	12,258 (44.5)	13,094 (44.6)	14,140 (45.1)
장비구입비	2,939 (17.4)	3,258 (17.1)	3,925 (18.7)	4,609 (20.7)	5,399 (22.5)	5,803 (22.4)	6,844 (24.9)	7,725 (26.3)	8,221 (26.2)
연구개발비	157(0.9)	174(0.9)	204(1.0)	225(1.0)	250(1.0)	285(1.1)	314(1.1)	364(1.2)	504(1.6)
시설정비비	409(2.4)	462(2.4)	605(2.9)	614(2.8)	526(2.2)	586(2.3)	531(1.9)	393(1.3)	442(1.4)
영사. 피복비	464(2.7)	497(2.6)	528(2.5)	564(2.5)	626(2.6)	681(2.6)	702(2.5)	698(2.4)	703(2.2)
훈련활동비	1,995 (11.8)	2,257 (11.9)	2,393 (11.4)	2,578 (11.6)	2,893 (12.1)	3,407 (13.2)	3,783 (13.7)	3,842 (13.1)	4,019 (12.8)
기지대책비	1,361 (8.0)	1,645 (8.7)	2,140 (10.2)	2,321 (10.4)	2,514 (10.5)	2,689 (10.4)	2,747 (10.0)	2,855 (9.7)	2,965 (9.5)
기 타	278(1.6)	372(2.0)	385(1.8)	392(1.8)	348(1.5)	358(1.4)	363(1.3)	375(1.3)	377(1.2)
합 계	16,906	19,000	20,945	22,302	24,000	25,861	27,542	29,346	31,371

출처: 朝雲新聞社, 「防衛ハンドブツク」(東京, 1990), pp.234-235.

주요 장비의 조달실적을 연평균으로 환산해 보면〈표 3-22〉, 각 항목의 구형 무기장비를 연차적으로 단종(斷種)시키는 대신 신기종으로 대체해 나가는 것이 확연하다. 신예장비는 각 품목별 미국의 고가·첨단장비를 수입, 라이선스 생산, 공동개발 및 독자개발 형태로 조달되었다. 〈표 3-22〉 및 〈부록 2-5〉에서 보듯이 신예장비가 계속 늘어나는 것은 '대강'의 수준에 맞춰 전체 수량의 범위 내에서 신기종을 대체함으로써 대강의 목표는 항상 미달성인 채 고가·첨단화에 의한 군사력 증강, 즉 질적 향상이 추구되는 새로운 방식에 의하기 때문이다.

즉 4차례에 걸친 방위력정비계획을 통해 양적 확대에 주력함으로써 상당한 수준의 군비누적이 달성된 실정에서, 재정이 허락하면 장비의 고급화를 통한 질적 개선을 모색하던 당시 자위대 현역들로서는 '대강'의 책정범위에 맞춰 GNP의 1%를 초과하지 않으면 장비의 기종선택 및 성능개선에는 사실상 큰 제한이 없게 되어 오히려 절호의 기회가 되었다. 정비계획을 수립·실행하는 과정에서 수량은 동결하더라도 최고의 성능을 지향했던 것인데, 이에 따라 자위대 현역들은 '대강'의 정책목표야 어쨌든 현실적인 실행수단 자체는 기반적 방위력이든 소요적 방위력이든 구애되지 않아도 되는 것으로 해석하여 이를 편리한 관행으로 정착시키고 있었다. 이후에도 계속 진전되어 나가지만 '대강'의 범위는 항상 미달성으로 남아(廣瀬克哉, 1989: 235) 군사력 증강을 촉진시킴으로써 이것이 점차 군비 확장의 방편도 되는 등 새로운 특징으로 나타난 것이다.

〈표 3-22〉 주요 장비 조달의 계획과 실적(연간평균치)

구분	장비품목	4차방		대강 초기	53중업		56중업	
		계획	실적		계획	실적	계획	실적
육상장비	74식 전차	53.3	45.3	48.0	60.0	68.0	74.6	57.6
	61식 전차	60.0	60.0					
	73식 장갑차	4.0	23.0	6.0	22.0	9.0	48.0	17.2
	60식 장갑차	34.0	34.0					
	자주화포	18.0	4.0	20.3	36.0	36.3	24.4	20.8
	헬리콥터	30.8	28.2	17.0	23.0	19.0	34.0	24.0
해상장비	호위함	2.6	1.8	2.7	3.2	3.0	2.8	2.6
	잠수함	5.0	0.8	1.0	1.0	1.0	1.2	1.0
	대잠초계기	18.4	8.8	4.0	7.4	5.6	10.0	8.8
	대잠헬리콥터		5.6	5.3	9.2	5.3	12.2	10.8
항공장비	요격전투기 F15			11.5	15.4	15.4	19.0	13.6
	요격전투기 F4	9.2	9.2	12.0				
	지원전투기 F1	13.6	5.2	12.7	2.6	2.6	2.3	1.2
	고등연습기 T2	11.8	11.8	4.7	4.6	4.6	5.0	

* 각 기간의 정비내용을 해당 연수(年數)로 나눈 수치임.

174

기술면에서는 국산화사업을 통한 기본장비의 연구개발로 이미 기술을 축적할 수 있었고, 이를 바탕으로 초음속기 T-2, 지원전투기 F-1(T-2 개량품) 등의 독자 개발이 가능했다. 아직도 미국의 기술지원이 필수적이지만 미국장비 도입과 함께 국산화를 끊임없이 추진함으로써 이 시기에 이르러 고가·첨단 무기장비에까지도 접근할 수 있게 된 것이다(防衛年鑑刊行會, 1991: 547-562).

이런 기술축적은 각 분야에 걸쳐 시도되고 있으나 핵심사업은 기술파급효과가 큰 항공기, 함정, 미사일, 전자부품에 집중되고 있다. 방위력정비계획 시행 이래 최고가에다 최고성능의 장비라는 점에서 관심을 집중시켰던 P-3C 대잠초계기와 F-15 요격전투기도 당초보다 시기(당초 4차방 기간 중→1978년부터 조달)가 늦춰지고, 조달규모도 축소(P-3C는 100기→45기, F-15는 170기→100기)되었지만 각 자위대의 소망대로 도입되어 전투력이 획기적으로 개선되었다는 평가[70]이다. 이들 장비는 그 후 국방회의 및 각의(1982년 7월, 각각 75기, 155기)에서 취득 수를 계속 늘려나감으로써 군사력 증강은 물론 미국의 요구 충족을 통한 군사협력 및 기술개발의 핵심 분야로 자리잡게 되었다. 미국으로부터 장비도입이 늘어나면서 국내조달비율〈부록 3〉도 80%대로 감소했다.

또한 기간 중 차세대의 지원전투기(FSX 24기: 독자개발), 헬리콥터(MHX 12기), 미사일(나이키의 후속: 패트리어트미사일 2.5군 정도) 등이 속속 선정·추진(朝雲新聞社, 2001: 92-93)되었다. 특히 FSX 국

---

70) 일본 군사전문가 츄바(中馬淸福) 아사히신문 편집위원은 F-15와 1차방의 주력 전투기 F86F의 성능을 비교해 보면 질적인 면에서 어느 정도 향상되었는지 알 수 있는데, 이는 일반인의 상상을 초월한다고 한다. 즉 F86F는 1만 2200마력의 엔진 1기, 최대속도 마하 0.9, 항속거리 680킬로미터에 비해 F-15J는 12만 마력의 엔진 2기, 속도 마하 2.5, 항속거리 4600킬로이다. 또한 P-3C는 1974년 본격 개발된 1기 120억 엔의 고가로서 종래의 대잠기와는 비교되지 않는 성능을 과시하며, 초계가치를 100점 만점으로 할 때 소련 TU-16 바쟈는 불과 35점이고, 미국의 E3A(AWACS)만 같은 100점을 받았지만 대잠성능평가는 P-3C와 비교되지 않는다(中馬淸福, 1985: 201, 234).

내개발에 대비한 기술연구에 집중 투자(宮本勳, 1988: 50-59)하여 업계의 기대감을 불러일으켰다.

한편 '대강'에서 표방하고 있는 정면(전방)과 후방 간 균형문제는 후방부문의 주요 항목인 훈련용 탄약과 연료비가 증가추세이지만 탄약의 고성능화 및 석유가격 변동에 따른 증가일 수 있어 그것만으로 반드시 전·후방의 균형을 단정하기는 어렵다. 다만 정면장비에 대한 탄약구입비의 비율이 1972년-1976년(4차방) 평균 6.4%→1977년-1980년 평균 8.5%→1981년-1985년 평균 10.1%로 증가(廣瀨克哉, 1989: 210)하고 있어 후방에도 일부 자원이 배분되고는 있다.

그러나 '대강'의 수준과 현존방위력을 비교한 1981년 및 1982년 방위청의 분석은, 중앙지휘소와 방위마이크로회선 실태에 대해 "착수, 정비 중 및 일부 미정비", 탄약류는 "질(質), 양(量) 부족", 항감성은 1981년 "극히 일부만 정비"→1982년 "무(無) 언급", 훈련용 탄약과 연료는 계속 "양(量) 부족"으로 평가하고 있는 등 정면장비에 대한 후방지원의 상대적 능력 저하 및 개선 지연을 주장하고 있어(朝雲新聞社, 1981 및 1982: 52) 전·후방의 균형은 '대강'에서 추구하는 것과 같이 획기적으로 변화되었다고 할 수는 없다(廣瀨克哉, 1989: 210).

이를 군비누적의 관점에서 보면, 전투가 당장 예상되는 것도 아닌 상황에서 훈련 및 연료 비축에 투자하는 것은 일종의 소모적 부문이기 때문에 평화 시에는 필요최소한도의 규모로 제한함으로써 방위예산 배정 상 우선순위에서 항상 뒤지게 된다(原田曉, 1991: 197-204). 따라서 소모 부문으로 계산되는 후방지원 강화보다 정면장비에 치중하는 것이 일본방위력 정비의 특징이며, 이는 군수 위주 및 소모억제를 지향하는 군사력 증강노선의 전통으로 볼 수도 있다.

3.2. 예산 사용의 특징

이런 방위력 정비 과정은 예산 사용의 내역에서 또 다른 특징을 보이고 있다. 즉 인건비의 감소분만큼 장비조달 비율의 증가로 나타나 방위예산에 점하는 비율도 점차 변화하기 시작했다. 특히 고가장비 도입의 경우 그 대금지불이 모두 연내 일시불로 이루어질 수는 없기 때문에 국고채무행위나 계속비로 충당됨으로써 장기계획사업이 계속되면 후년도부담액이 늘어나기 마련이다. 이전 시기에도 있었던 현상이지만 이 시기에 이르러 급증함으로써 군비 확장을 설명하는 수치로서 의미를 가지게 되었다.

후년도부담액이 늘어나면 결과적으로 예산 사용에 있어 전년에 후불로 구입한 대금을 지불하는 세출화액(歲出化額)의 비율이 해마다 증가한다. 이것은 예산상 고정적으로 지불해야 할 부분이 커지는 것이 되어 그 액수만큼 예산상의 여유(수의적 隨意的 부분인 일반 물건비)가 없어진다는 의미로서, 인건비 비율의 저하로 발생한 예산상의 여유가 세출화경비로 감쇄(減殺)되고 일반 물건비의 비율이 점점 감소하면 결국에는 예산의 경직화를 예고하는 것이다.

〈표 3-23〉에 의하면 인건비의 비율이 80년대에 들어 50% 이하로 저하되면서 장비구입비의 비율은 20%대를 회복했다. 그러나 후년도부담액의 비율이 급격히 증가하여 1985년에는 73.5%에 달해 전체 예산의 약 3/4을 고정적으로 지불해야 할 정도로 경직화가 심해졌다. 이것은 '대강' 초기 1977년도의 약 2배로서 이미 예산 통제가 한계에 이를 정도로 고가·첨단화 장비조달이 이 시기에 집중되어 군비 확장이 진전되고 있음을 의미한다.

<표 3-23> 1977년-1985년간 방위예산에 대한 항목별 비율

(단위: %)

구 분	1977년	1978년	1979년	1980년	1981년	1982년	1983년	1984년	1985년
인건·양식비	55.0	54.4	51.4	49.3	47.7	46.6	44.5	44.6	45.1
장비품구입비	17.4	17.1	18.7	20.7	22.5	22.4	24.9	26.3	26.2
세출화 경비	20.8	20.9	21.3	23.4	26.0	27.1	31.1	33.5	34.3
일반 물건비	24.2	24.7	27.3	27.3	26.3	26.3	24.4	21.9	20.7
후년도부담	38.0	46.0	43.9	57.0	56.2	67.6	71.7	73.2	73.5

출처: 각 년도 「防衛年鑑」(東京, 防衛年鑑刊行會)의 자료 종합.

예산에 대한 통제는 대장성의 일관된 방침이지만 대장성도 재정통제 방침의 틀 내에서 우선순위를 결정하는 것까지 간섭할 수는 없다. 오히려 대장성도 재정제약 속에서 소요경비 증대에 따른 방위청 요구를 최대 실현시켜 주는 방책으로서 예산증액 대신 후년도부담에 의존하는 자세이었다(廣瀨克哉, 1989: 212). 그 결과 방위예산의 한도(실링) 확대문제가 핵심과제로 발전하게 된다. 실제 1980년 7월 익년도 예산개산요구(豫算槪算要求) 수준을 결정하는 과정에서 방위예산 증가율이 일반회계세출 증가율을 거듭 초과(실제예산은 1982년부터 초과)하자 대장성이 제동을 걸기 시작했다. 그러나 마침 미국정부의 강력한 방위력 증강 요구도 있어 이에 대한 배려에서 수상이 적극적으로 수습에 나섬으로써 대장성도 증액을 점차 인정하지 않을 수 없게 되었다(「朝日新聞」 1980년 7월 29일). 이로써 방위비 증가는 GNP의 1% 한계(1985년: 0.997)에까지 근접하게 되고, 마침내 1%의 한계 철폐를 결정하지 않을 수 없는 구실을 만들게 된다.

'대강'의 체제 하에서도 군비 증강의 폭은 확대되었다. 기간 중 방위력 정비는 단년도 방식에 의해 이루어졌기 때문에 전체 사용경비를 4차방과 정확하게 비교할 수는 없지만, 1977년-1985년간 전체 사용액 19조 6552억 엔을 연평균으로 환산하면 2조 1839억 엔이고, 4차방의 연평균 경비 1조 1336억 8000만 엔(전체 사용액 5조6684억 엔÷5년)의 거의

2배로서 어떤 형태로든 1차 - 4차방의 '배증(倍增) 추세'는 이어지고 있다. 이는 우선 재정적 제약과 관련한 '대강'의 느슨한 통제체제가 군비 확장에 본격 나설 수 있는 기반이었고, '대강'의 편의적 해석, 고가·첨단화 장비로 조달품 교체, 후년도부담 확대, 미국의 압력 이용 등 갖가지 방법을 동원하여 어떻게든 증강속도를 유지하려 한 방위당국의 의지가 복합적으로 작용한 결과이다.

3.3. 중기방위력정비계획과 군비 확장노선

3.3.1. 미일무역마찰과 군사협력 문제

미국의 대일 무역적자 급등과 마찰 고조, 제재 강화는 양 국민감정으로까지 악화됨으로써 이를 무마하여 협력관계로 발전시키기는 대단히 어렵고, 국내 정치적 리더십과 고도의 외교 테크닉이 요구되었다. 미국은 재정적자와 무역적자가 함께 폭증하기 때문에 비상수단을 동원해서라도 시정하려 했고, 특히 대일 수지적자가 가장 큰 문제로서 대일제재는 갈수록 험악해졌다.

그런 중에도 군사 분야에 있어서는 경제마찰과는 무관하게 협력관계를 강화해 왔다. 기본적으로 레이건 대통령이 "방위와 무역은 별개 문제"(原田曠, 1991: 314)라는 개인적 소신을 바탕으로 대일정책에 대한 너그러움이 아직은 있었고, 나카소네 수상 자신이 리더십을 발휘하여 국내적으로 미국에 대한 배려조치를 최우선적으로 이행함으로써 손발을 맞추려는 노력이 있었기 때문이다.

수상 취임 이래 나카소네의 대미배려는 레이건과의 약속을 이행하는 것인 동시에 4차방에서 처음 시도했던 자주방위구상을 실천해 나가는 수단이었으며, 미국의 요구 충족과 군사력 증강이 거의 비례적으로 상승했다. 적자재정의 어려운 사정에서도 임기 중 매년 약 6%(5.2-7.8%)의 방위비를 증액했고, 자주방위론에서의 해·공군력 강화방침에 따라 그 분야의 군비를 지속 증강한 결과 아시아 전역에 배치한 미공군기보다 많은 항공기와 미 7함대의 2배에 달하는 호위함을 보유하게 되었으며, 이 사실71)이 미국 측에 의해 높이 평가되었다(佐藤英夫, 1996: 261).

이렇게 구축된 신뢰관계 하에서 방위비에 대한 갈등 같은 것은 표면화되지 않았음은 물론 대미배려에 대한 응답으로 미 공군 F-16전투폭격기부대 2개 중대(48기)가 미사와(三澤)기지에 배치되기 시작(1985년 4월)했다(五百旗頭 眞, 2000: 201). 아울러 일본의 방위력정비계획에 대한 전폭적인 지원으로 이어졌으며, 이로써 일본은 미국의 핵심적인 무기장비에까지 접근할 수 있게 되었다.

개인적 인기를 바탕으로 국내정치에서 유리한 위치를 확보하고 그것이 1986년 7월의 중참양원동시선거에서 자민당 압승으로 나타나자 나카소네는 레이건 정부의 SDI(전략방위구상)연구 참가를 결정(9월 각의)하고, 미국 측이 끈질기게 요구해 온 방위비의 한도 확대를 위해 방위비의 GNP 1%를 정식 철폐(1987년 1월 24일 각의)했다. 국방회의도 명칭을 안전보장회의로 바꾸고 멤버를 보강하여 방위정책 강화의지를 과시하면서 미키 내각(온건파)에서 결정한 문건 '문민통제의 강화에 대하여'도 폐지(1월 24일)하여 강경파의 입지를 재확인했다.

또한 나카소네는 독자 개발하기로 거의 내정(1985년 9월)해 놓은 차세대전투기(FSX) 사업을 대미배려 차원에서 공동개발로 전환(1987년 10월)했고(五百旗頭眞, 2000: 202), 군사기술 이전 요구를 상호교류 취

---

71) 나카소네의 야심작이라고 할 중기방 계획이 완성되면 일본의 군사력은 ① 신형 전차, 미사일, 방공망 강화로 지상방위력 증강, ② 신형 대잠호위함 60척(미 제7함대 보유 함정의 2배 이상), ③ 대잠초계기 P-3C 100기(제7함대 보유기의 4배), ④ 주력전투기 F-15 약 200기, F-4 100기 등 300기 이상의 항공기(미 공군이 한국, 일본, 필리핀에 배치한 전체 항공기보다 많은 숫자)를 보유하는 막강한 세력이 된다고 미 군사전문가(James Auer 해군지휘관 출신 일본전문가)가 평가했다(アウア, 1989: 43-49).

지에서 합의하는 한편 미국의 부담을 덜어주기 위해 미군주둔비 지원도 증액했다. 나카소네는 일본경제가 세계적 경쟁력을 확보하고 있는 현실을 자신의 자주방위구상 실현의 기회로 보고 이러한 조치를 취했던 것이다.

이에 호응하여 일본정부는 경제력을 바탕으로 그동안 방위력정비계획 추진과정에서 습득하여 개발한 자체 기술과 미국의 첨단기술을 접목시켜 성능과 단소형 개량에 능한 일본인 특유의 효율적인 무기 체계를 형성해 나가는 형태로 군비 확장노선을 진전시켰다. 또한 일본경제력이 세계적 수준이 되었다는 자각과 함께 이제는 경제대국뿐만 아니라 보다 글로벌하고 정치·안보 분야에서도 적극성을 보이는 '국제국가'로서의 역할을 표방하고 나서게 되었으며, 이를 바탕으로 80년대의 10년간 국제사회에서 누리게 된 일본의 지위는 비교할 수 없을 정도로 커졌다(五百旗頭眞, 2000: 188-189). 일본방위당국이 '경제력에 걸맞은 군사력의 필요성'과 그 실현에서 군비 증강의 새로운 당위성을 발견한 것도 이 시기이다.

나카소네가 구축해 놓은 미일협력관계와 국내적 기반을 바탕으로 군사력 증강은 가속화되고, 5개년 정부계획으로 격상(1985년 9월)시킨 중기방위력정비계획을 통해 구체화되었다. 제1차 중기방(1986년-1990년)은 나카소네 내각에서 수립·시행되었지만, 제2차 중기방(1991년-1995년)은 냉전종결 후 국제사회의 격동과 자민당정권 동요 하의 카이후 내각에서 작성되었던 만큼 군비 확장노선을 반영한 내용이기보다는 오히려 냉전 종식 이후 새로운 방향을 모색하는 과정으로서 의미가 크다.

3.3.2. 제1차 중기방위력정비계획(1986년-1990년)의 주요 내용

'중기방위력정비계획에 대하여'(이하 '중기방')는 방위청이 1984년 5월부터 준비한 59중업(1986년-1990년)을 국방회의에 보고(1985년 8월

7일)했으나 정부책임 하에서 그 내용과 경비액수를 명시하는 것이 보다 바람직하다는 지적에 따라 5개년의 정부계획으로 승인(9월 18일 국방회의 및 각의)받아 이루어진 것이다.

'정비방침'으로 '대강'의 목표 달성을 위해 육해공자위대 기능의 정밀조사, 자원의 중점 배분 및 각 자위대 간 협력과 통합운용의 효과 발휘를 강조하면서, 특히 ① 항공기, 함정, 지대공미사일 등 장비의 충실·근대화로 방공능력과 해상교통의 안전확보능력 향상, 지리적 특성에 맞는 사단 근대화 및 편성 다양화, 양상(洋上) 및 수륙격파능력 강화로 착상륙침공(着上陸侵攻) 대처능력 향상, ② 정보·정찰·지휘통신·계전능력·항감성(抗堪性) 향상, 기술연구개발 중시, 교육훈련체제 등 충실, 대원의 생활환경 개선으로 정면과 후방의 균형 및 질 높은 방위력 정비, ③ 방위력 정비와 운용 양면에 걸친 효율화와 합리화 철저 등을 제시했다.

'주요 정비사항'은, 본토 방공·주변해역 방위 및 해상교통의 안전 확보, 착상륙(着上陸)침공대처능력 강화, 수송능력 및 기동력 향상, 즉응태세·계전능력·항감성을 위한 무기장비 근대화 등을 제시하고 구체적 규모를 별표〈부록 2-6〉로 명시했다.

소요경비는 18조 4000억 엔 정도를 목표로 하고, 계획은 필요에 따라 수정하는데, 3년 후 시점에서 재정사정·국제정세·기술수준 등 동향을 본 후 새롭게 수정하도록 했다. 국방회의와 각의는 패트리어트 6개 고사군의 국산화, P-3C(75→100기) 및 F-15(155→187기) 취득 수 증가를 승인했다(朝雲新聞社, 2001: 97).

이 계획에 나타난 특징은 ① 나카소네 수상의 공·해군력 강화, 주변해역과 해상로의 안전 확보 등 구상을 실천항목으로 제시함으로써 나카소네의 군비 확장의도가 그대로 반영된 점, ② 장비조달 면에서 .패트리어트미사일 국산화, F-1지원전투기의 후계기 선정, OTH레이더 도입 등 차세대장비 도입과 F-15 및 P-3C의 조달수량을 대폭 늘려 미국의 요구에 적극 부응하고 있는 점, ③ 중기방 계획이 '대강'의 방침에 따른 것임을 강조하는 등 '기반적 방위력'의 범위를 넘는다는 우려 불식에 주력하고 있는 점(같은 취지로 1988년 12월 28일 안전보장회의는 문민통제, 전수방위와 함께 '대강'정신의 계속 존중을 관계성청에 시행하도록 공론화; 朝雲新聞社, 1990: 85) 등으로 요약할 수 있다.

3.3.3. 결과 평가

중기방 계획은 후반에 베를린장벽 붕괴, 냉전 종식 등의 국제정세변화가 있었지만 계획 추진에는 문제가 없었다. 항목별 수량은 목표에 미달이지만, 수치로는 그렇게 집계될 수밖에 없었던 반면 새 장비로 교체하는 전반적인 목표의 달성도는 높았다〈부록 2-6〉. 나카소네 수상의 야심과 당국의 노력으로 정비계획은 순조롭게 추진되었다고 볼 수 있다. 특히 나카소네의 리더십과 미국의 협조로 최첨단 장비가 속속 개발 완료되어 90식 전차·89식 장갑차·지대함유도탄·작전용 헬리콥터(SH-60J, MH-53E)가 새로 도입되고, 패트리어트미사일 국산화 착수, 기존장비의 성능개량(upgrade)이 이루어지는 등 첨단화 교체가 본격화되었다. 일본의 군사력 증강은 철저하게 미일군사협력을 바탕으로 해왔으므로 무기체계도 미국형을 모델로 하고, 여타 산업 분야와 마찬가지로 일본 특유의 간편형, 단소형 및 독자적 응용성을 가미한 것이 대부분이다(1990년 현재 달성도 비교: 〈부록 9〉).

사용경비는 책정액을 2600억 엔 초과한 18조 6403억 엔, 장비조달비도 5조 1423억 엔으로 연평균 1조 엔을 초과함으로써 대규모 정비에 의한 군비 확장체제가 본격화되었음을 말해준다. 〈표 3-24〉 및 〈표 3-25〉에 의하면 장비조달이 늘어나면서 인건비와 장비구입비 간 간격의 폭이 더 좁혀지고, 따라서 장비화율(인건비에 대한 장비구입비의 비율)도 상당히 높아졌으나 장비의 고가화로 후년도 부담률(최고 74.0%)

과 세출화경비(전년의 후불거래에 대한 지급분)가 계속 늘어나 예산 경직화는 거의 한계점에 달하게 되었다.

〈표 3-24〉 1986년-1990년간 용도별 방위예산의 추이

(단위: 억 엔, %)

구 분	1986년	1987년	1988년	1989년	1990년
인건·양식비	15,086(45.1)	15,439(43.9)	15,789(42.7)	16,136(41.2)	16,680(40.1)
장비품구입비	8,997(26.9)	9,657(27.5)	10,389(28.1)	10,977(28.0)	11,403(27.4)
연구개발비	577(1.7)	654(1.9)	733(2.0)	828(2.1)	929(2.2)
시설정비비	562(1.7)	722(2.1)	1,034(2.8)	1,130(2.9)	1,329(3.2)
영사, 피복비	709(2.1)	680(1.9)	717(1.9)	740(1.9)	779(1.9)
훈련활동비	4,105(12.3)	4,317(12.3)	4,500(12.2)	5,198(13.3)	5,917(14.2)
기지대책비	3,011(9.0)	3,299(9.4)	3,418(9.2)	3,738(9.5)	4,061(9.8)
기 타	389(1.2)	423(1.1)	423(1.1)	452(1.2)	494(1.2)
합 계	33,435(100)	35,174(100)	37,003(100)	39,198(100)	41,593(100)

출처: 각 년도 「防衛年鑑」(東京, 防衛年鑑刊行會)의 자료 종합.

마침내 방위예산의 GNP 1% 상한선을 철폐하자 후년도 부담률(1987 년 74.0%→1988년 70.0)이 줄어들었으나 장비구입비는 전년비 3.8-7.6% 증가하고 세출화경비율(1987년 36.0%→1988년 36.5%→1989년 37.5%→ 1990년 38.1%)도 계속 늘어났다. 이는 재정적 여유가 생긴 만큼 장비 조달투자를 더욱 늘렸다는 의미이며 기간 중 조달규모가 연평균 1조 엔을 넘게 된 주요인이다.

〈표 3-25〉 1986년-1990년간 방위예산에 대한 항목별 비율

(단위: %)

구 분	1986년	1987년	1988년	1989년	1990년
인건·양식비	45.1	43.9	42.7	41.2	40.1
장비품구입비	26.9	27.5	28.1	28.0	27.4
세출화 경비	35.0	36.0	36.5	37.5	38.1
일반 물건비	19.9	20.1	20.8	21.4	21.8
후년도부담	72.3	74.0	70.0	70.5	70.4

출처: 朝雲新聞社, 「防衛 ハンドブック」(東京, 1993), p.223.

일본정부가 재정적 부담에서 탈피하여 군수기업의 국산화 투자를 확대하고, 미일 간의 고가첨단 항공기·함정·미사일 및 관련기술의 군사원조도 활발하여 일반 수입보다 유상원조의 비율〈부록 4〉이 앞서고 있다. 이는 대일 무기장비지원이 아직은 군사협력 차원에서 이루어지고 있음을 의미한다. 또한 방위비의 대GNP 비율은 1987년-1989년간 1%를 약간 상회했을 뿐 1990년 다시 1%를 하회하여 그대로 유지되고 있다〈부록 5〉.

한편 장비조달 위주의 정비계획 추진이 계속되는 한 전·후방체제의 불균형은 지속된다. 군비 확장기에도 후방지원체제 개선을 강조했으나 〈표 3-26〉은 물건비의 사례로서 전·후방 배분에 변화가 없음을 보여준다(1989, 1990년: 일시적 전용).

<표 3-26> 1984년-1991년간 물건비의 전·후방 배분추이

(단위: 억 엔, %)

구 분	1984년	1985년	1986년	1987년	1988년	1989년	1990년	1991년
물건비	16,252	17,232	18,350	19,736	21,215	23,063	24,913	26,293
(증가율)	(6.3)	(6.0)	(6.5)	(7.6)	(7.5)	(8.7)	(8.0)	(5.5)
정 면	6,767	7,224	7,733	8,556	9,292	9,510	9,576	10,575
(증가율)	(9.6)	(6.7)	(7.0)	(10.6)	(8.6)	(2.3)	(0.7)	(10.4)
후 방	9,485	10,008	10,617	11,180	11,923	13,553	15,337	15,718
(증가율)	(4.1)	(5.5)	(6.1)	(6.6)	(6.6)	(13.7)	(13.2)	(2.5)

출처: 防衛年鑑刊行會, 「防衛年鑑」(東京, 1988; 1991), p.465; 470의 내용 종합.

3.4. FSX공동개발문제와 장비조달의 새 국면

무역문제를 둘러싼 대립에도 불구하고 안정적인 안보협력을 유지해 온 것이 일본의 군사력 증강에 결정적으로 기여해 왔지만, 양국 간 무역마찰이 심화되면서 미국 측의 요구도 변화되기 시작한 것이 사실이다. 이에 따라 일본 내에서도 대미협상용 등 다목적 기술의 독자 개발을 확대하자는 움직임이 방위청 기술연구본부를 중심으로 확산되어 왔다 (Chinworth, 1992: 134-136).

나카소네 정권하에서는 그런대로 협력관계가 잘 유지되었으나 이후 정권에서는 그것도 지켜지지 못하고 협력체제의 변용을 초래하게 된다. 그 대표적 사례로서 차기지원전투기(FSX) 공동개발문제에 대한 분규를 들 수 있다(原田曉, 1991: 311). 이는 미일군사협력도 이제 군사적 논리보다는 경제적 필요에 의해 규정되는 변화를 보인 것이라는 점에서 중요하다.

일본정부는 지원전투기 F-1(1977년 도입)의 내용연수(耐用年數)가 1997년에 최초 도입기(導入機)부터 만료되기 시작하여 후속기를 고려할 시기라는 판단에 따라 56중업기간(1983년-1987년) 중 우선 24기(1개 대)를 구입하기로 책정(1982년 7월)해 놓고 독자개발, 외국에서의 구입, 보유기에서의 전용 등의 조달방법에 대한 검토에 들어갔다.

일본업계와 방위청, 특히 기술연구본부의 담당자들은 F-4의 후속기를 독자 개발하려던 것이 미국의 요구로 F-15를 라이센스 생산한 경위도 있어 독자개발에 대한 희망이 우세했다. 그러나 기술적 능력과 비용문제, 독자개발의 경우에 대미관계 저해 가능성 등을 이유로 반대하는 대장성과 외무성 등의 입장도 무시할 수 없고, 독자개발의 비용 및 편익에 대한 판단과 개발조건 등을 냉철하게 분석할 필요가 있어 신중한 선택이 요구되고 있었던 만큼 중기방위력정비계획에서는 별도 검토한 후 필요한 조치를 강구한다는 결정(1985년 9월)만 해 놓고 있었다(朝雲新聞社, 2001: 87, 99).

미일양국 각계의 접촉과 논의 등 다각적인 관점에서 검토한 후 일본정부는 결국 미국정부의 요청을 받아들여 공동개발로 기울어졌다. 1987년 6월 28일 와인버거와 쿠리야마(栗原祐幸) 간 방위수뇌회담에서 미국 측이 구체적인 항공기를 제시하면서 "미국의 성능 좋은 항공기에 일본의 우수한 기술을 더한 공동개발"로 미국기 도입을 요청함으로써 거부하기 어렵게 되었다. 특히 항공자위대의 방공전략 관련 장비 구입에는 양국의 군사적 상호운용성과 미국항공업계와의 그동안 협력관계를 배려하는 측면도 있고, 무엇보다 당시 심화되고 있는 미일무역불균형에 따른 대미배려의 의미가 컸던 것으로 보인다.

일본도 독자 개발한다지만 당시로서는 아직 여러 가지 취약점(독자 개발에 필요한 최소 2만 파운드 추진력의 엔진 설계와 생산능력이 없어 외국에서 들여와야 했고, 항공기 완성조립에는 미국지원이 불가피했으며, 자국산보다 우수하다고 인정하는 전자체계의 라이센스 생산도 필요한 실정 등)이 있어 더 많은 미국의 기술을 습득해야 한다는 입장(Chinworth, 1992: 141) 등이 고려되었다.

검토 결과 일본 측은 미국정부의 요청을 받아들여 공동개발로 결정했고, 양측은 미 제너럴 다이내믹스의 F-16을 모체로 하는 '공동개발계획'에 합의하여 최초교환공문과 양해각서를 체결(1987년 10월 11일)한 후 구체적 작업조건 등 절충에 들어갔다. 방위청은 1988년 초년도 개발설계경비(국고채무부담행위 84억 9800만 엔＋본예산 21억 5300만 엔; 防衛年鑑刊行會, 1988: 476)를 예산에 계상했고 양국 정부는 사업에 관한 교환공문과 양해각서에 공식 서명(11월 29일)했다. 주 계약사로는 미쯔비시중공업을, 협력기업은 F-16 제조업체인 제너럴 다이내믹스·카와사키(川崎)중공업·후지(富士)중공업 등 3사를 각각 선정(1987년 10월 23일 안전보장회의)하고, 주 계약사와 제너럴 다이내믹스 간에 라이센스협정과 기술협정(F-16기술로서 일본이 필요한 것을 제공하는 내용)도 체결(1989년 1월 12일)되었다.[72]

---

72) 협정은 ① 일본 측이 작성한 운용요구에 따라 F-16을 개조하여 개발한다. ② 방위청이 계획·관리하고 개발경비를 전액 부담하며 일본기업이 방위청과의 주계약자로, 미 기업은 하청으로 한다. ③ 개발성과인 기술은 방위청에 귀속되고 미국 측에 적절하게 제공한다. ④ 작업분담은 경제적 효율성을 바탕으로 금후 결정한다는 내용(原田曉, 1991: 313)이고, ④의 경우만 사실상 미결상태인 채 일단 공식합의로 의회승인만 남아 있었다(미의회 규정: 기술유출의 경우 무기수출관리법에 의거 대통령이 의회에 통고하고 30일 내 2/3 이상 다수가

문제는 1989년 1월 미 의회가 부시(George Bush)신정부에 대한 견제 차원에서 FSX문제를 거론하고 나온 것이다. 마침 언론도 대일 기술이전이 불가하다는 논조를 보여 의회와 상무부의 공동개발 반대[73]를 부채질하는 형태가 되자 부시 정부의 요청으로 재협의(3월 20일)에 들어가고 난항 끝에 절충에 합의(4월 29일)했다(宮里政玄, 1996: 273-275). 주요 합의내용은 ① 생산단계에서 미국 측의 작업량을 약 40%로 하고, ② 일본 측의 엔진 라이센스 생산 요구를 미국 측은 이해하며, ③ F-16의 Source Code(컴퓨터중추정보처리프로그램)는 최신품을 제외하고는 미국 측이 제공하고, ④ 일본은 제공받은 기술을 민간기 등 다른 항공기에 전용하지 않고, ⑤ 일본이 개발한 전자주조레이더(Phased Array Radar)·관성항법장치·전자전장치·화기관제컴퓨터 등의 기술을 미국에 유상으로 제공한다는 것이다. 일본 측으로서는 이를 부시 정부가 대일절충에서 유리한 조건을 얻어내려고 끝난 협상을 뒤집는 전략이라고 이해했다(原田曉, 1991: 314-315).

부시 대통령은 대일 기술공여를 의회에 통고(5월 1일)했고, 엄격한 조건의 의회권고안이 나왔으나 대통령 거부권의 성립(9월 13일)으로 마침내 승인되어 1990년 2월 사업자 간 계약도 체결되었다. 양국 간 군사교류는 레이건 정권의 "방위와 무역은 별개 문제"라던 것과는 달리 쌓인 불만이 터져 경제, 무역, 기술마찰의 해소방편으로 취급되는 사례가 되었다(原田曉. 1991: 314). 양국 간 군사장비나 기술교류가 거래관계로 성립된다는 의미라면 "미국에 의존하여 안보를 해결하고 경제성장에 전념한다."는 종전의 일본입장에서는 새로운 도전이다.

반대하여 불승인을 결의하지 않으면 자동승인).
73) 1989년 1월 29일 워싱턴 포스트가 프레스토위츠(C. Prestowitz) 전 상무부 심의관의 논문 "Giving Japan Handout"을 게재했는데, 주요내용은 ① 미 항공업계에 대한 장기적 영향과 무역적자에 대한 배려가 없다. ② 미 국민의 비용으로 개발한 기술이 싼값으로 유출된다. ③ FSX의 요구 성능은 기존의 미국기로 충분하다. ④ 미 기업에 평등한 작업량과 대등한 주계약자로 격상된 지위를 줄 것 등을 요구하는 것이었다.

제5절 냉전기 군사력 증강의 가설 검증

1. 상황별 일본정부의 대응선택

일본의 방위력정비계획 추진과정에서 노출된 변수들의 역할과 그에 따른 4가지의 서로 다른 결정형태를 일단 모두 검토했다. 전후 일본 군사력 증강문제와 관련한 일본의 제반 제도, 군사문화 또는 무임승차 및 해외파병 자제 등의 현상적(現狀的) 측면에서 보면 소극안보정책의 일환에서 제한적이고 정태적이라는 설명도 가능하다. 반면 세계 2-3위의 군사비나 최첨단화된 무기장비, 보수우익세력의 군국주의 미화 등은 군사대국화에 대한 우려를 절감하게 한다. 그러나 어느 쪽도 환경요인-수단선택-결과 간의 인과관계보다는 주로 결과만을 기준으로 일본 군사력을 정지시켜 놓고 본, 그래서 다분히 고정적인 단순개수만을 군사력으로 단정하고, 그 의미 등의 변화를 추적하는 데 소홀히 한 결론일 수 있다.

전후 일본정부의 군사력 증강 추진내용을 검토해본 결과 그 실상은 정태적이기보다는 대내외 환경으로부터 강한 영향을 받고, 반응하는 과정의 연속이었음을 파악할 수 있었다. 방위력정비계획 추진과정에서 일본정부의 선택내용을 토대로 이 연구에서 설정한 가설명제를 검토해 보면 다음과 같다.

가설 1. 미소냉전체제하에서 일본의 군사력 증강정책 결정은 주로 '미국의 요구'와 '경제적 제약'의 2 변수에 의해 결정된다.

미국은 대소대응전략에서 일본의 전략적 가치가 인정되어 동맹으로서의 의무(군사역할)와 함께 편익(경제 및 군사지원)도 제공했고, 일본정부는 패전 후의 특수상황에서 미국의 대소전략에 따른 부담과 편익을 적절히 이용하면서 실리를 확보한다는 전략이었다. 안보는 미국에 전적으로 의존하고 경제성장에 주력한다는 의도에 따라 미국의 영향과 동시에 지원을 받지 않을 수 없게 되었다. 경제성장과 군사력 증강은 그 선택에 따라서는 상호 기여 또는 저해할 수 있는데, 일본정부는 안보보다 경제를 우선했기 때문에 군사력 증강에 대한 경제적 제약이 수반되었다. 따라서 일본정부의 군사력 증강정책은 주로 '미국의 요구'와 '경제적 제약' 사이에서 결정되었음을 확인할 수 있었다. 즉 전후 일본정부의 군사력 증강은 2 가지 핵심변수의 조합에 의해 형성되는 환경에 따라 일본정부의 대응선택이 변화하는 과정이었다.

전반적으로 '미국의 요구'보다 '경제적 제약'의 영향에 의해 더 민감한 것으로 나타났는데, 전후 일본사회에서 경제우선에 대한 국민적인 컨센서스가 형성되어 국민들은 안보보다 경제문제에 더 큰 관심을 보였기 때문이다. 또한 당장 외부로부터의 침공위협이 없다는 현실을 바탕으로 전쟁이 예상되지 않는 실정에서는 전혀 군비를 서둘 필요가 없다는 인식에 따라 군사력 증강을 위한 위기 조성은 대단히 어렵고, 경제가 침체하면 일본정부는 쉽게 군비 축소나 조정을 결정했다. 이렇게 하는 것은 경제난관을 극복하기 위한 수단인 동시에 국민을 안심시켜 지지를 확보하기 위한 정치목적의 결정이기도 하다.

1-1. 경제여건이 악화되면 일본정부는 군비 증강보다 경제회복에 주력하면서 안보는 전적으로 미국에 의존하려 한다. 미국의 압력이 강하면 타협하려 하지만 경제여건이 호전되지 않는 한 미국의 요구를 모두 충족시키기는 어렵다(선택 Ⅰ).

전후 일본경제의 붕괴 상황에서 미국의 군비 증강 요구는 일본에게 큰 부담이지만, 부담(군비)과 함께 편익(안보와 경제지원)이 제공되는 만큼, 일본정부로서는 양쪽에 모두 대응해야 하는 입장에 놓임으로써 상황(Ⅰ)에 해당된다.

일본정부는 국내 불경기 등으로 경제적 제약이 강한 상황에서 미국의 군사력 증강 요구가 제기되면 2가지 서로 다른 선택을 하는 것으로 나타났다. 즉 군사력 증강이 경제에 기여하면 군사력 증강을, 저해하면 최소화하거나 거부한다. 한국동란이 발발하자 전쟁특수가 전후 피폐한 경제를 복구하는 데 절호의 기회(요시다 수상의 "신이 내린 은혜" 발언; Kowalski, 1969: 3)라는 판단에 따라 군수기업을 가동하여 미국의 요구에도 호응하고 외화 획득에도 나선 것은 전자의 사례이다. 그 후 비대해진 군수기업이 건전경제를 저해한다는 인식에 따라, 군수산업 육성을 통한 아시아의 병기창으로서 수출기반을 조성하려는 통산성의 방안을 채택하지 않고, 또한 미국의 기대에도 불구하고 군수기업을 전면적으로 정리하여 민수기업으로 조정한 대장성의 조치는 후자의 경우이다.

그 후 일본정부는 석유 위기 등으로 경제가 침체한 실정에서도 군수산업 육성을 통한 경기 진작 등 '군사적 케인즈주의'와 같은 정책은 선택하지 않았고, 군수생산기업들의 무기수출허가 요청에도 불구하고 계속 불허하면서 오히려 이런 정부의 입장을 무기수출3원칙 등 확고한 정부방침으로 확정(1967년 4월 21일 및 1976년 2월 27일)하여 최근까지 유지해 왔다.

이 시기 일본정부는 경제회복을 위해 투자를 집중하기 때문에 재군비는 어떻게든 회피하려 했고, 미국의 압력을 피할 수 없는 경우에도 미국의 최대 지원과 일본의 최소 부담으로 철저한 대미의존을 결정했다. 경제여건의 악화는 재정 통제를 담당하고 있는 기관(대장성이나 재무성, 금융기관)으로 하여금 긴축을 주장할 수 있는 명분을 제공함으로써 이들 기관의 정부 내 발언권이 강화되었다. 이를 견제할 수 있는 요소는 최고지도자인 수상의 리더십과 미국의 압력인데, 최고지도자의 경우 경제 불황을 이유로 경제부처의 편에 설 수도 있고 대미배려 필요성을 들어 경제부처의 재정 통제를 차단할 수도 있었으나 불황 하에서는 경기회복에 대한 국민여망을 의식하여 미국의 편에 서기는 대단히 어려웠고, 건전경제를 주장하는 경제부처의 편에서 군수조정을 단행했다.

이런 선택은 일본을 무장시켜 미국의 군비를 절약하고 대소대응 및 역내 분쟁에도 앞장세우려는 미국의 당초 의도와 배치되는 만큼 미일 간의 심한 갈등을 유발했다. 요시다 수상이 직접 나서 미국 측과 타협을 통해 원만히 해결하려 하는 한편 경제가 회복되지 않는 상황에서는 미국의 보다 강한 압력이라도 경제우선정책을 내세워 철저히 저항하는 태도를 보였다.

그러나 경제적 제약이 강하면 우선 미국과의 협력을 통해 방위문제를 해결하려 하기 때문에 미국의 요구도 무작정 거부만 하기도 어려워 일본정부는 타협을 모색하면서 이를 국내정치에 이용하는 등 전략적 선택의 여지도 있었다. 일본정부로서는 경제가 어려워 당장은 군사력 증강에 소홀하지만 미국의 압력과 함께 지원이 기대되기 때문에 미국과의 관계를 오히려 강화하려 했다. 이런 점에서 경제여건의 악화는 군사력 증강에 악조건이지만 미국의 압력과 지원이 계속되면 군사력 증강의 진전 면에서는 '차악(次惡) 조건'이라고 할 수 있다.

1-2. 경제여건이 악화된 상황에서 미국의 지원도 후퇴하면 일본정부는 군비축소를 선택한다. 미국의 지원이 기대되지 않아 자주방위 등도 구상해 보지만 경제여력이 없기 때문에 어떻게든 미국과의 기존협력관계 등을 부각시켜 약화된 억지력을 복원하려 한다(선택 Ⅱ).

닉슨 독트린 발표(1969년 7월)·중국 방문(1972년 2월)으로 본격화된 데땅뜨 및 미국의 새로운 세계전략은 미일동맹 약화와 동기부여 후퇴로 나타났다. 또한 석유위기(1973년-74년 및 1979년-80년)는 고도경제성장의 중단과 심각한 불황을 초래하여 이 시기는 상황(Ⅱ)에 해당된다.

경제 유지가 어려워지자 대장성의 재정통제가 강화되고 방위당국도 유류 소모가 큰 동원훈련 무기연기, 소모억제, 방위력정비계획의 대폭 축소 등을 결정했다. 장래의 군비유지조차 불투명해지자 이번에는 "기반적 방위력"이라는 개념을 창안하여 최소의 군비라도 유지해 보려 했는데, 긴장완화 시기에는 전투장비보다 전후방 균형의 방위력 정비, 재해지원 출동 등을 통한 국민지지 확보 및 방위비의 GNP 1% 내 억제 등 군비축소의 당위성을 도입하는 내용이었다.

석유위기의 후유증이 계속되는 가운데 4차방 계획이 종료(1976년)되자 일본정부는 "기반적 방위력"의 개념을 바탕으로 이후의 국방정책("방위계획의 대강")을 다시 책정(1976년 10월)하고 5년 단위의 방위력정비계획 수립 자체를 중단하여 단년도방식으로 전환(11월)했다. 따라서 군비 증강의 진전 면에서는 '최악(最惡) 조건'이라고 할 수 있다.

보완책으로 일본 방위당국은 소원해진 대미관계 회복을 모색했는데, 방위수뇌회담을 제안하여 안보협의위원회에 작전협의기관 설치(1975년 8월 합의)·방위협력소위원회 설치(1976년 7월)·가이드라인 작성(1978년 11월)·공동훈련 정례화 등 미국의 억지력을 통한 방위태세 보완과 함께 자위대의 사기 저하에도 배려했다.

1-3. 경제여건이 허락하면 일본은 미국의 압력이 아니라도 스스로 군비 증강에 나선다(선택 Ⅲ).

1956년 이래 일본경제가 불황에서 탈출, 성장기반이 조성되고 연평균 10% 이상의 고도성장이 계속되자 GNP의 2%까지 방위비 증액요구(1959년 10월 아카기구상)를 허용할 정도로 재정통제가 완화되어 5년 단위의 군비투자계획인 방위력정비계획도 수립했다. 반면 미국은 일본정부의 자발적인 군비 증강 노력과 이를 미리 협의해 오는 성의에 만족하면서 압력이나 간섭보다 무기장비나 군사기술 지원 등 온건자세를 보임으로써 상황(Ⅲ)이 조성되었다.

경제여건이 호전되면 재정적 통제는 쉽게 무너졌다. 일본정부는 재정적 압박과 미국의 압력으로부터 벗어나 경제적 및 군사적 합리성 간의 균형을 취할 수 있었고, 이를 배경으로 방위당국은 1차-4차의 방위력정비계획을 시행하게 되었다. 일본정부가 착수한 방위력정비계획은 대체로 5년간의 정부투자를 사전에 결정해 놓기 때문에 일단 설정된 범위의 투자운용에는 대장성의 간섭이나 견제가 어렵게 되어 방위당국의 안정적 정책기반이 조성되었다. 이런 기반 위에 정치권 등 외부로부터의 압력을 적절히 차단하고 자위대 현역의 의견과 군수생산업계의 입장을 충분히 반영시키는 방위청의 중간자적 기능이 작동함으로써 각 분야의 적극적 자세를 촉발시켰다.

일본정부는 방위력정비계획을 통해 미국의 요구도 자신 있게 수용할 수 있었고, 일본정부가 스스로 계획을 수립하고 그 대체적 내용을 알려 증강노력을 과시하려 함으로써 미국 측도 비교적 만족하고 종전과 같은 압력이나 간섭보다는 조언과 MSA협정 등에 기초한 무기장비 제공, 기술협력과 미국무기 구매요구 등의 소극적 자세를 보여 미국이 제공하는 부담(압력)은 줄고 기회(기술지원 등)는 상대적으로 커진 결과가 되었다.

그러나 방위력정비계획을 시작하면서도 아직 일본정부가 군사력 증강의 당위성을 정립해 놓지는 못했고 군비의 자체 필요성에 대한 인식도 그렇게 절실하지 않았다. 미소냉전이 심화되기는 했지만 일본에 대한 직접 공격이나 침략위협으로 고조되지는 않았고 오히려 미중접근에 의한 국제긴장완화에 영향을 받아 중국과의 관계개선을 실현시킬 수 있었던 점에서 대외위기의식이 일본의 군비 증강에 직접 영향을 미칠 정도는 아니었다.

방위력정비계획이 진전되면서 일본정부는 첨단군사기술개발을 통한 잠재군사력 향상과 함께 경제적·기술적 파급 확산에 주력함으로써 군사기술 개발의 '경제적 기여(寄與)'에 군사력 증강의 당위성을 확립하기도 했다.

군사력 증강은 무기장비 위주의 군비투자에 의한 누적방식이고, 주로 국산화조달에 의해 획득되었다. 초기의 기본생산기반으로부터 점차 경제적 파급효과가 큰 항공기·함정·미사일로 중점이 이동하고, 고가첨단화기종으로 진전[74]시켜 나가는 형태이다. 방위당국은 고가첨단장비의 경우 해외로부터 직접 구입하는 것보다 보통 1.5-2배 비싼 국산화를 선택함으로써 대장성과 마찰을 빚었지만 유사시 동원능력 확보와 국내경제 및 기술적 파급영향을 이유로 국산화를 관철시킴으로써 국내생산기반과 기술수준이 획기적으로 향상되었다.

투자비는 대체로 배증(倍增)추세를 보이는 한편 군사력 증강에 일본 경제가 허용할 수 있는 재정수준의 한계로서 GNP의 1-2% 정도라는 인식이 확산되고 그 비율이 점차 1% 이하로 낮아지자 1% 내외를 방위비 규모의 허용기준으로 받아들이는 추세가 되었다. 이를 바탕으로 비록 좌절되기는 했지만 군비 증강의 목표로 민족적 자주를 표방하는 자주방위론이 제기되어 당면한 군사력 증강 추진에 역동성을 제공함은 물론 장래의 비전을 제시하는 현상[75]도 나타났다.

---

74) 일본정부는 전 분야에서 성능개량을 위한 기술개발을 추진해 왔다. 각 단계의 무기장비 성능개량내용을 비교해 보면 군사력 변화의 정도가 뚜렷해진다. 일본 군사력 증강의 핵심인 전투기 생산을 예로 들면 1차방 F-86F→2차방 F-104J →3차방 F-4EJ→4차방 F-15J(실제 취득은 80년부터)로 진전되어 왔고 그 성능향상은 표와 같다.

일본 전투항공기의 성능 향상 비교

항 목	F-86F→	F-104J→	F-4EJ→	F-15J
승무원(명)	1	1	2	1
전비중량(t)	6.81	11.3	25.9	25
최대속도(km/h)	1,100	2,100	마하2.2	마하2.5
실용상승한도(m)	12,630	–	17,200(전투상승)	19,000
	2,340	–	3,700 이상	4,600(2500nm)
항속거리(km)	2,760	7,170	8,120/기(* 2기)	8,600/기(* 2기)
엔진출력(kg)	라이센스	라이센스	라이센스	라이센스
생산방식				
가격(엔)	1억1000만	4억9900만	16억9000만	78억

출처: 防衛年鑑刊行會, 「防衛年鑑」(東京, 1968),p.604; 朝雲新聞社, 「裝備年鑑」(東京, 2001), pp.392-395.

75) 이는 강경파의 군비 증강노선으로서, 점증노선의 한계를 보완하는 점에서는 현실

결과적으로 일본에서는 "군비증강이 경제발전을 저해하지 않도록 함은 물론 경제성장에만 집착하여 군비 증강이 침체되는 것도 바라지 않는다."는 관행이 정립되는 한편, 무기수출3원칙, 분쟁(베트남전 등)개입 자제, 병력증원 억제, 군수기업 육성보다 채산기반을 확보한 민간기업에 부담을 분산시켜 자원배분상의 소모억제정책도 기본방침으로 정착되었다. 이는 점진적 증강노선을 유지하면서도 군비 증강이 진전된 점에서 "차선(次善) 조건"의 전형적 결정형태이다.

1-4. 경제여건의 호조에 따라 군사력 증강이 진전되는 상황에서 일본의 증강계획을 뛰어넘는 미국의 압력이 가해지면 갈등이 발생하지만 일본정부는 이를 군비 확장에도 이용한다(선택 Ⅳ).

일본은 여타 선진국에 앞서 불황에서 탈출하자 이번에는 엄청난 무

적 타협이 가능하지만 일본 군사력이 지향할 궁극적 목표를 제시하는 점에서는 다분히 현상 타파적이다. 그 현실적 기능과 예상 가능한 역할은 다음과 같다.
첫째, 점진적 증강노선과의 보완기능이다. GNP의 2%구상 등을 통해 규모 확대를 주도하여 점증방식의 한계를 돌파해 줌으로써 방위비 배증을 가져왔다. 그 결과 군사력 증강을 촉진함은 물론 '경제력에 걸맞은 군사력' 실현을 견인했다. 미일안보체제가 존속하는 한 완전 자주방위는 한계가 있어 증강방식에서 차이를 보이는 자민당 강온파와 상호 보완하면서 균형을 취하고 그 균형이 점증구조의 활성화에 기여한다.
둘째, 군사력 증강의 중간목표를 제시한다. 나카소네의 '미국의 지원이 없는 경우에 대비할 필요성'은 군사력 증강의 새로운 목표를 제시한 것이다. 당장 아니라도 언젠가 미국이 일본의 전략적 가치를 평가하지 않게 되거나 미일안보체제의 유용성이 떨어질 때에 미리 대비하여 '자가 발전적' 동기 부여로 대체될 수 있다는 의미이다.
셋째, 일본 군사력의 마스터플랜을 제시할 가능성이다. 다양한 우익세력들은 일본 민족의 우수성과 자존심 및 그것을 뒷받침할 경제력과 군사력을 주장해 왔다. 일본경제가 미국을 앞선다는 외국학자의 Pax Nipponica 가능성론(Vogel, 1986: 762-767)에 고무되어 필요한 군사력 건설을 촉구(Ishihara, 1990: 13)하기도 했다. 아직 막연한 작업과제이지만 일본 군사력의 최종목표에 대한 마스터플랜은 미일 동맹 등 현상(現狀)돌파는 물론 자원의 안정공급 등 대외전략의 궁극적 목표나 경제적 패권에 필요한 군비 증강의 당위성을 제시하는 것도 그 역할 중 하나이다. 그것이 실현되면 일본정부는 기존의 결정형태로부터 벗어나 군사력 증강정책의 패러다임을 바꾸게 되는 것이다.

역흑자와 상승한 엔화 구매력(1985년 9월 플라자합의로 엔화가치 절상: 1달러 260→140엔)으로 통상마찰에 시달렸다. 한편 소련의 아프간 침공(1979년 12월)은 서방진영을 결속시키고, 미국은 일본의 군사역할 확대를 압박하여 갈등이 다시 고조되었다. 이후 탈냉전까지는 상황(Ⅳ)에 해당된다.

미국의 대일 무역적자가 급증하자 그간 소극적이던 미국의 압력이 고조되었는데, 동맹국의 의무이행과, 무역마찰을 배경으로 미국무기 구매요구가 노골화하면서 갈등을 고조시켜 관계가 심각하게 악화되었다. 그러나 나카소네로서는 일본경제의 상승세가 자신의 자주방위론 실현을 위한 절호의 기회이었다. 그는 대미신뢰 확보에 주력하면서 대소 3해협 봉쇄와 해상로 방어를 표방하고 이에 필요한 군사력임을 내세워 증강추진을 정당화하는 한편, 기술협력, FSX공동개발, 공동훈련 등을 통해 미국의 요구와 방위당국의 기대를 연결시켰다. 대내적으로는 방위비의 GNP 1% 상한 철폐, 5개년 방위력정비계획의 부활 추진, 야당공작, 거부세력 견제 등 장애제거에 리더십을 발휘하여 군비 확장기반을 착실히 조성했다.

그 결과 경기침체기의 문제(장비조달 축소, 훈련단축 등)를 말끔히 해소함은 물론 일거에 일본을 서방세계에서 제2위의 군사비[76] 대국으

---

76) 중기방이 종료된 1990년 현재 방위비를 일본 「防衛年鑑」은 284억600만 달러(1인당 230달러, GNP의 1.0%)로, 미국, 소련, 프랑스, 영국, 서독에 이어 세계 6위라고 발표했다(防衛年鑑刊行會, 1991: 468). 그러나 방위비 산출근거와 방식에 따라 다를 수 있어 일본의 방위비가 이미 1988년 시점에서 유럽국가들을 제치고 세계 3위라는 계산도 있고, 동 「防衛年鑑」의 통계에서도 유럽국가들의 군사비는 NATO방식에 의한 것이라고 밝히고 있어 일본의 방위비도 동일한 NATO방식으로 계산하여 비교하는 것이 타당하다. 「朝日新聞」(1988년 10월 19일)이 NATO방식으로 시산한 바에 의하면 일본 방위비는 1988년에 이미 444억 5000만 달러이고 GNP의 1.5%에 해당되어 서방세계에서는 미국에 이어 2위가 된다. 따라서 일본정부가 발표한 방위비의 규모는 지금까지의 군사력 증강이 국내외로부터 군사대국화 추구라는 반발을 초래할 것을 우려함으로써 의도적으로 축소한 수치일 가능성이 크다.

로 만들고, 핵무기와 전략폭격기 등을 제외한 미국의 거의 모든 재래식 무기에 접근하여 미국 다음으로 많은 첨단무기 보유국이 되었다(정구종, 1990: 118). 미국과 상호교류가 가능할 정도로 향상된 독자기술을 바탕으로 개량된 무기체제를 만들어 나감으로써 나카소네의 의도대로라면 앞으로 목표는 SDI나 우주개발 등 분야이었다.

이 시기 일본방위당국과 자주방위론자들은 일본경제가 당연히 미국을 앞지를 것으로 믿고 경제력에 걸맞은 군사역할의 필요성에 군비 증강의 당위성과 장래의 비전을 찾는 분위기도 확산되었다. 특히 미군당국이 자위대 현역들과의 공동작전연구 등 직접 교류관계를 통해 압력을 가함으로써, 미국의 압력임을 이용하여 군사력 증강을 도모하려던 자위대현역들에게는 '달리는 말에 채찍'과 같은 강한 동기 부여가 되어 방위당국의 군비 증강의지에 전혀 제동이 걸리지 않았다. 자위대 현역의 역할강화가 자민당 온건보수파의 존립기반인 문민통제원칙을 무너뜨릴 소지도 부각되었다. 현역인 쿠리스(慄栖弘臣) 통합막료의장의 강경발언이 정치문제로 비화되어 정치세력화하기 전에 당사자를 해임조치(1978년 7월 25일)했지만, 강경파 나카소네가 집권하자 '문민통제강화를 위한 정부방침'을 폐지(1987년 1월 24일)함으로써 강·온파 간 세력경쟁으로 비춰지고, 군비 확장 구조가 진전될수록 정치문제로 부상할 가능성을 예고하는 사례가 되었다.

그러나 군비 확장 구조 하에서도 일본정부는 GNP 1% 범위의 투자 상한을 지켰고, 미국의 지원에 철저히 의존하는 실리를 선택했으며, 병력규모 동결, 소모성의 후방지원체제 제한, 무기 수출 계속 불허 등 소모억제의 방침은 견지해 나갔다. 이는 결국 '미국의 요구'와 '경제적 억제' 사이에서 "경제사정이 좋을 때 군비 증강에 나서 군사력을 누적시켜 놓고 어려울 때 군비를 조정한다."는 현실적 선택의 관행에서 크게 벗어나지 않았다는 의미이다. 기본적으로는 점진적 증강 구조를 견지하지만 국제정세의 유동에 대처하면서 미국의 지원이 없을 경우에도 대비한다는 의미에서 자주방위를 지향한다.

따라서 경제여건이 허락되면 군비 증강에 대한 억제가 풀리고 거기에다 최고 지도자의 야심과 미국의 강한 압력이 작용하면 군비 확장도 결정하며, 그 결과 군사비가 일거에 세계 2-3위의 수준으로 확대된 점을 두고 볼 때 군사력 증강의 진전 면에서 '최대(最大) 조건'이라고 할 수 있다.

2. 냉전기의 군사력 증강 내용 평가

2.1. 인적 측면

자위대는 1954년 정원 15만 2115명(육상 13만, 해상 1만 5808, 항공 6287, 통합막료부 20명)의 규모로 출범하고, 이후 미국의 요청에 따라 정원을 27만 4652명(1990년: 육상 18만, 해상 4만 6406, 항공 4만 7789, 통합막료부 165명)까지 늘렸으나 실제 병력은 항상 정원 이하로 제한해 왔다. 특히 지상전투병력인 육상자위대의 경우 1973년 정원을 18만 명으로 상향 조정한 이래 한 번도 정원을 채운 바 없고, 거의 비슷한 규모〈부록 10〉를 유지해 오고 있다. 이는 일본의 병력규모가 환경요인의 변화에 연동하지 않는다는 의미로서, 미국의 요구에 병력 증원으로 대응하지 않고, 경기악화에도 병력 삭감을 취하지 않는다는 것이 특징임을 말해준다.

이러한 특징은 당초 미국의 35만 명 지상군 편성 압박(宮澤喜一, 1991: 80)에 대해 요시다 수상이 끈질기게 거부한 데에서도 연유한다. 요시다로서 미국의 요구대로 대규모 지상군을 편성하면 인건비 증가로 이제 겨우 시작한 군수기업에 돌아갈 몫이 그만큼 줄어들고, 더구나 한국전 파병에 따른 일본인 희생을 회피할 수 없다는 데 착안하여 끝까지 양보하지 않은 것으로 설명된다. 소모억제와 산업인력유출 및 인적 공헌 반대는 관행이 되어 월남전 등에서 미국의 압력에도 불구하고 분쟁개입을 일체 배제한 것으로 나타났다.

2.2. 물량적 측면

환경요인의 변화에 가장 민감하게 반응한 것은 방위비, 무기장비의 조달, 군사기술 개발 등 물량적 측면에서의 군비 증강이다. 물량적 측면의 군비 증강 결정내용을 2 가지 변수 '미국의 요구'와 '경제적 억제'의 조합으로 형성되는 4좌표면〈그림 3-1〉상에 표시하면 그 변화를 뚜렷하게 볼 수 있다.

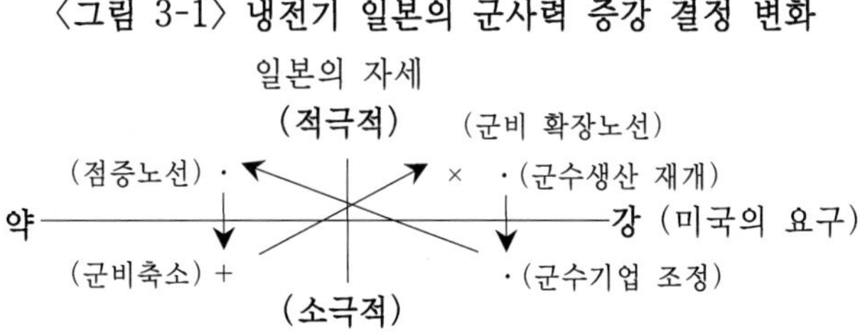

〈그림 3-1〉 냉전기 일본의 군사력 증강 결정 변화

방위비는 액수로는 점증추세이지만 방위비의 증가율 변동이나 구성 내역〈부록 5〉을 함께 보면 환경변수의 영향을 설명할 수 있는 근거를 발견하게 된다. 1950년-56년의 불황 중 방위비 증가율은 매우 불안정한 데 비해, 경기상승과 함께 4차례의 방위력정비계획(1957년-76년)에서는 단위 기간별로 거의 배증했다. 한편 석유위기 중에는 방위비가 높은 물가 상승(1973년-80년 평균 9.7%)과 물건비를 대폭 초과한 인건비(1975년-79년간 51.4%-56.0%) 등 소모적 지출에 집중되어 효율성이 떨어짐으로써 장비조달 부진과 계속사업의 대폭 축소로 나타난 반면, 방위력정비계획이 재개된 이후 침체된 군비축소의 만회를 추구한 결과 군비확장이 이루어졌다. 투자사업의 진전지표(장비구입비·세출화·후년도 부담률)로는 확장기에 침체기의 거의 2배나 확대됨으로써 군비가 환경요인에 민감하게 연동하여 증강·침체를 반복했음을 보여준다〈표 3-27〉.

〈표 3-27〉 1977년-1990년간 연도별 방위예산의 구성비 추이

(단위: %)

연 도	1977	1978	1979	1980	1981	1982	1983	1984	1985	1986	1987	1988	1989	1990
인건·양식비	50.0	54.4	51.4	49.3	47.7	46.6	44.5	44.6	45.1	45.1	43.9	42.7	41.2	40.1
장비품구입비	17.4	17.1	18.7	20.7	22.5	22.4	24.9	26.3	26.2	26.9	27.5	28.1	28.0	27.4
세출화 경비	20.8	20.9	21.3	23.4	26.0	27.1	31.1	33.5	34.3	35.0	36.0	36.5	37.5	38.1
일반 물건비	24.2	24.7	27.3	27.3	26.3	26.3	24.4	21.9	20.7	19.9	20.1	20.8	21.4	21.8
후년도부담	38.0	46.0	43.9	57.0	56.2	67.6	71.7	73.2	73.5	72.3	74.0	70.0	70.5	70.4

출처: 朝雲新聞社, 「防衛ハンドブック」(東京, 2001), pp.234-235의 자료로 구성.

조달내역을 보면, 초기에는 요시다의 전략대로 미국의 무상원조(1950-54년 65.2%, 1955년 67.7%)에 의존했으나 방위력정비계획기간 중 기술도입으로 기본장비의 국산화 대체를 달성(1970년 무상원조 종결)했다. 이후 미국의 요구가 온건한 동안 전투력 증강보다 항공기, 함정, 미사일 등 개발에 주력하여 응용기술도 획기적으로 체계화했다.

석유 위기의 침체기에는 구형 무기장비의 단종을 통해 수량을 대폭 축소하는 대신 고성능 무기장비로 대체하여 효율성을 보완했고, 확장기에는 미국의 강한 압력을 기회로 고가첨단장비의 양산과 독자기술개발에 나서 대부분의 미국첨단무기에 접근하며, 기술수준도 미국과 교류할 만큼 향상시켰다.[77] 한편 조달체계는 나카소네 내각이 미국의 압력에 대폭 양보함으로써 미국무기장비 수입 및 공동개발의 비중이 높아졌고, 기술체계의 대미의존도 불가피하게 되었다.[78]

---

77) 핵무기와 일부 공격용 전략폭격기를 제외한 첨단무기 보유는 미국 다음으로 많고, 방위예산도 NATO식 계산방식으로는 1988년 이미 444억5000만 달러로 서방세계에서 미국에 이어 제2위가 되었다(「朝日新聞」, 1988년 10월 19일).

전반적으로 일본정부는 경제 및 군사적 합리성을 동시에 추구하여 상응한 성과를 달성한 것으로 확인된다. 방위비의 GNP 1% 상한을 철폐했지만 확장기에도 1% 수준을 크게 벗어나지 않았다(1987년-89년에만 1.004, 1.013, 1.006%). 전체 공업생산 중 군수생산의 점유도 평균 0.5% 이하(항공기 분야만은 55.6%-88.63%)로 안정되어 건전경제도 훼손되지 않았다. 이는 냉전기 전반에 걸쳐 일본정부가 헌법해석을 통해 미국요구의 수용과 거부를 적절히 선택하고 경제파급을 부단히 점검하여 군비 증강이 항상 동기 부여와 억제요인을 양극으로 하는 연속체(continuum) 위에서 균형을 유지하도록 조정해 나간 결과이다.

2.3. 군사전략적 측면

일본정부는 미일안보체제를 방위의 핵심으로 채택하고 전수방위를 원칙으로 삼아 자주적 군사작전이나 전략선택의 폭은 극히 한정된 채 장비조달, 기술개발 및 방위비 책정에 집중함으로써 처음부터 군사전략적 측면의 군비 증강은 한계가 있었다. 자위대 활동의 범위는 1980년대 들어 미군 지원이 확대됨으로써 집단자위권 논쟁이 격화되었으나 "타국의 영해까지 포함하는 것은 명백히 아니다."(1981년 10월 3일 오무라 방위청 장관의 중의원 예산위 답변)고 못 박아 왔다. 자위대의 미군 지원은 실제 집단자위권에 해당되지만 당시로서는 일반적으로 자위대의 해외파병은 전혀 불가능한 것으로 인식했기 때문에 "자위를 위한 필요 최소한"의 범위로 받아들여졌고, 그만큼 군사전략적 의미도 크지 않았다.

---

78) 일본은 PXL사업을 독자 개발하기로 내정했으나 미국의 압력으로 F-15 · P-3C를 수입했고 자체 개발을 각의 결정해 놓은 FSX도 공동개발로 전환(1985년 9월)하는가 하면, 미국은 대일견제 차원에서 계약조건을 번복(1989년 9월)하기 일쑤이었다(原田曉, 1991: 314).

제4장 탈냉전기의 군사력 증강정책 결정

냉전체제 하에서 일본은 미국의 대소전략에 따라 전략적 가치가 인정되어 동맹 체제를 형성하고 그 바탕 위에 경제성장과 군사력 증강에 노력해 왔다. 그로 볼 때 몰타(Malta)에서의 미소정상회담(1989년 12월)으로 냉전 종식이 선언된 것은 미일동맹의 존재이유나 군비 증강노선의 기반을 무너뜨릴 수 있는 근본적인 변화이다.

일본 방위당국으로서 지금까지 미국에 의존하여 안보문제를 해결하고, 요시다가 제시했던 바와 같은 혜택을 누려 왔지만 소련이 붕괴된 상황에서도 그것이 계속 가능할 것인지, 종전과 같이 미국의 역내전략 후퇴 시의 난관이 다시 반복되는 것인지, 아니면 자주방위론자들이 주장하는 대로 결국 '미국의 지원 없는 시대'에 독자적 방법으로 목표를 달성해야 하는 것인지 등의 문제에 직면하게 된 것이다. 이는 일본의 군사력 증강정책 결정에 핵심변수로 작용해 온 '미국의 요구'와 '경제적 제약'의 역할 변화를 상정해 볼 수 있고, 따라서 기존의 정책 결정방식도 바뀌게 된다는 것을 의미한다고 하겠다.

냉전 종식의 국제환경과 관련하여 현시점에서도 그 성격과 방향을 단정적으로 주장하기는 어렵고, 섣불리 평가하는 것은 그 내용을 왜곡하여 잘못된 결론에 이르게 할 가능성도 높다. 따라서 여기에서는 지금까지 검토해 온 정책 결정의 변수관계를 새로운 현상에 적용해 볼 때 그 설명력이 어느 정도인지 점검해 보고, 그 결과를 바탕으로 탈냉전의 상황에서 일본의 군비 증강정책 결정에 있어 변동요인이 무엇인지 확인하는 것이 보다 바람직하다는 생각이다.

제1절 탈냉전의 환경변화

1. 기존의 동기 부여와 억제요인에 대한 영향

일본정부는 새로운 환경에서 우선 기존변수들의 역할 변화에 직면하게 되었다. '미국의 요구'의 경우 소련 붕괴에 따라 이제는 대소봉쇄전략을 위한 서방측의 결속이나 그것을 목표로 하는 미일동맹체제 유지의 당위성은 주장할 수 없게 되었다. 대소대응의 전략적인 가치가 인정되어 일본에 대해 동맹으로서의 부담과 편익의 기회를 부여해 온 미국이 이제는 같은 이유로 기회와 부담을 제공하지는 않는다. 이에 따라 일본으로서도 군비 증강 추진에 있어 미국에 의존함으로써 누릴 수 있었던 편익(요시다가 제시했던 것들과 같은)을 모두 기대하기는 어렵게 되었다.

이런 변수의 역할 변화와 관련하여 일본정부의 선택은 크게 2 가지로 나눠볼 수 있다. 첫째는 어떻게든 미국과의 동맹관계를 유지함으로써 제한적이지만 기존의 편익을 계속 추구하여 동기 부여를 모색하는 것이고, 다른 하나는 미국 대신 동기를 부여할 다른 변수들의 역할을 도입하는 것이다. 전자의 경우 적어도 미일동맹으로부터의 안보효과(미군 주둔 사실로 인한 침략 미연방지, 핵 억지, 안보비용 절감 등), 강대국 지위의 공유 및 상호주의의 협력(군사기술 상호교류 등)은 확보할 수 있을 것이다. 동맹관계 유지에는 공동의 적과 공통의 이해관계를 필요로 한다. 따라서 이를 위해서는 새로운 이해기반을 형성하는 것이 관건이고 이를 바탕으로 하지 않는 동맹은 일시적일 수밖에 없다. 이해기반은 상호적인 것이지만 현실적으로는 냉전 종식 이후 미국이 모색하고 있는 세계주도전략과 그 전략에 의해 새로 인정되는 일본의 전략적 가치 여하가 새로운 이해기반의 형성을 좌우하게 될 사안이다.

미국과의 동맹체제가 유지되면 일본정부는 군사력 증강의 기존정책을 지속해 보려 하고, 미국으로부터 편익을 얻는 만큼은 여유가 확보되므로 종전의 점증방식도 가능할 것이다. 반면 미국으로부터 기대되는 편익이 부담보다 작다면 동맹관계를 버리고 독자노선을 모색할 것이다. 미국에 의한 동기 부여가 후퇴하면 '유동적 국제정세에의 대응', '국제공헌을 위한 군사역할 제고', '자체 필요성', '민족적 야심', '군사적 케인즈주의의 유혹' 등이 부각될 수 있다. 그동안 군비 증강 추진과정에서 노출된 현상으로는 미국의 역할이 크기 때문에 대두되지 않았던 자주방위론 등의 새로운 동기 부여 역할도 강조될 것이다.

이미 상당 수준의 군비투자가 누적된 상황에서 그 유지, 관리 및 주변정세의 유동에 대응할 필요성만으로도 군비 증강의 당위성을 주장할 수 있고, 이것이 자주방위론자나 우익세력의 야심 및 군수기업의 이해와 결합한다면 현상 변경의 군비 확장에까지 진전될 수도 있다. 이 경우 종전보다 더 많은 비용이 소요된다 해도 축적된 군사력과 군사기술을 토대로 독자 개발하여 잠재군사력을 지속적으로 향상시키려 할 것이고, 경제여건이 허락하면 미국의 압력 등 부담으로부터 벗어나 민족적 자존심을 내세운 우익세력의 욕구에 의해 주도될 수도 있다.

군비억제 요인으로는 경제성장에 집착하는 일본인의 성향이 쉽게 바뀌지 않고, 특히 냉전 종식 이후 국제사회에서 경제 주도력에 의한 세력 재편현상이 나타나고 있어 군비 증강에 대한 경제적 제약요인의 역할은 오히려 커질 가능성이 예상된다. 그동안 일본에서는 경제가 침체하면 군사력 증강도 함께 위축되는 현상을 보여 왔다. 이것은 고전적 자유주의 사조를 바탕으로 하는 건전경제를 지향하고, 특히 일본과 같이 당면한 대외위기를 전제로 하지 않으며, 경제를 계속 성장시킬 수 있다는 자신감이 뒷받침되는 상황에서는 당장 군비를 축소하더라도 경제회복기에 만회할 수 있을 것으로 기대하여 선택하는 결정이다.

전후 일본은 고도성장을 달성해 온 만큼 그 과정에서 군사력 증강보다 경제성장을 우선하면서 점진적 증강방식으로도 목표 달성에 큰 지장이 없었다. 구태여 무기 수출로 채산을 맞추지 않고, 또한 GNP 1% 규모의 투자로도 충분히 군수생산을 발전시킬 수 있었다. 그러나 경제성장이 예상되지 않는 상황에서는 일본정부의 선택도 바뀔 수밖에 없다. 일본으로서 경제성장의 비전이 보이지 않고 동맹의 파기나 동맹으로서의 이익이 기대되지 않는다면 심리적 부담은 가중될 것이다. 더구나 미국의 보호에 맡겨 온 안보수요를 스스로 충족시키는 데 필요한 추가군비의 부담은 그만큼 당연히 경제성장을 제약할 수밖에 없다.

이 경우 일본정부는 군사력 증강을 후퇴하거나, 아니면 정부재정에 의존하지 않고도 군사력을 유지·증강할 수 있는 새로운 방안을 모색해야 한다. 경제적 불황 하에서 이미 증강된 군사력의 유지도 부담이 된다면 지금까지 자제해 온 무기 수출이나 전략산업으로서의 무기산업 육성을 선택할 수 있고, 이는 경제 불황 극복을 위해 군비투자에 의해 유효수요를 창출한다는 '군사적 케인즈주의'를 바탕으로 하는 것일 수도 있다. 일본경제의 장기불황이 계속되고 있는 상황에서 미국의 보호로부터 벗어나 정부재정에만 의존한다면 군비는 최악의 부담으로 작용하게 되어 군수산업 육성과 무기 수출 재개를 선택할 가능성은 더욱 높아진다.

위의 내용을 동기 부여와 억제요인의 매트릭스로 정리하면 다음과 같고, 이후 단계별로 일본정부가 선택한 정책 결정의 실제 내용을 적용해 봄으로써 기존 변수 간의 관계 변화를 설명할 수 있을 것이다.

<표 4-1> 냉전 종식 이후 일본정부의 군사력 증강 선택 가능성

구 분		미국과의 동맹 지속	자체 동기유발
경제적 제약	강 함	현상유지 - 대미의존 - 군비축소	현상변경 - 자주방위 - 군수육성 (수출전략 포함)
	약 함	현상유지 - 대미의존 - 군비 증강 (확장 포함)	현상변경 - 자주방위 - 군비 확장

2. 새로운 변수: 대외위기

냉전 종식은 전 세계에 충격이었던 만큼 일본국민도 예외는 아니다. 냉전 종식 선언과 소연방의 해체로 냉전시대의 긴장이 일단 해소됨으로써 국제사회에는 평화가 도래할 것으로 기대되었지만, 북한 미사일(1993년 5월 29일 노동 1호)이 일본근해에 떨어지고 이어 중국의 계속되는 미사일 발사(1995년 7월 – 1996년 3월) 사실이 일본 매스컴에 연일 보도됨으로써 일본국민에게도 엄청난 영향을 끼쳐 대외위기의식이 고조되었다.

그런데 여론조사[79]로는 초기 변화에 따른 불안이 있었지만 곧 안정되고, 오히려 걸프전에 따른 미국과의 마찰 시기에 안보방위에 대한 관심이 고조되었으며, 그것이 바탕이 되어 미국과의 동맹관계가 회복되면서 다시 평상수준을 유지하게 되었다는 것이다. 역시 여론조사에 따르면 북한 미사일에 의한 충격도 곧 평시 수준을 회복함으로써 위기에 대한 의식변화는 그렇게 크지 않았던 것으로 나타났다.

일본국민의 의식변화는 오히려 2002년 9월 고이즈미(小泉純一郞) 수상의 방북 시 북한 당국이 일본인 납치를 시인한 충격에 따라 일본국민의 불안감과 분노가 폭발하여 나타난 것으로 볼 수 있다. 즉 당시 일본사회에서는 대북한 비난 및 강경대응 여론이 90%, 대북정책 지지가 78%로 급등(2002년 11월 3일-4일의 「朝日新聞」 조사)하고, 중국의 거대화에 대한 불안(Bernstein & R. Munro, 1997: 190)이 장기적 위기감

---

79) 내각관방 광보실(廣報室)의 여론조사로는, 자위대·방위문제에 대한 관심은 1988년 1월 54.8%→91년 2월 67.3%→94년 1월 56.7%→97년 2월 57.0%→2000년 1월 57.8%로 완만한 상승을 보이고, 자위대의 방위력과 방위비 규모에 대해서는 증액(88년 1월 11.2%→91년 2월 8.1%→94년 1월 6.2%→94년 2월 7.4%→2000년 1월 10.7%)보다 현재의 규모(88년 1월 58.0%→91년 2월 55.6%→94년 1월 58.5%→94년 2월 56.0%→2000년 1월 61.7%)를 월등히 선호했다(朝雲新聞社, 2001: 747–749).

으로 작용하여 그 대응이 새로운 과제로 인식되기 시작하면서 위기가 더욱 현실화된 것은 사실이다. 그러나 이러한 변화는 당장 군비 증강을 결정해야 할 정도의 구체적인 변수로 작용하기보다는, 자민당 강경파에 의해 부풀려져 국내정치에 이용된 측면이 더 강하다. 이를 배경으로 일본국민의 보수화가 진전되면서 진보정당이 퇴조한 반면, 자민당 강경파의 지속적인 정권 장악으로 이어지고 있는 현실이 이를 뒷받침한다.

위의 내용을 종합해 볼 때 일본의 군비 증강은 대외위기가 인식되기 전에는 여전히 "미국의 동기 부여"와 "경제여건에 따른 억제"의 영향 하에 있었던 것으로 볼 수 있다. 그러나 대외위기가 현실화되는 새로운 상황에서는 변수조합의 변화가 불가피하다.

이를 시기적으로 세분해 보면, 탈냉전 초기에는 기존변수가 그대로 작용하여 미국의 역내주둔 미군 축소발표 등에 의한 "미국의 동기 부여 후퇴"와 일본의 버블붕괴 이후 "경제여건 악화"의 상황, 즉 상황(Ⅱ)에 해당되고 그 후 미국정부가 미군 철수계획을 수정하여 일본 중시로 돌아섬으로써 상황(Ⅰ)으로 바뀌었다.

한편 북한 미사일이 일본근해에 도달한 때부터 일단 대외위기가 변수로 작용했다고 볼 수는 있지만 대외위기가 미국에 의한 동기 부여를 완전 대체한 것은 아닌데다, 이후 미국과의 동맹관계가 점점 강화되고 있으므로 냉전기와 달리 2 요인이 함께 동기 부여한다고 보는 것이 타당할 것이다. 일본으로서 언젠가 미국과의 동맹체제로 대응할 수 없을 정도로 대외위기가 급박해진다면 그 상황에서는 대외위기에의 대응이 일본의 군비 증강 결정에 핵심변수로 작용하게 될 것이다.

경제적으로는 탈냉전 이후 일본정부가 경제적 난관 하에서도 "군사적 케인즈주의"와 같은 선택은 아직 거부하고, 새로운 억제요인도 발견되지 않고 있어 경제 불황이 계속 억제요인으로 작용한다고 볼 수 있다. 경제 불황이 지속되는 가운데 변수 '미국의 요구'와 '대외위기'가 동시에 작용하는 환경을 상황(Ⅴ)으로, 또한 일본경제가 회복되어 호황국면으로 바뀌면 상황(Ⅵ)의 환경을 설정할 수 있을 것이다. 새로운 변수요인에 대한 이상과 같은 구상을 매트릭스로 도표화하면 다음〈표 4-2〉과 같다. 이하에서는 각 상황별로 일본정부가 어떤 선택을 했는가를 살펴보고, 그 내용을 바탕으로 동 구상의 타당성과 설명력을 점검해 보려고 한다.

〈표 4-2〉 탈냉전 이후 일본 군사력 증강의 변수조합

구 분		미국의 요구		강한 미국의 요구·대외위기	대외위기
		강 함	약 함		
경제 여건	불 황	상황(Ⅰ)	상황(Ⅱ)	상황(Ⅴ)	상황(?)
	호 황	상황(Ⅳ)	상황(Ⅲ)	상황(Ⅵ)	상황(?)

제2절 미국의 새로운 세계전략과 일본정부의 대응

1. 미국정부의 아태정책 변화

냉전 종식으로 국제적 관심이 안보에서 경제로 이동하자 미국에 대한 위협세력은 소련이 아닌 경제대국, 일본과 독일이라는 미국인들의 자각은 미국 내의 여론조사로도 나타나고 일본에 대한 적대감을 고조시켰다. 이것이 이후 미일 관계 조정에도 그대로 영향을 미쳤다(五百旗頭眞, 2000: 227-228).

냉전 종식 이후 미국의 아시아전략과 관련하여 미국정부 내 고위관계자들의 연설이나 논문 형태로 발표한 내용을 정리해 보면 달라진 아시아정책을 파악할 수 있을 것이다. 몰타미소정상회담 이후 부시 대통

210

령이 군축(1995년까지 병력의 25% 감축)을 언급(1990년 8월 콜로라도 Aspen연구소 창립40주년 연설)하자 아시아에서의 단계적 삭감계획[80] 이 발표되었다. 그러나 그 후 부시정부 관계요인들의 논문과 연설 등에 서는 미군감축계획에도 불구하고 역내 지속적 개입의지를 강조하여 관 련국들을 안심시키면서 기존의 자국이익 방어에 주력하는 것을 볼 수 있다.[81]

한편 부시 대통령은 아시아순방 중 미일정상회담 후 발표한 동경선

---

80) 부시정권하에서 발표(1990년 4월)된 '동아시아지역의 전략구상(EASI-1)'은 3단 계로 나누어 1단계(1990년-1992년)에서 한국과 일본을 중심으로 합계 14,000-15,000 명 정도를 삭감하고, 2단계(1993년-1994년)에서 주한미군을 포함한 전력구성 재 편을 실시하며, 3단계(1995년-2000년)에서는 다시 전력을 삭감하여 허용하는 저수준에서 고정시키는 것으로 되어 있다. 이 계획은 1단계에서 거의 계획대로 실시되고, 추가하여 1991년 필리핀 화산폭발 등에 따른 미군기지 철수도 있어 25,000명 가까운 병력이 삭감되었다. EASI-Ⅱ(1992년 7월)에서는 이 미군삭감 구상 발표에 따른 역내불안 등을 배경으로 EASI-Ⅰ로 예정된 병력삭감계획을 수정했는데, 우선 2단계에서 예정되었던 주한미군 지상군 삭감은 북한의 핵개 발 때문에 연기하고 3단계에서도 적절한 규모의 주둔을 유지하기로 했다. 주일 미군의 경우 2단계에서 700명 정도의 삭감에 그치고 그 후의 변화는 없다고 확인했다. 그 결과 1992년 말 시점에서 아시아 전체의 미군규모는 10만 명 정 도로 되었다. 냉전 전 135,000명 정도이었으니까 약 30% 가까이 삭감되었다(防 衛年鑑刊行會, 1997: 8-9).

81) 베이커(J. Baker) 국무장관은 아시아안정 유지를 위해 ① 개방적 세계무역시스 템과 정합성을 갖도록 경제통합의 틀을 구축하는 것, ② 민주화를 촉진하고 지 역제국과 공유가치를 높여 가는 것, ③ 아태지역의 다양한 안보상 관심을 반영 하고 지역 내 불안과 의혹을 완화시키는 새로운 방위 구조를 규정해 나가는 것 등을 제시하고 그 중심은 미일동맹이며 그것을 축으로 방사형 풍차와 같은 역 내동맹관계 구축을 제의했다(Baker, 1991/1992: 4-5). 체니(R. Cheney) 국방장 관은 냉전 후 역내 미국의 안보정책으로 ① 아태지역에 대한 미국의 지속적 관 여, ② 2국간 결정에 의한 강력한 체제 확립, ③ 소규모지만 유효한 전방전개전 략 유지, ④ 해외기지 확보, ⑤ 아시아동맹제국의 자국방위 부담 증대, ⑥ 군사 협력의 상호보완 추진 등(1991년 11월 22일 외국특파원협회 연설)을 밝혔고, 이 어 아태지역 미군은 충분한 전방전개력과 전력투입능력을 유지하고 이로써 이 지역 동맹국을 안심시키는 한편 군사대립을 회피하고 미국의 중대한 정치·경 제상의 이익을 방어하며 적대국의 이 지역 지배기도를 저지한다는 내용의 '미국 의 지역방위전략'을 공표(1993년 1월 19일)했다(「世界週報」, 1993년 2월 23일).

언(1992년 1월)에서 새 시대에 미일이 글로벌 파트너십을 일층 강화하는 것 등을 강조하면서 최우선은 경제마찰 해소를 위한 효과적인 조치라고 밝혔다. 그 행동계획으로서 미국 측은 미국산 자동차부품의 현지조달 등을 제시함으로써 냉전 종식 후에도 대일관심은 변함없이 경제문제임을 확실히 했다(「朝日新聞」, 1992년 1월 10일).

위의 내용으로 볼 때 미국은 냉전 종식 후 일본이 우려하는 역내 군사적 공동화(미군의 필리핀 철수, 감군, 소련해군의 베트남 철수, 중국의 해군력 강화, 남사군도분쟁, 북한의 핵무기 개발 가능성 등)에 대한 불안보다 경제마찰 해소와 역내 안정화에 주로 관심이 있었다. 이것은 종전의 안보우위 정책중점이 경제우위로 바뀌는 것을 의미하며, 이를 간파한 일본으로서 결국에는 좋든 싫든 이에 호응하는 방향으로 정책을 조정해 나간 것으로 보인다.

이런 미국의 입장은 클린턴(Bill Clinton) 정부에서도 크게 변하지 않은 것으로 보인다. 1993년 4월 미일정상회담에서는 그동안 안전보장 상 주저했던 행동도 앞으로는 마다하지 않는다면서 일본에 대한 적대감정을 보이기 직전이었다 한다. 이것은 미국이 일본의 시장을 필요로 하기보다는 일본이 미국의 시장을 필요로 하고 안보 면에서도 일본이 미일관계를 손상시키는 모험이야 하겠느냐 하는 생각이 배경이라는 분석(NYT, 1993년 4월 16일)이다.

그러니까 클린턴 정권이 경제를 강조하는 점에 있어서는 부시 정권보다 더 노골적이 되고 정책의 중점이 사실상 경제 중심으로 바뀌었다. 그만큼 미국은 냉전 후 세계주도권 확보의 핵심은 경제라는 인식이 확고했고 이것이 냉전종결 시점에서 미국의 세계전략으로 보인다. 미국으로서는 과거 대소대응의 냉전전략에서는 군사력과 동맹국의 군사지원이 필요했지만 이제는 세계경제와 지역안보를 주도하기 위한 동맹이 필요하고 일본에게도 그런 역할로 빨리 전환하도록 요구하는 것이라고 정리할 수 있을 것이다. 이것을 기존의 동맹국들에게 끝까지 강조하면

서 이끌고 나가려는 것이 미국 대외정책의 요체이다.[82]

이런 변화된 미국의 대외정책은 냉전종결이라는 국제정세변화에 비해 그렇게 충격적인 내용은 아니지만 여타 국가들이 쉽게 공감하는 것은 아니었다. 특히 일본은 그것이 결국 지금까지 일본의 양보(흑자삭감, 수출·투자·개별 분야별 수치목표 설정)를 요구해 온 것과 같은 맥락이라고 받아들였다. 이런 상황에 대한 일본 내의 인식은 미국에 순종하기보다는 오히려 경제면에서의 대미우위라는 고정관념으로부터 미국이 아시아지역에서 철수한다고 해서 역내 일본의 입지가 나빠지지 않는다는 생각이었던 것으로 보인다. 그러나 전반적 상황은 미국의 주도로 전개되어 나아가게 되어 있었고, 이렇게 변화된 '미국의 요구'라는 변수의 영향에 따라 일본정부는 어떤 선택을 해야 하는 문제에 직면하게 된 것이다.

2. 걸프전에 대한 일본의 대응과 미국의 불만

이라크의 쿠웨이트 침공(1990년 8월 2일)과 관련하여 일본정부는 자산동결, 무역중지, 경제협력동결 등을 발표(8월 6일)하고 나카야마 외

---

82) 군사정책에서도 클린턴은 해외군사배치를 더 삭감하고 본토로부터 즉응전개전력(卽應展開戰力)에 의존하는 정책을 통해 돈이 드는 미일합동훈련을 축소하고 도상연습에 중점을 두되, 아시아에는 전방전개전력을 유지하는 정책을 취했다. 이후 전개된 것을 보면 클린턴 정부의 의도는 "동맹의 튼튼한 기반은 유지하면서 안보협의를 위한 다국 간 포럼을 발전시키는 것"(1993년 4월 Winston Lord 국무부 동아태 담당 차관보의 인준청문회 증언)을 바탕으로 APEC 등 다국간주의로 바꿔나가려는 것이었다(「朝日新聞」, 1993년 5월 28일). 클린턴은 APEC도 미국의 세계경제주도전략에 의미를 두었다. APEC 시애틀총회 연설을 통해 ① 미국경제 및 국민의 경쟁력 제고, ② 성장률 높은 아태지역에 초점을 맞춘 글로벌 이니셔티브(Global Initiative), ③ 국제관계의 새로운 제도 구축 등 세 가지 전략(Three Part Strategy)을 밝히면서 처음에는 무엇을 해야 하는지 몰랐지만 장래 사람들이 "APEC이 아니었으면 아태지역의 번영은 없었을 것"이라고 말하게 될 것(Clinton, 1993: 2-9)이라 하여 APEC에 거는 기대와 비전을 제시했다. 그 진전으로서 역내 무역자유화 촉진을 위한 무역·투자위원회를 설치하고 정상회담도 개최했다.

상이 중동을 순방(8월 17일-25일)하는 등의 노력을 경주했지만 일본의 지원책 결정이 늦어져 미국의 불만이 고조되었다.

마침내 일본정부가 평화회복에 대한 협력 및 관계제국에 대한 지원책을 발표(8월 29일)했는데, 주요 내용은 ① 민간항공기와 선박에 의한 식료·물·의약품 수송, ② 방서(防暑) 및 물 확보와 관련한 가설주택·자동차 등 기자재 제공, ③ 100명의 자원봉사 의사 및 간호원 파견 등 의료지원, ④ 각국의 항공기·선박 등 임차 경비자금 협력, ⑤ 요르단·터키·이집트 등 주변국에 대한 자금원조, ⑥ 요르단 난민 구조를 위한 1000만 달러 원조 등이다. 또한 다국적군에 10억 달러의 자금지원도 발표(8월 30일)하면서 카이후 수상은 이것이 일본정부가 할 수 있는 최대한이라고 주장했으나 미국정부의 압력과 의회의 "주일미군 주둔비 전액을 부담하지 않으면 미군의 단계적 철수를 요구"하는 결의안 채택(9월 12일)이 있자 다국적군에 10억 달러를 추가하고, 요르단·터키·이집트 등에 20억 달러의 경제원조(총5500억 엔)를 약속(9월 14일)하게 되었다(オフイス·アール, 1992: 129).

미국 측의 요구는 재정지원만 아니라 소해정 파견 및 인적공헌을 요청하는 입장이었는데, 일본이 충분한 호응에 실패(11월 8일 UN협력법안 폐안)함으로써 두고두고 비판의 대상이 되었다.[83] 이런 일본에 대해

---

83) 미국이 재정지원만 아니고 소해정 파견 등 인적공헌을 요청(부시 대통령 및 M. Armacost 주일대사)함에 따라 오자와(小澤一郎) 자민당 간사장의 주도로 자위대 파견 등 내용의 "유엔평화협력법안"이 각의 결정(1990년 10월 18일)후 국회에 제출되었으나 헌법 9조 위반 여부를 놓고 야당의 반대와 비판여론뿐 아니라 자민당 내에서도 이론이 있어 성립될 전망이 보이지 않자 정부·자민당이 폐안시켰다.
1991년 1월 17일 다국적군에 의한 '사막의 폭풍작전'이 개시되어 지상전 4일(2월 24일-28일)만에 다국적군의 압승으로 끝났는데, 일본정부는 다국적군을 무조건 지지한다고 표명하고 공격개시일에 자금용도를 감시하고 무기·탄약 구입에 사용하지 않는 조건으로 다국적군에 대한 90억 달러(11조 2000억 엔) 원조와 난민수송을 위한 자위대기(機) 파견도 결정했다. 자금원조대상을 미국이 아닌 다국적군으로 한 것이 미국의 불만이었다(佐藤英夫, 1996: 285). 국회심

미국은 "일본이 석유의 3/4이나 중동에 의존하면서도 다국적군에 대한 지원결정은 너무 늦고 액수도 적다."고 비판하는 데 비해, 일본은 거금의 자금협력에도 불구하고 제대로 평가받지 못한다는 섭섭함 등 서로 다른 입장에 있었다.

3. 일본의 입장과 대응논의 동향

3.1. 일본의 버블경제 붕괴

일본의 버블경제는 1985년 9월 플라자합의 이후 엔고·저금리·저유가의 3가지 혜택에 따라 주가·부동산 등을 중심으로 가격폭등 현상(주가: 1989년 말까지 3배; 토지: 5년간 1조 엔 팽창)을 나타내자 일본정부가 금리인상·여신규제 등을 통해 대처한 것이 버블붕괴와 함께 내수를 위축시켜 장기불황으로 이어졌다(닛케이지수 9개월간 48% 하락: 1989년 말 3만8,816엔→1990년 9월 말 2만222엔; 지가 11년 연속하락: 1991년→2002년 1월 주택지 36%, 상업지 76.1% 하락). 그 결과 국민총생산 신장도 부진하고 1994 및 1999년 마이너스를 기록했으며, 1997년 금융대란은 역내경제를 악화시켜 회복 가능성을 어둡게 했다.

의에서 90억 달러의 용도(用途)·적산(積算)·자위대기의 파견에 대한 논의가 있었는데, 90억 달러의 액수에 대해서는 브레이디(F. Brady) 미재무장관이 미국으로부터의 제시라는 것을 분명히 하고, 이번 지원액은 3월까지 3개월분으로서 추가요청이 있을 수 있음을 시사했다(オフィス·アール, 1992: 129).

<표 4-3> 1990년-2000년간 일본의 국민총생산 추이

년 도	국민총생산액(억 엔)	증감률(%)
1990	4,172,000	7.1
91	4,596,000	10.1
92	4,837,000	5.2
93	4,953,000	2.4
94	4,940,000	-0.3
95	4,975,000	0.7
96	5,007,000	0.6
97	5,222,000	4.3
98	5,257,000	0.7
99	5,044,000	-4.1
2000	5,064,000	0.4

출처: 朝雲新聞社, 「防衛ハンドブック」(東京, 2001), pp.303-304.

한편 일본경제의 추락에 비해 미국경제가 1993년부터 회복되기 시작하여 오랫동안 갈등을 빚어온 무역마찰문제가 미국의 양보에 의해 타결의 실마리를 찾았다. 즉 90년대 들어 양국 무역마찰은 미국의 수치목표 수락 요구로 계속 대립(1993년 4월 클린턴-미야자와 및 1994년 2월 클린턴-호소카와 간 정상회담 결렬)하다가 1995년 6월 자동차 및 자동차 부품 교섭에서 미국 측이 수치목표를 철회(6월 28일)하여 자동차 교섭이 결착됨으로써 무역마찰문제를 종결하게 되었다. 그 배경에는 경제적 열세에 놓이기 시작한 일본에 대해 더 이상의 양보를 촉구할 객관적 조건을 상실했다는 인식이 작용한 것이다(五百旗頭眞, 2000: 239).

이런 일본경제상황은 일본인들로 하여금 최고조의 80년대부터 조성된 경제면에서의 성장신화나 '일본위협론'에 고무된 경제적 대미우월의 고정관념에서 벗어나 냉전 종식 이후의 현실을 인정하게 하고, 이후 미국이 동아시아에서 쉽게 물러날 것 같지 않은 분위기를 인식하게 되자 대미추종을 결정하는 계기로 작용했다(유세희, 2000: 391-392).

3.2. 일본의 대응논의 동향

1989년 베를린장벽의 붕괴(11월)에 이어 미소의 몰타정상회담(12월)으로 냉전 종식이 선언되자 일본 내에서도 우선 '방위계획의 대강'을 개정해야 한다는 의견이 나왔다. 그러나 방위청은 "대강 책정 시 전제로 했던 국제관계 안정화의 흐름이 기본적으로는 변하지 않고 있고……각 분야의 국제관계 안정화 노력이 계속되고 있다."(1990년 4월 9일, 日吉 방위청 방위국장의 중의원 예산위 답변)는 인식과 함께 현재의 '대강'하에서 제2차 중기방 계획을 책정(12월 20일)했다. 이것은 아직도 일본방위당국으로서는 국제정세의 흐름에 대한 정확한 판단이 어려웠고, 특히 '대강'이 가지고 있는 편리한 점에 길들여져 있는 자위대 현역들의 타성이 작용하고 있었다고 볼 수 있다.

정치권은 걸프전에서 비난의 대상이 되었던 경험으로부터 대외정책의 수정 필요성에 공감하면서 대응 움직임을 보였고, 이는 이후 난민수송용 자위대기(機) 파견의 특별정령 결정(1991년 1월 25일 각의, ※ 동 결정내용은 자위대법 개정안에 반영시켜 1992년 3월 국회에 제출), 자위대 소해정 파견 결정(1991년 4월 24일 안전보장회의 및 각의), PKO 협력법 성립(1992년 6월 9일), 자위대의 캄보디아 파견(1992년 9월 17일) 등으로 이어졌다. 또한 이를 둘러싸고 대두된 헌법개정론과 관련해서는 자민당 오자와(小澤一郎) 간사장을 회장으로 하는 '국제사회에서 일본의 역할에 관한 특별조사회'가 설치되어 관련 문제(유엔헌장, 헌법 전문 및 9조, PKO문제 등)를 광범위하게 검토했다. 그 첫 번째로서 자위대 파견에 대한 헌법상의 제약과 관련한 답신에서는 헌법개정 주장도 있었으나 '국제안보'의 개념을 바탕으로 현 헌법에서도 자위대의 해외파견이 가능하다는 의견으로 결론을 냈다(佐藤英夫, 1996: 286).

이런 사실들을 두고 볼 때 냉전종결 직후 초기에는 일본정부가 확실한 방향을 정립할 만큼 충분한 사태 파악도 안 되었던 것으로 보이고,

그 후 대응 필요성을 인식했을 때는 소수파벌의 카이후 수상으로서 충분한 정치지도력을 발휘하기 어려웠다. 그러나 그보다도 당시로서는 새로운 사태에 대해 국민이 따라줄 형편이 아니었다는 것이 더욱 중요한 점이다. 그 원인은 패전 후의 일본사회로부터 유래된 사정에서 찾을 수 있다. 전후 일본인에게는 전쟁책임국으로서 사회갱생 중이고, 또한 아예 전쟁은 침략전쟁이거나 자위전쟁 밖에 없어서 일본지역 밖에서의 전쟁은 당연히 일본이 직접 싸우지도 말고 개입해서도 안 된다는 것이 국제사회로부터 평화국가로 칭찬받는 길이라는 인식에 길들여져 왔던 것이다(五百旗頭眞, 2000: 229). 그런 국민들이 정부가 걸프전 참전을 결정했다면 쉽게 납득하겠는가 하는 반론일 것이다.

또한 현실적으로 일본정부의 군비 증강정책에서는 소모억제에 충실했다는 점이다. 지난날 요시다가 철저하게 군비소모를 억제하여 소비부문이 큰 육상병력의 규모를 동결했고, 한국전쟁에 파병을 요구하는 미국 측에 끝까지 저항하다가 마지못해 소규모의 소해정 파견을 결정한 것은 이번 걸프전의 경우에서도 마찬가지였다. 이러한 일본인의 소모억제 심리를 구태여 반군사문화(anti-militarism)라고 규정하기도 한다. 즉 이라크 사태에 대한 대응에 똑같이 실패한 독일과 일본을 놓고 볼 때, 독일의 경우는 소련의 즉각적인 위협 하에 있는 지리적인 이유 때문에 미국으로부터 '버려짐의 공포(fear of abandonment)'를 반영하는 입장이었는데 반해, 일본에서는 소련의 위협이 있다 해도 즉각적인 것은 아니므로 미국의 요구에 따라감으로써 분쟁에 휩쓸릴 '연루의 공포(fear of entanglement)'를 반영하는 특징(Berger, 1996: 317-356)으로도 설명된다.

'미국의 요구'와 '경제적 제약' 사이에서 군수 위주의 점진적 군사력 증강을 선택하는 정책결정형태와 소모억제를 선호하는 일본정부로서 적극적으로 나서 이런 국내적인 정서의 방향전환을 선도해 나가야 할 국가이익이나 당위성을 아직 발견한 것으로 보이지 않는다. 그 후 국민여론도 다소 바뀌어 PKO협력법의 성립 등으로 진전되었지만 일본정부가 소모억제를 선호하는 결정구조 내에서 국제역할의 선택은 한정적일 수밖에 없었다.

3.3. 제2차 중기방위력정비계획(1991년-1995년)

1991년-1995년간의 방위력정비계획은 이미 1989년부터 준비작업에 들어갔으나 냉전체제가 완전 종결되는 국제정세의 급격한 변화 때문에 처음부터 난관을 맞이했다. 1990년 들어 '방위계획의 대강' 자체를 바꿔야 한다는 의견도 다시 제기(4월 국회)되고 이라크의 쿠웨이트 침공(8월)으로 국제정세가 불투명해진 데다, 미일마찰은 무역불균형 외에 중동사태에 대한 일본의 공헌문제가 가중되어 더욱 심화됨으로써 계획수립이 점점 어려워졌다.

이러한 상황에서 작성된 중기방위력정비계획은 정세인식 등에 상당한 견해차이가 있어 계속 지연되어 오다가 '대강'의 틀은 그대로 유지하는 대신 그 취지와 새로운 국제정세에 대한 인식을 별도 문서로 취급한다는 데 의견이 집약되었다. 마침내 안전보장회의와 각의가 '1991년도 이후 방위계획의 기본적 사고에 대하여'를 먼저 결정(12월 19일)하고, 이어 '중기방위력정비계획(1991년-1995년도)에 대하여'를 책정(12월 20일)하게 되었다.

중기방 책정 1개월 만에 미국의 대이라크 공격이 개시되고, 일본은 파병 대신 지원금 130억 달러를 제공하기로 하여 방위예산을 조정하게 되었다. 우선 1991년도 경비에서 1000억 엔을 삭감했고, 1992년 12월 정비계획을 전면 수정했다.

3.3.1. 계획의 주요 내용

'계획의 기본적 사고'와 관련해서는 ① 평화헌법·전수방위·군사대국 부정·미일안보체제 견지·문민통제 확보·비핵3원칙 준수·절도 있는 방위력 정비를 기본방침으로 하고, ② '방위계획의 대강'에 따라 방위력 정비를 추진해 왔음을 강조하면서, ③ 국제관계의 다원화 및 이데올로기의 상대적 저하로 대화와 협조시대로 이행하고 있으나 종교대립과 민족문제 등 불안요인은 상존하고, 한·소 수교, 소련군사력의 양적 삭감 등으로 대규모 분쟁의 가능성은 적지만 지역안정을 위한 미일안보체제는 여전히 중요하다고 판단했으며, ④ 방위력 정비는 미일안보체제의 신뢰성 향상과 '대강'의 기본사고에 따라 효율적이고 절도 있는 정비노력이 적절하다는 결론에 이르렀다.

'계획의 방침'으로는 ① '대강'의 수준이 거의 달성되고 있는 상황에서 장비 경신 및 근대화를 기본으로 각종 후방지원, 기술연구개발 분야에 충실하여 균형 있는 정비에 중점을 두고, ② 각 분야 효율화 및 자위대인원 등 방위력의 바람직한 자세에 대해 검토하며, ③ 미일안보체제의 신뢰성 향상을 위한 각종 시책을 강구하며, ④ 소요경비의 최대 억제 및 여타 시책과의 조화를 도모하고 3년 후 책정된 경비의 범위 내에서 계획을 수정할 것 등을 제시했다.

'주요 사업내용'은 다음과 같다. 첫째, 방공능력으로 ① F-15 정비와 금후에도 사용할 수 있게 기술적 시개수(試改修) 및 AWACS 정비로 조기경계감시기능에 충실하고, ② 방공화력으로 나이키를 패트리어트 미사일로 환치 및 능력 향상, 호크 개선, 단·근거리지대공유도탄과 고사기관총을 정비한다. 둘째, 주변해역 방위 및 해상교통안전 확보를 위해 ① 호위함·잠수함·소해정·미사일정·보급함 등 건조, 호위함 건조 시에는 호위함 부대 전반의 효율적인 자세에 유의하면서 경신 및 근대화를 추진하고, ② P-3C 정비 및 금후에도 사용할 수 있게 시개수(試改

修), 대잠헬리콥터(SH-60), 소해헬리콥터(MH-53E)를 정비한다. 셋째, 착·상륙침공대처능력 강화를 위해 ① 지대공유도탄(SSM-1)정비 및 F-1 전투기의 감모(減耗)분 보충을 위해 F-4EJ를 일부 전용하며, ② 노후장비의 경신 및 근대화를 주체로 화포·다연발로켓트시스템·전차·장갑차·대전차화기 정비와 공중화력 강화용 대전차헬리콥터(AH-1S)를 정비·경신·근대화하고, 사단편성의 다양화를 추진한다. 넷째, 수송능력 및 기동력 향상을 위해 수송기 C-130H, CH-47 및 수송함정을 정비한다. 다섯째, 정보·정찰·지휘통신능력 향상을 위해 ① 고정익 3차원 레이더 및 이동식 경계시스템 정비, 함정·항공기 등에 의한 주변 해·공역 감시태세에 충실하고, ② 정보종합분석체제를 확립하며, OTH 레이더의 유용성 등을 검토한 후 필요조치를 강구하고, ③ 지휘기능에 충실하며, IDDN(방위통합디지털통신망) 정비 및 통신위성이용 시책을 추진한다. 여섯째, 계전능력·항감성 확보를 위해 탄약정비 등 시책을 추진한다. 일곱째, 교육훈련 및 구난체제를 위해 T-4(중등연습기), US-1A(구난비행정), UH-60J(구난헬리콥터), 신형구난수색기 등을 정비한다. 여덟째, 기술연구개발로는 차기지원전투기·각종 유도탄·기타 장비 및 기재 등 연구개발에 충실할 것을 제시했다(규모: 〈부록 2-7〉).

소요경비는 약 22조 7500억 엔 정도를 목표로 하고, 계획은 필요에 따라 수정하되 3년 후 재정사정·국제정세·기술수준 등의 동향을 본 후 수정하도록 했다.

안전보장회의는 1985년 9월 결정된 F-15 및 P-3C의 취득 수를 각각 187기→223기, 100기→104기로 확대 결정했고, 주일미군경비의 분담 필요성에 따라 종업원의 기본급 및 광열수료(光熱水料) 부담을 단계적으로 늘려 1995년까지는 완전 부담하며, 이를 특별협정으로 체결한다는 내용을 공표했다(朝雲新聞社, 2001: 107-116).

또한 1992년 12월 18일 수정된 주요 내용은 다음과 같다.

'수정과 관련한 사고(思考)'로서 내외정세가 중기방위력정비계획의 책정 당시와 크게 변화한 점, 특히 소련 해체로 동서냉전이 종결된 결과 총체적으로 바람직한 방향으로 가는 점, 재정사정은 더욱 어려워져 가능한 한 조기에 정세변화를 반영시킬 필요에 따라 본래 3년 후 수정하는 것을 앞당겼다는 것이다.

'방침'으로는 '대강'의 수준을 전체적으로 적절히 유지하면서 보다 완만한 정비를 추진한다는 관점에서 일부 임무의 수행태세 완화 등에 유의하여 책정된 사업을 일부 보류하고, 동시에 외국의 기술수준에 대응하여 노후장비 경신(更新)·근대화 및 결함기능 시정에 노력하기로 하며, 이에 따라 장비품의 정비규모를 수정(수정규모: 〈부록 2-7〉)하고 소요경비도 약 22조 1700억 엔(당초: 22조 7500억 엔)으로 줄인다는 것이다(朝雲新聞社, 2001: 117-120).

이 계획의 특징은, ① 미일안보체제의 필요성 강조, 미군주둔비 지원의 대폭증액 등 대미관계 강화 방침을 보다 강조하고 있는 점, ② 정세변화에도 불구하고 '대강'의 틀을 강조함으로써 기존의 군사력 증강체제 유지를 희망하는 방위당국의 의지가 용인된 점, ③ 재정난에 따라 정비규모를 대폭 축소하면서도 AWACS를 새로 조달(취득: 차기방)하고 F-15, P-3C 도입 확대, 다연발로켓·패트리어트 미사일 등 첨단화, OTH레이더 생산 검토, 장비성능 향상(60년대 시작한 해상자위대의 WES, FRAM, 1981년도 시작한 항공자위대의 ASIP 등[84])에 집중 투자하는 등 종전의 질적 개

---

84) 장비품의 성능개선(upgrade)은 장비의 수명 연장과 무기 및 기재의 하이테크화(지휘, 정보처리시스템의 컴퓨터화 등)를 위한 것이다. 대표적으로 해상자위대의 함정에 도입된 WES(Weapon Entry System)는 표적위치 확인, 복수목표의 순위 결정, 공격무기 선택에 컴퓨터를 응용한다. CDS(Combat Direction System)는 일련의 수순을 모두 컴퓨터로 처리하여 WES방식의 에러 배제와 시간을 단축한다. FRAM(Fleet Rehabilitation And Modernization)은 미해군의 SLEP(Service Life Extension Program)을 본떠 전자기기·대공미사일·탑재기종 경신, 선체·엔진·발진장치 개조로 수명을 1/3 정도 연장한다. 항공자위대는 미공군의 ASIP(Aircraft Structural Integrity Program)을 도입하여 수명연장, 고성능 레이더 교환, 다목적 중앙컴퓨터 도입, 폭격 계산기능 부활 등을 F-4EJ에 적용한 바 있다(原田曉, 1991: 146-173).

선에 의한 군비 증강 방식을 견지하고 있는 점, ④ 방위당국의 여망에도 불구하고 당초계획을 앞당겨 수정하고 대폭적인 정비 보류를 결정하는 등 이미 냉전 종식의 영향력이 본격적으로 작용하고 있는 점이다.

3.3.2. 결과 평가

동 계획은 착수 2년 만에 정비규모 등을 대폭 수정하기도 했지만 예정대로 1995년 종료되었다. 기간 중에는 당초 책정된 경비규모(22조1700억 엔)를 훨씬 초과하는 22조9855억 엔을 사용했음에도 불구하고 실적은 목표에 크게 미달인 것으로 나타났다〈부록 2-7〉. 이는 국제정세의 변화 등을 반영하여 전반적인 규모를 축소한데다, 특히 1991년도에는 다국적군 지원의 일환으로 1000억 엔을 삭감하면서 장비조달 분야의 계획을 일부 취소했고, 이어 장비조달비의 경우 1991년 1조2000억 원대를 피크로 계속 축소하는 초유의 결정으로 1995년의 규모가 1985년(8,221억 엔)-1986년(8997억 엔)의 수준으로 되돌아갔기 때문이다〈표 4-4〉.

〈표 4-4〉 1991년-1995년간 용도별 방위비의 추이

(단위: 억 엔, %)

구 분	1991년	1992년	1993년	1994년	1995년
인건·양식비	17,568(40.1)	18,808(41.3)	19,396(41.8)	19,975(42.6)	20,714(43.9)
장비품구입비	12,162(27.7)	11,419(25.1)	10,792(23.3)	9,986(21.3)	8,699(18.4)
연구개발비	1,029(2.3)	1,148(2.5)	1,238(2.7)	1,255(2.7)	1,401(3.0)
시설 정비비	1,360(3.1)	1,617(3.6)	2,003(4.3)	2,006(4.3)	2,162(4.6)
영사. 피복비	857(2.0)	928(2.0)	963(2.1)	1,011(2.2)	1,039(2.2)
훈련활동비	6,111(13.9)	6,529(14.3)	6,578(14.2)	6,921(14.8)	7,275(15.4)
기지대책비	4,247(9.7)	4,515(9.9)	4,842(10.4)	5,050(10.8)	5,311(11.2)
기 타	526(1.2)	554(1.2)	594(1.3)	631(1.3)	635(1.3)
합 계	43,860(100)	45,518(100)	46,406(100)	46,835(100)	47,236(100)

* ( ) 내의 숫자는 점유율.
출처: 朝雲新聞社, 「防衛ハンドブック」(東京, 1993: 2001), p.223: 308 자료 종합.

이에 따라 장비화율도 떨어지고 세출화 경비 및 그 비중도 낮아졌다
〈표 4-5〉. 그만큼 여유가 생긴 예산은 인건비·기지대책비 등의 증액에
할당되었지만, 아직도 후년도부담의 비율이 높은 것을 보면 장기계획에
의한 고가장비의 조달은 계속되고 있음을 알 수 있다. 기간 중 전체 장
비조달비는 5조3056억 원(연평균 1조612억 원)으로서 전후 최대규모이
지만 장비예산이 중점 분야에 우선적으로 투자되었다는 의미가 된다.

〈표 4-5〉 1991년-1995년간 방위예산에 대한 항목별 비율

(단위: %)

구 분	1991년	1992년	1993년	1994년	1995년
인건·양식비	40.1	41.3	41.8	42.6	43.9
장비품구입비	27.7	25.1	23.3	21.3	18.4
세출화 경비	38.8	38.1	37.7	36.9	35.5
일반 물건비	21.2	20.6	20.5	20.4	20.7
후년도부담	65.3	62.5	61.4	62.3	63.0

출처: 각 년도 「防衛年鑑」(東京, 防衛年鑑刊行會)의 자료 종합.

즉 기존장비의 성능 향상을 위한 개량(주로 전자 분야)에 중점을 두며,
새 장비로는 다연발로켓시스템(36량)과 AWACS(4기)가 전량 조달되고,
FSX로 선정된 F-2 공동개발에 예산을 우선 배정하여 목표대로 1995년
첫 비행이 실시되었다. 장비구입비 축소에 따른 예산증액의 내역으로는
인건비(5년간 17.9%), 훈련활동비(19.1%), 영사·피복비(21.2%), 기지대
책비(25.1%), 연구개발비(36.2%), 미군주둔비(52.8%), 시설정비비(59.0%)
등 주로 유지운영비와 미군 지원의 비중을 높인 것으로 나타났다(朝雲新聞
社, 1993: 223; 2001: 308).

한편 2차례 중기방의 결과는 '대강'의 목표가 거의 달성되었다는 방위
당국의 평가(1995년 11월 28일 衛藤征仕郞 방위청장관)대로 냉전체제하
에서 군사력 증강이 획기적으로 진전되고 이를 바탕으로 냉전 이후에
대응하는 새로운 정비계획을 준비하는 단계로 볼 수 있다. 냉전 종식 이

후 미국으로부터 고가첨단장비의 직접 구입이 증가함으로써 장비조달원의 구성〈부록 4〉에 있어 국내조달 비율이 점증하던 이전의 추세와 달리 유상원조와 특히 미 군수기업으로부터의 일반 수입이 늘어나는 추세를 보였다. 이는 냉전 종식을 계기로 미국정부가 군사협력차원보다는 민간거래로 중점을 이동시키기 때문이며, 앞으로 군사협력 차원의 유상원조도 축소되는 반면 일반 수입이 대폭 증가할 것을 예고한다.

국내외정세의 급격한 변화를 사전에 예측할 수 없는 상황에서 방위력정비계획의 당초 목표를 달성하는 것은 애초부터 불가능한 것이었다. 더욱이 일본정부로서는 미국의 역내 군사전략 후퇴 결정에다 버블경제 붕괴로 인한 경제적 난관에 직면한 사정 등이 군비축소를 결정하지 않을 수 없었던 결과이다. 이러한 결과는 미국의 지원 후퇴와 경제 불황 하에서는 군비를 축소해 온 냉전시기의 관행과 일치한다고 할 수 있다.

그러나 기간 중 냉전 시기에는 불가능하다고 못 박던 파병이 실현됨으로써 "자위를 위한 필요 최소한", "범위를 일본 주변으로 제한" 등 기존의 헌법해석 틀이 무너졌다. 일본정부는 "유엔활동의 일환"이고 "무력행사와 일체화되지 않는다."는 점을 들어 기존해석의 변경이 아니라 했지만[85] 마지막 마지노선을 돌파한 것이다. 대응수단으로는 헌법해석의 방식보다 실정법에 의존할 수밖에 없게 되었으나 다만 초기에는 PKO협력법에 엄격한 제한규정을 두어 집단자위권 행사로 보이지 않도록 조심했다.[86]

---

85) 나카야마 외상은 1990년 10월 26일 중의원 유엔특위 답변에서 '참가'와 '협력'을 분리하여 무장한 유엔군 조직에 '참가'하면 '필요 최소'의 범위를 초과하지만, '협력'은 조직 밖에서 '참가'가 아닌 '지원하는 경우'도 있으므로 모두 불허되는 것은 아니라면서, 따라서 무력행사로 연계되지 않는 한 "기존해석의 변경은 아니다."고 주장했다.

86) 자위대원은 민간신분으로 참가하도록 했고, 본대(PKF)참가를 동결했으며 무기 사용도 아주 엄격했다.

제3절 미국의 일본 중시와 일본정부의 대응

1. 새로운 논의 동향: 미일안보체제의 강화

걸프전의 교훈으로부터 제기된 일본의 안보논의는 혼미를 거듭한 후 결국 호소카와(細川護熙) 수상에 이르러 방향을 잡게 되었다. 배경에는 걸프전의 시련에 이은 북한의 핵 의혹, 노동1호 미사일 발사실험(1993년 5월 29일) 등 긴장고조, 중국의 존재 등을 의식하면서 그동안 다소 소원했던 미일 간 안보협력 분위기가 점차 복원(1993년 9월 27일 미일 방위수뇌회담, TMD공동 연구를 위한 작업부회 설치 합의 등)되기 시작했고 이것이 일본 내에서 자위대 현역 및 방위당국의 입지를 강화시켜 주는 결과를 가져왔다(「朝日新聞」, 1994년 9월 15일).

1994년 2월 호소카와 수상은 수상의 사적 자문기관으로서 사회저명인사 9명으로 '방위문제간담회'(좌장: 樋口廣太郎 아사히맥주 회장)[87]를 구성하여 조직, 편성, 장비 등 일본의 방위 전반에 대해 검토하도록 했다. 그 결과는 하타(羽田 孜) 수상을 거쳐 무라야마(村山富市) 수상에게 보고서('일본의 안전보장과 방위력의 존재방식: 21세기를 향한 전망')로 제출(8월 12일)되었다(五百旗頭眞, 2000: 244-245).

보고서의 내용은, ① '세계적, 지역적 규모로서의 다각적 안보협력 추

---

87) 방위문제간담회는 1990년 책정된 중기방 계획에서 "장래 인적자원의 제약 증대 등에 대응하기 위해 자위관 정수를 포함한 방위력의 존재형태를 검토하고 계획기간 중 결론을 얻는다."고 한 규정이 결국 계획기간 종료 후에는 신"대강"을 책정한다는 의사로서, 1992년 중 중기방 전면 수정에 이르러 소련해체 등 정세변화도 포함하여 방위력 전반에 대해 검토하자는 취지로 발전함으로써 발족된 것이다. 멤버는 좌장: 樋口廣太郎(아사히맥주 회장), 좌장대리 諸井虔(秩父시멘트 회장) 및 위원 猪口邦子(죠지大 교수), 大河原良雄(經團連 특별고문), 行天豊雄(도쿄은행 회장), 佐久間一(NTT특별참여), 西廣整輝(도쿄해상화재 고문), 福川伸次(고베제강 부회장), 渡邊昭夫(아오야마학원大 교수) 등이다(防衛年鑑刊行會, 1996: 24, 51).

진'과 관련하여 UN평화유지활동에 적극 참여·군비의 국제적 관리 및 감시체제 강화·ASEAN지역포럼(ARF)과 아태안보협력회의(CSCAP) 등 지역적 대화 메커니즘을 통해 일본의 역할을 확대하고, ② '미일안보관계의 기능 충실'과 관련하여 아태지역으로서의 관계 확보 및 조약의 보다 원활한 운용을 위한 개선을 추구하며, ③ '정보능력 강화와 위기대처능력을 기초로 한 효율적 방위력'과 관련하여 기반적 방위력의 개념을 답습하면서 정보기능·침략위협의 조기 대처능력·위협 확대시의 탄력성이라는 관점에서 자위력을 개혁하고, ④ 'UN에서의 다각적 협력'과 관련하여 UN평화유지활동을 자위대의 본체업무로 하며, PKF를 포함한 PKO에 적극 참가(즉 전문 막료감부 창설, PKF의 본체업무 동결 조기 해제, UN평화유지활동을 위한 무기사용이 헌법 9조에 저촉되지 않는다는 해석을 통해)하는 것 등이다(진창수, 1999: 31).

보고서에 대한 일본 내의 반응은 긍정적이었는데, 국회에서도 상세한 설명을 요구했고 언론의 논조는 자위대의 요구에 따라 고가장비 도입을 제의한 점 등에 대해 문제를 제기하면서도 "넓은 시야에서 안보문제를 취급하려 한 점은 평가"(「朝日新聞」, 8월 13일), "국제적 상식을 바탕으로 제언한 보고서의 방향은 기본적으로 지지"(「讀賣新聞」, 8월 13일), "정부와 국회에서 본격적인 안보논의의 토대가 될 것으로 기대"(「日經新聞」, 8월 13일) 등 긍정적으로 논평했다.

그러나 미국으로부터는 보고서 중 다국 간 안보를 지향하고 있는 것이 기존의 미일동맹관계에 대한 위협으로 받아들여지면서 우려와 함께 시정하려는 움직임으로 나타났다. 즉 보고서에서 다국 간 안보협력이 미일안보관계보다 우선하고 있는 점을 일본이 미국으로부터 탈피하여 아시아로 향하려는 움직임이라고 이해했다(Mochizuki: 1997: 12). 또한 그 후 미국에서 죠셉 나이(Joseph Nye) 국방차관보의 주도로 작성(1995년 2월 28일)한 보고서[88] 등이 나와 미일안보 재정의(再定義)가

---

88) 미 국방부는 EASI-Ⅰ·Ⅱ를 통해 동아시아지역으로부터 미군병력 삭감계획을

이루어지는 한편, 나이 차관보가 직접 방일한 것도 미일방위협력의 유지 및 강화노선으로 일본을 되돌리는 것이 목표이었다고 할 수 있다(グリン, 1998: 68-69).

이를 계기로 미국이 이 지역에서 계속 영향력을 행사하려는 것임이 확인되었다. 일본경제의 장기불황에 따른 불안감도 있어 미일관계의 강화 필요성에 대한 일본정부의 인식이 제고되는 상황에서 일련의 사건(1995년 9월 오키나와 미군병사에 의한 소녀 폭행, 1995년 7월-1996년 3월간 대만해협에서 중국의 미사일 연습 등)은 이를 결정적으로 증폭시켰고, 신'방위계획의 대강'(1995년 11월)·미일안보공동선언(1996년 4월)·신 가이드라인(1997년 6월) 작성 및 후속입법 등을 통해 안보체제 강화로의 대응을 더욱 구체화시켜 나가게 된다(五百旗頭眞, 2000: 241- 245).

2. 신 '방위계획의 대강' 책정

2.1. 책정과정

'방위계획의 대강'을 수정해야 한다는 의견은 소련 붕괴(1991년) 후 다시 제기되기 시작하여, 당시 시행 중인 중기방위력정비계획을 수정 (1992년 12월)하면서 방위문제를 전반적으로 검토하자는 데 의견이 일치했다. 이에 따라 방위청의 '신시대의 방위를 말하는 회'(1993년 6월

발표한 바 있어 이에 따른 문제점들을 시정하기 위해 미일안보를 재정의하는 작업으로서 1995년 2월 28일 국방차관보 나이가 주도(Nye Initiative)한 보고서 "동아시아전략보고(EASR)"를 발표했는데, 일본에 대한 주요 내용은 ① 이후 20년에 걸쳐 미국이 아시아에서 전방전개전력으로서 10만 명 규모의 미군을 유지할 것이라는 점, ② 이런 병력의 유지·운용을 지원하기 위한 미일 간 긴밀한 협력이 필요하다는 점, ③ 아태지역의 다각적 안보협력을 위한 대화촉진으로 신뢰양성을 발전시키는 중요성을 인정하는 점 등이다(防衛年鑑刊行會, 1996: 105-107).

방위국장 주관으로 설치), 호소카와 수상 하의 '방위문제간담회'(1994년 2월 구성), 방위청장관의 '방위력의 자세 검토회의'(2월 설치, 의장: 장관) 등이 각각의 관점에서 작업을 본격화해 나갔다.

이 성과를 토대로 1995년 6월 안전보장회의는 '금후 방위력의 자세'에 대해 정부입장에서 검토하기 시작하여 관계부처 간의 의견 조정과 총 10차례의 회의를 통해 정부안을 완성했고, 각의 승인(11월 28일)을 통해 신방위계획의 대강('1996년도 이후에 관한 방위계획의 대강에 대하여')을 결정했다(朝雲新聞社, 2001: 29).

2.2. 주요 내용

신'대강'의 주요 내용은 다음과 같다(朝雲新聞社, 2001: 29-38).

'책정취지'로는 ① 대강 책정 약 20년이 경과한 시점에서 냉전종결 등 국제정세변화로 이후 방위계획의 자세에 대한 새 지침을 제시한다는 것, ② 미일안보체제의 신뢰성 향상에 배려하고 방위력의 적절한 정비·유지·운용으로 일본방위의 만전과 국제사회 평화와 안전에 기여하도록 노력할 것을 제시했다.

'국제정세'에 대해서는, ① 냉전종결로 세계적 규모의 무력분쟁 발생 가능성은 희박하나 지역분쟁, 핵 등 대량 파괴무기, 미사일 등의 확산으로 국제정세는 불투명하고 불확실한 점, ② 안보 면에서 군비관리·군축·지역안보체제를 활용하고, 각급 대화 확대, 유엔의 역할 진전, 지역분쟁 등에 대한 강대국의 대응능력 확보 노력과 함께 특히 미국이 강대한 힘을 배경으로 세계평화와 안정에 역할을 수행하는 점, ③ 그러나 러시아의 군사력 감축에도 불구, 핵전력 등 대규모 군사력이 존재하고, 확충 및 근대화에 주력하며, 한반도의 불투명하고 불확실한 요소로 일본안전에 영향을 줄 수 있기 때문에 2국 간 대화 확대와 함께 미일 간의 안보체제 및 긴밀 협조가 계속 중요하다는 점을 제시하고 있다.

'일본방위력의 역할'로서는 ① 현 헌법 하에서의 안보기반 확립, 전수방위, 군사대국 부정을 기본이념으로 미일안보체제 견지, 문민통제 확보, 비핵3원칙 준수, 절도 있는 자주적인 방위력 정비 등의 기본방침을 견지(이상 '기본방침')하고, ② 방위력의 규모와 기능은 기존 '대강'의 기반적 방위력 구상을 답습하면서 안보상의 다양한 사태, 과학기술 진보추세, 젊은 세대의 인구 감소, 어려워진 경제재정적 사정 등에 가장 효율적이고 적절한 방위력과 일본방위를 기본으로 하지만 국제사회 및 국내의 대규모 재해 등에 대처할 필요성에 따라 합리화·효율화·콤팩트화·필요기능의 충실·질적 향상·적절한 탄력성 확보로 조정(이상 '방위력의 자세')하며, ③ 미일안보체제의 신뢰성 향상을 위해 '정보교환', '정책협의 충실·공동 연구·연습·훈련 및 운용협력태세 구축', '장비·기술의 폭넓은 교류', '주일미군을 위한 각종 시책 실시'에 노력(이상 '미일안보체제')하고, ④ 일본방위로는 미일안보체제와 함께 침략의 미연방지, 핵위협에는 핵군축과 미국의 억지력에 의존하고, 간접침략 및 군사력에 의한 불법행위에 즉응하여 조기에 사태를 수습하며, 직접침략에는 즉응 행동하고 미국과 적절한 협력 하에 조기 배제하며, 대규모재해에는 관계기관과 협조 하에 민생안정에 기여하며, 주변지역사태에는 유엔활동을 지지하고 미일안보체제의 운용을 통해 대응하며, PKO협력, 안보대화. 방위교류로 관계국과의 신뢰구축, 대량 파괴무기·미사일 확산방지, 지뢰 등 규제·관리를 위한 유엔 및 국제기구의 제반 활동에 협력(이상 '방위력의 역할')할 것 등을 열거하고 있다.

'보유해야 할 방위력의 내용'으로는 편성·장비 등의 구체적 규모를 명시〈표 4-6〉하는 한편 이러한 방위력의 정비·유지 및 운용에 있어서는 ① 경제사정과 여타 시책 간 조화, ② 지자체 등 공공단체와의 협력을 통한 시설 정비, ③ 장비품 조달은 비용 대 효과로 판단하고 조달가격을 억제(국산화를 통한 방위생산 및 기술기반 유지에 배려), ④ 기술진보의 추세에 대응한 질적 수준 유지향상을 위해 기술연구개발에 충실, ⑤ 수정이 필요한 경우에는 정세에 맞게 새로 검토할 것 등을 강조하고 있다.

신'대강'에 나타난 특징은 ① 구대강보다 미일안보체제의 비중을 강조하고 신뢰양성의 구체적 시책(정보교환, 정책협의, 공동연구, 연습, 훈련, 상호협력, 효과적인 운용협력태세 구축, 장비·기술의 폭넓은 교류, 주일미군활동 지원)을 열거하여 냉전 종식의 혼란으로부터 미일동맹체제의 강화 쪽으로 방향 설정했음을 확인해 주는 점, ② 자위대의 본래 임무(침략 저지) 외의 영역을 구대강보다 확대하여 대규모 자연재해, 테러리즘에 의한 특수재난, 인명·재산보호를 필요로 하는 각종 사태, PKO업무, 국제긴급 구조 등 유엔평화유지활동을 자위대의 역할에 포함시킴으로써 걸프전 이후 국제역할·고베지진·사린개스사건·자연재해에 따른 위기대응 필요성 및 이에 대한 국민의식의 변화(1995년 7월 내각관방 광보실의 조사결과, 자위대의 재해파견: 88.7%, 국제공헌: 74.7%, 사린개스 사건 파견활동: 76.6% 지지)를 적극 반영시키고 있는 점, ③ 자위대 전력을 합리화·효율화·콤팩트화, 필요기능 충실, 질적 향상, 적절한 탄력성을 확보하게 하고 육상자위대 정원을 현실화하여 축소(18만 명→16만 명)하면서 무기장비의 조달에서도 수량 위주의 종전방침을 바꿔 공중급유기·장거리 수송기 도입, TMD 참가 등을 통한 질적 고도화·기동화를 지향하고 있는 점이다.

〈표 4-6〉 신·구 '방위계획 대강'의 정비규모 비교

구 분		항 목	신"대강"	구"대강"
육상자위대	자위대원	정 수	16만 명 (상비14만5000명, 예비 1만5000명)	18만 명
	기간부대	평시지역배치부대	8개 사단 6개 사단	12개 사단 2개 혼성단
		기동운용부대	1개 기갑사단 1개 특과단 1개 공정단 1개 교도단 1개 헬리콥터단	1개 기갑사단 1개 특과단 1개 공정단 1개 교도단 1개 헬리콥터단
		저공역방공용지대공유도탄부대	8개 고사특과군	8개 고사특과군
	주요장비	전 차 주요 특과장비	약 900량 약 900문/량	불명시(약 1200문, 약 1000문/량)
해상자위대	기간부대	대잠수상함정부대(기동운용) 대잠수상함정부대(지방대) 잠수함부대 소해부대 육상대잠기부대	4개 호위대군 7개 대 6개 대 1개 소해대군 13개 대	4개 호위대군 10개 대 6개 대 1개 소해대군 16개 대
	주요장비	대잠수상함정 잠수함 작전용항공기	약 50척 16척 약 170기	약 60척 16척 약 220기
항공자위대	기간부대	항공경계관제부대	8개 경계군 20개 경계대 1개 비행대	28개 경계군
		요격전투기부대	9개 비행대	10개 비행대
		지원전투기부대	3개 비행대	3개 비행대
		항공정찰부대	1개 비행대	1개 비행대
		항공수송부대	3개 비행대	3개 비행대
		경계비행부대	항공경계관제부대에 편입	1개 비행대
		고공역방공용 지대공유도탄부대	6개 고사군	6개 고사군
	주요장비	작전용항공기(그중 전투기)	약 400기(약 300기)	약 430기(불명시)

출처: 朝雲新聞社, 「防衛ハンドブック」(東京, 2001), p.26, p.39.

3. 미일안보공동선언과 신가이드라인 책정

3.1. 미일안보공동선언

냉전 종식 이후 전개되고 있는 역내정세와 이에 따른 미일 양국관계의 방향설정을 모색하는 현상은 잡다한 과정의 반복을 거쳐 결국에는 미일 안보조약을 존속시켜 실효화한다는 내용의 관계 강화로 수렴되고 말았다. 무라야마(사회당) 연립내각을 끝내고 자민당정권으로 복귀(1996년 1월) 한 강경파 하시모토(橋本龍太郎) 내각은 이를 방위정책의 환골탈태 기회로 포착했다. 일본정부는 이를 공식화하는 양국 간의 절차로서 1996년 4월 클린턴 대통령과 하시모토 수상 간의 정상회담 후에 발표(4월 17일, 도쿄)된 '미일안전보장공동선언－21세기를 향한 동맹'으로 마무리했다.

〈표 4-7〉 미일안보공동선언의 주요 내용

주요 항목	협력 내용
미일동맹, 상호협력 및 안전보장	유효성 재확인, 미군 10만 명 동아시아 전방전개, 전시지원 협정(WHNS)의 일본 및 아태지역 안보에 기여 확인
지역정세	한반도, 미해결 영토문제, 잠재적 지역분쟁, 대량 파괴무기 및 그 운반수단이 지역안보 위협요인
미일안보관계에 기초한 2국 간 협력	아태지역 군사정보의 분석, 교환 방위정책, 주일미군 구성 등 군사태세 협력 미일방위협력지침 개정 합의 유사연구, 정책협조 필요성 인식 물품역무융통협정(ACSA) 체결 평가 F-2 등 군사기술협력 강화 촉구 TMD 공동개발 촉진
(오키나와문제에 공동대응)	(주일미군의 주둔과 지위문제 협력, 국민지지, 이해여론 필요인식, 기지정리, 통합, 축소 실행 재확인, 오키나와특별행동위원회(SACO)활동에 만족)
지역문제 협력	중국의 적극적, 건설적 역할 강조, 일. 러관계의 완전 정상화, 한반도 안정, ARF NEASD 등 다자 안보대화 및 협력을 발전시키기 위한 작업계속
지구적 규모의 협력	PKO, 난민원조 등 국제기구 계속지원, 핵실험 전면 금지조약 등 군축에 노력

출처: 防衛年鑑刊行會, 「防衛年鑑」(東京, 1997), pp.38-41의 자료로 작성.

　주요 내용은 ① 오키나와기지의 정리축소를 확인(소녀폭행사건이 제기한 기지문제에 대해서는 계속 공동대처)하고, ② 아태지역의 평화와 안정을 위해 10만 명 수준의 미군을 아시아에 유지하며, ③ 미일 간 신방위협력지침(가이드라인)을 책정하기로 하고, ④ 대만해협의 위기(중국의 포격에 의한) 등과 같은 무력에 의한 문제해결을 허용하지 않는다는 의사를 양국 간에 증명하는 것이었다(防衛年鑑刊行會, 1997: 38-41). 그 내용을 정리하면 〈표 4-7〉와 같다.

3.2. 신가이드라인 책정

　안보공동선언에서 밝힌 신가이드라인의 책정작업은 미일방위협력소위원회의 공동작업으로 착수(1996년 6월 28일)되어 제1차 진척사항(1996년 9월 19일) 및 제2차 중간보고(1997년 6월 7일)를 거쳐 1997년 9월 23 미일안보협의위원회의 승인 후 최종보고로 발표되었다.

　지침은 '목적', '기본전제 및 원칙', '평시협력', '일본에 대한 무력 공격에 대한 대처행동', '일본의 평화와 안정에 중대한 영향을 미치는 주변사태시의 협력', '지침 하에서 행해지는 효과적 방위협력을 위한 미일공동의 프로그램', '지침의 적시 적절한 재검토' 등 항목으로 구성되어 있다. 내용은 평시 및 일본에 대한 무력 공격과 주변사태 발생시 보다 효과적이고 신뢰성 있게 협력하기 위한 양국의 역할, 협력 및 조정자세에 관한 일반적 틀과 방향을 제공하는 사항을 기술한 것이다〈표 4-8〉.

　구지침과 비교하여 특히 다른 점은 ① 구지침에서는 일본유사시의 대처에 중점을 둔 데 비해 신지침에서는 일본의 역할을 주변사태에서 미군에 대한 물자수송·수급 등 후방지역 지원이나 민간공항·항만의 시설 제공까지도 포함하여 자위대의 역할을 확대한 점, ② 침략에 대해 구지침의 '일본의 독자 배제'에서 신지침은 '조기 공동으로 배제'한다고

하여 양국 군의 초기 공동작전행동을 원칙으로 하고 있는 점, ③ 주변 유사의 개념을 구지침에서는 '일본 밖의 극동'이라고 했으나 신지침은 일본의 평화와 안보에 중요한 영향을 미칠 수 있는 '일본을 둘러싼 지역'이라 하여 지리적 개념이 아닌 상황적 개념이라고 포괄적으로 규정한 점, ④ 구지침에서는 입법화하지 않은 관련 내용을 신지침은 3가지(주변사태법, ACSA, 자위대법 개정법률)로 법제화(1999년 5월 28일)하여 그 실행성을 보다 구체적으로 뒷받침한 점이다.

<표 4-8> 신·구가이드라인 비교

구 분	구가이드라인	신가이드라인
평시 (침략 미연 방지)	일본은 자위에 필요한 범위 내에서 방위력을 보유하고 미군시설의 안정적 사용을 위해 노력 미국은 핵 억지력 보유와 함께 즉각 대응부대 전방전개, 증원병력 보유 양국은 무력 공격 대비, 작전·정보·후방지원 분야 협력태세 정비	일본은 자위력을 유지, 미국은 핵 억지력과 전방전개 병력 유지 및 지원병력 보유 국제정세정보교환 확대, 방위정책 ·군사태세 관련 협의 및 공동훈련강화, 미일 간 협력 메커니즘 구축 PKO 인도적 국제구원활동 협력
일본 유사	일본은 한정적·소규모 침략을 자력으로 격퇴하고 자체 역량으로 격퇴 곤란 시 미국의 협력으로 격퇴 자위대는 일본 영역과 주변해역 방어, 미군은 자위대작전 지원 및 기능 보완 양군은 각기 지휘계통에 따라 행동 보급·수송·장비·시설제공 등 후방지원	일본은 주도적으로 침략을 조기 배제하며 미국은 최초 단계부터 일본에 적절히 협력(초기공동작전) 자위대 일본영역과 주변해역 방어, 미군은 자위대작전지원과 기능보완 양군은 적시·적절하게 방위력을 각기 운용 보급·수송·장비·시설제공 등 후방지원 및 C^4 I 향상 노력
일본 주변 유사 시	일본 이외의 극동지역사태가 일본안전에 영향을 미치는 경우 미군에 대한 편의제공방법 공동연구 추진(의무적인 것은 아니고 구체적 방안은 미결정)	공동방위범위: 극동→일본 주변지역(지리적 개념이 아닌 상황에 근거) 협력내용: -군사정보제공, 영해 및 일본선박의 안전운행 등을 위한 공해상 기뢰 소해, 유엔결의에 따른 수상한 선박 임검 실시 등 작전협력 -기지, 시설 추가제공, 민간항공·항만사용·보급·수송·정비·의료·경비 등 후방지원 -일본영토 내나 전투지역에서 벗어난 해역에서 조난병사 수색·구난 -분쟁 시 양국이 각자 자국민 소개를 우선하고 사태에 따라 양국이 협력 대응 등 세부항목 40개 열거

출처: 防衛年鑑刊行會, 「防衛年鑑」(東京, 1997), pp.116-120의 자료로 작성.

4. 후속 입법조치

미일 간 안보공동선언과 신가이드라인 채택의 핵심은 결국 탈냉전 이후 미국이 일본에 대해 불만을 표시해 온 자위대의 인적 공헌문제와 관련하여 그 실천방안을 조정하는 내용이었다. 가이드라인 개정을 계기로 미일 간에는 공동작전의 필요성을 절감하게 되었는데, 주일미군 부사령관과 자위대 통합막료회의 사무국장이 중심이 되어 한반도의 정세급변을 상정한 「미일공동작전계획 5055」 작성에 착수(2002년 완성)했다.

한편 일본정부는 미국의 요구를 전폭 수용하면서 지난번 가이드라인 책정 시와는 달리 이번에는 주변사태법 등 후속입법(1999년 5월)을 통해 그 실천의지를 제도적으로 뒷받침해 나갔다. 탈냉전 이후 자위대와 관련한 일본정부의 법제화 내용을 정리해 보면 다음과 같다.

4.1. 자위대의 PKO 참가 관련법 제정

일본정부는 걸프전에의 적절한 대응에 실패한 후 어떻게든 자위대 해외파병을 실현하기 위해 'PKO협력법'을 성립(1992년 6월 15일)시켰다. 이로써 전혀 불가능하다고 못 박아온 자위대의 해외활동이 허용되고, 그동안의 헌법 재해석 방식에서 벗어나 방위당국이 촉구해 온 자위대관련 법제화가 확대되는 계기로 작용한 점에서는 획기적인 변화이다.

반면 초기 대내외 여론은 자위대의 활동범위 확대에 아주 조심스러워 이를 의식한 연립 3당이 절충과정에서 자위대원은 민간신분으로 협력대에 참가하는 형식을 취하고, 자위대의 평화협력군 본대(PKF) 참가를 동결하며, 무기사용도 엄격히 제한했다. 또한 미국의 압력에 따라 어떻게든 파병을 실현시키려 하다 보니 자위대의 파병에 대한 사항은 한시법이 되고 말았다. 따라서 초기에는 기존의 억제적 요소가 어느 정도 유지된 것으로 볼 수 있다.

물론 동 법을 근거로 자위대의 캄보디아 파견이 실현되어 기존의 '필요 최소'의 범위를 넘는 활동이 최초로 공식 인정되고, 파병이 거듭되면서 무기사용 등의 조건을 완화해 달라는 요구도 확대되었다. 마침내 동 법의 개정(2001년 12월 7일)으로 자위대의 PKF 참가와 무기사용이 허용되어 분쟁지역에서 명실상부한 일본군대로서 행동할 수 있는 근거가 확립되었다. 그러나 초기에는 미국의 요구에 따라 미군 지원에 중점을 두었고 자주방위보다 대미추수에 머무는 수준이었던 것이다.

4.2. 가이드라인 개정에 따른 관련법(주변사태법 등) 제정

미일 양국이 합의하여 방위협력지침(구가이드라인)을 개정(1997년 9월)한 것은 냉전종결에도 불구하고 중국(1995년 7월 – 1996년 3월간) 및 북한의 미사일 발사((1993년 5월 29일 노동미사일 및 1998년 8월 대포동미사일) 등 역내정세 유동화에 공동 대응하기 위한 것이다.

일본정부는 신가이드라인의 효율성 확보를 위해 관련 사항의 국내법제화에 나서, 1999년 5월 주변사태법 및 물품서비스상호제공협정(ACSA)개정안, 그리고 자위대법개정안을 성립시켰다. 주변사태법은 주변국과 미군 간 분쟁 시 자위대의 미군 지원을 구체적으로 규정하고 있다. 특히 ① 주변의 개념을 종전의 '지리'가 아닌 '사태'라고 모호하게 표현함으로써 지금까지 한정해 온 지리적 범위('일본 주변')에 구애되지 않게 되었고, ② 자위대활동을 '후방지역지원'과 '수색 구조 활동'으로 나누어 지원항목〈표 4-9〉을 동 법의 별표에 세세히 열거하면서 내용을 확장한 점이 특징이다.

또한 주변사태가 평시도 유사시도 아니므로 동 법이 유사법제는 아니나 미군 지원을 명분으로 장래의 유사사태에 대비한 자위대의 현재

행동을 정당화하고 해외활동여건도 확대해 줌으로써 유사시 대외 대응을 위한 독자적인 결정 영역을 마련하려 한 측면도 엿보인다. 아울러 물품서비스상호제공협정(ACSA)과 자위대법의 관련 조항을 개정한 것은 주변사태법 등의 원활한 추진을 위한 부수적인 조치이다.

<표 4-9> 별표 1·2의 내용

종 류	후방지역지원 내용(별표 1)		후방지역수색 구조활동 내용(별표 2)
보 급	급수, 급유, 식사의 제공 및 이와 유사한 물품 및 역무 제공		
수 송	인원 및 물품의 수송, 수송용 자재 제공 및 이와 유사한 물품 및 역무 제공		
수리정비	수리 및 정비, 그 기기, 부품 및 구성품 제공, 이와 유사한 물품 및 역무제공		
의 료	상병자에 대한 의료, 위생기구 제공, 그와 유사한 물품 및 역무 제공		
통 신	통신설비 이용, 통신기기 제공, 이와 유사한 물품 및 역무 제공		
공항·항만 업무	항공기 이·발착, 선박 출입항 지원, 적재작업, 이와 유사한 물품 및 역무 제공	숙 박	숙박설비 이용, 침구 제공, 이와 유사한 물품 및 역무 제공
기지업무	폐기물 수집 및 처리, 전기공급, 이와 유사한 물품 및 역무 제공	소 독	소독, 소독기구 제공, 이와 유사한 물품 및 역무 제공
비 고	무기탄약 제공 및 물품·역무제공 중 공해와 그 상공에서 행하는 수송(상병자수송 중 의료지원 포함)을 제외하고 일본영역에서 제공(전투발진준비 중의 항공기 급유·정비 제외)	무기, 탄약 제공은 포함되지 않음. 물품 및 역무 제공에는 전투발진준비 중의 항공기에 대한 급유 및 정비	

※ 당초안에는 자위대의 '선박검사활동'이 포함되었지만 연립여당 간의 입장 차로 무산되었다. 그 후 2000년 12월 '선박검사활동법'[89]을 별도로 법제화함으로써 당초 의도가 실현되었다.

---

89) 이 법률(7조 3부칙)은 외국선박(군함 제외)에 대해 자위대가 강제력을 발휘한다는 점에서 획기적이다. 다만 연립 공명당 등의 지지를 얻기 위해 ① 유엔결의나 기국(피검사 선박국)의 동의 필요, ② 무기사용을 통한 선박정지 불가능(상대가 무기를 사용하면 정당방위로 무기사용 허용), ③ 선박승무원의 신병 확보는 불가능 등 제한을 가하고 있어 일본정부가 의도했던 임검과는 다소 차이가 있다. http://www2.odn.ne.jp/syuhen/doc/senpaku.htm9(검색일 : 2003. 8. 8).

5. 신 '방위계획의 대강' 하의 방위력정비계획

이상과 같은 과정을 거쳐 일본은 냉전 종식 이후에도 미국과의 동맹 관계를 계속 유지하고, 이전보다도 미국과의 관계를 긴밀화하는 방향으로 진전시켰다. 이는 소련 붕괴로 상실된 일본의 전략적 가치가 탈냉전 이후의 역내정세(북한의 핵 문제, 중국의 존재 및 거대화 가능성 등)에 대한 공동대응 필요성과 미국의 유일패권전략 하에서 동맹으로서의 새로운 가치를 다시 인정받게 된 것이라고 평가할 수 있다.

또한 미일협력의 범위가 종전의 '지리적 개념'이 아닌 '상황적 개념'으로 확대되면서 자위대의 작전반경도 확장될 수 있는 여지를 확립함으로써 사실상 공간적 제한이 무의미해졌다.

이러한 변화는 일본의 군비 증강 추진에 있어 미국의 역할이 더욱 강화되고 후방지원에 대한 세세한 규정에서 보듯이 일본의 지원업무 및 공동작전 등 역할반경의 확대와 이에 소요될 무기장비의 기종 및 성능향상 요구도 새로이 제기될 것임을 예고하는 것이다. 또한 이는 일본의 군비 증강 결정에 있어 '미국의 요구'와 '경제적 제약' 등 기존변수의 역할이 회복되었음을 의미하며, 오히려 그 영향이 더욱 강화될 가능성을 예상하게 한다. 기존변수의 역할에 대해서는 실제 방위력정비계획 등 일본정부가 군비 증강을 추진하는 과정에서 결정하는 내용을 통해 그 실태를 구체적으로 점검할 수 있을 것이다.

5.1. 제1차 신중기방위력정비계획(1996년-2000년)

신'대강'이 책정되고 나서 안전보장회의는 방위력정비계획을 신'대강'이 정한 새로운 수준으로 원활하게 이행할 수 있도록 배려하고 합리화·효율화·콤팩트화를 추진한다는 것 등을 계획의 기본으로 하여 신중기방위력정비계획을 작성하고 심의를 거쳐, 1995년 12월 14일 최종 결정한 후 각의의 승인(12월 15일)을 받았다. 그러나 계획시행 만 2년의 시점에서 국내경제사정이 더욱 악화된 점을 반영하여, 당초 시행 3년 후 시점에서 재검토하기로 한 것을 앞당겨 수정했다. 안전보장회의와 각의는 사업취소 등 정비규모의 재조정을 결정하고 경비를 축소하여 1997년 12월 19일 최종 확정했다.

5.1.1. 계획의 주요 내용

'계획의 방침'으로서 ① 신대강의 취지에 맞춰 기간부대 및 주요 장비 정비에서 합리화·효율화·콤팩트화 추진, ② 다양한 사태에 대응한 필요기능 충실 및 질적 향상, ③ 교육훈련으로 요원과 장비 유지, 즉응성 높은 예비자위관 확보로 탄력성 제고, ④ 미일안보체제의 신뢰성 향상시책 추진, ⑤ 보다 안정된 안보환경 구축시책 추진, ⑥ 어려운 재정사정 등을 감안하고 여타 시책과 조화로 절도 있는 방위력 정비에 노력 등을 강조하고 있다.

'기간부대 개편'은, 육상자위대의 경우 ① 2개 사단을 여단으로 개편하되 1개 여단은 공중기동성여단으로, 개편된 사단 및 여단의 일부 부대를 즉응성 높은 예비자위관을 주체로 편성, ② 편성 정수 및 자위관의 정원을 단계적으로 축소하여 계획기간 말 정수가 약 17만2000명(상비자위관 16만7000명, 즉응자위관 5000명) 정도가 되도록 하며, 상비자위관 충원은 정원삭감으로 계획기간 말 약 14만7000명 정도를 목표로 조정한다. 해상자위대는 ① 2개 호위함대(지방대) 폐지·잠수함부대에 교육부대 신편, ② 기동적으로 운용되는 소해부대를 1개 소해군으로 집약화·고정익초계기부대의 1개 항공대 폐지·고정익 및 육상 회전익초계기부대의 각 1개 항공대를 교육부대로 조정하여 전문 탑승원을 양성한다. 항공자위대는 ① 경계관제부대 중 2개 방면대의 일부 경계군을 경계대로 조정, ② 요격전투기부대의 1개 비행대를 폐지한다. 또한 각 자위대 통합과 유기적 운용을 위해 통합막료회의의 기능 충실을 검토한 후 조치 강구하도록 제시했다.

'주요 사업'에 대해서는 내용을 설명하고 그에 따른 정비규모를 별표 〈부록 2-8〉로 명시했는데, 주요 내용은 다음과 같다.

첫째, '방공요격능력'에 있어서는 ① 장래의 기술적 수준동향에 대응하여 현유 요격전투기(F-15)를 유효하게 활용하기 위해 근대화 개수, ② 현유 지대공유도탄 패트리어트의 능력 향상과 호크의 개선용 장비품 정비 및 단거리지대공유도탄 개선용 장비품·근거리지대공유도탄·고사기관총 등을 정비한다.

둘째, '주변해역의 방위능력 및 해상교통의 안전 확보능력'으로서 ① 호위함·잠수함·소해정·미사일함 등 건조 및 호위함부대 전반의 효율화를 위해 근대화 경신 추진, ② 초계헬리콥터(SH-60J) 정비·현유 고정익초계기(P-3C)의 능력향상을 위한 개수·후계기를 검토한 후 필요조치를 강구한다.

셋째, '착상륙공격 대처능력'으로서 ① 현유 지원전투기(F-1)의 후계기로 F-2 및 지대공유도탄(SSM-1) 정비로 양상·수륙격파능력 향상, ② 화력·장갑기동력·대전차화력 향상을 위해 노후장비 경신 근대화 및 화포·다연발로켓·전차·장갑차·다목적유도탄시스템 등 대전차무기를 정비하고, 공중화력 향상을 위해 대전차헬리콥터(AH-1S)를 정비한다.

넷째, '수송력 및 기동력'으로서 수송헬리콥터(CH-47J)·수송함 정비, 수송기(C-1)의 후계기 검토 후 필요조치를 강구하고, 공중급유기의 성능과 운용구상 등에 대해 검토 후 결론을 내려 대처한다.

다섯째, '정보·지휘통신능력'으로서 ① 고정식 3차원레이더장치 및 이동식경계감시시스템·조기경계관제기의 운용태세 정비·함정과 항공기 등에 의한 주변 해공역의 감시태세 충실·경계관제부대의 효율화 및 합리화를 위한 필요조치 강구, ② 기존 정보조직 개편·중앙정보조직 신편 및 기능 충실화·정보부대의 효율적 체제 정비·각종 정보수집수단 정비·능력 있는 정보전문가 확보, ③ 방위청 본청사 이전에 따른 신중앙지휘시스템 정비·방위통합디지털통신망(IDDN) 정비·지휘기능 충실·위성통신 이용 등 시책을 추진한다.

여섯째, '계전(繼戰)능력' 확보방안으로서 탄약 정비 등 각종 시책을 추진한다.

일곱째, '교육훈련체제'의 효율화·합리화를 위해 전투부대가 보유하고 있는 장비와 같은 것을 훈련부대에서도 보유하고 그 일환으로 요격전투기(F-15DJ)·지원전투기(F-2) 정비, 중등연습기(T-4)·훈련지원함·각종 훈련용기자재 정비 및 교육훈련환경을 개선한다.

여덟째, '구난체제'의 향상 및 효율화를 위해 구난비행정(US-1A)·구난헬리콥터(UH-60J)·구난수색기(U-125A) 등을 정비한다.

아홉째, '인사 및 위생'과 관련하여 자위대원의 처우개선·타성청 및 민간과의 교류·숙사 등 건설 및 개수·후생시설 등의 정비와 충실을 기한다.

열째, '시설'과 관련하여 노후건물 교체·부대편성에 필요한 시설 정비·탄약시설 및 훈련시설 등 정비를 도모하고 기지주변대책을 추진한다.

열한째, '기술연구개발'로서 신중거리지대공유도탄 등 각종 유도탄·구난비행정(US-1A) 등 장비와 기자재의 라이프사이클코스트 억제를 염두에 두고 연구개발을 추진하고, 기술진보추세를 감안한 첨단기술 확립을 위해 기술실증형 연구 등 각종 연구를 시행한다.

열두째, '미일안보체제의 신뢰성 향상을 위한 시책'으로서 ① 정보교환·정책협의 충실, ② 공동연구·공동연습·공동훈련 및 이를 위한 상호협력 충실로 효과적인 협력태세 구축, ③ 장비와 기술 면에서의 폭넓은 상호 교류, ④ 주일미군 주둔 지원, 오키나와의 시설 및 구역의 정리·통합·축소 등 원활하고 효과적인 미군 주둔을 위한 시책을 추진한다.

열셋째, '재해구원 등'과 관련하여 적시 적절한 재해구난 등 시책을 실시한다.

열넷째, '더욱 안정된 안보환경 구축에 공헌'하기 위해 ① 적시적절한

242

국제평화협력사업 등 시책 실시, ② 안보대화·방위교류·주변국과의 신뢰관계 증진 도모, ③ UN·국제기관 등의 군비관리 및 군축 분야 등 제반 활동에 협력한다.

기타 ① 탄도미사일방어(BMD)의 유용성과 비용 대 효과 등에 대해 종합적인 견지에서 검토하여 결과를 내리고, ② 장비조달가격 등 억제를 위한 정보화 및 효율적인 조달보급태세의 정비에 노력한다.

'소요경비'로서는 약 25조1500억 엔을 책정하고 경비의 억제노력을 촉구하는 한편, 예측이 어려운 사업에 대한 대응 및 보다 안정된 안보 환경 구축에 공헌하는 사업에는 안전보장회의의 승인을 얻어 1100억 엔을 한도로 조치할 수 있도록 했다.

또한 이에 앞서 안전보장회의와 각의는 12월 14일 지원전투기 F-2 조달을 방위청 요구보다 11기 삭감한 130대로, 요격전투기 F-15의 조달을 210기(1992년 12월 18일 결정)에서 213기로 증가하도록 승인했다 (朝雲新聞社, 2001: 121-127).

한편 1997년의 수정에서는 중앙 및 지방공공단체의 재정위기상황으로 강력한 경제 구조개혁이 시급하기 때문에 대강에서 정한 방위력 수준을 전체적으로 유지하면서 완만한 형태의 정비를 추진하여 방위력의 탄력적 운용을 염두에 두고 일부 사업을 보류하며, 소요경비도 9200억 엔을 삭감하여 24조 2300억 엔으로 축소했다(朝雲新聞社, 2001: 128- 131).

이 계획의 특징은 ① 신대강 책정과 거의 동시에 작성된 계획인 만큼 전반적으로 대강의 취지를 부연 설명하는 내용이나, 미일 간 관계강화 합의 전에 확정되었다는 사정도 반영하여 아직은 전번 중기방위력 정비계획의 틀을 거의 그대로 유지하고 있는 점, ② 신대강의 취지에 맞추어 장비조달보다는 병력삭감 및 부대 조정에 치중하면서 미국과의 관계강화 등을 통한 안정화를 거듭 강조하고 있는 점, ③ 정비규모를 대폭 축소하는 대신 첨단장비(F-2전투기, AWACS, 이지스함 등)로 고성능화를 추진하여 방위력의 내실화에 주력하고 있는 점 등이다.

5.1.2. 결과 평가

신중기방위력정비계획은 중간 수정을 거쳐 2000년 종료되었다. 기간 중 상비자위관 수는 '대강'이 정한 대로 16만7383명까지 줄였고, 지출은 책정규모(24조 2300억 엔)를 초과한 24조5578억 엔을 사용했다. 주요 장비는 최초 미일공동개발 전투기 F-2를 비롯하여, AWACS, 항모급 상륙함('오스미'), 이지스함 4척이 예정대로 새로 취득되었다. 그러나 전반적 달성도는 목표에 미달이다〈부록 2-8〉.

〈표 4-10〉 1996년-2000년간 방위예산의 항목별 추이

(단위: 억 엔, %)

구 분	1996년	1997년	1998년	1999년	2000년
인건·양식비	20,760(42.8)	21,260(43.0)	21,739(44.1)	21,674(44.1)	22,034(44.8)
장비품구입비	9,157(18.9)	9,347(18.9)	9,442(19.2)	9,629(19.6)	9,141(18.6)
연구개발비	1,496(3.1)	1,605(3.2)	1,277(2.6)	1,307(2.7)	1,205(2.4)
시설정비비	2,229(4.7)	2,194(4.4)	1,897(3.8)	1,822(3.7)	1,687(3.4)
영사. 피복비	1,063(2.2)	1,117(2.3)	1,119(2.3)	1,120(2.3)	1,133(2.3)
훈련활동비	7,673(15.8)	7,812(15.8)	7,896(16.0)	7,481(15.2)	7,773(15.8)
기지대책비	5,352(11.0)	5,384(10.0)	5,206(10.6)	5,402(11.0)	5,447(11.1)
기 타	662(1.4)	696(1.4)	714(1.4)	765(1.6)	797(1.6)
합 계	48,455(100)	49,414(100)	49,290(100)	49,201(100)	49,218(100)

* ( ) 내의 숫자는 점유율.
출처: 朝雲新聞社, 「防衛ハンドブック」(東京, 2001), p.308.

장비조달의 실적부진〈표 4-10〉은 일본경제의 극심한 불황을 반영하는 것이며, 특히 국민총생산이 1994년에 이어 1999년에도 마이너스 성장을 기록하면서 1998년 이래 방위예산을 삭감·동결하고 장비구입비도 계속 억제되는 추세에 있었기 때문이다. 기간 중의 장비조달비는 4조6716억 엔(연평균 9343억 엔)으로서, 전번 중기방(1991년-1995년)의 5조3056억 원(연평균 1조612억 원)보다 크게 축소되어 연평균으로는 1986년(8997억 엔)-1987년(9657억 엔)의 수준에 고착되어 있다. 이에

따라 장비화율도 계속 떨어져 수치상 1980년 이전의 수준에까지 후퇴해 있고, 이미 개발에 들어간 장비조달의 계속사업에 힘입어 후년도 부담률이 60%대를 유지하고 있으나 기간 중의 수치(60.6%-63.4%)는 80년대 초(1981년 56.2%-1982년 67.6%)의 수준에 해당된다〈표 4-11〉.

〈표 4-11〉 1996년-2000년간 방위예산에 대한 구성비 추이

(단위: %)

구 분	1996년	1997년	1998년	1999년	2000년
인건·양식비	42.8	43.0	44.1	44.1	44.8
장비품구입비	18.9	18.9	19.2	19.6	18.6
세출화 경비	36.7	37.0	36.8	37.0	36.2
일반 물건비	20.4	20.0	19.1	19.0	19.0
후년도부담	62.8	63.4	62.7	61.9	60.6

.출처: 각 년도 「防衛年鑑」(東京, 防衛年鑑刊行會)의 내용 종합

일본의 경기불황은 90년대 초부터 이미 시작되어 10여 년 지속되고 있고, 그런 중에도 군비투자는 늦추지 않았으나, 1997년 금융위기에 직면하여 일본경제의 유지 자체가 어렵다는 시각이 대두되면서부터 방위당국의 선택의 폭도 더욱 좁아졌다. 방위당국으로서는 당초 예정했던 공중급유기, 장거리수송기 등 신규 첨단장비 조달은 물론 여타 사업도 가급적 연기하는 대신, 육해공 자위대 장비의 핵심조달사업에만 집중하여 효율성을 높이는 방식을 취하고 있다. 장비규모가 축소되면서 국내조달〈부록 4〉은 계속사업에 의해 90%대에서 기복을 보이고, 미국의 유상원조(1995년 3.0%→1999년 2.0%)는 현격하게 줄었으나 일반 수입의 증가추세(1995년 4.7%→1999년 6.1%)는 유지되고 있다. 기간 중 방위예산은 정비계획 추진 후 최초로 전년대비 마이너스를 기록(1998년: -0.3%, 1999년: -0.2%))했고 대GNP 및 일반세출 비율〈부록 5〉도 낮은 수준(최저수준: 1998년 GNP대비 0.936%, 2000년 일반회계 대비 5.79%)을 유지하고 있다.

5.2. 제2차 신중기방위력정비계획(2001년-2005년)

방위청은 제1차 신중기방위력정비계획이 2000년 종료되는 것을 앞두고 제2차 신중기방위력정비계획(2001년-2005년)을 작성하여 관계부처 간의 조정을 거친 후 안전보장회의에 보고했고, 안전보장회의와 각의는 심의 후 최종 결정(12월 15일)했다. 같은 날 20세기를 마감하고 21세기를 향하는 동 계획의 중요성을 강조하는 관방장관의 담화도 발표되었다.

5.2.1. 주요 내용

'계획의 방침'으로서 ① 방위력의 합리화·효율화·콤팩트화 추진, 대강에서 정한 체제로의 이행 및 질적 향상을 도모하면서, 정보통신기술의 급속한 진보와 보급에 따른 전투양상의 광역화·고속화·무기의 고성능화 및 전자적 공격(사이버공격) 가능성에 유의하여 기술도입·고도의 네트워크환경과 지휘통신시스템 정비·정보보안 확보 등 시책 추진, 게릴라·특수부대·화생방 등 공격에 대처능력 향상, 각종 재해파견능력의 충실 강화, 자위대의 사기·근무자세·국민의 지지 촉진 등 시책을 추진하고, ② 미일안보체제의 신뢰성 향상 노력을 통해 긴밀한 협력관계를 증진시키며, ③ 미국과의 안보대화·방위교류 등 시책을 추진하여 보다 안정된 안보환경을 구축하며, ④ 악화된 재정사정 및 여타 국가시책과의 조화를 통해 절도 있는 방위력 정비에 노력할 것을 제시하고 있다.

'기간부대 개편'으로서, ① 육상자위대의 경우 새로 5개 사단과 1개 혼성단 중 1개 사단과 1개 혼성단을 여단으로 개편하되 그 일부 부대는 즉응성 높은 예비자위관을 주체로 편성(계획기간 말의 편성 정수는 대략 16만6000명, 상비자위관 정수는 약 15만6000명, 즉응예비자위관원 수는 약 1만 명, 육상자위대의 상비자위관 충족은 약 14만6000명 정도)

하고, ② 해상자위대는 호위함부대(지방대) 중 1개 호위대를 폐지하여 기간부대의 체제이행(體制移行)을 완료하며, ③ 항공자위대는 경계관제부대 중 개편에 착수하지 않은 방면대 등 일부 경계군을 경계대로 바꿔 체제이행을 완료하도록 했다.

'주요 사업'에 대해서는 내용을 설명하고 그에 따른 정비규모를 별표 〈부록 2-9〉로 명시했는데 주요 내용은 다음과 같다.

첫째, '방공요격능력'에 있어서는 ① 장래의 기술적 수준동향에 대응하여 현유 요격전투기(F-15)를 유효하게 활용하기 위해 근대화 개수에 착수, ② 현유 지대공유도탄 패트리어트의 능력 향상과 호크의 개선용 장비품 정비 및 장래 항공위협에 대응하기 위한 신중거리지대공유도탄을 정비하며, 또한 단거리지대공유도탄·근거리지대공유도탄·고사기관총 등을 정비한다.

둘째, '주변해역의 방위능력 및 해상교통의 안전 확보능력'으로서 ① 호위함·잠수함·소해정·미사일함 등 건조 및 호위함부대 전반의 효율화를 위한 근대화 경신 추진과 함께, 특히 미사일호위함(DDG)의 대공능력 충실·헬리콥터탑재 호위함(DDH)의 지휘통신기능 및 헬리콥터 운용능력 등 충실, ② 현유 고정익초계기(P-3C)의 능력 향상을 위한 개수, 초계헬리콥터(SH-60J 및 SH-60J 개량)와 신소해·수송헬리콥터를 정비한다.

셋째, '착상륙공격 대처능력'으로서 ① 지원전투기(F-2) 정비로 양상·수륙격파능력 향상, ② 화력·장갑기동력·대전차화력 향상을 위해 노후장비 경신 근대화를 주체로 화포·다연발로켓·전차·장갑차·다목적유도탄시스템 등 대전차무기를 정비하고, 공중화력 향상을 위해 대전차헬리콥터(AH-1S)의 감세(減勢)에 따라 전투헬리콥터를 새로 정비한다.

넷째, '게릴라에 의한 공격 등 각종 형태의 공격에의 대처능력'으로서 ① 게릴라부대의 공격에 대처할 수 있는 전문부대를 신편하고 장비·훈련 등 충실 및 관계기관과의 협력에 노력하는 한편, 도서부 침략과 재해에의 대처를 위해 초동 전개 및 정보수집능력을 제고하는 소요부대를 신편, ② 화생방 공격에 대처하여 탐지·방호·방염(防染)·방역·구출·치료 등에 효과적으로 대처할 수 있는 인원·장비 등의 기능 충실을 도모하고 특히 생물무기에 대처한 연구 및 교육의 충실을 기한다.

다섯째, '재해구원'으로서 도시·산간지·도서·특수재해 등 각종 재해에서 관계기관과 협력하여 구원할 수 있도록 재해파견능력 향상을 도모하고, 재해파견즉응부대를 지정하며, 재해파견에 예비자위관을 활용할 수 있도록 한다.

여섯째, '해외일본인 등의 수송'에 대해 재해 및 소란 등 긴급사태 시 생명 등 보호를 요하는 일본인 등을 안전한 지역으로 대피시키기 위한 수송활동을 관계기관과 협력하여 시행할 수 있도록 각종 시책을 추진한다.

일곱째, '정보능력'과 관련하여 주변안보환경과 국제정세 등에 대한 정보를 신속·정확하게 파악하기 위해 기술진보에 대응하면서 수집기재·장치의 충실, 정찰기(RF-4) 및 전자전데이터수집기(EP-3)의 개선 착수 등을 통해 정보의 수집·처리·분석·배포능력을 종합적으로 강화하고, 비밀보전의 만전을 위해 방위청과 자위대 전반의 체제정비 및 관련부대의 충실·강화시책을 추진한다.

여덟째, '경계감시능력'으로서 군사과학기술 진전에 대응한 능력향상을 위해 자동경계관제조직의 항공경계관제기능 근대화에 착수하고 고정식 3차원 레이더장치와 이동식 경계감시시스템을 정비하는 한편 조기경계기(E-2C)를 개선하여 함정과 항공기에 의한 경계감시태세를 유지·강화한다.

아홉째, '정보통신능력'으로서 민간정보통신기술 발전에 맞춰 방위통합디지털통신망(IDDN) 정비를 완료하고 이어 위성통신을 이용하여 지휘통신능력을 향상시키는 한편, 정보통신기술의 급속한 진보·보급에 대응하여 ① 각 조직과 시스템마다 네트워크를 발본적으로 집약 일원화함으로써 방위청과 자위대를 통한 고도네트워크환경을 정비하고, ② 중앙으로부터 제1선까지의 정보공유를 목표로 자위대의 통합운용에도 기여하도록 각종 지휘통신시스템 정비를 추진하며, ③ 네트워크 감시·긴급대처 등의 일원적 실시 조직 설치·정보보안요원 확보 육성·정부전체로서의 보안 확보를 위한 관계기관과의 연휴를 강화하여 정보보안을 확보한다.

열째, '기동력 및 수송력'으로서 수송헬리콥터(CH-47J)를 정비하고, 보다 안정된 안보환경 구축에 공헌하는 관점에서 국외운항을 위한 장비 및 훈련 충실을 도모하며, 금후 수송력에 대해 검토한다.

열한째, '야간행동능력'과 관련하여 전투가 주야로 계속되는 양상이고 각종 재해 등 다양한 사태에 대응할 수 있도록 야간행동능력 강화를 위한 각종 암시(暗視)장치와 기재의 충실을 도모한다.

열두째, '교육훈련체제'로서 각종 연습기 및 교육훈련용 기재 및 훈련시설을 정비하고 미국파견훈련과 자위대의 임무 다양화에 대응한 훈련을 충실히 한다.

열셋째, '구난체제'의 향상 및 효율화를 위해 구난비행정(US-1A 및 US-1A 개량)·구난헬리콥터(UH-60J)·구난수색기(U-125A) 등을 정비한다.

열넷째, '사고방지·안전대책'으로서 안전교육 철저 및 대책을 추진하여 국민에 피해를 주고 대원의 생명을 잃지 않도록 방지한다.

열다섯째, '방위력을 지원하는 인적 기반의 유지 확장을 위한 시책'으로서 ① 질 높은 인재 확보·육성 및 소자(少子)화·고령화사회의 도래에 대비한 새로운 인사관리에 대해 검토, ② 높은 윤리의식을 지닌 인재 확보·육성 및 비밀보전·엄정한 복무규율 철저를 위한 시책 추진, ③ 복리후생 등 처우개선·취업지원 등 시책 추진 및 숙소 등 생활관련 시설 건설·개수, 특히 정비공장과 경비소의 근무환경 개선을 위한 관련 시설 정비, ④ 자위대중앙병원 등 의료시설 정비·MENTAL HEALTH CARE(정신건강) 충실 등 자위대원의 정신력 강화에 충실, ⑤ 예비자위관의 안정적 확보와 민간의 우수전문기능 활용을 위해 예비자위관제도에 공모제 도입, ⑥ 평소부터 지역사회와 NPO 등 국민 각층과 교류를 추진하여 국민의 이해를 심화시킨다.

열여섯째, '기술연구개발'로서 ① 고정익초계기(P-3C)·수송기(C-1)·현유 전차의 후계기, 각종 지휘통신시스템, 기타 장비·기재 등에 대한 연구개발과 함께, 기술진보추세를 감안한 첨단기술 확립을 위해 기술실증형 연구 등을 행하는 한편, 정보통신기술 등 현저히 진전된 과학기술을 도입하고 민생품과 민생기술 등을 활용하여 개발비와 양산단가(量産單價)의 라이프사이클코스트 억제에 노력하며, P-3C와 C-1의 후계기에는 일부의 공용화(共用化)를 적용, ② 과학기술 진보를 반영하여 연구개발형태를 폭넓게 개선하고 효율성을 확보하며, 평가결과를 사업에 반영시키는 한편, 평가체제 등 연구개발체제를 수정한다.

열일곱째, '계전(繼戰)능력' 확보방안으로 탄약 정비 등 각종 시책을 추진한다.

열여덟째, '시설'과 관련하여 노후건물을 교체하고, 새로운 체제로의 이행을 고려하여 장비품 등 취급·부대편성에 필요한 시설 정비, 탄약시설 및 훈련시설 등을 정비한다.

열아홉째 '기지주변대책'으로서 방위시설과 주변지역 간의 일층 조화를 위해 기지주변대책을 추진한다.

기타 사항으로서 ① 전투기 훈련의 효율화·사고방지·소음경감·인도지원 등 신속한 국제협력 실시·다목적 수송에 공헌하고 방공능력 향상을 도모하기 위해 공중급유기능 및 국제협력활동에도 이용할 수 있는 수송기능을 갖춘 항공기 정비, ② 탄도미사일방위(BMD)와 관련하여 해상배치형상층(海上配置型上層)시스템을 대상으로 한 미일공동 기술연구를 추진하는 한편 기술적인 실현 가능성 등을 검토한 후 필요 조치를 강구, ③ 조달개혁·취득개혁과 관련하여 그 성과를 평가해 나가면서 추진하되, 특히 조달가격 등을 억제하기 위해 장비품 등의 라이프사이클을 통한 정보의 전자화·공유화(共有化) 등을 가능하게 하는 CALS/EC 도입 및 민생품·민생기술 활용에 의한 효율적인 조달보급 태세를 정비·충실화, ④ 정보통신기술의 급속한 진보·보급과 「대강」

책정 이후 더욱 악화된 재정사정 등을 감안하여 방위생산과 기술기반을 적절히 유지해 나가기 위한 제반 시책을 검토하여 실시한다.

한편 '미일안보체제의 신뢰성 향상을 위한 시책'으로서는, ① 아태지역정세를 중심으로 쌍방이 관심 있는 국제정세에 대한 정보교환·정책협의 계속, ② 일본에 대한 무력 공격 시의 공동작전 및 주변 사태 시의 상호협력계획에 대한 검토 등 공동작업을 추진하고, 운용 면에서의 효과적인 협력태세 구축에 노력하며, 공동연습·훈련에 충실, ③ 각각의 지역안보대화·방위교류 및 국제적 군비관리·군축활동에 대해 밀접하게 제휴, ④ 장비와 기술 면에서의 폭넓은 상호 교류, ⑤ 주일미군 주둔 지원, 오키나와의 시설 및 구역의 정리·통합·축소 등 원활하고 효과적인 미군 주둔을 위한 시책을 추진할 것을 제시하고 있다.

또한 '더욱 안정된 안보환경 구축에 공헌'하기 위해 ① 각 레벨의 교류를 적극적으로 추진하고 재해와 수색구난 등에 관한 공동훈련 나서는 등 양국 간 및 다국 간 안보대화·방위교류 등 시책을 계획적·중층적으로 추진, ② 국제평화협력사업 등을 관계기관과 밀접히 제휴하여 더욱 효율적·효과적으로 실시할 수 있는 시책을 추진하고, UN·국제기관 등의 군비관리 및 군축 분야 등 제반 활동에 협력할 것을 제시하고 있다.

아울러 정보통신기술 등 과학기술 진보가 방위전략에 큰 변화를 초래할 가능성에 따라 앞으로 적확하게 방위력정비를 추진하기 위해 장래 방위력의 형태와 방위력 정비의 추진방법에 대해 검토할 것을 주문하고 있다.

'소요경비'는 약 25조100억 엔을 책정했으며, 예측이 어려운 사업에 대응하고 보다 안정된 안보환경 구축에 공헌하는 사업에는 안전보장회의의 승인을 얻어 1500억 엔을 한도로 조치할 수 있도록 했다. 한편 이 계획은 3년 후 국제정세와 정보통신기술 등 기술수준의 동향 및 경제 재정사정 등을 감안하여 합계 약 25조1600억 엔의 범위 내에서 수정할 수 있게 했다(朝雲新聞社, 2001: 133- 143).

이 계획에 나타난 특징은, ① 전반적인 정비규모는 수치상으로 제1차 신중기방위력정비계획의 규모보다 약간 낮은 수준으로서 경제악화에 따른 규모 축소 추세가 이어지고 있는 점, ② 그러나 경비규모는 1차 신중기방(24조2300억 엔)보다 1조 엔 가까이 증액하고 장비조달에서도 차세대 장비와 공중급유기·수송기 등의 기종 선정, 기술 도입과 함께 민생품 및 민생기술 활용, 공용화 연구 등을 주문함으로써 군수 및 자위대전력의 장기침체와 심리적 위축을 차단하려는 방위당국의 다각적인 구상이 드러나고 있는 점, ③ 신'대강'에서 표방하고 있는 수준의 부대개편을 이 기간 내에 달성하겠다는 의지를 분명히 하여 부대의 기동화에 주력하고 있는 점 등이며, 전반적으로 볼 때 1997년 이후 심화되고 있는 방위력 정비의 장애를 타개해 나가기 위한 돌파구 마련에 고심하는 흔적이 엿보인다.

5.2.2. 결과 평가

일본 방위당국이 계획기간 중 군수 및 자위대 전력의 장기침체와 심리적 위축을 차단하려 한 의도는 2001년 및 2002년도 계획에 그대로 반영되었다. 특히 2001년 미국에서의 9·11테러가 발생하고 일본정부가 자위대의 대미지원 확대를 표방하고 나서면서 방위당국이 이를 분위기 전환의 기회로 삼으려 한 측면도 엿보인다. 즉 방위예산은 2001년도 4조9388억 엔, 2002년도 4조9395억 엔으로서 1998년과 1999년 연속 마이너스 및 2000년 동결에서 벗어나 소량(0.3%)이지만 증액했고, 장비품 구입비(2000년 9141억 엔→2001년 9178억 엔→2002년 9206억 엔) 및 연구개발비(2000년 1205억 엔→1353억 엔)도 축소추세를 멈춘 것이다.

그러나 2002년도 GDP가 마이너스 성장으로 밝혀지자 2003년부터 방위비의 규모 축소가 단행되어 이후 연속 마이너스 성장 추세를 이어나갔다. 이런 추세는 장비구입비·연구개발비 등에 확산됨으로써 기간 중 방위력정비계획의 목표 달성은 아주 부진할 수밖에 없었다〈표 4-12〉.

〈표 4-12〉 2001년-2004년간 방위예산의 구성내역

(단위: 억 엔, %)

구 분	2001년	2002년	2003년	2004년
인건·양식비	22,269(45.1)	22,273(45.1)	22,188(45.0)	21,654(44.4)
장비품구입비	9,178(18.6)	9,206(18.6)	9,028(18.3)	8,806(18.1)
연구개발비	1,353(2.7)	1,277(2.6)	1,470(3.0)	1,707(3.5)
시설정비비	1,598(3.2)	1,570(3.2)	1,528(3.1)	1,442(3.0)
영사. 피복비	1,136(2.3)	1,137(2.3)	1,131(2.3)	1,106(2.3)
훈련활동비	7,729(15.7)	7,928(16.0)	7,944(16.1)	8,068(16.5)
기지대책비	5,326(10.8)	5,189(10.5)	5,151(10.5)	5,094(10.4)
기 타	798(1.6)	815(1.6)	825(1.7)	885(1.8)
합 계	49,388(100)	49,395(100)	49,265(100)	48,764(100)

출처: 朝雲新聞社, 「防衛ハンドブック」(東京, 2005), p.344.

마침내 2004년 말 새로운 중기방위력계획을 수립함으로써 기존의 계획은 2004년도 분으로 종결되고 말았는데, 2005년도의 정비결과를 포함시켜 계산한다 하더라도 성과는 극히 부진하다. 2001년-2004년 간 방위예산 사용의 총규모는 19조6812억 엔(연평균 4조9203억 엔)이고, 2005년도를 포함할 경우 24조5113억 엔(연평균 4조9022.6억 엔)으로서, 책정된 경비규모 25조100억 엔(연평균 5조20억 엔)을 크게 하회했다.

장비구입비의 액수는 물론, 전체 예산에서 차지하는 비율도 계속 하락한 것(70년대 석유 위기 시의 수준)은 그만큼 재정적인 여유가 없음을 의미하며, 세출화율과 후년도 부담률이 낮은 것도 재정악화의 상황에서 장비 구입 등 군비 증강에 무리하게 나서지 않겠다는 일본정부의 의지를 나타내주는 지표로서 의미가 있다〈표 4-13〉.

<표 4-13> 2001년-2004년간 방위비에 대한 구성비

(단위: %)

구 분	2001년	2002년	2003년	2004년
인건·양식비	45.1	45.1	45.0	44.4
장비품구입비	18.6	18.6	18.3	18.1
세출화 경비	35.8	35.9	36.2	35.8
일반 물건비	19.1	19.0	18.8	19.8
후년도부담	60.0	59.7	59.3	59.1

출처: 각 년도 「防衛年鑑」(東京, 防衛年鑑刊行會)의 내용 종합.

따라서 전반적으로 볼 때 자위대의 활동반경이 확장되었고, 실제 아프가니스탄(2001년 12월) 및 이라크(2002년 12월 및 2004년 1월) 파병 등으로 병력·장비의 수요가 대폭 확대될 것임에도 불구하고 일본정부로서는 정비규모의 축소방침을 이어나가는 것으로 볼 수 있다. 이는 근본적으로 효율화·합리화·콤팩트화를 바탕으로 부대개편 및 정비규모의 축소를 규정한 '방위계획의 대강'의 방침에 따르는 동시에, 국제안보환경의 질적인 변화와 함께 일본경제의 장기 침체가 반영되고 있는 결과라고 평가할 수 있다.

이러한 결과는 경제여건이 악화된 상황에서는 군비축소를 결정하는 전후 일본정부의 관행이 아직도 변화되지 않고 있음을 말해준다. 따라서 대외위기가 동시에 작용하는 상황에서도 일본의 군비 증강 결정에는 역시 '경제적 억제'의 역할이 강한 변수로 작용하고 있음을 볼 수 있다.

그러나 기간 중 달성한 주요 장비의 도입 내용<부록 2-9>을 보면, SM-3 미사일의 취득을 포함하여 이지스시스템 탑재 호위함의 개수(改修)가 이루어졌고, 공중급유·수송기의 경우 미국으로부터 보잉 767기 3기(2002년-2004년간) 및 KC-767 1기(2005년 중)가 예정대로 모두 도입되었다. 또한 '방위계획의 대강' 책정(1995년) 이래 일반무기·장비의 보유 규모를 삭감 조정하는 방위력정비계획을 추진해 왔기 때문에, 2004년도까지의 정비 실적<표 4-14>이 전체적으로 대강의 목표에 거의 접근했고, 기타 미달성된 각 자위대의 정비항목에 대해서는 차기 방위력정비계획에 포함시켜 계속 조달해 나갈 방침인 만큼, 중도에 방위력정비계획을 종결한다 해도 큰 차질이 없었던 것으로 설명할 수 있다.

<표 4-14> 대강의 목표와 2004년도까지의 달성수준

구분		항 목	신"대강"	2004년까지 달성수준
육상자위대	자위대원	편성 정수 상비자위관 정수 즉응예비자위관원 수	16만 명 14만5000명 1만5000명	16만6832명 15만7828명 9004명
	기간부대	평시지역배치부대	8개 사단 6개 사단	9개 사단 3개 여단 2개 혼성단
		기동운용부대	1개 기갑사단 1개 특과단 1개 공정단 1개 교도단 1개 헬리콥터단	1개 기갑사단 1개 공정단 1개 헬리콥터단
		저공역방공용지대공유도탄부대	8개 고사특과군	8개 고사특과군
	주요장비	전차 주요 특과장비	약 900량 약 900문/량	약 980문 약 940문/량
해상자위대	기간부대	대잠수상함정부대(기동운용) 대잠수상함정부대(지방대) 잠수함부대 소해부대 육상대잠기부대	4개 호위대군 7개 대 6개 대 1개 소해대군 13개 대	(호위함) 4개호위대군 (호위함)7개 대 6개 대 1개 소해대군 (육상초계기) 13개 대
	주요장비	대잠수상함정 잠수함 작전용 항공기	약 50척 16척 약 170기	호위함 53척 16척 약 170기 [예비기] 약 20기 (연습기 포함)약 330기
항공자위대	기간부대	항공경계관제부대 요격전투기부대 지원전투기부대 항공정찰부대 항공수송부대 경계비행부대 고공역방공용 지대공유도탄부대	8개 경계군 20개 경계대 1개 비행대 9개 비행대 3개 비행대 1개 비행대 3개 비행대 항공경계관제부대 편입 6개 고사군	8개 경계군 20개 경계대 1개 비행대 9개 비행대 3개 비행대 1개 비행대 3개 비행대 6개 고사군
	주요장비	작전용 항공기 (그중 전투기)	약 400기 (약 300기)	약 390기 [예비기] 약 30기 (연습기 포함) 약 840기 (약 300기)

출처: 防衛年鑑刊行會, 「防衛年鑑」(東京, 2005), pp.445-446.

그 결과 장비조달원의 구성〈부록 4〉에서 나타난 특징을 보면 국내조달의 비율은 감소(91.6→87.6%)한 반면 미 군수기업으로부터의 일반수입(5.9→6.7%)과 유상원조(2.5→5.6%)의 비중이 계속 증가하는 것을 볼 수 있다. 이것은 냉전 종식 이후 미국정부가 민간거래로 중점을 이동시키고, 군사협력도 유상원조 형태의 미국장비 도입을 증가하도록 요구해 온 데 따른 것이다.

한편 기간 중 공중급유기와 장거리 수송기를 도입한 데 이어 탄도미사일방위(BMD)의 공동개발·생산·도입을 결정(2003년 12월)한 점이 주목된다. 이는 그동안 표방해 온 일반무기의 수량 축소 대신 전략무기체계로의 전환이 구현되기 시작했음을 의미하는데, 미일안보동맹체제의 급진전과 함께 자위대의 전략적 운용 등 방위정책의 획기적인 변화를 예고하는 것으로 보인다.

제4절 일본의 방위정책 전환 시도

미일관계는 앞에서 살펴본 대로 신'방위계획의 대강'(1995년 11월 채택)이후 신가이드라인 채택, 주변사태법 등 후속입법을 통해 제도화됨으로써 실행수준이 대폭 격상되었다. 그 효과는 북한의 미사일 발사(1998년 8월)에 이어 정체불명의 함정 출현(1999년 및 2001년), 9·11테러(2001년), 북한의 핵개발문제 재연(2002년)과 같은 돌발사태 발생과 그에 따른 국제사회의 대응과정에서 자위대가 전폭적으로 미군을 지원하고 나섬으로써 예상외로 급속히 나타나 미일안보동맹 체제를 크게 진전시켰다. 그 가운데서도 특히 일본정부가 9·11테러를 기점으로 방위정책의 획기적인 전환을 시도하기 시작했다는 점에 주목할 필요가 있다.

1. 9·11테러 이후의 환경변화와 일본의 대응방향

1.1. 미국의 새로운 전략전개와 미일간의 논의동향

미국은 탈냉전의 세계질서 변화에 대처하고 21세기 이후에도 군사적 우위를 확보하기 위한 전략으로서 해외군사력의 재편 및 재배치 계획을 수립해온 것으로 알려지고 있으나, 9·11테러 이후 테러 및 대량살상무기 확산 등 새로운 위협에 시급히 대처해야 할 필요성에 따라 군사력 재검토 작업을 서둘은 것으로 보인다. 그 내용은 크게 2가지인데, 최첨단 기술을 기반으로 무기장비를 경량·고도화하고 유동성 있는 군사능력을 지향하여 미군을 언제 어디에서나 전투 가능하도록 규격화된 군대(module army)로 기동화하는 '군사변환(transformation)구상'과, 이런 군사변환구상에 따라 해외주둔 미군의 삭감 및 재편을 추진하는 '미군 재배치 계획(global posture review)'이다.[90]

부시 대통령은 이와 같은 변화된 전략을 가지고 동맹국과 본격적으로 협의한다는 성명을 발표(2003년 11월 25일)한 바 있고, 이에 따라 주일 미군의 재편도 추진되게 되었다. 9·11테러 이후 미일 양국은 기존의 각종 안보협의기구[91]를 가동하여 미국의 대테러전을 지원하기 위한 자

---

90) 규격화된 군대로는 기동타격대(striker)를 들 수 있는데, 경량의 최첨단장비로 무장함으로써 가볍고 기동성이 뛰어나며, 유사시 최첨단탱크와 함께 3-4일내에 분쟁지역에 수송하여 작전하게 함으로써 기존의 전투부대를 기동화하는 방식이다. 또한 해외주둔 미군의 재편은 전략목적에 따라 해외주둔기지를 대규모 병력전개의 근거지인 전략전개거점(PPH), 대규모 병력이 장기 주둔하는 상설기지인 주요작전기지(MOB), 소규모 상주 간부와 상당수의 교체 근무병력을 포함한 전방전개기지(FOB), 소규모 연락요원과 훈련장만 유지하고 상황에 따라 필요한 지원을 외부에서 확보하는 안보협력대상지역(CSL) 등 4개 유형으로 분류하는 구상 등이 검토되는 것으로 알려지고 있다(「朝日新聞」, 2004년 5월 19일). 배정호, 2006: 11 참조.
91) 미일 간에 설치되어 있는 안보협의기구는 다음과 같다.

위대 파병 등 전략협력방안에 대해 긴밀하게 논의하고, 2002년 12월 16일 양국 간 최고위 전략대화기구인 안전보장협의위원회(SCC)에서는 ① 국제테러 및 대량살상무기의 확산 등 새로운 위협과 다양한 사태, ② 군사기술의 비약적 향상과 각종 기술의 통합화 진전 등 국제안보환경의 변화에 따라 양국의 안보정책에 관한 협의를 강화한다는 데 합의해놓고 있었다. 주일미군의 재편문제와 관련해서도 위원회(SCC)에서 공통의 전략목표와 임무조정 등 의제를 설정[92]했다. 또한 2002년에 이르러서는 신가이드라인 제정(1997년) 이후 주일미군과 자위대 실무자가 공동 작성해온 「미일공동작전계획 5055」[93]도 마무리단계에 이르고 있다.

---

① 미일안전보장협의위원회(SCC: Security Consultative Committee): 미일안보조약 제4조에 근거하여 1960년 1월 19일 설치한 것으로서, 미국의 국무장관과 국방장관, 일본의 외무대신과 방위청장관이 참석하여 양국정부 간의 이해 촉진, 안보협력관계 강화 및 이와 관련된 문제를 검토하기 위해 설치.

② 미일안전보장고위사무레벨협의(SSC: Security Subcommittee): 미일안보조약 제4조에 근거하여 협의위원회의 하위기구로 설치되어, 참가자는 고정되어 있지 않으나 양국 고위실무자 간에 관심 있는 안전보장상의 의제에 대해 의견을 교환하는 협의체.

③ 방위협력소위원회(SDC: Subcommittee for Defense Cooperation): 1976년 7월 8일 제16차 미일안전보장협의위원회에서 하위기관으로 설치(1996년 개편)한 작전협의기구로, 미 국무차관보·국방차관보·주일 대사관 공사·주일미군 참모장·통합참모본부 태평양미군 대표, 일본외무성 아메리카국장·방위청 방위국장과 운영국장·통합막료회의 사무국장이 참석하여 긴급 시 자위대와 미군간의 공동대처 행동 확보를 위한 지침 등 작전협력방향을 연구 및 협의.

④ 미일합동위원회: 지위협정 제25조에 근거하여 주일미군 참모장·주일 대사관 공사 및 참사관, 일본외무성 아메리카국장·방위시설청장관 등간에 지위협정의 실시에 관한 실무문제를 협의. 防衛廳, 「防衛白書」(2006), http://jda-clearing.jda.go.jp/hakusho.data/2006/2006/index.html.

92) 의제로서 ① 공통의 전략목표 설정, ② 자위대 및 주일미군의 역할·임무·능력 조정, ③ 주일미군의 시설 및 구역에 관한 수정 등 3단계로 나누어 추진하기로 했다(川上高司, 2005: 17-40). 배정호, 2006: 11에서 재인용.

93) 동 작전계획은 한반도 유사시 북한 특수부대와 게릴라 공격과 함께 북한 공작원 수백 명의 일본 상륙과 수도권 침투를 가상하면서 공동작전으로 공작선 경계, 원자력발전소 등 주요시설 보호, 한반도와 큐슈북부 지역간의 해상수상루트 확보, 조기경보기를 통한 정보수집, 수송기(C-130)로 한반도난민의 수송 지

새로운 사태에 대응한 양국 방위당국간의 전략 협의는 착실하게 진전되어 2005년 2월 19일 미일안전보장협의위원회(SCC)에서는 공동성명(Joint Statement of US-Japan Security Consultative Committee)을 통해 양국이 추구해야 할 공통의 전략목표가 제시되었다. 공통의 전략목표는 글로벌(세계) 차원의 전략목표와 리죠널(지역) 차원의 전략목표로 나누어 전략적 추구 항목을 명시하고 있는데, 그 주요 내용은 〈표 4-15〉와 같다.

<표 4-15> 미일의 공통 전략목표

전략목표	세부항목
리죠널 전략목표	-한반도의 평화적 통일 -핵 및 탄도미사일·불법 활동·일본인 납치 등 북한과 관련된 여러 문제들의 평화적 해결 추구 -세계 및 지역에서 중국의 건설적이고 책임 있는 역할 환영 및 중국과의 협력관계 발전 -대만해협 관련 문제를 대화를 통해 평화적 해결 촉진 -러시아의 건설적 관여 촉진 -북방영토문제 해결로 러·일관계 완전 정상화
글로벌 전략목표	-기본적 인권, 민주주의, 법의 지배 등 기본적 가치추진 -국제평화협력활동과 개발지원에 있어 파트너십 강화 -대량파괴무기 및 운반수단 삭감과 비확산 추진 -테러 방지 및 근절 -일본의 UN안보리상임이사국 진출 실현 및 안보리상임이사회의 실효성 향상노력 추구 -세계에너지 공급의 안정성 유지 및 향상

출처: Joint Statement of US-Japan Security Consultative Committee (2005. 2. 19). http://www.state.gov/r/pa/prs/ps/2005/42490.htm (검색일: 2006. 12. 16)

원, 공격받은 미군에 직접 지원, 주일미군 기지 안전 확보 등을 제시하고 있다 (「朝日新聞」, 2004년 12월 12일).

또한 미일 간에는 공통의 전략목표를 바탕으로 주일미군 재편과 이에 따른 양국 간 협력문제를 심도 있게 조종해나가고 있는데, 2005년 10월 29일 개최된 안전보장협의위원회(SCC)에서는 그 중간보고서로 「미일동맹: 미래를 위한 변혁과 재편(US-Japan Alliance: Transformation and Realignment for the Future」을 발표했다. 그 내용은 주일미군기지의 역할 재조정, 미군과 자위대의 합동훈련 확대, 군기기의 공동 이용 등을 표방하면서 특히 주일미군기지의 재편·재배치와 관련하여 억지력 증강을 위한 통합작전기능 강화, 기지 이전, 비용 절감 등 항목〈표 4-16〉을 합의해놓고 있다.

또한 2006년 5월 1일 개최된 안전보장협의위원회(SCC)에서는 주일미군의 재편 및 재배치 협상을 마무리하고 2014년까지 실천 완료한다는 동 추진계획의 로드맵을 발표했다. 그 대략적인 내용은 2007년 3월까지 토지 반환의 계획 작성(오키나와현 내에 6개 시설), 2008년도에 요코다 공역(空域)의 관제업무 일부 반환(요코다기지), 2008 미회계년도(2008년 9월말까지) 미 육군 제1군단 사령부 재편(자마기지), 2010년도 항공자위대 사령부 등 이전(요코다기지), 2012년도까지 육군 중앙기동집단 사령부 신설 및 배치(자마기지), 2014년도까지 후텐마 비행장의 대체시설 완성·후텐마 비행장의 전면 반환·오키나와 해병대의 괌 이전 완료·아츠기기지의 미 해군항모함재기부대를 이와쿠니기지로 이전하는 것 등이다. 동 계획을 완성하는 데는 총 300억 달러가 소요되고 그 중 260억 달러(약 3조엔)를 일본이 부담하는 것으로 알려지고 있다(「朝日新聞」, 2006년 5월 2일).

이 작업이 계획대로 완성되고 나면 주일미군과 자위대는 일본 자마(座間)기지에 신설될 통합사령부가 주축이 되어 강화된 상호 운용성 및 통합작전 기능과 미사일방위(MD)시스템을 통해 막강해진 방공능력을 공동 관리하는 사실상 역내 통합군체제를 가동하게 될 것이다.

〈표 4-16〉 주일미군 재편 및 재배치의 주요내용

개편안	전략목표
o 미 워싱턴주 주둔 제1군단 사령부를 육·해·공통합임무를 수행하는 통합사령부로 개편하고 일본 카나가와현 자마(座間)기지로 이전	-인도양까지 담당하는 제1군단 사령부를 전선(前線)가까이 둠으로써 자마기지가 대테러작전 및 동아시아 사령탑의 역할 수행 -육상자위대의 핵심부대인 중앙기동집단사령부를 자마기지에 신설 배치함으로써 미일간의 군사적 연대를 강화하고 공동사령부를 출범
o 항공자위대의 항공총사령부를 요코다(橫田) 기지로 이전 o 요코다 기지에 미사일 방어(MD)를 위한 미일공동운용조정소 설치	-탄도미사일(BMD) 공격에 대해 미일 양국이 공동으로 대처
o 오카나와 후텐마(普天間)기지의 미공중급유기(KC-112)를 큐슈 카고시마현의 해상자위대 카노야(鹿屋)기지로 이전	-중국·북한을 겨냥해 오키나와뿐만 아니라 인접한 큐슈지역에도 미일의 공동기지 확보
o 카나가와현 아츠기(厚木)기지 주둔 미 해군의 항모함재기부대를 이와쿠니(岩國)기지로 이전 o 이와쿠니의 해상자위대 화상데이터 수집기를 아츠키의 미군기지로 이전	-현지의 부담 경감 -태평양 항모 2척과의 조응
o 오키나와의 코트니캠프 주둔 미 제3해병 원정군 사령부를 괌으로 이전 o 미 해병 병력 15000명 중 8000명 정도 감축	-주일미군기지가 주둔하고 있는 일본 지방자치체의 부담 경감

출처: http://www.mofa.go.jp/region/n-america/us/security/scc/doc0510.html(검색일: 2006년 12월 16일) 및 배정호, 2006: 16의 자료를 바탕으로 작성.

1.2. 일본정부의 대응방향

9·11테러가 발생하자 당시 고이즈미 수상은 이를 방위정책의 획기적인 전환기회로 인식했던 것으로 보인다. 고이즈미 수상은 스스로 테러와의 전쟁을 선포한 부시 미대통령에 대한 전폭 지원을 표방하고 서둘러 테러대책특별법을 국회에 제출하여 통과(10월)시켰다. 또한 동 법이 성립되자마자 일본정부는 PKO협력법을 개정(2001년 12월)하여 자위대의 PKF 참가와 무기사용을 허용함으로써 분쟁지역에서 명실상부한 일본군대로서 행동할 수 있는 근거를 확립함과 동시에 아프간전쟁에 자위대함정 파견(2001년 12월) 및 수송보급 지원(12월)에 이어 이라크전쟁에 이지스함 파견(2002년 12월) 및 육상병력 파병(2004년 1월) 단행 등으로 약속을 실천에 옮겼다. 한편 이는 자위대가 최초로 전투지역에서 군사작전을 수행함으로써 그 자체로써 집단자위권 행사에의 길을 자연스럽게 열어놓게 되었다는 것이다.[94]

또한 이를 기회로 일본정부는 그동안 연구에만 그쳤던 전시법 체제의 입법화(2002년 4월 무력공격사태법 등 유사3법 국회 제출)에 나섰고, 한시법인 테러대책특별법의 기한 연장안을 국회에 제출하여 통과(2003년 10월 10일)시켰다.

거기에다 일본정부는 미국의 새로운 군사전략 변경과 함께 주일미군 재편·재배치 및 미국과의 상호 운용성 조정 등 전략협의가 진전되는 데 따른 새로운 자위대의 위상 변화와, 과학기술의 비약적인 진보로 군

---

94) 일본정부 측은 전방지역이 아닌 '후방지역 지원', 전투지역이 아닌 '비전투구역 지원', 무기를 사용하지 않는 '병참지원'은 무력행사와 일체화되지 않는다고 해석(1999년 3월 18일 노로타 방위청장관의 중의원방위협력지침 특위 답변; 2002년 10월 12일 나카타니 방위청장관의 중의원 국제테러특위 답변 등)했다. 그러나 전선의 이동 시 전후방이 교차하면 무력행사와의 일체화는 불가피하고, 또한 지원항목도 수송보급 등 물류지원이라 하지만 전시 병참지원이 군사활동임은 상식이라는 점에서 집단자위권행사로 보는 것이 타당하다.

사력 그 자체가 변모하고 있다는 인식 하에 미국과 탄도미사일방위시스템(BMD)의 공동연구에 그치지 않고 개발 및 도입을 서둘러 결정하면서 자위대 운용의 변화를 포함한 군비 증강정책의 근본적인 전환도 구체화해 나갔다.

일본정부가 새롭게 인식한 안보환경의 변화는 결국 "국제테러 및 대량파괴무기와 탄도미사일 등의 확산에 따라 국제사회에서는 새로운 위협과 다양한 사태에 직면"하고 있고, 이러한 새로운 환경에서는 "종래와 같은 군대의 억지효과를 중심으로 하는 방위력으로는 한계가 있어, 국내외의 다양한 사태에 실효적으로 대응 가능한 능력 중시의 방위력으로 시급히 전환해야 한다."는 주장(2004년 12월 10일 「방위청장관 담화」)으로 요약된다.

그 출발로서 일본 방위청은 금후 방위력의 존재형태에 대해 진지하게 검토하기 시작하였고, 검토내용을 바탕으로 일본정부는 마침내 새로운 방위정책으로서 '방위계획의 대강'을 재개정하면서, 그 취지에 맞게 '신중기방위력정비계획'을 다시 책정하여 시행하기에 이르렀다. 이로써 9·11테러 이후 정세변화에 따른 일련의 대응노력은 일단 새로운 '방위계획의 대강'에 수렴되었다고 할 수 있다.

그러나 앞에서 보았듯이 미국의 주일미군 재편 및 재배치 등 전략은 장구한 시일을 요하고, 그 진전에 따라 미일 양국은 가이드라인의 재개정도 검토하는 것으로 알려지고 있다. 더구나 미일간의 전략대화에서는 공통의 전략목표로서 중국 및 대만문제에 대응할 것임을 시사[95]하고 있어 대화의 진전과 중국의 거대화 등 추이에 따라서는 일본의 방위정책 전환은 더욱 가속될 것이 틀림없고, 그 진전 범위도 예상을 초월할

---

95) 미일간의 공동전략목표에 대한 공동성명(Joint Statement of US-Japan Security Consultative Committee)에는 중국과 대만문제와 관련하여 "중국의 건설적이고 책임 있는 역할과 중국과의 협력관계 발전" 및 "대만해협을 둘러싼 문제를 대화를 통한 평화적 해결 촉진" 등이 명기되어 있는데, 이는 미일양국이 공통의 전략목표아래 대응할 것을 의미하는 것이라는 견해이다. 川上高司, 2005: 17-40.

정도로 대폭 확대될 가능성이 농후하다. 일본정부가 그동안 군사행동을 제약해온 전후헌법체제의 개편[96], 방위청의 성(省) 승격[97] 등에 나선 것도 그 일환에서 나온 전략적 포석이라고 할 수 있다.

따라서 9·11테러 이후 일본정부가 정비해놓은 제도적 장치의 구체적인 내용과 이것이 방위력정비계획 등 실제 군비증강에 미친 영향을 검토하면 정책전환의 진전 정도를 가늠해볼 수 있을 것이다.

2. 일본정부의 자위대법제 정비내용

2.1. 테러대책특별법 제정

일본정부는 2001년 미국에서 9.11테러사건이 발생하자, 2년 시한의 "테

---

96) 헌법개정은 탈냉전 이후 다시 제기되어 여야합의로 헌법조사회 설치(2000년)·중간보고서(2002년 11월)·자민당의 개정안초안 발표(2003년 7월)로 진전되었다. 여야합의로 유사법제가 성립된데 고무된 당시 고이즈미 수상이 마침내 자민당 창당 50주년(2005년 11월)을 목표로 헌법개정안과 국민투표법을 검토하도록 지시(2003년 8월 25일)하는가 하면, 민주당도 별도 개헌안을 제출하겠다고 공언(2004년 1월 13일 당대회시 대표인사)함으로써 헌법개정은 기정사실화되었다. 현재 여야당이 각각 초안을 내놓고 있고 절충을 시도하고 있지만 자민당은 개헌에 필요한 연립여당의 국회의석 2/3선 확보를 기다려 자민당안(2005년 8월 1일 발표)을 통과시킨다는 방침이다. 자민당안의 골자는 현행헌법 9조 1항("국권을 발동하는 전쟁과 무력에 의한 위혁 또는 무력행사는 국제분쟁의 해결수단으로서는 영구히 방기한다")은 유지하되 2항("전항의 목적을 달성하기 위해 육해공군 기타 전력은 보유하지 않는다")은 삭제하면서 자위와 국제평화 및 안보 확보를 위한 자위군의 보유를 명문화하고, 자위에 포함된 당연의 권리로서 집단자위권을 확보한다는 것이다.
97) 방위청의 성 승격은 2006년 12월 15일 국회를 통과하여 2007년 1월 9일부터 시행되었다. 이로써 지금까지 형식상 수상을 거쳐야 했던 법안 제출이나 해상경비 발령의 요구를 방위상(防衛相)이 직접 행하고, 자위대의 부수업무이던 국제 긴급원조활동·유엔평화유지활동(PKO)·주변사태 시 후방지원·테러대책특별법 및 이라크사태특별조치법의 활동이 자위대의 본래업무로 된다. 「朝日新聞」, 2006년 12월 15일.

러대책특별법"을 국회에 제출하여 성립(2001년 10월 29일)시켰다. 주요내용은 테러가 발생할 경우 자위대의 대미지원항목을 .협력지원·수색 구조·재난구원활동·기타 필요조치 등 4항목으로 나누고 세부사항〈표 4-17〉으로 주변사태법의 항목을 그대로 열거[98]했다.

이로써 자위대는 언제 어디에서나 발생하는 테러사태에 대해 주변사태법과 같은 방식으로 대미 지원이 가능하게 되었다. 그러나 이는 동시에 테러지원의 명목이라면 세계 어디에서나 자위대의 작전활동이 가능하다는 해석이 되어 결국 자위대의 활동반경을 확대해주는 결과가 되었다.

<표 4-17> 테러대책특별법상의 활동내역

활동내역	세부사항	비 고
협력 지원	물자와 용역 제공, 편의 제공(무상제공) 물자·용역 제공은 보급, 수송, 수리, 정비, 의료, 통신, 공항·항만업무, 기지업무 등	자위대 및 관계기관이 시행 무기·탄약보급, 전투행위를 위해 발진 중인 항공기에의 급유 및 정비는 제외
수색 구조	전투요원 중 조난자(비전투원 포함). 보급, 수송, 수리, 정비, 의료, 통신, 숙박, 소독 등	자위대 부대 담당
재난 구원	UN결의·요청에 식량·의료·의약품 제공	자위대 및 행정기관이 시행
기타 조치	일본인 구출의 경우 외국인 수송	자위대 및 행정기관이 시행

2.2. 유사사태 관련법 제정[99]

일본정부는 북한의 미사일 재발사(1998년 8월) 등으로 긴장이 고조

---

98) http://www.kantei.go.jp/jp/kakugikettei/2001/1005terohouan.html
   (검색일: 2003. 8. 8).
99) 이하 내용은 저자의 졸고(拙稿) "일본의 유사법제 내용과 정책적 파급 영향,"
   「국제문제연구」(서울: 국제문제조사연구소), 2003년 겨울호 제3권 제4호(통권
   12호), pp.216-227 재인용.

된 시점에서 전시법체제인 유사법제화를 제기한 데 이어, 9·11테러 후의 분위기에 맞춰 무력공격사태법 등 유사 3법의 국회제출을 강행(2002년 4월 16일)했다. 국회에서는 전시법제 반대여론에 따라 법안 심의가 부진했으나 북한의 일본인납치 시인(2002년 9월)으로 일본국민의 분노가 확산되자 자민당과 민주당이 전격 타협(2003년 5월 13일)하여 절대다수의 찬성(약 90%)으로 성립(동 6월 6일)시켰다.

무력공격사태법 등 유사 3법은 일본침공을 상정한 전쟁수행에 자위대가 주도적으로 나서도록 규정한 전후 최초의 전시법제인데, 이 점에서 자위대법과 다르고, 대미지원 강화를 위한 PKO협력법·주변사태법과도 다르다. 일본 방위당국은 유사사태 대응과 관련하여 이미 1963년 비밀연구('미츠야작전연구')에 이어 1977년 공개연구를 통해 법안을 마련해 놓고 있었는데, 이번 유사법제에서도 기본적으로 그 내용을 바탕으로 했다.[100]

한편 일본은 대외위기에의 대응으로서 북한의 도발에 초점을 맞춰 동해에 함정을 배치하여 동향을 감시하고 선박검사도 강화하는 한편 납치문제와 안보불안의 완전 해결을 북한 측에 압박했다. 또한 방위당국은 "북한이 일본을 향해 탄도미사일을 발사하려 한다는 확증이 있는 경우 무력 공격 가능", "주변국에 대한 미국의 선제공격으로 긴장이 고조될 경우도 무력 공격사태"라는 등 선제공격도 가능하다는 입장[101]을 밝혀 더 이상의 도발에 경고했다.

---

100) 1965년 2월 사회당 오카다(岡田春夫) 의원이 '미츠야작전연구'가 비밀리에 진행(1963년 2월-6월)된 사실을 폭로하여 정치 문제화되자, 방위청은 단순한 연구 차원이라고 하여 일단 수습했다. 방위청은 1977년 8월 당시 후쿠다 수상의 허가를 받아 유사법제연구를 재개하고 1978년 6월 그 사실을 공개했다. 연구결과는 2차례(1981년 4월 22일 및 1984년 10월 16일) 발표되었는데, 유사시 현행 방위청 소관(제1분류), 타성청 소관(제2분류), 소관성청이 명확하지 않은 사항(제3분류)이 연구대상으로 되어 있었다(朝雲新聞社, 2001: 595-614).

101) 2003년 1월 24일과 4월 24일 이시바(石破 茂) 방위청장관의 국회답변 및 2월 14일과 5월 13일 기자회견.

보다 더 중요한 것은 일본정부가 대외위기의식의 고조를 이용하여 일본침공에 자위대가 주도적으로 나설 수 있게 하는 내용의 유사법제를 성립시킨 점이다. 이로써 지금까지 주일미군에만 의존하여 적의 침공을 격퇴한다고 해 온 방위정책으로부터 자위대가 주도적으로 대응하는 작전체제로 방향전환을 모색하기 시작했다고 볼 수 있다. 그 내용이 아직 국가총동원의 수준에까지 진전되지 않은 것은 현행 헌법의 규정과 주변국의 반발을 의식한 것이지만, 유사법제 성립과 자위대의 전투지역(이라크 등) 내 군사활동 실현을 배경으로 방위청의 성 승격에 이어 헌법개정과 함께 자위대의 정식 군대화를 추진하고 있는 등 보다 큰 위기에 대비하는 장기전략 체제로 나아가는 추세이다. 그런 의미에서 유사법제 제정은 대외위기에의 대응이라는 새로운 변수가 실제 방위정책 결정에 작용하기 시작한 첫 사례로서 제시될 수 있을 것이다.

2.2.1. 무력공격사태법[102]

이 법은 무력 공격 및 공격예측사태에 대처한 기본사항과 관련법을 광범위하게 제시한 기본법이다. 유사사태에 대한 조치를 무력 공격에 대한 직접조치와 국민생활영향 최소화 조치로 나누고, 행정기관(2조 4항)·지방자치(5항)·공공기관(6항) 지정과 행동부과 및 경보발령·응급복구·생필품가격 안정과 배분 등 국가 전반에 대한 정부의 규제권한을 설정하고 있다. 지정공공기관에는 NHK도 포함시켜 일부 언론통제도 가능하게 하고, 총리에게 각종 지시권한을 집중(14, 15, 16조)시켜 일사불란한 국내절차를 명시한 점이 특징이다.

무력 공격사태 이외의 긴급사태로서 무장한 불심선 출현, 대규모 테러에 대비한 경찰 및 해상보안청과의 제휴 강화를 제시(25조)하여 테

---

102) http://www.kantei.go.jp/jp/singi/anpo/houan/020416taisyo.pdf; http://www.kantei.go.jp/jp/singi/anpo/houan/020416gaiyou2.pdf(검색일: 2003. 8. 8).

러확산 등에 따른 자위대의 역할확대를 강조하고, 대응조치를 즉시 유엔안보리에 보고(18조)하도록 하여 동 조치가 국제적 대응의 맥락에서 추진된 것임을 부각시키고 있다.

또한 동 법은 유사사태에서 국제인도법의 실시, 사태조처의 안전 확보, 재정확보, 국민협조와 이해 획득 및 이에 따른 손실보상 등 재정조치를 기본방침(21조)으로 하고, 분야별 법제정비 항목〈표 4-18〉을 명시(22조)하여 그동안 연구에 그친 국내법 정비의 근거를 마련했다. 이로써 대외적 대응을 규정한 주변사태법과 함께 전쟁수행을 위한 대내외 대응을 망라하는 토대가 확립되었다.

〈표 4-18〉 분야별 법제 정비의 항목

구 분	항 목	비 고
국민의 생명, 신체, 재산 보호 및 국민생활과 국민경제에의 영향 최소화 조치	경보발령, 피난지시, 피해자 구조, 소방 등 조치, 시설설비 응급복구, 보건위생 확보, 사회질서 유지, 수송 및 통신, 국민생활안정, 피해복구 등	내각에 관방장관을 장으로 하는 국민보호법제정비본부 설치(24조)
원활하고 효과적인 자위대의 행동을 위한 조치와 기타 무력 공격사태 등의 종결 조치	포로취급, 전파이용 등 통신, 선박 및 항공기 항행 등	
미군활동지원 조치	시설 및 물자 제공	

2.2.2. 자위대법 및 방위청직원의 급여법 등 개정법률[103]

자위대법 개정은 무력공격사태법의 후속절차로서, 주로 자위대법 103조를 중심으로 해당조항에 반영시키고, 규정이 없는 내용(부대가 긴급이동할 경우 공공용지가 아닌 토지 등을 통과하거나, 출동대기명령 하

---

103) http://www.jda.go.jp/j/library/law/kaisei2/gaiyou.pdf(검색일: 2003. 8. 8).

의 부대가 대원 방호에 필요한 조치 등)은 신설하도록 했다〈표 4-19〉.
이로써 기존의 유사법제연구내용 중 제1분류가 모두 실현되었다.

〈표 4-19〉 자위대법 103조의 개정 항목

구 분	검토 내용
자위대 출동 시 물자 수용 등에 관한 규정 정비	수용 토지 내의 입목 등 정착물(건물 제외) 이전, 처분, 가옥의 형상변경은 도도부현지사와 협의하여 가능(지사는 공용영서 교부), 경비는 국고 부담. 동 처분관련 검사와 손실보상 등에 관한 재해 구조법 규정에 이를 명시
방위출동 하령 전의 진지구축	전개예정지역(미리 방비강화가 필요한 지역)이 있으면 방위청장관이 총리승인 후 진지 및 방어시설 구축을 명령 가능, 그 직무종사 대원은 상당한 이유가 있으면 무기사용 및 지역 내의 토지사용도 가능하다는 규정 신설
자위대의 긴급출동 시 통행	통행에 지장이 있는 장소를 우회할 필요 시 일반교통 및 공용이 아닌 통로, 공지, 수면을 통행 가능하도록 규정 신설 (손실보상 요구 시 보상)
취급 물자의 보관명령에 위반	해당 물자를 은익, 훼손파기, 반출한 자에 6월 이하 징역, 30만 엔 이하 벌금, 동 검사(출동명령 이전의 토지수용 시 검사 포함)를 거부, 방해, 기피, 또는 보고하지 않거나 허위보고한 자에 20만 엔 이하의 벌금 부과 규정 추가

  타 성청의 관계 법률에 대해서는 기존 유사법제연구내용의 제2분류 항목 전 분야를 그대로 망라하여 적용 제외나 특례를 신설했다〈표 4-20〉. 이로써 자위대의 출동 시 초래되던 장애요소를 해소하게 되었다.
  한편 방위청직원의 급여법 등 개정에서 출동직원에게 수당지급을 명시한 것은 자위대원의 처우 및 지위를 일반 공직자와 차별화한 점에서 새로운 시도이다.[104] 다만 군사전문법정 설치 등은 거론되지 않았고, 급여법 보완에 그쳐 아직은 헌법적 한계를 수용하는 것으로 평가된다.

---

104) 수당은 '출동기본수당'과 '특근수당'으로 나누고, 전자는 출동 시 근로의 강도·위험성·곤란성 등 현저한 특수성, 후자는 출동 시의 전투나 그에 준한 근무 등 현저한 위험성에 따라 지급하도록 했다.

〈표 4-20〉 분야별 정비대상의 관계 법률과 변경내용

구분	관계법	변경 내용
부대 이동 및 수송	도로법	출동명령 시 통과를 위한 응급조치(승인→사후통지), 방위출동과 진지구축 시 지역 내 건축 등 관련 도로관리자에 대한 절차완화(협의→사전통지＋의견진술)
	도로교통법	출동명령 시 도로공사 등을 위한 도로 사용 관련 경찰서장에 대한 절차완화(허가→사전통지＋의견진술), 또한 출동 및 출동대기 중 자위대원의 운전면허 갱신 등에 대해서는 정령으로 특별 규정
토지 이용	해안법	방위출동 및 진지구축을 명받고 해안보전구역에서 건축 등을 위해 해안관리를 하는 자에 대한 절차 완화(협의→사전통지＋의견진술)
	하천법	하천구역 내에서 하천관리자에 대한 절차 완화(협의→사전통지＋의견진술)
	어항어장 정리법	어항구역 내 건축 등 관련 어항관리자에 대한 절차완화(협의→사전통지＋의견진술)
	항만법	항만구역 내 수역점용 등 관련 항만관리절차 완화(협의→사전통지＋의견진술). 방위출동과 진지구축하의 자위대부대 등에 항만분구 내 건축 등 규제적용 제외
	자연공원법	특별지역 내 건축 관련 환경대신 등에 대한 절차완화(협의→사전통지＋의견진술)
	삼림법	보안림에서 입목 벌채 등을 위해 도도부현 지사에 대한 절차 완화(허가→사전통지＋의견진술), 또한 보안림 예정지 내의 입목 등 벌채규제는 방위출동 및 진지구축을 명받은 자위대의 부대 등에 적용 제외
	도시공원법	도시공원 등 점용관련 관리자에 대한 절차 완화(협의→사전통지＋의견진술)
	도시녹지보 전법	동 녹지보전지역 내의 건축 등 관련 도도부현지사에 대한 절차 완화(협의→사전통지＋의견진술)
	토지수용법	기업지(企業地)의 형질변경에 관한 규제는 방위출동 및 진지구축을 명받은 자위대의 부대 등에는 적용 제외
	토지구획 정리법	토지구획정리사업지구 내의 건축 등에 관한 규제는 방위출동 및 진지구축을 명받은 자위대의 부대 등에는 적용 제외
	수도권근교 녹지 보전법	녹지보전구역 내의 건축 등에 관한 규제는 방위출동 및 진지구축을 명받은 자위대의 부대 등에는 적용 제외
	긴키권보전 구역 정비법	근교녹지보전구역 내의 건축 등에 관한 규제는 방위출동 및 진지구축을 명받은 자위대의 부대 등에는 적용 제외
	도시계획법	개발구역 내 건축 등 규제는 방위출동과 진지구축 자위대부대 등에 적용제외
건축물 건조	건축물 기준법	건축물기준법 85조(응급가설건축물의 건축에 동 기준법을 적용하지 않는다)를 방위출동 및 진지구축을 명받은 자위대 부대가 건축하는 건축물에 준용(철수를 명받은 후에도 동 건축물 존속은 특정행정청의 허가 필요)
	소방법	자위대 부대 등이 응급조치로 신축 등 공사한 방화대상물 중 정령으로 정한 야전병원, 항공기용 엄폐물 등에 소방법17조(소방설비 설치 의무) 적용 제외
위생 의료	의료법	방위출동 및 출동대기를 명받은 자위대가 개설하는 야전병원에는 적용 제외
	마약단속법	방위출동을 명받은 자위대 부대의 의사와 치과의사는 마약사용자에서 제외
전사 취급	묘지·매장 관련법	방위출동을 명받은 자위대 대원의 매장 및 화장에는 적용 제외

2.2.3. 안전보장회의 설치법의 개정법률[105]

무력 공격사태 시의 안보회의 멤버로서 자위대 출동과 직접 관련된 경제산업성 및 국토교통성 대신을 추가하고 국무대신을 의원으로 임시 참가시킬 수 있게 했는데, 이는 유사법제에 따른 부수적 조치에 불과하다. 그러나 무력 공격사태 분석 및 평가에 대한 집중 심의를 위해 의원을 한정하거나, 사태대처를 조사·분석·진언하는 전문조직으로 '사태대처전문위원회'(위원장: 관방장관)를 안전보장회의에 설치하도록 한 것은 한정적이지만 비상시 신속성 및 군사보안을 강화하려는 방위당국의 의도가 반영된 조치로 볼 수 있다.

3. '방위계획의 대강' 의 재개정

3.1. 추진과정

일본 방위청이 새로운 방위정책을 거론하게 된 것은 2001년 9·11테러가 계기로 작용했다. 즉 방위청은 2001년 9월 「방위력의 존재형태 검토회의」를 설치하여 21세기의 일본에 합당한 방위력을 구축한다는 관점에서 검토에 들어갔다. 그 후 약 2년이 지난 시점에서 일본정부는 방위청의 검토내용을 정부 차원의 협의로 발전시켜 나갔다.

일본정부는 2003년 12월 19일 그동안 미국과 공동 연구해 온 탄도미사일방위(BMD)시스템의 공동생산·도입을 내용으로 하는「탄도미사일방위시스템의 정비 등에 대하여」를 서둘러 각의 결정하면서, 장래 일본 방위력의 모습에 대해서도 협의하여 BMD 도입 결정을 계기로 일본방위력에 대한 발본적인 수정을 추진한다는 방침을 결정했다. 동 각의에

---

105) http://www.kantei.go.jp/jp/singi/anpo/houan/020416gaiyou.pdf(검색일: 2003. 8. 8).

서는 새로운 안보환경과 BMD 도입을 고려한 방위력 전반의 수정과 관련하여 기본적 방향성('수정의 사고방식')에 대해서도 함께 결정했는데, 결국 '방위계획의 대강'을 새로 책정하기로 한 것이다.

그 방향성의 주요 내용은 "새로운 위협과 다양한 사태에 대처하고 국제사회의 평화와 안전 활동에 주체적으로 나선다는 기본적인 사고방식을 바탕으로 방위력 전반을 수정", "종래의 정비구상과 장비체제를 발본 수정하여 적절히 규모를 축소하는 대신 새로운 안보환경에 실효적으로 대응할 수 있는 방위력을 구축", "자위대를 새로운 체제로 전환하면서 즉응성·기동성·유연성·목적성 향상 및 고도의 기술력·정보 능력을 구축하는 한편, 기존의 조직과 장비는 효율화를 도모" 등으로 요약된다(防衛年鑑刊行會, 2005: 18-20).

또한 일본정부는 BMD시스템 정비라고 하는 대규모사업을 실시하면서 자위대의 기존 조직과 장비를 발본 수정하여 효율화하고, 일본의 어려운 재정사정 등을 감안하여 방위관계비를 억제해 나가기로 하는 한편, 현행 방위계획의 대강과 중기방위력정비계획에 대신한 새로운 대강과 정비계획을 2004년 말까지 책정한다는 계획 하에 금후의 방위력에 대한 검토를 본격적으로 진행시켜 나가기로 했다.

정부의 본격적인 검토에 앞서 폭넓은 관점의 유식자로부터 의견을 청취하는 것이 적절하다는 판단을 받아들여 일본정부는 2004년 4월 27일 내각총리대신의 사적 간담회로서 「안전보장과 방위력에 관한 간담회」[106]를 설치했다. 동 간담회는 총 13회의 회합을 개최하여 정부 측으로부터 안보상의 과제 등에 대한 설명을 청취하고, 자유토론을 거쳐 보

---

106) 간담회는 안보와 경제 등 분야의 인물 10명으로 구성되었다. 荒木 浩(東京電力 고문), 五百旗頭 眞(고베大學 법학부 교수), 佐藤 謙(세계평화연구소 부회장, 전 방위청사무차관), 田中明彦(東京大學 동양문화연구소 교수), 張 富士夫(토요타자동차주식회사 취체역 사장), 西元徹也(일본지뢰처리를 지원하는 회회장, 전 방위청 통합막료회의 의장), 樋渡由美(上智大學 외국어학부 교수), 古川貞二郎(전 내각관방 부장관), 柳井俊一(中央大學 법학부 교수, 전 주미대사), 山崎正和(東亞大學 학장).

고서로 정리한 후, 고이즈미 총리에게 제출(10월 4일)했다(防衛年鑑刊
行會, 2005: 20-24).

일본정부는 동 보고서[107]를 즉시 안전보장회의에 회부하고, 각료 간
에도 논의함으로써 간담회의 사고방식이 직접 정부 내의 검토에 반영
될 수 있었다 한다. 이런 협의과정을 거쳐 2004년 12월 10일 안전보장
회의와 각의는 새로운 방위계획의 대강(「2005년도 이후에 관한 방위계
획의 대강에 대하여」)을 결정했다.

3.2. 주요 내용

새로 책정된 '방위계획의 대강'의 내용은 다음과 같다(防衛年鑑刊行
會, 2005: 427-438).

'책정 취지'로는 새로운 안보환경 하에서 일본의 평화와 안전 및 국
제사회의 평화와 안전 확보를 위해 2003년 12월 19일 안전보장회의 및
각의에서 결정한 「탄도미사일 방위시스템의 정비 등에 대하여」를 바탕
으로 금후 일본의 안보와 방위력의 형태에 대한 새로운 지침을 제시한
다고 밝혔다.

'일본의 새로운 안보환경'으로서, ① 9·11테러와 같은 비국가 주체로
부터의 새로운 위협, 대량 파괴무기 및 탄도미사일의 확산 등 다양한
사태에 따른 국제사회의 협조와 협력 및 군사력의 역할이 다양화되고,
특히 유일초대국인 미국의 테러 대처 노력이 부각되고 있다는 점, ②
일본 주변에서는 냉전종결 이후에도 핵전력을 포함한 대규모 군사력의
상존, 다수 국가의 군사력 근대화 추진, 특히 북한의 대량 파괴무기와

---

107) 보고서의 구성은 1. 새로운 일본의 안보전략, 2. 새로운 안보전략을 실현하기
위한 정책과제, 3. 방위력의 형태, 4. 새로운 「방위계획의 대강」에 관한 제언,
5. 다시 검토를 진행시켜야 할 과제-헌법문제 등으로 되어 있다(防衛年鑑刊
行會, 2005: 22-24).

탄도미사일 개발·배치·확산, 중국의 군사력 근대화 및 해양활동범위의 확대 시도 등이 중대한 불안정요인으로 작용하고 있는 점, ③ 따라서 일본에 대한 본격적인 침략사태의 발생 가능성은 저하하는 반면, 새로운 위협과 다양한 사태에 대응할 필요가 있다는 점, ④ 특히 일본의 안보상 취약성(좁고 기다란 국토, 장대한 해안선, 높은 인구밀도, 산업과 인구의 도시 집중, 재해가 발생하기 쉬운 자연조건)과 일본의 번영·발전에 불가결한 해상교통로의 안전보장 등 제 조건을 고려할 필요가 있다는 점을 제시하고 있다.

'안전보장의 기본방침'에서는 ① 기본방침과 함께, ② 일본의 자체 노력, ③ 미일안보체제, ④ 국제사회와의 협력 등 방안을 제시하고 있다.

첫째, '기본방침'은, ① 제1의 목표를 일본에 대한 직접 위협 방지에 두고 위협 시에는 배제하되 피해 최소화하며, 제2의 목표로서 국제적 안보환경 개선을 통한 위협 방지를 제시하는 한편, ② UN 및 제 외국과의 협조관계 확립의 외교노력과 함께, 특히 미일안보체제를 기조로 긴밀한 협력관계를 더욱 충실하게 하여 자체 노력, 동맹국과의 협력 및 국제사회와의 협력을 통합적으로 조합하여 목표를 달성하는 방안, ③ 기존의 전수방위·문민통제·비핵3원칙 등을 계속 견지하면서 절도 있는 방위력을 자주적으로 정비한다는 방침, ④ 핵위협에는 미국의 억지력에 의존하는 한편, 핵 및 대량 파괴무기와 미사일 등의 운반수단에 대한 국제적인 군축·비확산 노력에도 적극적인 역할 수행 등을 천명하고 있다.

둘째, '일본 자체의 노력'으로는, ① 자주 노력이 안보정책의 근간이라는 인식 하에 총력으로 직접 위협을 방지하고, 국제안보환경 개선을 통한 위협 방지를 위해 국제사회와 동맹국에 대한 외교활동을 주체적으로 실시한다는 것('기본적 사고')을 바탕으로, ② 위협 시에는 안전보장회의 등의 신속·적확한 의사결정과 관계기관 간의 연휴로 정부가 통합적으로 대응하고, 평소부터 정보수집·분석능력 향상, 역할분담, 정보공유, 훈련 등 전체로서의 능력 향상에 노력하며, 국민보호를 위한 각종 체제 정비와 정부·지방공공단체 간의 상호 긴밀한 연휴로 만전의 태세를 갖출 것('국가로서의 통합적 대응')을 명시하고 있으며, ③ 금후의 방위력은 기존의 「기반적 방위력구상」의 유효한 부분은 계승하되, 새로운 위협과 다양한 사태에 실효적으로 대응할 수 있고, 일본의 평화와 안전에 연결된 국제평화협력활동에 주체적이고 적극적으로 나설 수 있으며, 젊은층의 인구감소와 재정사정의 현저한 곤란을 배려한 군사력이어야 하고, 이를 위해 즉응성·기동성·유연성 및 다목적성과 군사기술수준 동향을 감안한 고도의 기술력과 정보능력의 지원을 받은 다기능적·탄력적인 군사력, 규모 확대에 의존하지 않고 요원·장비·운용에 걸친 효율화·합리화를 도모하여 한정된 자원으로 많은 성과를 달성하는 군사력일 것('일본의 방위력')을 강조하고 있다.

셋째, '미일안전보장체제'와 관련해서는 ① 동 체제가 일본은 물론 아태지역의 평화와 전전에 필수불가결하고, 테러와 탄도미사일 등 새로운 위협과 다양한 사태 예방 및 대응 추진에도 기여한다고 전제하면서, ② 일본은 새로운 안보환경과 전략목표에 대한 미국과의 공통 인식을 높여나가고, ③ 미일역할분담, 주일미군의 병력구성을 포함한 군사태세 등 안보 전반에 관한 전략적 대화에 주체적으로 나서며 ④ 미군의 억지력 유지·주일미군 시설과 구역에 대한 과중한 부담 경감 등에 유의하면서 정보교환, 주변 사태 협력을 포함한 각종 운용 협력, 탄도미사일 방위 협력, 장비·기술수준, 원활하고 효과적인 미군 주둔 노력 등 시책을 적극적으로 추진하여 안보체제를 강화해 나갈 것을 제시하고 있다.

넷째, '국제사회와의 협력'은 ① 지역분쟁 및 대량 파괴무기 등 확산과 국제테러로 국제사회의 평화와 안정이 위협받는 상황은 일본의 평화와 안전 확보에 밀접히 연결된 문제라는 인식 하에 국제평화협력활동을 외교와 일체의 것으로 하여, ODA의 전략적 활용을 포함한 외교활동을 적극적으로 추진하고, ② 특히 자원·에너지 대부분을 해외에 의존하고 있는 일본과 경제적 연계가 강하고 해상교통로도 되는 중동으로부터 동아시아에 이르는 지역의 안정은 아주 중요하므로 관계각국과의 협력을 통해 지역안정화에 노력하며, ③ 국제사회가 유효하게 대처하기 위해서는 UN의 효율성과 신뢰성을 높이는 형태로 개혁할 것이 요구되어 이에 적극 나서며, ④ 아태지역에서는 지역안보와 테러 및 해적대책이라는 공통과제에 대한 다국 간 협력의 틀 구성 등 노력이 정착되고 있어 미국과의 협력과 함께 지역안보환경 구축에 적절한 역할을 수행할 것을 밝혔다.

'방위력의 역할'로서는 ① 새로운 위협과 다양한 사태에의 실효적인 대응, ② 본격적인 침략사태에의 대비, ③ 국제적인 안보환경의 개선을 위한 주체적·적극적인 노력 등의 역할을 제시하고 있다.

첫째, '새로운 위협과 다양한 사태에의 실효적인 대응'의 역할로서는 사태의 특성에 맞게 즉응성과 기동성을 갖춘 부대로 편성·배치하여 새로운 위협과 다양한 사태에 실효적으로 대응할 것을 촉구하면서, ① 탄도미사일방위시스템 정비를 포함한 필요한 체제를 확립하여 탄도미사일 공격에 대비할 것, ② 부대의 즉응성, 기동성을 일층 높이고 상황에 맞게 유연하게 대응할 수 있는 능력을 갖춰 게릴라와 특수부대에 의한 공격 등에 대응할 것, ③ 부대를 기동적으로 수송·전개하고 신속하게 대응할 수 있는 능력을 갖춰 도서부(島嶼部)에 대한 침략에 대응할 것, ④ 함정과 항공기 등에 의한 체제, 전투기부대의 체제, 호위함부대 등의 유지를 통해 각각 주변해공역의 상시 계속적인 경계감시, 영공침범 대처, 주변해역 및 영해 내의 무장공작선 및 잠몰(潛沒)하는 외국잠수함 등에 적절히 대처할 것, ⑤ 국내 어디에서도 재해를 구원할 수 있는 부대와 전문능력을 갖춘 체제를 유지하여 대규모 및 특수재해 등에 대응할 것을 제시했다.

둘째, '본격적인 침략사태에의 대비'와 관련하여 ① 예상 가능한 장래에 일본에 대한 본격적인 침략사태의 발생 가능성은 저하하고 있다는 판단 하에 종래 냉전형의 대기갑전·대잠전·대항공 침공을 중시한 정비 구상에서 전환하여 그 장비와 요원에 대한 발본적인 수정을 통해 감축을 도모하되, ② 다만 본격적인 침략사태에의 대처가 방위력의 본래 역할이고 또한 단기간에 그러한 방위력을 갖출 수 없는 만큼 주변 제국의 동향에 유의하면서 동시에 기술혁신의 성과를 거양하여 가장 기반적인 부분을 확보할 것을 주문했다.

셋째, '국제적인 안보환경의 개선을 위한 주체적·적극적인 노력'으로는 ① 국제평화협력활동에 나서기 위한 교육훈련체제, 소요부대의 대기태세, 수송능력 등의 정비와 함께 신속한 부대 파견 및 계속활동을 위한 각종 기반을 확립하고, ② 자위대의 임무와 관련한 적절한 활동 부여 등 필요한 체제를 정비하며, ③ 국제사회의 평화와 안정에 기여하는 활동으로서 평소부터 각종 양국 간·다국 간 훈련 등 안보대화, 방위교류, UN 등 국제기관이 행하는 군비관리·군축 분야 활동에 협력할 것을 제시하고 있다.

'방위력의 기본적인 사항'으로는 ① 통합운용 강화, ② 정보기능 강화, ③ 과학기술의 발전에 대응, ④ 인적 자원의 효과적인 활용을 제시하고 있다.

첫째, '통합운용 강화'와 관련하여, 각 자위대를 일체적으로 운용하고 신속하고 효과적인 임무수행을 위한 통합운용체제의 강화 방안으로서 중앙조직 정비, 교육훈련·정보통신 등 분야에서의 통합운용기반 확립 및 기존조직의 개편을 통한 효율화를 제시하고 있다.

둘째, '정보기능 강화'와 관련하여, 안보환경과 기술동향 등을 고려한 다양한 정보수집능력과 총합적인 분석·평가능력 등 강화를 도모하고, 당해능력을 지원하는 정보본부를 비롯한 정부부문의 체제를 충실화하여 고도의 정보능력을 구축할 것을 요구하고 있다.

셋째, '과학기술의 발전에 대응'과 관련하여, 정보통신기술 등 과학기술 진보에 따른 기술혁신의 성과를 방위력에 반영시키는데, 특히 국내외의 우수한 정보통신기술에 대응하면서 통합운용에 불가결한 지휘명령과 신속한 정보공유 및 운용과 체제의 효율화를 도모하기 위해 사이버공격에도 대처할 수 있는 고도의 지휘통신시스템과 정보통신네트워크 구축을 주문하고 있다.

넷째, '인적자원의 효과적인 활용'과 관련하여, 자위대원의 사기 제고와 엄정한 규율 유지를 위한 각종 시책으로서 질 높은 인재를 확보·육성하고 필요한 교육훈련을 실시하여 자위대 임무의 다양화·국제화 및 장비 고도화에 대응하고, 안보문제에 관한 연구 및 교육을 통해 인적 기반을 강화하도록 촉구하고 있다.

그 밖의 '유의사항'으로서 ① 국가의 재정적 난관을 감안하여 효율화·합리화 와 경비억제 및 여타 국가시책과의 조화 가운데 전체적으로 최선을 다하여 방위력의 원활한 기능을 강조하고, ② 장비조달과 관련하여 가격(라이프사이클코스트)의 억제와 함께 특히 연구개발, 산관학의 우수한 기술 도입, 중핵기술 분야의 방위생산 및 기술기반 확립을 촉구하며, ③ 방위시설의 효율적인 정비 및 유지를 위한 지방공공단체와의 긴밀한 협력 및 주변지역과의 조화 등을 주문하고 있다.

또한 이 대강에서 정하는 방위력은 대략 10년 후까지를 염두에 둔 것으로서 5년 후 또는 정세변화의 경우 그 시점에서의 안보환경, 기술수준 등 동향을 감안하여 검토·수정할 수 있도록 했다.

한편 대강에서 추구하고 있는 방위력의 목표를 별표로 제시했다. 그 내용을 종전의 대강과 비교해 보면 다음 〈표 4-21〉와 같다.

이번 대강에 나타난 특징은 ① 일본에 대한 본격적인 침략사태의 발생 가능성은 저하하는 반면, 국제테러 등 새로운 위협과 대량 파괴무기 및 탄도미사일 확산으로 인한 다양한 사태를 달라진 안보환경이라고 분석하면서 구체적으로 북한과 중국의 존재를 현실적인 위협으로 적시하고 있는 점, ② 그 대응으로서 국제사회의 협조와 협력 및 다양한 군사력의 역할을 제시하는 가운데, 특히 미국의 대처 노력을 높이 평가함으로써 미일 안보동맹체제 강화의 정당성을 부각시키고 있는 점, ③ 일본의 역할로서 자체 노력·동맹국과의 협조·국제사회와의 협력을 통합적으로 조합하여 목표를 달성하는 방안에 주체적으로 나서도록 촉구함으로써 일본의 국제

278

적 군사역할 확대를 강조는 점, ④ 군사력의 증강목표로서 종래 장비조달 등 물량적 증강에 중점을 두었던 것과 달리, 통합운용·정보기능 강화·과학기술발전에의 대응·자위대 임무의 다양화, 국제화 및 장비 고도화에 상응한 인적자원의 효과적 활용 등 광범위한 군사전략적 측면의 군비 증강을 강조함으로써 9·11테러 이후 미일간의 전략대화 진전에 맞춰 자위대의 편성·운용은 물론 이에 수반되는 전략무기체제 확립 등 다각적인 정책변화를 시도하고 있는 점 등이다.

〈표 4-21〉 신·구 '방위계획의 대강'의 정비규모 비교

구분	항 목		구"대강"	신"대강"
육상자위대	자위대원	편성 정수 상비자위관 정수 즉응예비자위관원 수	16만 명 상비 14만5000명 예비 1만5000명	15만5000명 상비 14만8000명 예비 7000명
	기간부대	평시지역배치부대	8개 사단 6개 사단	8개 사단 6개 여단
		기동운용부대	1개 기갑사단 1개 특과단 1개 공정단 1개 교도단 1개 헬리콥터단	1개 기갑사단 중앙즉응집단
		지대공유도탄부대	8개 고사특과군	8개 고사특과군
	주요 장비	전차 주요 특과장비	약 900량 약 900문/량	약 600량 약 600문/량
해상자위대	기간부대	대잠수상함정부대(기동운용) 대잠수상함정부대(지방대) 호위함부대(기동운용) 호위함부대(지역배치) 잠수함부대 소해부대 육상대잠기부대 초계기부대	4개 호위대군 7개 대 6개 대 1개 소해대군 13개 대	 4개 호위대군(8개 대) 5개 대 4개 대 1개 소해대군 9개 대
	주요 장비	대잠수상함정 호위함 잠수함 작전용항공기	약 50척 16척 약 170기	 47척 16척 약 150기

구분		항 목	구"대강"	신"대강"
항공자위대	기간부대	항공경계관제부대	8개 경계군 20개 경계대 1개 비행대	8개 경계군 20개 경계대 1개경계항공대(2개비행대) 12개 비행대
		전투기부대 요격전투기부대 지원전투기부대 항공정찰부대 항공수송부대 경계비행부대	9개 비행대 3개 비행대 1개 비행대 3개 비행대 항공경계관제부대에 편입	1개 비행대 3개 비행대
		공중급유·수송부대 지대공유도탄부대	6개 고사군	1개 비행대 6개 고사군
	주요 장비	작전용 항공기(그중 전투기)	약 400기(약 300기)	약 350기(약 260기)
탄도미사일방위에도 사용 가능한 주요장비·기간부대		이지스시스템 탑재 호위함		4척
		항공관제부대 지대공유도탄부대		7개 경계군 3개 고사군

※ 탄도미사일방위에도 사용 가능한 주요 장비·부대는 각 해상·항공자위대 내의 장비 및 부대임.
출처: 防衛年鑑刊行會, 「防衛年鑑」(東京, 2005), p.438.

4. 개정 '방위계획의 대강' 하의 방위력정비계획

4.1. 의의

　일본 안전보장회의 및 각의는 '방위계획의 대강'을 개정하면서 같은 날(2004년 12월 10일) 2005년-2009년간을 대상으로 하는 중기방위력정비계획을 결정했다. 이에 따라 전번 제2차 신중기방위력정비계획(「2001년-2005년도 중기방위력정비계획」)은 2004년도 한으로 폐지됨으로써 2005년도의 계획을 제외하고 마무리된 셈이다.

　방위력정비계획이 시작된 이래 그 기간이 3년 또는 단년도 방식으로 변경된 경우도 있었으나, 1986년에 중기방위력정비계획이 재개된 이래 계속 5개년 계획으로 추진되어 온 흐름으로 보면, 이번 방위력정비계획은 제3차 신중기방위력정비계획이라고 할 수 있을 것이다. 반면 지금까지의 '방위계획의 대강'과는 그 성격과 내용을 다소 달리하기 시작한 개정된 '방위계획의 대강'하에서 새로운 체제의 정비계획을 결정한 점에서는 방위력정비계획 추진에 있어 또 하나의 전환점을 마련하는 것이라는 의미 부여도 가능하다.

4.2. 제3차 신중기방위력정비계획(2005년-2009년)

4.2.1 주요 내용

개정된 '방위계획의 대강' 하에서 추진되는 최초의 방위력정비계획인 「중기방위력정비계획(2005년-2009년도)」의 주요 내용은 다음과 같다 (防衛年鑑刊行會, 2005: 438-444).

'계획의 방침'으로서 ① 새로운 위협과 다양한 사태에의 대응·국제평화협력활동에 주체적으로 나서기 위해 다기능을 통한 탄력적이고 실효성 있는 방위력을 정비, ② 새로운 방위력의 체제에 맞게 방위행정의 담당조직 개편 및 기간부대·주요 장비 운용을 전환, ③ 과학기술발전과 인적자원을 활용, 통합운용 및 정보기능 강화로 기본적인 방위력을 충실화, ④ 효과적인 장비품 취득·지역사회와의 협력 강화로 각종 방위력의 지원시책을 추진, ⑤ 특히 새로운 안보환경하에서 필수불가결한 요소인 미일안보협력체제의 일층 강화시책을 추진, ⑥ 재정난 및 여타 국가시책과의 조화를 감안하여 방위력을 효율화하고 경비를 억제하도록 제시하고 있다.

'조직 개편'에 대해서는 ① 방위행정 담당 조직의 강화를 위해 내부부국(內部 部局)에 대해 검토하여 필요조치를 강구, ② 통합운용체제 강화를 위해 기존조직 효율화, 통합막료조직 신설(정보본부는 방위청장관 직할로 조직) 및 각 막료감부 개편과 함께 통합운용의 조직에 대해 검토한 후 필요조치를 강구, ③ 육상자위대의 전차 및 특과장비 감축, 5개 사단·

1개 여단·2개 혼성단 개편(1개 사단과 2개 혼성단→여단) 및 기동운용부대와 전문부대를 일원적으로 관리 운용하는 중앙즉응집단을 신편(계획기간 말의 편성 정수: 약 16만1000명, 상비자위관 정원: 약 15만2000명, 즉응자위관원: 약 8000명, 상비자위관의 충족인원: 계획기간 말 약 14만6000명 목표), ④ 해상자위대의 호위함부대(기동운용)는 1개 호위대에 4척, 8개 호위대로 집약화, 호위함(지역배치) 중 1개 호위대를 폐지하고 잠수함부대를 5개 대로, 고정익초계기부대를 4개 대로, 회전익초계기부대를 5개 대로 집약화, ⑤ 항공자위대의 항공관제부대 중 경항공대를 2개 비행대로 개편하고 공중급유·수송부대 신설 등의 내용을 명시하고 있다.

'주요 사업'에 대해서는 ① 새로운 위협과 다양한 사태에의 실효적인 대응, ② 본격적인 침략사태에의 대비, ③ 국제적 안보환경 개선을 위한 주체적·적극적 노력, ④ 방위력의 기본적 사항, ⑤ 방위력을 지원하는 각종 시책으로 나누어 설명하고 있다.

첫째, '새로운 위협과 다양한 사태에의 실효적인 대응'으로는 ① 탄도미사일공격에 대응하여 이지스시스템 탑제 호위함 및 지대공유도탄(패트리어트)의 능력 향상(2008년 이후의 능력 향상은 미국 내 개발상황 등을 고려하여 검토한 후 필요조치 강구), 자동경계관제시스템 개수(改修), 탄도미사일의 탐지·추미(追尾)능력을 보유한 새로운 경계관제레이더의 정비 착수, 해상배치형상층(上層)시스템의 미일공동기술연구는 계속 추진하고 개발단계로 이행하는 문제를 검토한 후 필요조치를 강구, ② 게릴라와 특수부대에 의한 공격 등에 대응하여 부대의 즉응성·기동성 등을 높이고 보통과부대를 강화하며, 경장갑기동차·다용도헬리콥터(UH-60JA, UH-1J)·전투헬리콥터(AU-64D) 정비 및 핵·생물·화학무기공격에 대한 대처능력을 향상, ③ 도서부에 대한 침략에 대응하여 수송헬리콥터(CH-47JA/J), 공중급유·수송기(KC-767), 전투기(F-2) 정비, 현유 수송기(C-1)의 후계기 정비, 공중급유·수송기(KC-767)의 보유기수에 대해 검토한 후 필요조치 강구, 또한 구난헬리콥터(UH-60J)에 대한 공중급유기능 수송기(C-130H)에 부가하여 구난 능력을 향상, ④ 주변해공역의 경계감시 및 영공침범 대처 및 무장공작선 등에 대응하여 헬리콥터 탑재 호위함(DDH), 범용호위함(DD), 초계헬리콥터(SH-60K) 및 소해·수송헬리콥터(MCH-101)를 정비하고 조기경계기(E-2C) 개선 및 자동경계관제조직의 항공경계관제기능을 근대화하며, 현유 고정익초계기(P-3C)의 후계기 정비 및 조기경계관제기(E-767) 개선에 착수, 또한 전투기(F-15)의 근대화 개수로 영공침범에 대응하고 F-4의 후계기를 정비, ⑤ 대규모·특수재해 등에 대응하여 재해파견능력의 향상을 위한 각종 시책을 추진한다는 방침이다.

둘째, '본격적인 침략사태에의 대비'와 관련하여 그 발생 가능성이 저하하고 있기 때문에 종래 냉전형의 대기갑전·대잠전·대항공 침공을 중시하는 정비구상을 바꿔 그 장비·요원을 감축하는 한편, 주변 제국의 동향에 유의하면서 기술 혁신으로 전차·화포·중거리지대공유도탄·호위함·잠수함·소해정·초계기·전투기 등의 기반적 능력을 갖춘다는 방침이다.

셋째, '국제적 안보환경 개선을 위한 주체적·적극적 노력'으로서 ① 국제평화협력활동에 신속한 부대 파견과 활동의 지속적 수행을 위해 동 교육연구부대를 신편하고 대기태세를 확충하며 소요 장비품을 정비하는 것(국제평화협력활동에의 적절한 노력)과, ② 각 수준의 교류 추진과 함께 대량파괴무기 확산에 대한 안보구상(PSI)을 포함한 국제평화협력활동 및 수색구난 등의 공동훈련, 2국 간 및 다국 간 안보대화·방위교류 등 시책을 계획적이고 중층적으로 추진하는 한편, UN 등 국제기관의 군비관리와 군축 분야 활동에 지속적으로 협력할 것(제외국과의 안보대화·방위교류, 공동훈련 등의 충실)을 제시하고 있다.

넷째, '방위력의 기본적 사항'으로는 ① 기 제시된 통합막료조직 신설 및 각 막료감부 개편 외에 통합막료학교 개편, 통합연습 실시, 정보통신기반의 공통화 등을 통해 통합운용기반을 확립하고, ② 정보본부를 비롯한 정보부문 체제에 능력 있는 요원 확보·육성, 전파정보·공간정보 등 다양한 정보수집·분석수단 정비, 전자전데이터수집기(EP-3) 개선 등 각종 정보수집기재·장치를 충실화, 전투기(F-15)의 정찰기 전용을 위한 시개수(試改修) 착수, 체공형(滯空型) 무인기를 검토한 후 필요조치를 강구하며, ③ 과학기술발전에 대응하여 지휘명령계통의 정보 집약·전달, 부대레벨의 정보공유·사이버공격대처능력 및 관계기관과의 정보공유를 강화하는 한편, 내외의 우수한 정보통신기술에 대응한 고도의 지휘통신시스템과 정보통신네트워크를 정비하고, 고정익초계기(P-3C)·수송기(C-1)·현유 전차의 후계·각종 지휘통제시스템·무인기의 연구개발, 산관학의 우수기술 적극 도입과 모델링 및 시뮬레이션을 통한 장비품의 공통화·패밀리화, 민생품과 민생기술 활용·미국 등 외국과의 협력을 통한 효율적인 연구개발을 추진하며, 연구의 중점투자와 기술연구본부의 체제 등에 대해 검토한 후 필요조치를 강구하며, ④ 인적자원의 효과적 활용방안으로는 자위대임무의 다양화·국제화·장비의 고도화·통합운용 강화에 대응할 수 있는 젊은층 간부의 육성·확보, 교육훈련 및 퇴직자위관의 활용과 함께, 방위연구소의 안보정책 연구·교육기능 및 안보 분야의 인적교류를 통한 기반 강화를 제시하고 있다.

다섯째, '방위력을 지원하는 각종 시책 추진'과 관련해서는 ① 장비품의 조달가격 및 라이프사이클코스트 억제를 위해 구체적 달성목표를 설정하고 효율적인 보급태세를 정비하고 중핵기술 분야를 중심으로 필수불가결한 방위생산과 기술기반 확립 등 총합취득 개혁을 통해 합리화·효율화를 달성하며, ② 경찰, 소방, 해상보안청 등 관계기관 및 지방공공단체와의 제휴·협력 강화를 통해 방위시설과 그 주변지역과의 조화를 실현할 것을 촉구하고 있다.

한편 '미일안전보장체제의 강화를 위한 시책'에 대해서는 ① 국제정세에 대한 정보 및 의견 교환, 미일 간의 역할분담·주일미군의 군사태세 등 안보 전반에 대한 전략적 대화와 함께, 주일미군의 시설과 구역 유지

에 과중한 부담을 경감시키는 문제를 협의할 것('정보교환·정책협의'),
② 운용 면에서의 효과적인 협력태세 구축과 공동연습 및 훈련을 충실히
할 것('운용협력·공동연습·훈련'), ③ 탄도미사일 방위능력 향상을 위
한 공동노력과 함께, 정책면·운용면·장비·기술면에서의 협력을 강화
할 것('탄도미사일 방위에서의 협력 추진'), ④ 공동연구 등을 통한 장
비·기술 면에서의 폭넓은 상호 교류를 충실히 할 것('장비·기술교류'),
⑤ 주일미군 주둔을 원활하고 효과적으로 하기 위한 지원 및 오키나와의
시설·구역을 정비·통합·축소를 포함한 미국과의 협의에 주체적으로
나설 것('주일미군의 주둔을 보다 원활하고 효과적으로 하기 위한 노력'),
⑥ 테러와 확산에 대한 안전보장구상(PSI) 및 새로운 위협과 다양한 사
태 예방 및 대응을 위한 국제노력에 주체적으로 나서는 동시에 미일 간의
긴밀한 연휴를 위한 시책을 추진할 것('글로벌 및 지역적 안보 면에서의
국제사회노력에 대한 미일 간의 연휴 강화')을 열거하고 있다.

이 계획에서 제시한 장비품 가운데 주요 항목의 구체적인 정비규모
는 별표〈부록 2-10〉로 명시하고 있다.

'소요경비'로는 전번 방위력정비계획의 규모(25조100억 엔)보다 대폭
축소한 약 24조2400억 엔을 목표로 제시하는 한편, 예상하기 어려운 사
태에 대응하고, 안정된 안보환경 구축에 공헌 등 특히 필요하다고 인정
되는 경우에 안전보장회의의 승인을 얻어 사용할 수 있는 별도의 경비
로서 1000억 엔을 책정했다. 계획의 내용에 대해서는 3년 후 국제정세,
정보통신기술 등의 기술적 수준의 동향 및 재정사정 등을 감안하여 책
정된 소요경비의 범위 내에서 수정할 수 있도록 규정하고 있다.

아울러 개정된 '방위계획의 대강'에서 정한 방위력의 형태에 대해 5
년 후 또는 중요한 정세 변화가 생긴 경우에는 그 시점에서의 안보환
경 및 기술수준의 동향 등을 감안하여 필요한 수정을 검토하도록 했다.

안전보장회의와 각의는 또한 이번 중기방위력정비계획에 따라 1995
년 12월 14일(안전보장회의) 및 15일(각의) 결정·승인한 F-2 전투기

의 취득 수 130기를 98기로 축소하기로 결정·승인했다.

이 계획에 나타난 특징은 ① 경제회복의 조짐에도 불구하고 정비규모와 소요경비 모두 수치상으로는 전번 방위력정비계획의 규모를 크게 하회하여 규모 축소의 추세를 계속 이어가고 있는 점, ② 반면 부대개편 등 자위대의 운용 전환에 치중하면서 신'대강'이 표방하고 있는 고도기술과 무기장비체계의 전략적 변화, 특히 BMD 등 전략무기 조달에 본격 나섬으로써 주일미군 재편 및 재배치 이후의 통합 운용성 강화에 대비하고 있는 점, ③ 또한 국제테러와 함께 북한 및 중국으로부터의 위협을 새로운 안보환경의 핵심변수로 내세우고 미일 간의 공동 대응을 거듭 강조함으로써 금후 전략전개의 중점이 억지력보다는 일본의 국제군사역할 확대에 놓여지고, 그런 방향에서 본격적으로 자위대 부대 개편 및 전략무기 체계 등의 새로운 수요를 계속 창출해 나갈 것임을 예고하는 점 등이다.

4.2.2. 2005년도의 정비결과 평가

일본정부가 정비규모의 축소를 결정하는 추세는 2005년도 계획에도 그대로 반영되어 있다. 방위예산은 4조8301억 엔〈표 4-22〉인데, 2002년을 기점으로 성장률이 계속 마이너스를 기록해 온 추세를 이어가는 한편, 제3차 신중기방계획에서 책정한 경비규모(24조2400억 엔)의 연평균치(4조8480억 엔)에도 하회하는 액수이다.

〈표 4-22〉 2005년도 방위예산의 구성내역

(단위: 억 엔, %)

구 분	2001년	2002년	2003년	2004년	2005년
인건·양식비	22,269(45.1)	22,273(45.1)	22,188(45.0)	21,654(44.4)	21,562(44.6)
장비품구입비	9,178(18.6)	9,206(18.6)	9,028(18.3)	8,806(18.1)	9,000(18.6)
연구개발비	1,353(2.7)	1,277(2.6)	1,470(3.0)	1,707(3.5)	1,316(2.7)
시설정비비	1,598(3.2)	1,570(3.2)	1,528(3.1)	1,442(3.0)	1,386(2.9)
영사. 피복비	1,136(2.3)	1,137(2.3)	1,131(2.3)	1,106(2.3)	1,080(2.2)
훈련활동비	7,729(15.7)	7,928(16.0)	7,944(16.1)	8,068(16.5)	8,097(16.8)
기지대책비	5,326(10.8)	5,189(10.5)	5,151(10.5)	5,094(10.4)	4,973(10.3)
기 타	798(1.6)	815(1.6)	825(1.7)	885(1.8)	887(1.8)
합 계	49,388(100)	49,395(100)	49,265(100)	48,764(100)	48,301(100)

출처: 朝雲新聞社, 「防衛ハンドブック」(東京, 2005), p.344.

2005년도 방위예산 책정과 관련하여 일본 방위청이 "BMD 도입으로 방위비 증액은 불가피하다."고 주장한 데 대해, 재무성은 "전체적으로 증가율을 마이너스로 하는 것이 방침"임을 고수했고, 고이즈미 수상도 "미사일방위비가 늘어난다 해도 전체로서 삭감하지 않으면 안 된다. 방위예산에도 성역은 없다."고 단호한 입장을 밝혀 삭감이 불가피했던 것이다(「朝日新聞」, 2004년 12월 2일). 이에 일본 방위당국은 불가피적으로 일반 무기장비의 조달을 대폭 삭감(전차와 주요 화포의 경우 약 1/3 정도)하는 대신 미사일방위·고성능무기 등 조달에 대한 집중 투자를 선택한 것으로 해석된다. 따라서 당분간 방위예산의 증액은 어려울 것이고, 미사일방위·고성능무기 이외의 장비조달은 '방위계획의 대강'에서 목표〈표 4-23〉하는 대로 줄여 나갈 것으로 예상된다.

〈표 4-23〉 '방위계획의 대강'의 목표와 단계별 실현 전망

구분		항 목	신"대강" 목표	2005년까지 수준	중기방 완성 시
육상자위대	자위대원	편성 정수 상비자위관 정수 즉응예비자위관원 수	15만5000명 14만8000명 7000명	16만4500명 15만6122명 8378명	약 16만100명 약 15.3만 명 약 8000명
	기간부대	평시지역배치부대	8개 사단 6개 여단	9개 사단 4개 여단 1개 혼성단	8개 사단 6개 여단
		기동운용부대	1개 기갑사단 중앙즉응집단	1개 기갑사단 1개 공정단 1개 헬리콥터단	1개 기갑사단 중앙즉응집단
		지대공유도탄부대	8개 고사특과군	8개 고사특과군	8개 고사특과군
	주요 장비	전차 주요 특과장비	약 600량 약 600문/량	약 950량 약 920문/량	약 790량 약 830문/량
해상자위대	기간부대	호위함부대(기동운용) 호위함부대(지역배치) 잠수함부대 소해부대 초계기부대	4개 호위대군 (8개 대) 5개 대 4개 대 1개 소해대군 9개 대	4개 호위대군 (12개 대) 7개 대 6개 대 1개 소해대군 13개 대	4개 호위대군 (8개 대) 6개 대 5개 대 1개 소해부대 9개 대
	주요 장비	호위함 잠수함 작전용 항공기 [예비기] (연습기 포함)	47척 16척 약 150기	53척 16척 약 170기 [약 20기] (약 340기)	48척 16척 약 160기
항공자위대	기간부대	항공경계관제부대 전투기부대 항공정찰부대 항공수송부대 공중급유·수송부대 지대공유도탄부대	8개 경계군 20개 경계대 1개 경계항공대 (2개 비행대) 12개 비행대 1개 비행대 3개 비행대 1개 비행대 6개 고사군	8개 경계군 20개 경계대 1개 경계항공대 (2개 비행대) 12개 비행대 1개 비행대 3개 비행대 - 6개 고사군	8개 경계군 20개 경계대 1개 경계항공대 (2개 비행대) 12개 비행대 1개 비행대 3개 비행대 1개 비행대 6개 고사군
	주요 장비	작전용 항공기 [예비기] (연습기 포함 전항공기) 그중 전투기	약 350기 약 260기	약 360기 [약 30기] (약 820기) 약 270기	약 350기 약 260기
탄도미사일방위에도 사용 가능한 주요 장비·기간부대		이지스시스템 탑재 호위함	4척	-	4척
		항공관제부대	7개 경계군	-	7개 경계군 4개 경계대
		지대공유도탄부대	3개 고사군	-	3개 고사군

※ 탄도미사일방위에도 사용 가능한 주요 장비·부대는 각 해상·항공자위대 내의 장
비와 부대임.

출처: 防衛年鑑刊行會, 「防衛年鑑」(東京, 2005), pp.445-448.

2005년도의 각 자위대별로 책정된 정비규모를 보면 각 항목마다 제2차 신중기방위력정비계획에서 미실행된 2005년도분이 거의 다시 포함되고, 제3차 신중기방위력정비계획에서 제시한 규모의 5등분에 비교적 착실히 접근하고 있음이 이를 뒷받침한다고 할 수 있다. 이런 사실로부터 일본정부는 방위정책의 전환을 시도하고 있는 상황에서도 군비 증강에 대한 "경제적 억제"의 요소를 그대로 받아들이고 있음을 알 수 있다.

다만 2005년도의 계획만을 가지고 일본정부의 군비 증강 결정방향을 속단할 수는 없지만, 세출화경비와 후년도부담의 비중〈표 4-24〉이 수치상으로 약간 상승한 점은 방위당국으로서 현재 일본경제가 회복국면에 있다는 확신을 바탕으로 장비 조달의 전환점이 되도록 시도하는 데 따른 것일 가능성도 있다.

〈표 4-24〉 2005년도 방위비에 대한 구성비

(단위: %)

구 분	2001년	2002년	2003년	2004년	2005년
인건·양식비	45.1	45.1	45.0	44.4	44.6
장비품구입비	18.6	18.6	18.3	18.1	18.6
세출화 경비	35.8	35.9	36.2	35.8	35.9
일반 물건비	19.1	19.0	18.8	19.8	19.4
후년도부담	60.0	59.7	59.3	59.1	60.2

출처: 각 년도 「防衛年鑑」(東京, 防衛年鑑刊行會)의 내용 종합.

거기에다 장비조달의 내용을 보면 고도의 첨단무기로 점차 비중이 옮겨지고 있는 점에 각별히 유의할 필요가 있다. 즉 이번 신중기방위력정비계획의 '연구개발' 항목 중에는 그동안 전수방위 등 원칙에 따라 보유하지 않았던 장사정정밀유도탄(長射程精密誘導彈) 및 전투기탑재형전자방해장치(戰鬪機搭載型電子妨害裝置)도 포함되어 있는 것으로 알려지고 있다(「朝日新聞」, 2004년 12월 3일). 이것들은 모두 적기지(敵基

地)를 공격할 때 필수적인 무기[108]로서, 일본이 북한의 미사일 발사 시마다 '선제공격'을 공언해 온 점에서 그 실현에 나선 조치로 볼 수 있다.

나아가 방위당국으로서 이들 무기를 개발 보유하고 나면, 공격 및 전략무기(예컨대 장거리 전략폭격기, 공격형 항공모함, 대륙간 탄도미사일 ICBM 및 토마호크 등 장거리지대지미사일)에 대한 그동안의 금기관행도 무실화시키는 계기로 작용하여 군사전략상의 행동반경을 단계적으로 넓혀나갈 수 있다는 장기적인 계산도 내포하고 있는 것으로 보인다. 따라서 이번 '방위계획의 대강'의 개정과 방위력정비계획 추진은 일본정부가 전수방위 등 기존의 정책으로부터 벗어나 새로운 정책을 현실화하기 위한 시발점으로서의 의미가 크다고 하겠다.

제5절 탈냉전기 군사력 증강의 가설 검증

1. 상황별 일본정부의 대응선택

냉전 종식은 일본의 군사력 증강정책에도 영향을 미침으로써 기존의 변수관계 구조를 무너뜨릴 수 있는, 즉 군비 증강정책의 변동요인으로 작용할 가능성을 내포한 변화이다. 미국의 요구는 FSX 공동개발 추진과정에서 보듯이 군사협력 차원보다 실리 위주의 거래관계로 이미 변해 있었고, 소련 붕괴로 그간 대소대응전략에 따라 인정되어 온 일본의 전략적 가치는 사라졌다. 이는 이제 미국이 일본에 대해 대소대결을 위한 서방 결속이나 동맹 차원에서 동기를 부여하지는 않는다는 의미로

---

108) 정밀유도탄은 군사위성으로부터 위치 정보를 받아 PINPOINT식으로 공격하는 무기이고, 전자방해장치는 미사일과 레이더 등에서 나오는 전파를 방해하는 시스템으로서, 이 장치를 탑재한 전투기(전자작전용기)는 대공미사일공격을 회피하는가 하면 방공레이더를 무력화할 수 있게 되어 적기지 공격에 필수적이다.

서 기껏해야 대일 요구는 무기구매 압력 정도일 것이다.

일본정부로서도 미국으로부터 동기가 부여되지 않는다면 동맹을 유지할 필요는 없다. 90년대 초부터 일본의 버블경제 붕괴가 시작되었지만 아직은 80년대부터 조성된 성장신화나 일본위협론에 고무되어 있는 일본으로서 볼 때 아시아에서 미군이 철수한다고 해서 일본이 불리해진다고 생각하지는 않고 결국은 미국의 지원이 없는 상황에서 새로운 동기 부여 요인을 도입할 여지가 충분했다고 할 수 있다. 이 내용이 확인되면 가설 2를 검증하는 결과가 될 것이다.

가설 2. 냉전체제의 붕괴로 미국이 일본의 군사력 증강을 지원할 공동의 적과 공통의 이해기반이 약화되었다. 이는 '미국의 요구'와 '경제적 제약'에 의하여 결정되는 기존 정책 결정의 구조적 변화를 의미한다.

  2-1. 탈냉전기에는 냉전기에서와 같이 '미국의 요구'에 의한 대소대응 전략으로서 일본의 군사력 증강은 이루어지지 않는다.

  2-2. 그러나 미국의 지원이 계속되지 않더라도 자체 동기 부여나 국제 군사역할 강화 등을 통한 군사력 증강의 당위성을 모색하려 할 것이다.

  2-3. 탈냉전기에도 경제우선주의에 대한 일본정부와 국민의 집착성향이 없어지지 않는 한 군사력 증강에 대한 경제적 제약은 지속될 것이다.

미국의 지원 없는 방위구상은 이미 자주방위론자들이 제기한 바 있기 때문에 다분히 이들 자민당 내의 강경파세력을 중심으로 냉전 후의 일본방위구상을 마련할 가능성이 가장 농후하다는 판단도 가능하다. 실제 초기에 자민당의 오자와 간사장 주도로 '국제사회에서 일본의 역할에 관한 특별조사회'가 설치되어 관련 문제(유엔헌장, 헌법 전문 및 9조, PKO 문제 등)를 광범위하게 검토한 것도 미일안보관계보다 국제기구에서의 역할이나 다국 간 안보협력이 우선했던 것이며, 나중에 '방위문제간담회'가 건의(1994년 8월)한 것도 비슷한 내용이었다. 따라서 냉전 종식 초기의 군사력 증강정책에 대한 일본 내의 논의는 기존 변수의 역학관계로서보다는 새로운 동기 부여의 도입을 모색하는 자민당 내의 개혁세력에 의해 주도되기 시작했으며, 이런 사실은 가설 2의 내용을 뒷받침한다고 할 수 있다.

그러나 탈냉전의 흐름에 맞춰 일본정치를 개혁하려던 오자와 등 개혁세력들은 마침내 자민당 단독정권을 무너뜨려 혼란상황에서 강경파의 등장이나 최고정책결정자에 의한 새로운 선택의 결단은 무실화되고 말았고, 일본정부도 추진력을 상실하여 적절한 대응에 실패했다. 냉전 후의 상황은 계속 유동적이고 미국도 아태지역에서 철수한다는 당초 계획을 대폭 축소했으며, 일본경제의 버블 붕괴에 따른 장기불황이 점점 악화되자 일본은 미국과의 동맹 강화를 선택하게 되었다. 이는 일본이 미국과 동맹을 종결할 경우 상실하게 될 기존의 이익에 상응한 새로운 이익을 발견하지 못했고, 또한 냉전 종식의 변화가 일본으로 하여금 기존의 안보문화를 바꾸기에는 불충분했다는 해석(이숙종, 1999: 88)으로도 설명이 가능할 것이다.

결과적으로 탈냉전 시기에도 양국은 동맹에 필요한 공동의 적이나 공통이익을 새로 발견하려 했다고 볼 수 있다. 소련 붕괴로 상실된 일본의 전략적 가치는 냉전 후의 역내 유동정세에 대한 대응과 미국의 유일 패권전략 등 새로운 상호 협력의 필요성에 의해 대체된 것으로 보인다. 북한의 핵개발과 미사일 발사 및 중국의 존재가 당장 심각한 위협은 아니라 하더라도, 공동대처 외에 다른 대안을 찾지 못하자 아쉬운 대로 양국 간 공동의 적과 공통의 이해기반으로서 쉽게 받아들일 수 있었다. 재접근할 명분으로서 북한의 도발과 중국의 거대화 등에 따른 불안을 의도적으로 부각시켜 동맹체제를 급속히 강화해 나간 것으로 볼 수 있다. 냉전종식에도 불구하고 미일동맹체제가 유지되고 있고, 앞으로도 지속될 것으로 본다면 가설 2-1 및 2-2의 내용과는 부합되지 않는다.

새로운 국제체제에서 유지되는 미일안보동맹의 역할은 냉전체제 하의 동맹으로서의 부담과 편익이 그대로 제공되지는 않겠지만, 일본정부가 미국의 지원과 협력을 기대하여 동맹 강화를 선택한 입장에서는 일본의 군비 증강정책이 역시 '미국의 요구'와 '경제적 제약'의 영향 하에로 되돌아온 결과가 된다. 탈냉전의 국제체제 하에서도 '미국의 요구'와 '경제적 제약'의 영향을 받는다면 일본정부는 2 변수가 구성하는 4 가지 서로 다른 조합의 환경조건 하에서 군비 증강정책을 결정할 수밖에 없다는 의미가 된다.

결국 냉전 종식은 악화된 경제사정과 함께 미국의 동기 부여가 후퇴한 조건('상황 Ⅱ'), 즉 일본 군사력 증강의 '최악(最惡) 조건'이 형성된 결과로 끝나고 말았다. 그것은 냉전기에 작용했던 기존 변수들의 역할에 불과하고, 따라서 이 시기에 일본의 군사력 증강 추진이 대폭적으로 후퇴한 것은 바로 경제침체기에는 일본정부가 군사력 증강규모를 축소한다는 이전의 결정형태를 그래도 답습한 내용이다.

한편 미국정부가 일본 중시로 돌아서면서부터 미국의 적극적인 일본 지원의 국면이 조성되었다고 할 수 있다. 시기적으로는 대략 1995년 2월 미국정부의 안보 재정의(再定義) 이후의 시점인데, 양국 간에는 안보공동선언 및 신가이드라인 등을 통해 변화된 환경에 대한 공통의 인식과 상호 이해관계의 조정을 거쳐 공동 대응을 표방하고 나섰다. 이 내용을 기존의 2 변수 '미국의 요구'와 '경제적 제약'의 조합으로 설명해본다면 일본의 경제상황은 아직도 불황국면에 있어 '경제적 제약'이 계속되지만, 후퇴했던 '미국의 요구'가 회복된 조건('상황 Ⅰ'), 즉 '차악(次惡) 조건'으로 돌아온 것이다.

한편 탈냉전 이후 북한과 중국에 의해 조성된 역내긴장은 구체적으로 2001년 9·11테러와 상승하여 일본정부의 정책결정에 새로운 변수요인으로 작용하기 시작했다. 즉 테러대책특별법(2001년 10월)을 통해 일본정부가 미국과 공동으로 테러 응징에 나설 수 있게 하면서, 자위대의 운용 등에 있어 "미국의 요구"에 따른 대미지원과 동시에 "대외위기"에 대한 대응도 고려하기 시작한 것이다. 이것은 일본정부가 대내요인으로서 중시해온 핵심변수, "경제적 제약"요인과 함께 고려할 경우 상황(Ⅴ) 및 상황(Ⅵ)의 환경조건을 형성한다.

실제 이후 일본정부는 북한의 공작선에 대한 추적·감시, 자위대의 전투지역(아프간, 이라크 등) 파병 및 작전 등 실전에 나서는 한편, 탄도미사일(BMD) 도입 결정에 이어 방위계획 대강의 재개정을 통해 자위대 운용 등을 포함한 전략적 측면에서의 정책 전환을 추진해 오고 있다. 그러나 이 기간 중 일본경제는 아직 침체국면에서 벗어나지 못했고, 이를 이유로 일본정부는 방위비 삭감·무기장비 조달규모 축소 방침 등을 계속 견지하고 있다. 즉 상황(Ⅴ)에서는 "경제적 제약"의 영향에 따라 상황(Ⅰ)에서와 같이 일본정부가 물량적 측면에서의 군비 증강은 억제하는 대신, 전략적 측면에서의 군비 증강에 적극 나서는 결정 형태를 발견할 수 있다.

또한 2006년에 들어 일본경제의 회복세[109]가 뚜렷하게 나타나고 있어 상황(Ⅵ)의 환경조건이 조성되고 있는 것으로 보인다. 과거의 관행으로 보면 경제호황의 시기에는 일본 방위당국이 스스로 군비증강에 나서 침체기의 축소된 군비를 만회하고, 특히 "미국의 요구"가 강해지면 군비확장도 선택한 경험이 있다. 현재 미국의 대일지원은 최고조에 달하고 있고, 일본정부 스스로도 방위정책의 전환을 모색하고 있어 방위당국이 군비 증강의 당위성을 주장할 수 있는 여건은 충분하다. 그러나 새로운 환경조건 하에서 일본정부가 어떤 달라진 선택을 할 것인지 현재로서는 아직 속단하기 어렵다. 앞으로 일본정부의 선택과 그 결과

---

109) 일본은행은 2006년 7월 14일 경기과열을 우려, 5년 4개월 만에 제로금리에서 벗어나 금리를 0.25% 인상함으로써 경기회복을 확신했다(「朝日新聞」, 2006년 7월 14일).

를 기다려 환경조건-수단선택-군비 증강(결과)간의 새로운 인과관계를 발견하는 것이 주어진 과제이다.

2. 탈냉전기의 군사력 증강 내용 평가

2.1. 인적 측면

자위대의 병력규모가 환경요인의 변화에 연동하지 않는 점은 탈냉전기에도 마찬가지이다. 자위대의 부대규모 재조정(슬림화, 정보화)과 함께 육상자위대의 정원 축소(18만 명→16만 명)는 1995년 11월 신'방위계획의 대강'을 책정하면서 시작되었는데, 그 후 자위대의 이라크 파병 등에 따른 수요 증가에도 불구하고 또다시 정원 축소(2004년 12월 16만→15만5000명)를 결정한 것을 보면 규모 축소는 일본정부의 일관된 정책으로 볼 수 있다.

이러한 규모축소 추진은 이미 전후복구의 시기에 조성된 관행에 따라 경제난의 상황에서는 소모 및 산업인력의 유출을 억제하는 것으로 설명할 수도 있다. 그러나 정보화 사회의 진전 등 달라진 환경에서 일본 방위당국은 일찍이 군사분야혁명((RMA)의 연구에 착수했고, 상당한 노하우가 축적되어 실험에 착수한 것으로 확인(防衛年鑑刊行會, 2001: 99-100)되고 있어, 이제는 이른바 사이버전쟁을 상정한 단계적인 진전전략에서 추진되는 것으로 보인다. 실제 신중기방위력정비계획에서 조직의 효율화·합리화·고도기술화(정보화 등)를 추진하여 부대의 기동성·신속성·신축적 대응성 및 정보능력 등에서의 전력증강이 이루어진 것으로 평가되고 있다.

한편 과거 요시다 수상이 일본인의 희생을 걱정하여 그토록 반대해 온 자위대의 해외파병이 탈냉전 시기에 단행된 것은 인사관리 및 사기관리의 측면에서 더 이상 일본인의 희생을 담보할 수는 없는 대신, 사실상 군대로서 자위대의 전투력 증강과 국제군사활동 확대의 기회를 제공하여 사기를 앙양하고, 이를 바탕으로 자위대 운용의 발본적인 전환 등 군사전략적인 의의로 대체된다고 하겠다.

2.2. 물량적 측면

방위비 등 물량적 측면에서의 군비 증강이 환경요인에 민감하게 반응하는 것은 탈냉전에서도 마찬가지이지만, 전후 최초의 방위비 감소(1998년, 1999년 및 2003년 이후)·동결(2000년)에다 방위당국과 군수기업이 가장 역점을 두어온 장비조달 부진 등 사태가 장기화됨으로써 경제여건에 의한 영향력은 더욱 커진 점이 다르다. 따라서 물량적 측면에서의 군비 증강은 아직도 2 변수 '미국의 요구'와 '경제적 제약'의 조합으로 설명할 수 있는 여지가 많다.

냉전 종식의 초기에 대장성이 버블경제 시정을 내세워 재정 통제를 강화하자 방위당국은 방위력정비계획의 전면 수정 등을 방어할 능력이 없었다. 2 변수 사이에서 '경제적 제약'만 부각되고 일본정부가 역이용하거나 전략적 대응의 대상으로 삼을 미국의 지원도 없는 상황에서 방위당국은 군비 증강의 추진력 자체를 상실했다. 이후 물량적 측면에서만 본다면 계속사업에 의해 장비구입 등이 겨우 유지되는 실정인데, 군비 증강은 2 변수의 연속체 상에서 '경제적 제약'요인에 의해 보다 더 강하게 견인되어 중간점에 훨씬 못 미치는 위치〈그림 4-1〉로 후퇴했다. 일본정부가 자위대의 해외 파병 등에 따른 무기장비 등의 수요 증대에도 불구하고 물량적 측면에서 군비축소를 견지하고 있는 것을 보면, 탈냉전시기 일본의 군비 증강은 악화된 경제여건에서는 군비축소를 결정하는 냉전시기의 군비 증강형태의 연장선에서 설명해도 무리가 없다.

<〈그림 4-1〉 냉전종결 이후 일본의 군사력 증강 결정 변화

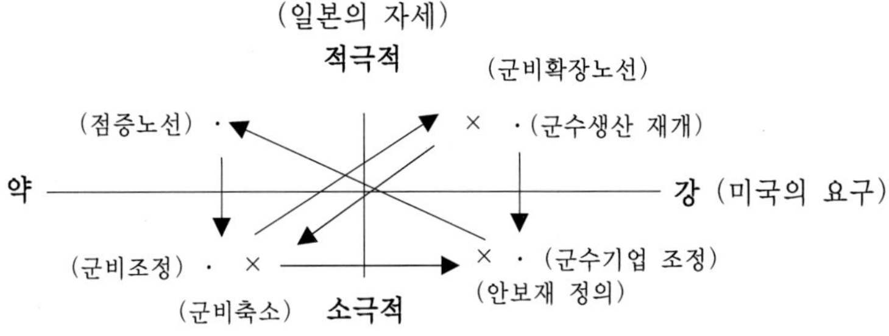

그렇다면 현재와 같이 미일안보동맹의 협력체제가 최고조에 있고, 경기의 장기 호황국면이 조성되고 있는 실정('상황 Ⅵ')에서는 일본 방위당국으로서 그동안 감수해 온 군사력 증강의 장기 침체를 만회하기 위해 앞으로 군비 확장에 나서려 할 가능성을 예상케 한다. 반대로 현재의 재정악화가 계속된다면 방위당국으로서 스스로 군수산업 육성 및 무기수출을 통한 재원 확보에 나서려 할 가능성도 농후하다. 이런 조짐은 한정적이기는 하지만 이미 미국과 탄도미사일방위시스템(BMD)의 공동개발·생산에 참여하면서 오랫동안 견지해 온 무기수출3원칙의 철회를 결정한 데서도 나타나고 있다.[110] 군비 증강의 장기 침체를 경험한 방위당국으로서는 평소에도 군비유지에 필요한 재원을 자력으로 마련함으로써 당면한 위기를 돌파하는 한편, 전략적 행동반경이 확장되고 있는 추

---

110) 고이즈미 내각은 1998년 이래 참가해 온 미일 간 탄도미사일방어(BMD)의 공동기술연구가 개발·생산단계로 이행하는 경우 무기수출3원칙에 의존하지 않는다고 결정(2004년 12월 10일)하고, 동일 호소다 관방장관이 그 내용을 담화로 발표했다. 아울러 BMD 이외의 대미공동개발·생산 및 테러·해적대책 지원에 대해서도 개별의 안건마다 검토하여 결론을 내기로 했다(防衛年鑑刊行會, 2005: 102-103). 이에 따라 사실상 무기 수출이 공식 허용되기 시작했는데, BMD의 공동개발·도입 및 부품교류를 위해 불가피하다는 점을 이유로 내세우고 있지만, 실제 여타 분야로 확산되고 있다. 예컨대 일본정부는 2006년 6월 13일 순찰함 3척을 비롯한 총 19억2000만 엔어치의 대인도네시아 무기원조계획을 비준함으로써 전후 최초의 무기 수출이 실현되었다(「동아일보」, 2006년 6월 13일).

세에 맞춰 수요가 확대될 것으로 예상되는 전략무기의 개발 및 생산에 본격적으로 착수할 수 있는 기반도 조성해 나가려는 의도로 보인다.

2.3. 군사전략적 측면

전전·전후를 통해 일본정부의 최종적인 군비 증강 목표는 일본의 궁극적 과제인 자원의 안정 공급과 해외시장 확보에 충분한 수준의 군사력 확보에 있다. 그러나 전후 방위력정비계획의 추진과정으로 볼 때 일본정부는 처음부터 방어나 침략전쟁 등 일정한 목표를 향해 출발한 것이 아니라 상황변화에 따라 적응해 나가면서 군사력을 증강하고 또한 변화시켜 온 것이다.

그런 의미에서 냉전 시기의 선택은 군비 증강 자체보다는 오히려 미국의 영향 하에서 경제복구와 성장에 활용하기 위한 측면이 더 크고, 따라서 냉전 시기 방위당국의 자위대 운용 및 군비 증강 등 결정에서 '경제여건'과 '미국의 요구'에 대한 배려를 통해 억지력을 확보해 온 이외에 군사전략적 측면의 군비 증강을 선택했던 사례는 좀처럼 발견하기 어렵다.

반면 탈냉전 이후 군비 증강정책에서 가장 획기적인 변화는 일본정부가 인적 공헌을 선택한 전략적 의미이다. 물론 탈냉전의 변화에서 우선은 당면한 안보불안 및 경제위기 돌파의 대안을 미국에서 찾고 군비 증강의 재정적·시간적 여유를 확보하려는 의도에 따라 '미국의 요구'에 호응한 측면이 인정된다. 그러나 중요한 것은 그 과정에서 미국의 전폭적인 지지와 경제능력을 바탕으로 전후 억제되어 왔던 군사활동의 한계를 탈피할 수 있는 전략적 포석의 여지를 발견한 점이다. 이 점에서 물량적 측면과 달리 군사전략적 측면에서의 군비 증강 결정을 냉전 시기의 변수조합만으로 설명하는 데는 한계가 있다. 새로운 변수로서 우선은 "대외위기"의 영향을 들 수 있겠지만 그것을 곧바로 핵심변수로 볼 수 있는지는 진전 상황을 더 검토해볼 필요가 있다.

특히 9·11테러 이후 일본정부는 대테러전 및 대량살상무기에 대한 대응에서는 공격 및 방어의 구분이 애매하다는 점에 착안하여 미국과의 전략조정을 통해 일본의 군사전략적 제한을 탈피할 수 있는 여건을 마련해 나가고 있는 것으로 보인다. 그것은 '미국의 지원'을 배경으로 하는 점에서는 한정적이지만, 억지력 확보에 그치지 않고 장래 군비 증강 및 군사력 운용에 대한 자주적인 결정의 폭을 넓혀나가는 기반이 된다는 점에서 전략적이다.

그 수단 선택으로서 일본정부는 자위대 파병 및 역할 확대, 후속입법(주변사태법·테러대책특별법·무력 공격사태법 등) 추진 및 실제 전투지역(아프간·이라크 등) 내의 작전수행을 통해 군사활동의 실적을 축적해 왔고, 무엇보다도 북한의 도발 등 기회마다 '선제공격'을 표방하여 사실상 전수방위 등 작전영역의 제한원칙 철폐를 기정사실화해 왔다.

전략적 측면에서의 군비 증강에 대한 일본정부의 단계적 조치로는 먼저 미국과의 전략협의를 통한 작전영역 확대와 이에 따른 소요 전략무기 확보(예컨대 장거리 수송기·공중급유기에 이어 BMD 도입 및 공격작전에 필요한 전략폭격기·장거리 미사일·전자장비 등 첨단공격무기 개발)에 나서면서, 그 연장선에서 이미 기정사실화된 평화헌법의 개정과 UN안보리상임이사국 진출 등을 차근차근 실현시켜 마무리짓는 수순일 것이다.

이러한 단계적인 수단 선택에 따른 결과로서 일본정부는 일부 냉전시기에는 불가능했던 전략적 측면에서의 군비 증강이 가능해졌다. 예컨대 이제 일본의 해외 파병 및 군사작전활동을 저지할 방법은 없다. 전쟁과 무력 포기를 규정한 일본헌법 제9조나 주변국의 저항, 일본군국주의 부활에 대한 국제사회의 우려 등 그동안 일본정부를 구속하는데 주효했던 무기는 무력화되었고, 그것은 그만큼 일본의 해외병력투사(兵力

投射)능력이 향상된 것을 의미한다. 또한 일본의 경제력에 걸맞은 국제 군사역할을 촉구하는 국제사회의 분위기에서 일본이 미국과의 협력 하에 첨단무기로 소위 '불량국가'의 기지를 선제공격한다 해서 일본을 견제·응징하기는 어렵게 되었다.

앞으로 일본 방위당국은 미국과의 주일미군 재편·재배치 협력 및 통합작전 수행 등 강화된 협력관계를 통해 작전반경을 점차 확대하면서 일반무기를 축소하는 대신 전략 전개에 필요한 공격형 무기를 서둘러 확보하여 무력투사(武力投射)능력을 제고하려고 할 것이다 . 또한 과거 나카소네 내각에서 보듯이 야심만만한 극우보수파가 등장할 경우 최근 호황으로 돌아선 경제여건을 바탕으로 군비확장에 나서고 여건이 조성되면 핵개발 등에 착수함으로써 또다시 군사적인 초강대국 지위의 복귀를 시도해 보려하는 전략전개 가능성도 예상된다.

제5장 결 론

제1절 연구결과의 요약

1. 냉전기 환경요인과 일본정부의 대응선택

한 국가의 군사정책은 그 국가의 대내외 환경으로부터 영향을 강하게 받고, 그만큼 환경변화에 민감하게 반응한다. 군사정책을 잘 설명하려면 현존 군사력의 정태(靜態)만을 측정하기보다 정책 결정에 영향을 미치는 변수 간의 관계를 분석하여 그 결과와 함께 평가하는 것이 긴요하다. 즉 환경요인－수단 선택－결과(군비증강) 간의 인과관계를 바탕으로 군사정책 전반의 구조를 설명하는 것이 바람직하다.

전후 일본의 군비 증강정책은 일본정부가 대내외 환경에 반응해 온 결과이다. 군비 증강 추진에 영향력을 미친 환경요인을 확인하고, 일본정부의 선택을 연계시켜 탐구함으로써 일본의 군사력 증강정책 결정형태를 규명하고자 연구를 진행해 왔다.

군사력 증강의 이론모형과 함께 전후 일본의 시대적 특수성도 고려하여 적절한 변수의 조합을 추출하는 데 주력하였다. 그 결과, 대외적으로는 '미국의 요구'가 직접 동기 부여하고, 대내적으로는 일본정부와 국민의 경제우선주의에 대한 컨센서스 하에서 '경제적 제약'이 가장 강력한 억제요인이었다. 여타 변수들은 이 2 가지 변수와의 관계에서 역할범위가 규정된다는 사실을 밝혀냈다.

'미국의 요구'는 대외전략, 동맹정책 및 무기판매 등 필요에 따라 변화하고 대체로 군비 증강을 촉구하면서 또한 동맹으로서 지원도 제공하는 입장이다. 미국의 요구가 일본의 준비수준을 초과하면 "강하다"하고, 같거나 이하이면 "약하다" 한다.

군비는 소모적 분야로서 일본과 같이 외부로부터 당장의 침략위협이 없다고 인식되면 정부정책의 우선순위에서 밀려 '경제적 제약'이 가해진다. '경제적 제약'의 크기는 예산편성 시 재무성(구대장성)의 재정통제의 크기로 나타나고, 일반적으로는 경기의 호오(好惡)를 반영한다.

2 가지 변수 간 상호작용의 통로는 '미국의 요구'라는 대외변수가 일본정부 내의 정책과정에 침투하면 일본에서는 제일 먼저 '경제적 판단'에 의해 점검된 후, 수용 또는 대립·갈등을 유발하면서 정부의 대응을 촉구하여 정책을 선택하게 되는 메커니즘이다.

한편 결과로서 군사력 증강의 내용은 ① 병력, 사기 등 인적 요소, ② 무기장비, 군사비 등 물량적 요소, ③ 작전반경 확대 등 군사전략적 요소로 나누어 설명하는 것이 일반적이다.

전후 일본정부가 군비 증강을 결정하는 데 영향을 미쳐온 환경요인은 2 가지 핵심변수, 즉 '미국의 요구'와 '경제적 제약'의 강도에 따라 다음 〈그림 5-1〉과 같은 4 가지 서로 다른 환경을 설정할 수 있다. 일본정부는 각각의 구조 속에서 가능한 최선의 정책을 선택하려 한다고 전제한다.

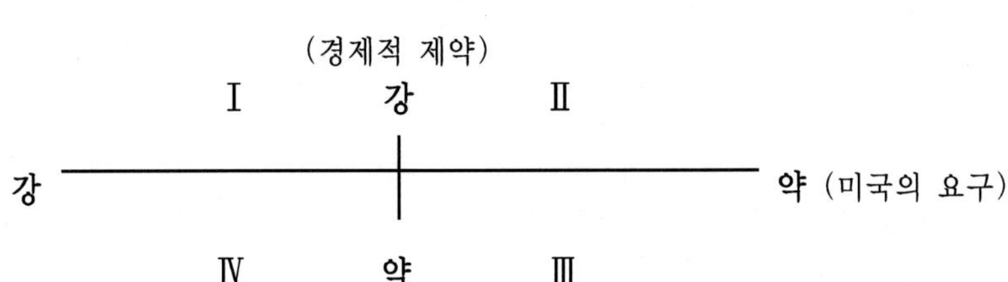

〈그림 5-1〉 일본정부의 정책선택 구조도

상황 Ⅰ(가설 1-1): 차악(次惡) 조건

일본의 패전 직후 경제 붕괴상황에서 일본정부는 미국으로부터 재군비 및 한국전 파병 압력에 직면하게 되었는데, 이 시기(1950년 7월 - 1954년 2월)의 환경은 상황(Ⅰ)에 해당된다. 일본정부는 경제복구에 전념해야 할 형편과 함께, 이제 겨우 전쟁에서 헤어난 일본국민에게 또다시 전쟁의 공포를 안겨줄 수 없다는 입장에 따라 미국에 저항했다.

그러나 미국의 요구에는 부담(군비증강)과 함께 편익(경제 및 안보지원)이 제공되는 만큼 일본정부는 경제복구에 기여하면 수용하고, 저해하면 부담을 최소화 또는 회피한다는 단순명쾌한 선택을 고수한 것으로 나타났다. 대표적으로 일본정부는 한국동란의 전쟁특수가 경제 복구에 절호의 기회라고 판단하자 군수기업을 가동하여 미국의 요구에 호응하고 외화획득에도 나선 반면, 비대해진 군수기업이 건전경제를 저해한다고 인식하자 미국의 압력에도 불구하고 군수기업을 전면 정리하여 민수기업으로 조정했다. 또한 미국의 일방적인 결정으로 재군비가 불가피해지자 자위대를 발족시키되 군비는 가급적 회피하면서 미군의 원조무기와 억지력에 전적으로 의존하는 선택에 충실했다.

이 시기에는 군비 증강이 경제복구에 악조건이지만 미국의 압력과 함께 지원도 기대되었기 때문에 군사력 증강의 진전 면에서는 '차악(次惡) 조건'이다.

상황 Ⅱ(가설 1-2): 최악(最惡) 조건

닉슨 독트린(1969년 7월)·중국방문(1972년 2월)으로 본격화된 데땅뜨 및 미국의 새로운 세계전략은 미일동맹 약화와 동기 부여 후퇴로 나타났다. 2 차례의 석유 위기는 심각한 불황을 초래하여 이 시기는 상황(Ⅱ)에 해당된다.

대장성의 재정통제가 강화되자 방위당국도 유류소모가 큰 동원훈련의 무기연기 및 방위력정비계획의 대폭 축소 등을 결정했다. 정부발주 및 장비국산화가 대폭 취소되자 군수업체가 무기 수출 재개를 요청하고 나섰고, 우익세력과 자위대 간부가 강력히 반발했으나 모두 허용되지 않았다. 군비 유지조차 불투명해진 상황에서 방위당국은 '기반적 방위력'의 개념을 창안하여 최소의 군비라도 유지해 보려 했다. 따라서 경제악화로 군비를 축소한 상황에서 미국의 관심과 지원도 퇴조하면 군사력 증강의 진전 면에서는 '최악(最惡) 조건'이 형성된다.

다만 보완책으로 방위당국은 대미관계 회복에 주력하여 안보협의위원회에 작전협의기관 설치(1975년 8월 합의)·방위협력소위원회 설치(1976년 7월)·가이드라인 작성(1978년 11월)·공동훈련 정례화에 합의했다. 이는 미국의 억지력을 통한 방위태세 보완 및 자위대의 사기 저하에도 배려하려는 선택이다.

상황 Ⅲ(가설 1-3): 차선(次善) 조건

1960년－70년대(석유 위기 이전)까지 연평균 10% 이상의 고도성장이 계속되자 일본정부는 GNP의 2%까지 방위비 증액도 허용할 정도가 되었고, 방위당국은 5년 단위의 방위력정비계획을 구상할 수 있었다. 미국 측은 이에 만족하여 압력보다 관망 및 지원자세를 보여 방위당국은 미국과 경제로부터 오는 갈등에서 벗어나 경제 및 군사적 합리성 간 균형을 선택할 수 있는 상황(Ⅲ)을 맞이했다.

이 시기 군비 증강은 불황기의 군비침체를 호황기에 보완하는 성격이 강하여 군사비는 대체로 5년간 배증(倍增) 추세인 반면, 대GNP비율이 낮아지자 1% 내외가 재정수준의 한계로 받아들여졌다. 일본정부는 첨단군사기술 개발을 통한 잠재적 군사능력 향상과 경제·기술적 파급 확산에 당위성을 두고 주로 국산화로 무기장비를 획득하는 방식을 택했다. 이를 바탕으로 자주방위를 제시하는 현상도 나타났는데, 일본정부는 수용하지 않았다.

이는 단계적인 군비투자 등 기존노선을 견지하는 것으로서, 점증적·

단계적 추진을 표방하는 만큼 군사력 증강의 진전 면에서는 '차선(次善) 조건'이다.

상황 Ⅳ(가설 1-4): 최대(最大) 조건

일본은 여타 선진국에 앞서 석유 위기로부터 탈출하자 엄청난 무역 흑자와 강화된 엔화구매력으로 통상마찰에 시달렸다. 한편 소련의 아프간침공(1979년 12월)에 따라 미국은 서방 결속과 함께, 동맹국으로서 일본의 의무이행과 미국무기구매 등을 압박하고 나섰다. 이후 탈냉전까지는 상황(Ⅳ)에 해당된다.

경제호황은 물론 일본경제가 미국을 추월할 것이라는 여론에 고무된 '경제력에 걸맞은 군비 증강론'이 대두했다. 수상에 취임(1982년 11월)한 나카소네는 자주방위론 실현의 호기로 보고, 미국과 방위당국의 기대를 연결시켜 군비 확장을 선택했다. 방위비의 GNP 1% 상한 철폐, 방위력정비계획의 복귀는 물론 일본3해협 봉쇄 및 해상로(Sea Lane) 방어를 표방(1983년 1월)한 후, 소요되는 자위대의 활동 확대와 무기의 고도화를 달성하는 방식으로 군비 확장에 나섰다. 또한 나카소네는 집단자위권에 대해 "미국함정 호위"·"공해 내 일본방위와 국민생존 확보에 필요한 물자 수송 미국선박에 대한 공격 배제"·"제3국 선박의 해협통과 저지"도 허용하여 헌법정신을 심각하게 훼손했다는 비난을 받았다.

그 결과 군사비 규모는 서방세계 제2위로 되고, 재래식 무기 체계에서 미국에 이어 많은 첨단무기를 보유하며, 미국과 교류할 정도의 기술개발수준이 부상했다. 이로 볼 때 경제호황과 군비 증강의 진전 상황에서 최고 지도자의 야망과 미국의 강한 동기 부여가 작용하면 군사력 증강의 '최대(最大) 조건'이 형성된다.

2. 탈냉전기의 변화와 일본정부의 대응선택

소련 붕괴로 일본의 전략적 가치는 소멸되고, 미국의 동기 부여는 후퇴하고 말았다. 마침 일본의 버블 붕괴로 군비 증강 추진이 어려워지자 일본에서는 새로운 동기 부여로 다자안보 또는 국제군사역할 강화 등 방안을 모색하는 움직임도 나왔다.

그러나 결국 일본정부가 미국과 동맹 강화를 다시 선택함으로써 역시 '미국의 요구'와 '경제적 제약'의 영향 하에 되돌아온 결과가 되었다. 새로운 국제체제에서도 일본정부는 2 변수가 구성하는 4 가지 서로 다른 조합의 환경조건에서 대응을 선택하지 않을 수 없다는 의미이다.

한편 북한의 미사일 발사(1993년, 1998년)·핵개발 재연(2002년), 9·11테러(2001년) 및 장래 중국의 거대화에도 일본정부가 대응함으로써 탈냉전의 새로운 안보환경으로 부상했다. 따라서 냉전기와 달리 대외적으로는 '미국의 요구'와 대외위기가 함께 동기 부여하는 상황이 되었다. 경제적으로는 일본정부가 재정긴축을 강조하고 있어 계속 억제요인으로 작용한다고 볼 수 있다.

현재의 경제 불황이 지속되면 일본정부는 '미국의 요구'와 '대외위기'가 동시에 작용하는 상황(Ⅴ)에 직면하고, 언젠가 호황국면으로 바뀌면 상황(Ⅵ)을 설정할 수 있다. 그러나 미국과의 동맹체제로 대응할 수 없을 정도의 급박한 위기가 오면 대외위기에의 대응이 핵심변수로 작용하게 될 것이다〈표 5-1〉.

〈표 5-1〉 탈냉전기 일본 군사력 증강의 변수조합

구 분		강한 미국의 요구·대외위기	대외위기
경제 여건	불 황	상황(Ⅴ)	상황(?)
	호 황	상황(Ⅵ)	상황(?)

안보환경 변화를 배경으로 일본정부는 새로운 대응수단을 선택하기 시작했다. 특히 냉전기에는 전혀 불가능하다고 못 박아온 해외파병을 통한 인적 공헌 및 '방위계획의 대강' 수정, 법적·제도적 정비, 자위대의 부대 재배치, 전투지역(아프간·이라크) 파병 등 조치로 미국의 요구에 적극 호응하고 나섰고, 그 과정에서 군사전략적 측면의 군사력 증강이 이루어졌다. 따라서 군사력 증강의 내용과 관련하여 탈냉전 시기에는 냉전 시기와 달리 물량적 측면뿐만 아니라 전략적 측면의 비중이 그만큼 커진 것이다.

3. 일본의 군사력 증강 내용

3.1. 인적 측면

자위대는 정원 15만2115명 규모로 출범(1954년)한 후 미국의 요청에 따라 27만4652명(1990년)까지 늘린 바 있으나(육상자위대 정원은 1973년 18만 명으로 상향 조정), 실제 병력은 항상 정원 이하로 제한해 왔다. 이는 일본의 병력규모가 미국의 요구나 경기악화 등 환경요인의 변화에 연동하지 않는다는 의미로서, 당초 35만 명의 지상군 편성을 압박하는 미국에 대해 요시다 수상이 소모억제와 산업인력유출 및 인적공헌 반대 입장에서 끈질기게 거부한 데서 연유한다. 그것이 관행이 되어 월남전 등에서 미국의 압력에도 불구하고 분쟁개입을 일체 배제한 것으로 나타났다.

탈냉전 후에도 육상병력의 정원은 축소(1995년 11월 기존 18만 명→16만 명)되고, 그 후 이라크 파병에 따른 수요 증가에도 불구하고 또다시 축소(2004년 12월 16만 명→15만5000명)한 것을 보면 규모 축소는 일본정부의 일관된 정책으로 볼 수 있다. 이 또한 소모 및 산업인력 유출을 억제하는 것으로 설명할 수 있으나 일본 방위당국은 일찍이 정보화시대의 도래에 대비하여 군사분야혁명(RMA)의 연구에 착수했고, 실행에 착수한 것으로 확인되고 있어, 이제는 이른바 사이버전쟁의 단계적 실행계획의 일환인 것으로 보인다. 실제 방위력정비계획에서는 효율화·합리화·고도기술화를 추진함으로써 부대 및 인력의 기동화·신축적 대응·정보화능력이 향상된 것으로 평가되고 있다.

3.2. 물량적 측면

방위비와 무기정비 조달 등 물량적 측면에서의 군비 증강은 냉전 및 탈냉전에 걸쳐 환경요인에 가장 민감하게 반응한다. 냉전기에는 2 변수 '미국의 요구'와 '경제적 제약'의 조합으로 형성되는 4 가지의 다른 환경조건(최악, 차악, 차선, 최대)에서 서로 다른 결정을 하고, 그 결과로서 군비 증강의 규모도 다르며, 그런 메커니즘이 탈냉전기에도 그대로 적용되는 것으로 나타났다.

최악의 조건에서는 방위비의 삭감·동결은 물론 방위비의 구성내역이 소모 위주로 편성되기 때문에 우선 무기장비 조달의 수량적 감소는 불가피했고, 차악의 조건에서는 군비축소 및 미국의 지원을 통한 장비도입에 의존하면서 한정적이지만 경제적 파급이 예상되는 군수생산·기술개발에 투자가 이루어졌다. 반면 경제회복의 시기에는 방위비가 대략 5년 단위로 배증되면서 불황기의 침체를 만회하기 위한 각 분야의 무기장비 국산화 개발이 광범위하게 확대되고, 최대조건에서는 각종 첨단·고가무기장비 조달로 확산되어 군비 확장이 이루어졌다. 확장기에는 미국의 강한 압력을 기회로 고가첨단장비의 양산과 독자기술개발에 나서 대부분의 미국첨단무기에 접근하고 기술수준도 미국과 교류할 만큼 향상시켰다.

탈냉전 이후 일본경제의 장기침체 하에서 군비 증강은 냉전기의 서로 다른 4 가지의 환경조건 가운데 최악 및 차악 조건이 반복되고 있다. 기간 중 공통적으로 군사비 삭감 및 장비조달 축소가 이루어지고 있는데, 단종되는 구형장비의 수량 축소에 맞춰 고성능의 무기장비로 대체함으로써 전력공백의 최소화와 질적 향상을 도모하는 것이 특징이다. 이는 냉전기의 군비증강 결정형태와 크게 다르지 않고, 따라서 그 연장선상에서 설명할 수 있다.

한편 최근 일본경제의 호황국면이 이어지고 있다. 과거 사례로 보면 일본정부는 경기회복 시 스스로 군비 증강에 나섰고, 거기에다 군비 확장도 선택한 경험이 있다. 미일동맹이 최고조에 있고 호황국면이 지속되는 실정('상황 Ⅵ')에서는 일본정부가 군비 증강의 장기 침체를 만회하고 군비 확장에 나서려 할 것이다. 반대로 재정악화가 계속되면 방위당국 스스로 군수산업 육성 및 무기 수출을 재개하여 재원을 확보해 나갈 가능성도 크다. 이미 미국과의 BMD 공동개발·생산에서 무기수출3원칙 철회를 결정(2004년 12월)했는데, 평소에도 군비유지의 재원을 확보하여 당면한 위기돌파는 물론, 전략적 행동반경의 확장에 따라 수요확대가 예상되는 전략무기 개발 및 생산에 본격 착수할 수 있는 기반도 조성해 나가려는 의도로 보인다.

3.3. 군사전략적 측면

전후 일본정부는 처음부터 방어나 침략전쟁 등 일정한 목표를 향해 출발한 것이 아니라 상황변화에 적응하면서 군사력을 증강하고 변화시켜 왔다. 특히 냉전기 일본의 군비 증강정책에서 '경제여건'과 '미국의 요구'에 배려하면서 억지력을 확보해 온 외에 군사전략적 측면에서의 군비 증강을 선택할 여지는 발견하기 어려웠다.

반면 탈냉전 이후 일본정부가 인적 공헌을 선택한 것은 억지력 확보에 그치지 않고 장래 군사력 운용에 대한 자주적 결정의 폭을 넓힐 수 있는 기반이 된다는 점에서 전략적이다. 특히 9·11테러를 계기로 미국과의 공동대응을 표방하면서 자위대의 재배치 및 전투지역 파병을 통한 작전반경 확대 등 전략적 운용 전환을 도모하고 있다. 일본으로서 당면적으로는 세계 유일패권국인 미국과의 군사전략적 제휴가 최대의 국익인 동시에 장래 중국의 거대화에 대비하는 전략도 된다는 판단일 것이다.

그 결과, 이제는 일본의 해외 파병 및 군사작전활동을 저지할 방법이 없다. 일본정부로서는 오직 자위 확보와 국제평화에만 공헌한다는 이상론을 강조하지만 어떤 군사력도 자국이익의 범주로부터 벗어날 수 없고, 이해가 대립되는 상황에서는 패권을 추구하기 마련이다. 일본의 패권추구는 곧 전전 군국주의(militarism)로의 복귀를 의미한다. 일본에 대한 각종 제재수단이 거의 무력화된 실정에서 일본정부는 어느 쪽도 선택할 수 있다.

일본정부의 단계적 조치로는 먼저 작전영역 확대로 병력투사능력이 향상된 점을 감안하여, 앞으로 전략무기(예컨대 장거리수송기·공중급유기에 이어, 전략폭격기·장거리 미사일·전자장비 등 첨단공격무기) 확보에 나서 무력투사능력을 제고하려 할 것이다. 또한 기정사실화되고 있는 헌법개정 및 UN안보리상임이사국 진출을 서두는 한편, 여건이 되면 핵개발에도 나섬으로써 국제사회에서의 발언권을 신장시키는 데 주력할 것이다.

제2절 이론적 시사점과 연구의 한계

1. 이론적 시사점

대외정책의 분석에서는 대내외 변수요인의 역할이 똑같이 강조되지만 문제는 대내외 변수 간 관계의 규명이다. 전후 일본의 군사력 증강정책은 항상 유동적 상황에서 추진되어 왔다. 유동성의 원인은 일본정부가 군비 증강을 추진하면서 대내외 환경으로부터 끊임없이 압력을 받는 가운데 일본 나름대로 그 환경변화를 국익 확보에 최대한 이용하는 전략적 선택을 모색하기 때문이다.

그럼에도 불구하고 대외 요인을 강조하는 현실주의자들은 전후 일본이 미국의 보호 하에서 선택한 무임승차나 동맹으로서의 역할 회피, 또는 소련의 침공 위협, 이로 인한 위기의식과 군비 증강의 상관관계만을 강조하려 한다. 이에 따라 국제시스템 등 대외환경이 변하면 일본의 군사력 증강도 변할 것으로 보면서 냉전 종식에 따른 미국의 대일정책 변화가 일본으로 하여금 군사대국화를 선택하게 할 것 등을 예측하기도 했다. 이런 접근방법은 국내적인 요소나 일본의 특수성이 영향을 미치는 부분에 대해서는 소홀히 하기 쉽다. 대외위기와 같은 요인은 항상 존재한다 해도 위기를 결정하는 과정은 국내적 요인으로부터 자유로울 수 없고, 또한 위기에 대한 인식 정도도 일정하지 않기 때문에 일률적으로 적용하기 어렵다.

반면 대내 요인을 강조하는 이상주의자들은 일본의 국내적인 특수성을 강조함으로써 현실주의자들이 소홀히 해 온 대내 요인이 정책 결정에 영향을 미치는 현상을 설명하려 한다. 전후 일본정부의 소극적인 안보정책을 설명함에 있어 군사력 증강에 대한 제약요인으로서 일본 내의 반전문화를 분석하거나 제도적 장애, 진보야당의 존재, 경제부처의 견제, 정치지도자의 리더십 등을 지적한다.

그러나 일본의 군사력 증강은 대내외 변수의 어느 한쪽만 아니라 복합적으로 영향을 받아 역동적으로 이루어지기 때문에 반전문화나 제도적 특수성만으로 그 변화를 적절하게 설명할 수는 없다. 오히려 대내외의 변수들은 각각 군사력 증강의 촉진 또는 억제요인으로서 역할을 수행하고 있는 개별적 요소를 지적하는 데 불과한 것이며, 따라서 별개의 분석에 그치지 말고 군사력 증강의 전체 구조 속에 통합함으로써 변화과정 전반을 조망할 수 있게 하는 것이 바람직하다. 그렇게 하는 것은 또한 반복적인 탐구과정에서 대내 및 대외 요인 간 상호 영향력 행사의 통로를 확인할 수 있는 기회가 제공될 수도 있기 때문에 더욱 유효하다. 따라서 같은 정책 추진과정에서 변수 간 반복되는 상관관계를 계속 추적해 나갈 필요가 있다.

한편 일본정부의 군비 증강 추진과정에서 나타난 현상으로부터 기존의 이론을 확인하는 몇 가지의 의미 있는 결과도 얻을 수 있었다. 즉 동맹은 위기의식의 공유나 공통의 이해기반을 요건으로 하지만, 위기의식과 이해기반을 공유한다고 해서 항상 동맹이 되는 것은 아니고 "공통의 이해에 기반을 둔 기존의 공동체에 특별한 제한의 정밀한 조건을 부과하고 공통의 이익을 위한 일반 정책이나 특정 조치에 대해서도 정밀조건을 부여하게 될 때 가능해진다."는 모겐쏘의 설명(Morgenthau, 1963: 182)이 미일동맹체제를 두고 하는 말일 것이다. 또한 동맹국 간 위기의식은 반드시 일치하는 것은 아니고 동맹과의 관계에 의해 위기의식도 의도적으로 재해석되어 군사력 증강의 동기를 부여한다는 것도 확인할 수 있었다.

따라서 리차드슨의 작용·반작용모형은 특별한 위기의식과 그 대응으로서 군비 증강을 추진한 것이 아닌 일본의 경우를 설명하는 데 한계가 있고, 일본의 위기의식은 경제적 위기에 더 민감하다는 점에서 오히려 리차드슨의 모형 가운데 군비 증강의 피로 또는 경제적 제약요소로서 적절히 설명된다.

2. 연구의 한계

전후 일본정부의 군사력 증강정책과 관련하여 대내외 변수요인 가운데 대표적으로 '미국의 요구'와 '경제적 제약'을 핵심변수로 하는 환경요인 하에서 일본정부의 방위력정비계획 추진내용을 분석하는 연구를 진행하면서 다음과 같은 한계점과 향후 과제를 제시하고자 한다.

첫째, 한 국가의 군사정책은 정치적, 경제적, 군사적 제 요인의 종합적 개념으로 파악되기 때문에 전후 일본의 군사정책 가운데 군비 증강 내용이 핵심이기는 하지만 그것으로 군사정책 전반을 설명할 수는 없다. 또한 군수생산을 중심으로 하는 일본정부의 방위력정비계획이 군사력 증강의 전부는 아닐 것인 만큼 여타 분야(예컨대 조직, 훈련, 사기관리, 군사교류 등)를 대상으로 보다 복합적으로 접근하면 일본 군사정책에 대해 더욱 정밀한 분석이 될 것이다.

둘째, 대내외 변수요인 가운데 각각을 대표하는 핵심요인만을 동기 부여와 억제요인으로 단순화함으로써 접근하기에 편리하고 대내외 변수 간의 역할관계가 쉽게 노출되는 장점은 있으나, 그 밖의 변수들이 소홀히 취급될 수밖에 없다. 이런 점에서 동기 부여와 억제를 매개하는 변수들(예컨대 정치적 리더십, 관료제의 역학관계, 국민여론 등)의 역할을 부각시킬 수 있는 분석의 틀을 개발하는 것도 과제이다. 여러 가지 변수를 한꺼번에 분석하는 것은 대단히 어렵기 때문에 변수들을 2×2 매트릭스로 차례차례 조합하여 다각도로 분석하는 것이 바람직하다.

셋째, 일본 군사력에 대한 평가문제이다. 일본은 전후 전투에 참가한 사례도 없고 부대단위 전력(戰力)이나 화력(火力)의 측정 자료에 대한 접근도 어려워 공개된 자료를 근거로 단순 개수를 나열하는 수준에서 벗어나기 어렵게 되어 있다. 일본의 군비 증강정책 내용이 정부의 방위력정비계획에 모두 나와 있다고 할 수는 없을 것이다. 평가방법의 개발은 물론 조사 및 측정의 기회를 발굴하는 것도 긴요하다. 비밀자료를 밝혀내는 것은 정확한 평가에 아주 결정적일 수 있다. 그것이 군사력 증강정책의 결정에서 환경변수의 영향-정책 결정내용-집행 결과의 순환과정을 검증하는 데 보다 확실한 인과관계를 입증하는 자료일 수 있을 것이기 때문이다.

일본의 군사력 증강은 아태지역 내의 안보문제와 국제사회에서 일본의 역할에 대한 관심 고조 등으로 이미 일본 자체만의 문제가 아니다. 일본 군사력에 대한 시각은 일본과의 서로 다른 이해관계나 입장 차이에 따라 다른 평가를 하기 쉽고, 따라서 일본 군사력에 대한 학술적 접근과 정책적 접근은 별개라는 선입견에 의해 상반된 주장을 당연시하는 경우를 흔히 본다. 그렇지만 그것은 별개가 아니라 같은 결과를 놓고 다른 평가를 하는 것이다. 일본군국주의 부활이나 군사대국화를 저지하고자 하는 일념이라 하더라도 그 효율성을 제고하기 위해서는 우선 일본의 군사력 증강동향을 면밀히 관찰하고, 숨겨진 자료를 발굴해 내며, 그 결과를 보다 객관적으로 분석하는 방법을 부단히 개발해냄으로써 일본정책 결정자들의 숨은 의도를 분석해 내는 것이 우리에게 공통으로 주어진 과제이기 때문이다.

▼
▼
▼

참고문헌

1. 국내문헌

강영수(1991). 「일본경제론」(서울: 대왕사).

김경민(1998). 「일본인도 모르는 일본」(서울 : 自由포럼).

______(1995). 「일본이 일어선다」(서울: 고려원).

김진균·홍성태(1996). 「군신과 현대사회」(서울: 문화과학사).

박용옥(1990). "자위력의 증강과 동아시아의 힘의 균형", 「일본평론」
　　　　창간호(서울: 사회과학연구소).

박우희(1989). "고도성장기 일본의 기술발전", 박우희·정영일 편
　　　　　　. 「고도성장기의 일본경제」(서울: 서울대학교 경제연구소).

배정호(2006), "21세기 미일동맹의 강화와 한반도", 「국제문제연구」 겨
　　　　울호(서울: 국제문제조사연구소).

사회과학연구소 편집실(1990), "한국지식인의 일본관", 「일본평론」 창
　　　　간호(서울: 사회과학연구소).

신경식(2003), "일본의 유사법제 내용과 정책적 파급영향", 「국제문제
　　　　연구」 겨울호(서울: 국제문제조사연구소).

______(2004), "탈냉전 이후 일본의 자위대 법제정비와 방위정책 전망,"
　　　　「국제지역연구」 여름호(서울: 한국외국어대학교 외국학종합연구
　　　　센터).

염재호(1995). "일본의 경제성장과 정부의 역할", 최상용 외 「일본·일
　　　　본학」(서울: 도서출판 오름).

오기평(1981). "일본의 외교정책", 현대일본연구회 편저. 「일본정치론」
　　　　(서울: 박영사).

유세희(2000). "21세기의 중국", 오기평 편저. 「21세기 미국패권과 국제
　　　　질서」(서울: 도서출판 오름).

윤정석(1990). “일본의 방위산업과 산군관계”, 「일본평론」 창간호(서울: 사회과학연구소).

______(1998). 「일본의 국가전략: 21세기를 맞으며」(서울: 도서출판 오름).

이도형(1990). “일본자위대의 군사적 능력과 전략의도”, 「일본평론」 창간호(서울: 사회과학연구소).

______(1991). “일본의 군사정책”, 「사상」 제3권, 제2호(서울: 사회과학원).

이숙종(1999). “일본의 탈냉전기 안보여론”, 진창수 편. 「전환기의 일본 안보정책」(경기: 세종연구소).

정구종(1990). “GNP1.5%-세계3위의 일본 군사비”, 「일본평론」 창간호(서울: 사회과학연구소).

진창수(1999). “신안보정책의 정치과정: 군사적 현실주의의 확산”, 진창수 편. 「전환기의 일본 안보정책」(경기: 세종연구소): 20-23

함택영(1998). 「국가안보의 정치경제학」(서울: 법문사).

「동아일보」(서울: 동아일보사)

2. 일본문헌

アウア, ジェムズ E.(1989). “太平洋地域の安全保障と日本の役割”, 「外交フォーラム」 8月號(東京: 世界の動き社).

赤城正一(1969). 「日本の防衛産業」(東京: 三一書房).

朝日新聞安全保障問題調査會(1967). “日本の自衛力”, 「日本の安全保障」. 8卷(東京: 朝日新聞社).

______(1967). “日本の防衛と經濟”, 「日本の安全保障」. 9卷(東京: 朝日新聞社).

蘆田均(1986). 「蘆田均日記」. 第4卷(東京: 岩波書店).

有賀 貞(1991). “講和後の日米關係”, 細谷千博・本間長世 編. 「日米關係史」(東京: 有斐閣).

五百旗頭眞(2000). 「前後日本外交史」(東京: 有斐閣アルマ).

猪口孝(1992). 「現代國際政治と日本: パールハバー50年の日本外交」(東京: 筑摩書房).

大藏省財政史室 編(1976). "アメリカの對日占領政策", 「昭和財政史: 終戰から 講和まで」. 第3卷(東京: 東洋經濟新報社).

大嶽秀夫(1983). 「日本の防衛と國內政治」(東京: 三一書房).

＿＿＿＿＿＿＿＿＿(1984). "日本における「軍產複合體」形成の挫折", 大嶽秀夫 編. 「日本政治の爭點」(東京: 三一書房).

オフイス・アール編(1992). "日本1948-1992: 日本の國際化への道を探る", 「現代用語の基礎知識」別册付錄(東京: 自由國民社).

海原治(1985). 「日本の國防を考える」(東京: 時事通信社).

加瀨俊一(1967). 「吉田茂の遺言」(東京: 讀賣新聞社).

金森久雄・荒憲治郎・森口親司(1988). 「經濟辭典」(東京: 有斐閣).

川上高司(2005), "在日米軍再編日米同盟", 「國際安全保障」 第33卷　第3號(東京: 防衛學會).

經濟企劃廳(1976). 「現代日本經濟の展開」(東京: 大藏省印刷局)

木川田榮(1973). 「軍國主義と日本經濟」(東京: 三一書房).

木村修三(1977). "日本の對外政策決定と國會", 細谷千博・綿貫讓治 編. 「對外政策決定過程の日米比較」(東京: 東京大學出版會).

草野　厚(1989). "對外政策決定過程の構造と過程", 有賀貞・宇野重昭・木戶翁・山本吉宣・渡邊昭夫. 「講座　國際政治 4: 日本外交」(東京: 東京大學出版會). 黑川修司(1986). "經團連防衛生產委員會の政治行動" 中野 實 編著. 「日本型政策決定の變容」(東京: 東洋經濟新報社).

グリーン(1998). "日米同盟の再確認および再定義", 宮里政玄 編 「アジア太平洋における國際協力: 日本の役割」(東京: 三嶺書房).

經濟團體連合會(1999). 「經濟團體連合會五十年史」(東京: 經濟團體連合會).

高坂正堯(1968). 「宰相 吉田茂」(東京: 中央公論社).

318

佐藤英夫(1996)"東西關係の變化と日米關係", 細谷千博 編「日米關係通史」(東京: 東京大學出版會).

須藤眞志(1982). "日本の外交・防衛と地政學: 海洋國家日本の生きる道", 花井等 編著.「地政學と外交政策」(東京: 地球社).

武貞秀士(1999). "日本の「おかみ」と國民", 外交政策決定要因研究會 編.「日本の外交政策決定要因」(東京: PHP研究所).

中馬淸福(1985).「再軍備の政治學」(東京: 知識社).

戶川猪佐武(1972).「政治家」(東京: 雙葉社).

富山和夫(1979).「日本の防衛産業」(東京: 東洋經濟新報社).

永澤勳雄(1979). "吉田・ダレス會談と自衛力整備問題(下)", 「防衛大學紀要」. 第38輯(橫須賀: 防衛大學出版部).

中野 實(1986). "高度成長「以後」の政策過程", 中野 實 編.「日本型政策決定の變容」(東京: 東洋經濟新報社).

西村熊雄(1974). "サンフランシスコ平和條約",「日本外交史」 第27卷(東京: 鹿島平和研究所).

日本興業銀行 編(1984).「日本產業讀本」(東京: 東洋經濟新聞社).

日本銀行外國換局(1959).「貿易及び貿易外便覽」12月號(東京: 日本銀行).

長谷川慶太郎(1984).「經濟國防論: 輕武裝日本のすすめ」(東京: TBSブリタニカ).

秦郁彦(1976).「史錄日本再武裝」(東京: 文藝春秋社).

的場敏博(1986). "自民黨の政策決定過程", 中野 實 編著.「日本型政策決定の變容」(東京: 東洋經濟新報社).

原 康(1991). "戰後の日米經濟關係", 細谷千博・本間長世 編.「日米關係史」(東京: 有斐閣).

原田暻(1991).「自衛隊けいざい學入門」(東京: 光人社).

廣瀨克哉(1989).「官僚と軍人: 文民統制の限界」(東京: 岩波書店).

藤原彰(1987). 嚴秀鉉 譯(1994).「日本軍事史」(서울: 時事日本語社).

防衛學會(1980).「國防用語辭典」(東京: 朝雲新聞社).

防衛廳(1979). “日米安全保障體制の有效性の保持”, 「防衛白書」(東京: 大藏省印刷局).

防衛廳技術硏究本部(1978). 「防衛廳技術硏究本部25年史」(東京: 創立25周年記念行事企劃委員會).

細谷千博(1991). “國際社會の中での日米關係”, 細谷千博・本間長世 編. 「日米關係史」(東京: 有斐閣).

________(1977). “對外政策決定過程における日米の特質”, 細谷千博・綿貫讓治 編. 「對外政策決定過程の日米比較」(東京: 東京大學出版會).

升味準之輔(1983). 「戰後政治 1945-55年」上, 下(東京: 東京大學出版會).

三澤潤生(1977). “對外政策と日本「財界」”, 細谷千博・綿貫讓治 編. 「對外政策決定過程の日米比較」(東京: 東京大學出版會).

宮里政玄(1996). “ポスト覇權時代日米關係 1985-1993”, 細谷千博 編 「日米關係通史」(東京: 東京大學出版會).

宮澤喜一(1991). 「戰後政治の證言」(東京: 讀賣新聞社).

宮本勳(1988). “FS-Xの母體F-16の搭載電子機器”, 「軍事研究」4月號(東京: ジヤパン・ミリタリー・レビユー).

村上薰(1973). 「日本防衛の新構想」(東京: サイマル出版會).

村松崎夫・伊藤光利・辻中豊(1992). 「日本の政治」. 조규철・김용희 역. 「日本의 政治」(서울: 푸른산).

百瀬孝(1995). 「事典 昭和戰後期日本: 占領と改革」(東京: 吉川弘文館).

森繁弘(1986). “國防對談 統合の强化へ着實な步み”, 「國防」9月號(東京: 朝雲 新聞社).

吉田茂(1958). 「回想十年」. 1卷(東京: 新潮社).

______(1957). 「回想十年」. 2卷, 3卷(東京: 新潮社).

______(1958). 「回想十年」. 4卷(東京: 新潮社).

______(1963). 「世界と日本」(東京: 番町書房).

吉原恒雄(1988). 「國家安全保障の政治經濟學」(東京: 泰流社).

依田博(1993). 「政治」(東京: 有斐閣).

320

渡邊昭夫(1977). "日本の對外政策形成の機構と過程", 細谷千博・綿貫讓
　　治 編. 「對外政策決定過程の日米比較」(東京: 東京大學出版會).

「日本の防衛」, 「防衛白書」(東京: 大藏省印刷局). www.jda.go.jp/防衛白書
「防衛年鑑」(東京: 防衛年鑑刊行會)
「自衛隊年鑑」(東京: 防衛日報社)
「裝備年鑑」(東京: 朝雲新聞社)
「防衛ハンドブツク」(東京: 朝雲新聞社)
「經團連月報」(東京: 經濟團體連合會)
「エコノミスト」(東京: 每日新聞社)
「世界週報」(東京: 時事通信社)
「朝日新聞」(東京: 朝日新聞社)
「日經新聞」(東京: 日本經濟新聞社)
「讀賣新聞」(東京: 讀賣新聞社)
http://www.kantei.go.jp/jp/singi/anpo/houan/020416taisyo.pdf
http://www.kantei.go.jp/jp/singi/anpo/houan/020416gaiyou2.pdf
http://www.kantei.go.jp/jp/singi/anpo/houan/020416gaiyou.pdf
http://www.jda.go.jp/j/library/law/kaisei2/gaiyou.pdf
http://jda-clearing.jda.go.jp/hakusho.data/2006/2006/index.html
http://www.mofa.go.jp/region/n-america/us/security/scc/doc0510.html

3. 영미문헌

Allison, Graham(1969). "Conceptual Models and the Cuban missile
　　crisis", *American Political Science Review*. Vol.LXⅢ, No.3
　　(September).
Art, Robert & Kenneth Waltz(1983). "Technology, Strategy and
　　the Use of Force", Art & Walz eds. *The Use of Force*(N.Y.:

University Press of America).

Auer, James(1973). *The Postwar Rearmament of Japanese Maritime Forces: 1945-1971*(N.Y.: Praeger Publishers).

Axelbank, Albert(1972). *Black Star Over Japan: Rising Forces of Militarism*(London: George Allen & Unwin Ltd.).

Baker, James(1991/1992). "America in Asia", *Foreign Affairs.* Vol.70, No.3(Winter).

Berger, Thomas(1993). "From Sword to Chrysanthemum", *International Security.* Vol.17, No.4(Spring).

Bueno de Mesquita, Bruce(2000). *Principles of International Politics: People's Power, Preference, and Perceptions(Washington,* D.C.: CQ Press).

Burton, John(1962). *Peace Theory: Precondition of Disarmament* (N.Y.: Alfred A. Knopf).

Calder, Kent(1988). *Crisis and Compensation: Public Policy and Political Stability in Japan.* 淑子カルダー 譯(1989).「自民黨長期政權の研究」(東京: 文藝春秋社).

Clinton, Bill(1993). "The U.S. Will Lead Global Economy with Three Part Strategy", *OT-93-9*(연설문). Nov. 24.

Deutsh, Karl(1978). *The Analysis of International Relations.* 2nd ed.(Englewood Cliffs, N.J.: Prentice-Hall).

Dower, John(1979). *Empire and Aftermath: Yoshida Shigeru and the Japanese Experience, 1878-1954*(Mass.: Harvard University Press). Friedman, George & Meredith LeBard(1991). *The Coming War with Japan* (N.Y.: St. Martin's Press).

Gramsci, Antonio(1971). *Selections from the Prison Notebooks*(N.Y.: International Publishers).

Hellmann, Donald(1977). "Japanese Security and Postwar Japanese

322

Foreign Policy" Robert Scalapino ed. *The Foreign Policy of Modern Japan*(Ca.: University of California Press).

Holsti, Kalevi(1988). *International Politics.* 5th ed.(Englewood Cliffs, N.J.: Prentice-Hall).

Howard, Michael(1979). "The Forgotten Dimension of Strategy" *Foreign Affairs.* Vol.57, No.5(Summer).

Huntington, Samuel(1968). "Military Policy", *International Encyclopedia of the Social Sciences*, Vol. X (N.Y.: Macmillan Company & Free Press).

Ishihara, Shintaro(1990). "FSX-Japan's Last Bad Deal" *NYT Forum.* (Sunday, Jan. 14).

Johnson, Chalmers(1995). *Japan: Who Governs?*(N.Y.: W. W. Norton & Company, Inc.).

Katzenstein, Peter(1996). *Cultural Norms and National Security: Police and Military in Postwar Japan*(Ithaca, N.Y.: Cornell University Press).

______& Nobuo Okawara(1993). *Japan's National Security: Structures, Norms and Policy Responses in a Changing World* (Ithaca, N.Y.: Cornell University Press).

Kennan, George(1967). *Memoirs: 1925-1950*(Boston: Little, Brown & Com.).

Kim, Tae-Hyo(1997). "The Origins of Japan's Minimalist Security Policy in Postwar Period: A Designed Strategy" Ph.D. Dissertation. University of Chicago.

Knorr, Klaus(1977). "On the International Use of Military Force in the Contemporary World" *ORBIS. Vol.*21, No.1(Spring).

__________(1968). "Military Potential" *International Encyclopedia of the Social Sciences*, Vol. X (N.Y.: Macmillan Company & Free Press).

Kowalski, Frank(1969). *The Rearmament of Japan*. 勝山金次郎 譯. 「日本再軍備: 米軍事顧問團幕僚長の記録」(東京: サイマル出版社).

Levi, Werner(1966). "On the Causes of War and the Condition of Peace" R. Falk & S. Mendlovitz eds. *Toward a Theory of War Prevention* (N.Y.: World Law Fund).

MacArthur, Douglas(1964). *Reminiscences*(N.Y.: McGraw-Hill Book Com.).

Mochizuki, Mike(1997).*Toward A True Alliance: Restructuring U.S.-Japan Security Relations*(Washington, D.C. Brookings Institution Press).

Morgenthau, Hans(1963). *Politics Among Nations*. 3rd ed.(N.Y.: Alfred A. Knopf).

Organski, A. F. K. & Jacek Kugler(1980). *The War Ledger*(Chicago: University of Chicago Press).

Papadakis, Maria & Harvey Starr(1987), "Opportunity, Willingness, and Small States: The Relationship Between Environment and Foreign Policy" C. Herman, C. Kegley & J. Rosenau eds. *New Directions in the Study of Foreign Policy*(Boston, Mass.: Allen & Unwin).

Reischauer, Edwin(1965). *The United States and Japan*. 3rd ed. (N.Y.: Viking Press).

Richardson, Lewis(1960). *Arms and Insecurity*(Pitts.: Boxwood).

Rosati, Jerel(1993). *The Politics of United States Foreign Policy*(Fort Worth: Harcourt Brace College Publishers).

Rosenau, James(1980). "Pre-Theories and Theories of Foreign Policy" J. Rosenau. *The Scientific Study of Foreign Policy*(N.Y.: Nichols Publishing Company).

Russett, Bruce(1983). "International Interactions and Processes: The Internal vs. External Debate Revisited" Ada Finifter ed. *Political*

Science: The State of the Discipline(Washington, D.C.: APSA).

___________& Thomas Graham(1989). "Public Opinion and National Security Policy: Relationships and Impacts" Manus Midlarsky ed. *Handbook of War Studies*(Mass.: Unwin Hyman, Inc.).

Shaw, Martin(1991). *Post-Military Society: Militarism, Demilitarization and War at the End of the Twentieth Century*(Oxford: Polity Press).

Stockwin, J. A. A.(1989). "Political Party and Political Opposition" Takeshi Ishida & Elis Krauss eds. *Democracy in Japan*(Pitts.: University of Pittsburgh Press).

Toffler, Alvin & Heidi(1993). *War and Anti-War*(N.Y.: Little, Brown & Co.). 이규행 감역(1994). 「전쟁과 반전쟁」(서울: 한국경제신문사).

U.S. Department of State(1974). *Foreign Relations of the United States 1948.* Vol.Ⅵ(Washington: U.S. Government Printing Office).

___________________(1976). *Foreign Relations of the United States 1949.* Vol.Ⅶ(Washington: U.S. Government Printing Office).

___________________(1976). *Foreign Relations of the United States 1950.* Vol.Ⅵ(Washington: U.S. Government Printing Office).

___________________(1977). *Foreign Relations of the United States 1951.* Vol.Ⅵ(Washington: U.S. Government Printing Office).

Vogel, Ezra(1986). "Pax Nipponica?" *Foreign Affairs.* Vol.64, No.4 (Spring).

Weinstein, Martin(1971). *Japan's Postwar Defensive Policy 1947-1968* (N.Y.: Columbia University Press).

Zinnes, Dinna & John Gillespie(1976). eds. *Mathematical Models in Inter-national Relations*(N.Y.: Praeger Publishers).

NYT.

WP.

http://www.state.gov/r/pa/prs/ps/2005/42490.htm

부 록

〈1〉 국민소득배증계획의 목표와 실적

구 분	1970년도 수준		신장률(%)	
	목 표	실 적	목 표	실 정
총인구(만 명)	10,222	10,372	0.9	1.0
취업자 수(만 명)	4,689	5,094	1.2	1.5
고용자 수(만 명)	1,924	3,306	4.1	4.3
국민총생산(조 엔)	26.0	40.6	8.8	11.6
1인당 국민소득(만 엔)	20.8	31.8	6.9	10.4
광공업생산	431.2	539.4	11.9	13.9
에너지수요(석탄: 억 톤)	3.0	5.7	7.8	12.0
수출(억 달러)	80.8	202.5	10.0	16.8
수입(억 달러)	98.9	195.3	9.3	15.5

* 국민총생산, 1인당국민소득: 1958년 가격, 광공업생산: 1958년 100, 신장률: 1956-1958
년도 평균대비.

출처: 經濟企劃廳, 「現代日本經濟の展開」(東京: 大藏省印刷局, 1976); 강영수, 「일본경제
론」(서울: 대왕사, 1991), p.181에서 재인용.

〈2-1〉 제1차 방위력정비계획의 목표 및 달성 비교

구 분		정비목표	1960년 말 실적	비 고
육상	자위관	18만 명	17만 명	
	예비자위관	1만 5000명	1만 5000명	
	기간부대	6개 관구대 및 4개 혼성단	6개 관구대 및 4개 혼성단	
해상	함 정	약 12만 4000톤*	약 11만 2000톤** (약 9만 9000톤)	* 60년까지 계획＋취역할 함정 포함 62년 말 목표. ** 기말 보유 톤수. ( )숫자는 기말취 역톤수. *** P2V, S2F 포함, 62년 말까지 충족 되는 목표. **** 기말 취역 기수
	항공기	222기***	217기****	
항공	항공기	1342기	1133기	－33개 부대: 1962년 완전충족 목표 (1342기는 동년 말 목표)
	비행부대	33개 대	14개 대	
	항공경계대	24개 대	24개 대	－1133기는 기말 취역 기수

출처: 朝雲新聞社, 「防衛ハンドブック」(東京, 2001), p.70.

〈2-2〉 제2차 방위력정비계획의 목표 및 달성 비교

구 분	항 목	정비목표	실 적	비 고
육상자위대	자위관 예비자위관 기간부대 유도탄부대	18만 명 3만 명 5개 방면대 13개 사단 2개 대	17만1500명 2만4000명 5개 방면대 13개 사단 2개 대	
해상자위대	함 정 항공기	약 14만3700톤 235기	약 14만 톤(취역: 11만6000톤) 235기 (취역: 228기)	−함정 및 항공기는 보유 기준. −함정 약 3500톤 미달성은 호위함 2척, 잠수함 1척, 잠수함구난함 1척, 소해정 등 5척, 계획외의 쇄빙선. −실적은 남극관측지원용 자위함 5250톤 및 항공기 2기 포함.
항공자위대	항공기 비행부대 전투기부대 기 타 항공경계대 유도부대 BADGE	1036기 24대 19대 5대 25개 대 2개 대 1966년 완성	1095기 23개 대 19개 대 4개 대 24개 대 2개 대 건설 중	−항공기는 취역 기준. −비행대의 정비목표에는 비행점검대, 전자감사대 포함(실적에는 전자감사 대 미포함)

출처: 朝雲新聞社, 「防衛ハンドブック」(東京, 2001), p.71.

〈2-3〉 제3차 방위력정비계획의 목표 및 달성 비교

구 분	항 목	목 표	달성상황	비 고
육상자위대	자위관 예비자위관 기간부대 호크부대	18만 명 3만9000명 5개 방면대, 13개 사단 4개	17만9000명 3만 6000명 5개 방면대, 13개 사단 4개	
해상자위대	함 정 항공기 기간부대 　호위隊群 　소해대군 　잠수대군 　항공群 　지방群	약 200척, 14만2000톤 약 220기 4개 2개 2개 5개 5개	약 200기, 14만4000톤 약 250기 4개 2개 1개 5개 5개	함정 및 항공기 수는 취역 기준
항공자위대	항공기 　기간부대 　비행부대 　나이키부대	약 880기 17개 4개	약 940기 17개 4개	항공기의 수는 취역기준

구 분	항 목	목 표	달성상황	비 고
해상 방위력	함 정 고정익대잠기 대잠헬리콥터	56척, 약 4만8000톤 60기 33기	42척, 4만8000톤 58기 32기	14척 미달성 2기 미달성 1기 미달성
방공력	지대공미사일부대 동 부대 편성준비 신전투기	4개 대 2개 대 정비에 착수	4개 대 2개 대 정비에 착수(69년)	
육상 방위력	헬리콥터 장갑수송차 수송기 전차 육상병력 증가	83기 약 160량 10기 약 280량 8500명	83기 156량 10기 280량 7500명	 1000명 미달
기 타	훈련, 구난용항공기 훈련지원함 등 초음속고등연습기	56기 4척, 약 5000톤 국내개발	56기 3척, 약 5000톤 국내개발	 소방구난정1 척 미달성

출처: 朝雲新聞社, 「防衛ハンドブツク」(東京, 2001), pp.72-73.

〈2-4〉 제4차 방위력정비계획의 목표 및 달성 비교

구분	항 목	목 표	실 적	미달성
육 상 자 위 대	전차(그중 74식) 장갑차(그중 73식) 자주화포 작전용 항공기 지대공유도탄(호크)	280량(160량) 170량(136량) 90문 159기 3군	249량(129량) 110량(76량) 20문 141기 3군	31량(31량) 60량(60량) 70문 18기 0
해 상 자 위 대	〈함정〉 호위함 　헬리콥터탑재(DDH) 　함대공미사일탑재(DDG) 　함대함미사일탑재(DDA) 　호위함(DDK) 　호위함(DE) 잠수함(SS) 보급함(AOE) 기 타 〈작전용항공기〉	54척(약 6만9600톤) 13척 2척 1척 1척 3척 6척 5척 1척 35척 92기	37척(약 4만8800톤) 8척 2척 1척 0 1척 4척 3척 1척 25척 75기	17척(약 2만800톤) 5척 0 0 1척 2척 2척 2척 0 10척 17기
항 공 자 위 대	〈항공기〉 요격전투기(F-4EJ) 정찰기(RF-4E) 지원전투기(FS-T2개량) 수송기(C-1) 고등연습기(T-2) 〈지대공유도탄(나이키J)〉	211기 46기 14기 68기 24기 59기 2군, 1군 준비	169기 46기 14기 26기 24기 59기 1군, 1군 준비	42기 0 0 42기 0 0 1군

출처: 朝雲新聞社, 「防衛ハンドブック」(東京, 2001), p.74.

〈2-5〉 1977년-1985년 중 주요 정비목표와 실적

구분	장비품목	4차방		"대강" 초기	53중업		56중업	
		계 획	실 적		계 획	실 적	계 획	실 적
육상장비	74식(61식)전차 73식(60식)	160(120)량	129(120)량	144량	300량	204량	373량	180량
	장갑차	136(34)량	76(34)량	18량	110량	27량	105량	30량
	자주화포	90문	20문	61문	180문	109문	122문	90문
	헬리콥터	159기	141기	51기	115기	57기	168기	58기
	미사일(호크)	3군	3군	2군 개량	3군 개량	3군 개량	4군 개량	3군 개량
	短거리 유도탄 발사대				10세트	10세트	19세트	19세트
해상장비	호위함	13척	8척	8척	19척	9척	14척	8척
	잠수함	5척	3척	3척	5척	3척	6척	3척
	소해정			6척			13척	6척
	보급함	1척	1척				2척	
	기 타	35척	25척	1척	11척	7척	14척	1척
	대잠초계기	92기	75기	P3C 8기	〃 37기	〃 17기	〃50기	〃25기
	대잠헬리콥터		28기	16기	46기	16기	63기	22기
항공장비	전투기 F4	46기	46기					
	정찰기 RF4	14기	14기					
	전투기 F15			12기	77기	57기	75기	42기
	지원전투기 F1	FST2,68기	26기		F1,13기	7기	F1, 6기	6기
	차기 〃(FSX)			F1, 23기			24기	
	수송기 C1,	24기	24기					
	수송기 C130			38기	4기	4기	8기	4기
	고등연습기 T2	59기	59기	3기	23기	15기	7기	
	미사일(나이키)	2군	1군	14기				
	조기경계 E2C			4기	4기	4기	1기	
	短거리유도탄발사대				5세트	5세트	4세트	4세트

출처: 각 년도 「防衛年鑑」(東京: 防衛年鑑刊行會)의 자료 종합.

〈2-6〉 제1차 중기방위력정비계획의 목표 및 달성 비교

구분	품 목	목 표	1986년	1987년	1988년	1989년	1990년
육상자위대	전차(90식)	246량	56량	52량	52량	56량	(30량)
	장갑차(89식)	310량	23량	23량	23량	31량(8량)	33량(9량)
	화포(자주포)	277문	43문	49문(6문)	49문(6문)	49문(6문)	50문(6문)
	호크개선용장비	4군＋교육용	교육용	1 고사군	1 고사군	1 고사군	1 고사군
	지대함유도탄	54기			6기	16기	16기
	短지대공 〃	(계속사업)	8세트	8세트	8세트	8세트	
	대전차헬기	43기	AH1S 8기	8기	8기	9기	8기
	수송헬기	24기	CH47 4기	12기	5기	5기	5기
	관측헬기	(계속)	OH6D12기	8기	11기	11기	15기
	다용도헬기	(계속)	HU1H 5기		8기	10기	8기
해상자위대	호위함	9척	3척	2척	1척	2척	1척
	잠수함	5척	1척	1척	1척	1척	1척
	기 타	21척	소해정2척 훈련용1척	소해정2척 보급함2척	소해정2척	소해함2척 음향관측함 1	소해함1,정1, 미사일정2, 음향관측1
	자위함건조계 (톤수)	35척 약 6.5만 톤	7척 1만2600톤	7척 2만3580톤	4척 1만580톤	6척 1만1000톤	7척 1만3940톤
	작전용항공기 P-3C 대잠헬기 MH-53E 短거리지대공유 도탄	128기 50기 66기 12기 (신규)	23기 10기 HHS2B,13	28기 9기 HHS2B,17 2기	21기 9기 SH60,12기	16기 10기 SH60,12기 4기 2세트	19기 8기 SH60, 11기 2세트
항공자위대	작전용항공기 F15(F4E개량 C-130H CH-47 E-2C	87기 63기 7기 12기 5기	15기 12기 3기	17기(8기) 12기(8) 3기 2기	17기(17) 12기(17) 2기 3기	16기(20) 11기(20) 2기 3기	14기(20) 10기(20) 2기 2기
	T-4 패트리어트 短거리지대공유 도탄	93기 5개군 (계속사업)	12기 1고사군 4세트	20기 1 고사군 4세트	20기 1 고사군 4세트	20기 1 고사군 4세트	19기 1고사군 2세트

출처: 防衛年鑑刊行會, 「防衛年鑑」(東京, 1991), pp.426-429.

〈2-7〉 제2차 중기방위력정비계획의 목표 및 달성 비교

구분	품 목	목 표	1991년	1992년	1993년	1994년	1995년
육상자위대	90식전차	132→108량	26량	20량	20량	20량	20량
	장갑차(89식)	218→193량	18량(9량)	19량(6량)	20량(7량)	19량(6량)	20량(7량)
	화포(자주포)	716→536문	39문(6문)	26문	26문	24문	24문
	다연발로켓	36량		9량	9량	9량	9량
	호크개선용장비	2군＋교육용	교육용	0.5고사군	0.5고사군	0.5고사군	0.5고사군
	近유도탄(93식)	(계속사업)			6세트	(10)	(10)
	지대함유도탄	40기	8기	8기	8기	8기	8기
	대전차헬기	20→18기	AH1S 6기	4기	2기	2기	2기
	수송헬기	14→12기	CH47 3기	3기	2기	2기	2기
	관측헬기	(계속)	OH6D 9기	OH-1,11기	OH-1, 9기	OH-1,11기	OH6D,11기
	다용도헬기	〃(UH-60)	HU1H,12기	UH1, 13기	UH1, 14기	UH1, 13기	UH1, 13기
해상자위대	호위함	10→8척	2척	1척	1척	2척	2척
	잠수함	5척	1척	1척	1척	1척	1척
	기 타	20→15척	소해정1척	소해정3, 미사일정1, 훈련1,시험1	수송함1척	소해정2, 소해함1척	소해정2, 소해함1척
	자위함건조계 (톤수)	35→28척 9.6→8.7만	3척 1만4490톤	8척 1만6620톤	3척 1만8800톤	6척 1만8080톤	6척 1만8120톤
	작전용항공기	45→37기	8기	8기	5기	6기	6기
	P-3C	8→5기	2기	1기	1기	1기	
	SH-60J	36→31기	5기	7기	4기	5기	6기
	MH-53E	1기	1기				
항공자위대	작전용항공기 F-15(F4E개량) 정　찰　기 (RF-4EJ) C-130H CH-47J 조기경계기	51→36기 42→29기 (계속) 3→1기 2기 4기	9기 8기(15) (7기) 1기	7기 7기(5) (2기)	6기 4기(1) (1기) AWACS,2	6기 4기(1) (1기) 〃 2기	7기 5기(1) (1기) 1기 1기
	T-4	90→68 기	21기	19기	9기	9기	9기
	패트리어트	1군＋교육용	1고사군분	0.5교, 1수	1수, 0.5능	1수, 2능력	0.25교, 2능

* "→"의 전후 숫자는 수정 전후의 수치임.
출처: 朝雲新聞社, 「防衛ハンドブック」(東京, 2001), p.114, p.119: 각 연도 「防衛年鑑」
(東京: 防衛年鑑刊行會)의 자료 종합.

〈2-8〉 제1차 신중기방위력정비계획의 목표 및 달성 비교

구분	품 목	목 표	1996년	1997년	1998년	1999년	2000년
육상자위대	90식전차 장갑차(89식) 화포(자주포) 다연발로켓 호크개선용장비 短유도탄(93식) 지대함유도탄 다목적유도탄 대전차헬기 수송헬기 관측헬기 다용도헬기	96→90량 168→157량 45→40문 45량 2→1.75군 (계속사업) 24기 4→3기 12→9기 (계속) ″(UH-60)	18량 20량(3량) 13문 9량 0.5고사군 2세트(8) 4량 2세트 AH1S CH47 2기 OH6D 1기 HU1H, 7기(4	18량 32량(3량) 10문 9량 0.5고사군 2세트(9) 4량 2세트 1기 2기 OH-1,3기 UH1, 3기(4	17량 28량(2량) 6문 9량 0.25고사군 2세트(8) 8량 2세트 1기 1기 OH-1, 2기 UH1, 4기(5	17량 30량(2량) 7문(7문) 9량 0.25고사군 2세트(7) 4량 6세트 2기 OH-1, 3기 UH1, 5기(3	17량 30량(2량) 7문(7문) 9량 0.25고사군 2세트(8) 4량 3세트 2기 OH-1, 4기 UH1, 7기(3)
해상자위대	호위함 잠수함 기 타 자위함 건조 계 (톤수)	8→7척 5척 18척 31→30척 10→9.4만 톤	1척 1척 소해정1, 관측1, 잠수함 구난함 1척 5척 1만6310톤	1척 1척 소해정1, 훈련지원함 1척 4척 1만10톤	2척 1척 소해정1척 5척 2만1310톤	1척 1척 소해정2, 미사일함2, 보급함 1척 7척 2만7620톤	1척 1척 소해정1, 미사일정2, 보급함 1척 6척 2만1710톤
	SH-60J	37기	6기	6기	7기	9기	7기
항공자위대	F-15(F4E개량) F-2 정찰기(RF-4EJ CH-47	4기 47→45기 3→1기 6-4기	4기(1) 11기 (1)	8기 (1)	9기	8기 2기	9기 1기
	T-4 패트리어트	59→54기 1군＋교육용	9기 2군 개선용품	13기	9기	10기	9기 0.5군 개선

* "→"의 전후 숫자는 수정 전후의 수치임.
출처: 朝雲新聞社, 「防衛ハンドブック」(東京, 2001), p.127, p.131.

〈2-9〉제2차 신중기방위력정비계획(2001년-2005년)의 목표와 달성비교

구분	항 목	정비규모	2001년	2002년	2003년	2004년
육상자위대	전차(90식)	91량	18량	18량	17량	15량
	화포(99식155mm자주곡사포)	47량	6량	7량(87식 1량)	8량	8량
	다연발로켓	18량	9량	3량	3량	3량
	장갑차	129량	89전투차 1량, 96수송차 29량	89식 1량 96식 15량	89식 1량 96식 31량	89식 1량 96식 14량

	전투헬리콥터
	  (관 측)
	  (다용도)
	  (다용도)
		10기	OH-1 2기,
			UH-60JA 2기,
			UH-1J 6기
				AH-64D 2기
				OH-1 2기
				UH-60JA 2기
				UH-1J 3기
					AH-64D 2기
					OH-1 2기
					UH-60JA 1기
					UH-1J 6기
						AH-64D 2기
						OH-1 2기
						UH-60JA 1기
						UH-1J 2기

	수송헬리콥터 (연락정찰기)	7기	CH-47JA 1기 (LR-2 1기)	CH-47JA 2기 (LR-2 1기)	CH-47JA 1기	CH-47JA 1기
	호크 개선용품	0.25개군	0.25개 (고사특 과군분)		0.5(-)개군	03식0.25(+)개군
	신중거리지대공유도탄	1.25개군	81식단거리 2셀 93식근거리 8셀 96식다목적 6셀	81식 2셀 93식 13셀 96식 2셀	81식 2셀 93식 7셀 96식 2셀	81식 2셀 93식 7셀 96식 1셀
해상자위대	호위함	5척	4,600톤형 1척	7,700톤형 1척	7,700톤형 1척	13,500톤형 1척
	잠수함	5척	2,700톤형 1척	2,700톤형 1척	2,700통형 1척	2,900통형 1척
	기 타	15척	소해정(510톤)2, 미사일정(200톤)2, 보급함 (1만 3500톤) 1척	소해정(510톤) 1척	소해정(510톤) 1척	소해정(570톤) 1척
	자위함 건조계 (톤수)	25척 (8.6만톤)	7척(2만2220톤)	3척(1만910톤)	3척(1만910톤)	3척(2만2100톤)
	초계헬리콥터 (SH-60J, SH-60J개량)	39기	SH-60J 3기	SH-60K 7기	SH-60K 7기	SH-60K 7기
	신소해·수송 헬리콥터 (이지스함 개수)	2기			1기	MCH-101 1기 (SM-3포함)1척
항공자위대	F-15 근대화	12기	F-2 12기 CH-47J 1기	F-2 8기 CH-47J 2기 보잉767(공중급유·수송)1기	F-2 6기 CH-47J 4기 보잉767(공중급유·수송)1기	F-15개수 2기 F-2 5기 CH-47J 1기 보잉767(공중급유·수송)1기
	F-2	47기				
	수송헬리콥터	12기				
	공중급유·국제협력 가능한 수송 항공기	4기				
	E-2C개선용품 (계속사업)		2기분	0.5기분	2.5기분	10기분
	패트리어트개선용품(계속)		2개 고사군분	2개 고사군분	2개+예비용 1셀	1개+PAC-3 취득

※ 2001년 개발항목: 88식지대함유도탄(改), 고정익초계기(P-3C)와 수송기(C-1)의 후계기 개발.

2002년 개발항목: 신전차 개발.

출처: 2001년 「防衛ハンドブック」 p.148; 2005년 「防衛年鑑」 pp.452-456.

〈2-10〉 제3차 신중기방위력정비계획(2005년-2009년)의 목표

구분	항 목	정비규모	2005년
육상자위대	전 차	49량	90식 12량
	화포(박격포 제외)	38량	99식 자주155㎜곡사포 7량
	장갑차	104량	96식 장륜(裝輪)장갑차 15량
	전투헬리콥터(AH-64D)	7기	AH-64D 2기 관측헬리콥터(OH-1) 2기, 다용도헬리콥터(UH-60JA) 1기, 다용도헬리콥터(UH-1J) 3기
	수송헬리콥터(CH-47JA)	11기	CH-47JA 1기
	중거리지대공유도탄	8개 중대	03식중거리지대공유도탄 2개 중대 81식단거리지대고유도탄개선용품 1셀 93식근거리지대공유도탄 4셀 96식다목적유도탄시스템 2셀
해상자위대	이지스시스템 탑재 호위함의 능력 향상	3척	이지스시스템 탑재 호위함 능력향상 등 (SM-3미사일 취득·발사시험 포함) 1척
	호위함	5척	
	기 타	4척	잠수함(2,900톤) 1척, 소해정(570톤) 1척
	자위함 건조 계(톤)	20척 (약 5.9만 톤)	2척(3,470톤)
	신고정익초계기	4기	
	초계헬리콥터(SH-60JK)소	23기	7기
	해·수송헬리콥터(MCH-101)	3기	
항공자위대	지대공유도탄(PATRIOT) 능력향상	2개군 및 교육소요	(PAC-3미사일 취득 포함)1개 고사군 상당분
	전투기(F-15) 근대화 개수	26기	4기
	전투기(F-2)	22기	5기
	신전투기	7기	
	신수송	8기	
	수송헬리콥터(CH-47J)	4기	
	공중급유·수송기(KC-767)	1기	1기 조기경계기(E-2C)개선용장비품 2기분 조기경계관제기(E-767)개선용장비품 4기분 정찰기(RF-4E) 정찰기능의 개선 1기

출처: 防衛年鑑刊行會, 「防衛年鑑」(東京, 2005), p.444; 456의 자료로 구성.

〈3〉 1955년-1960년간 주요 장비의 조달 내용

구 분	품 목	1955년	1956년	1957년	1958년	1959년	1960년
화 기	62식 7.62밀리기관총(정)		2		3		4
	60식106밀리무반동총				1	25	
	105밀리 곡사포(문)	2	10		10		50
	155밀리 곡사포	2	10		5		
장갑 궤도 차량	61식 전차(량)	2			2		
	60식 81밀리자주박격포		1		2	5	
	60식 107밀리 〃		1		2	4	6
	60식106밀리자주무반동총	2	2		3	11	15
	60식 장갑차		2		7	24	30
	주요 장비차량(량)	55년까지 14,456	30	176	188	78	116
	탄약(톤)	〃 226	149	1120	1194	1252	1618
항 공 기	T-34 연습기(기)	〃 96	26	22			
	L-19E 연락기			2	12	8	
	KAL-I, II 연락기	(54년)3					
	T-1A 중간연습기		2	4		20	20
	T-33A 연습기	97	83	30			
	P2V-7 대잠기				42		
	F-86F 전투기(주력)	70	110	120			
	F-104J/DJ(차세대)						200(계약)
	C-46					12	
	H-13 헬리콥터	55년까지 11	10	4	5	19	2
	H-19 헬리콥터	〃 (9)	(16)		23	4	9
	HSS-1 헬리콥터		(2)		(2)	(4)	(6)
	V-44 헬리콥터				(2)		
함 정	호위함(척)	55년까지 9	2	4	2	2	
	잠수함		1			2	2
	소해정	9		5	4	2	2
	부설함	2					
	驅潛艇	8		1	3	3	
	어뢰정	8					1
	잠수함 구난선					1	
	급유함						1
	特務艦	3			2		

출처: 赤城正一, 「日本の防衛産業」(東京: 三一書房, 1969), pp.72-73.

〈4〉 장비품 조달원별 구성내용

(단위: 백만 엔, %)

연 도	국내조달(A)		일반수입(B)		유상원조(C)		소계(D =A+B+C)	무상원조(E)		합계(F =D+E)
	금 액	A/F	금 액	B/F	금 액	C/F		금 액	E/F	
1950-54	91,685	34.2	1,538	0.6	−	−	93,223	174,517	65.2	267,740
1955	43,009	30.4	2,643	1.9	−	−	45,652	95,798	67.7	141,450
1956	49,768	48.8	3,346	3.2	1,084	1.3	54,198	47,654	46.7	101,852
1957	57,057	57.4	1,950	1.9	1,415	1.6	60,422	38,894	39.1	99,316
1958	73,291	50.4	2,760	1.8	2,633	1.8	78,684	66,627	46.0	145,311
1959	66,174	56.8	3,230	2.9	7,292	6.2	76,696	39,715	34.1	116,411
1960	39,448	75.2	4,870	2.7	6,923	3.7	151,241	34,152	18.4	185,393
1961	70,249	64.6	6,311	5.8	5,972	5.6	82,532	26,080	24.0	108,612
1962	97,521	75.2	7,645	5.8	4,068	3.3	109,234	20,397	15.7	129,631
1963	93,058	74.3	7,005	5.7	16,161	12.9	116,224	8,966	7.1	125,190
1964	112,027	85.2	7,007	5.3	6,024	4.5	125,058	6,063	4.8	131,121
1965	135,913	87.2	8,158	5.2	6,483	4.1	150,554	5,136	3.5	155,690
1966	139,616	83.7	12,582	7.5	5,467	3.3	157,665	9,148	5.5	166,813
1967	185,949	90.0	13,080	6.3	6,233	3.0	205,262	1,352	0.7	206,614
1968	242,464	88.3	12,437	4.5	19,449	7.1	274,350	142	0.05	274,492
1969	270,264	93.1	12,754	4.4	5,385	1.9	288,403	1,781	0.6	290,184
1970	230,774	91.8	15,579	6.2	5,127	2.0	251,480	0	−	251,480
1971	353,446	93.6	12,352	3.3	11,639	3.1	377,437	0	−	377,437
1972	347,653	88.0	35,811	9.0	11,655	3.0	395,119	0	−	395,119
1973	369,659	91.4	16,443	4.1	18,158	4.5	404,260	0	−	404,260
1974	437,245	94.8	15,208	3.3	8,878	1.9	461,331	0	−	461,331
1975	484,546	94.8	16,048	3.1	10,725	2.1	511,319	0	−	511,319
1976	519,715	94.7	16,613	3.0	12,240	2.2	548,568	0	−	548,568
1977	584,595	93.4	22,161	3.5	19,390	3.1	626,146	0	−	626,146
1978	712,581	85.4	20,931	2.5	101,357	12.1	834,869	0	−	834,869
1979	737,328	85.2	39,365	4.5	88,492	10.2	865,185	0	−	865,185
1980	1,050,608	88.5	56,739	4.8	80,144	6.7	1,187,491	0	−	1,187,491
1981	815,780	80.5	60,449	6.0	136,758	13.5	1,012,987	0	−	1,012,987
1982	1,242,488	88.6	61,752	4.4	97,766	7.0	1,402,006	0	−	1,402,006
1983	1,267,253	90.3	59,828	4.3	75,789	5.4	1,402,870	0	−	1,402,870
1984	1,279,113	90.7	78,713	5.6	52,843	3.7	1,410,670	0	−	1,410,670
1985	1,341,732	90.9	63,615	4.3	70,674	4.8	1,476,021	0	−	1,476,021
1986	1,407,532	90.8	74,806	4.8	68,225	4.4	1,550,563	0	−	1,550,563
1987	1,478,804	91.0	78,704	4.8	66,960	4.1	1,624,468	0	−	1,624,468
1988	1,620,856	91.3	50,183	2.8	103,515	5.8	1,774,552	0	−	1,774,552
1989	1,749,664	90.4	92,822	4.0	92,342	4.8	1,934,828	0	−	1,934,828
1990	1,820,255	89.1	83,436	4.1	137,629	6.8	2,031,320	0	−	2,031,320
1991	1,700,959	90.0	86,948	4.6	102,343	5.4	1,890,250	0	−	1,890,250
1992	1,767,640	92.2	101,117	5.3	47,440	2.5	1,916,196	0	−	1,916,196
1993	1,640,765	84.8	135,632	7.0	157,383	8.1	1,933,780	0	−	1,933,780
1994	1,734,850	88.5	119,497	6.1	105,630	5.4	1,959,978	0	−	1,959,978
1995	1,813,089	92.3	91,350	4.7	59,808	3.0	1,964,248	0	−	1,964,248
1996	1,827,507	92.7	93,776	4.6	54,608	2.7	2,030,351	0	−	2,030,351
1997	1,847,868	92.3	117,277	5.9	37,569	1.9	2,002,713	0	−	2,002,713
1998	1,734,400	92.2	112,700	6.0	34,800	1.8	1,881,900	0	−	1,881,900
1999	1,770,400	91.8	118,500	6.1	39,000	2.0	1,928,000	0	−	1,928,000
2000	1,768,500	91.3	124,900	6.4	43,900	2.3	1,937,200	0	−	1,937,200
2001	1,797,100	91.6	115,600	5.9	48,900	2.5	1,961,700	0	−	1,961,700
2002	1,721,800	87.6	132,600	6.7	110,100	5.6	1,964,500	0	−	1,964,500
2003	1,759,800	88.4	129,200	6.5	100,600	5.1	1,989,700	0	−	1,989,700

출처: 防衛年鑑刊行會, 「防衛年鑑」(東京, 2001), p.371; (東京, 2005), p.325.

〈5〉 방위관계예산의 추이

(追更 후, 단위: 억 엔 * 2001년 이후 GDP)

연 도	방위비(A)	국민 총생산(B)	A/B	일반회계세출(C)	A/C
1950	1,310	－	－	6,614	19,81
51	1,199	54,815	2,19	6,574	18,23
52	1,771	63,730	2,78	8,528	20,76
53	1,257	75,254	1,67	9,655	13,01
54	1,396	78,246	1,78	9,996	13,96
55	1,349	75,590	1,78	9,915	13,61
56	1,429	82,600	1,73	10,349	13,81
57	1,435	98,500	1,46	11,375	12,61
58	1,485	102,470	1,45	13,121	11,31
59	1,560	107,620	1,45	14,192	10,99
60	1,569	127,480	1,23	15,697	9,99
61	1,803	156,200	1,15	19,528	9,23
62	2,085	176,700	1,18	24,268	8,59
63	2,412	203,900	1,18	28,500	8,46
64	2,751	240,700	1,14	32,554	8,45
65	3,014	281,600	1,07	36,581	8,24
66	3,407	308,500	1,10	43,143	7,90
67	3,809	409,500	0,93	49,509	7,69
68	4,221	478,400	0,88	58,186	7,25
69	4,838	578,600	0,84	67,396	7,18
70	5,695	724,400	0,79	79,498	7,16
71	6,709	843,200	0,80	94,143	7,13
72	8,002	905,500	0,88	114,677	6,98
73	9,355	1,098,000	0,85	142,841	6,55
74	10,930	1,315,000	0,83	170,994	6,39
75	13,273	1,585,000	0,84	212,888	6,23
76	15,124	1,681,000	0,90	242,960	6,22
77	16,906	1,928,500	0,88	285,143	5,93
78	19,010	2,106,000	0,90	342,950	5,54
79	20,945	2,320,000	0,90	386,001	5,43
80	22,302	2,478,000	0,90	425,888	5,24
81	24,000	2,648,000	0,91	467,881	5,13
82	25,861	2,772,000	0,93	496,808	5,21
83	27,542	2,817,000	0,98	503,796	5,47
84	29,346	2,960,000	0,99	506,272	5,80
85	31,371	3,146,000	0,997	524,996	5,98
86	33,435	3,367,000	0,993	540,886	6,18
87	35,174	3,504,000	1,004	541,010	6,50
88	37,003	3,652,000	1,013	566,997	6,53
89	39,198	3,987,000	1,006	604,142	6,49

연 도	방위비(A)	국민 총생산(B)	A/B	일반회계세출(C)	A/C
90	41,593	4,172,000	0.997	662,368	6.28
91	43,860(5.45)	4,596,000	0.954	703,474	6.23
92	45,518(3.8)	4,837,000	0.941	722,180	6.30
93	46,406(2.0)	4,953,000	0.937	723,548	6.41
94	46,835(0.9)	4,940,000	0.948	730,817	6.41
95	47,236(0.86)	4,975,000	0.949	709,871	6.65
96	48,455(2.58)	5,007,000	0.968	751,049	6.45
97	49,414(1.98)	5,222,000	0.946	773,900	6.39
98	49,290(−0.3)	5,257,000	0.936	776,692	6.35
99	49,201(−0.2)	5,044,000	0.975	818,601	6.01
2000	49,218(0.0)	5,064,000	0.987	849,871	5.79
2001	49,388(0.3)	5,186,000	0.952	826,524	5.98
2002	49,395(0.0)	4,962,000	0.995	812,300	6.08
2003	49,265(−0.3)	4,986,000	0.988	817,891	6.02
2004	48,764(−1.0)	5,006,000	0.974	821,109	5.94
2005	48,301(−1.0)	5,115,000	0.944	821,829	5.88

출처: 朝雲新聞社,「防衛ハンドブツク」(東京, 2001), pp.303-305; 防衛年鑑刊行會,「防衛年鑑」(東京, 2005), p.356

〈6〉 2차방의 주요 장비품 구입계획

(단위: 억 엔)

구 분	품 목	수 량	금 액	구 분	품 목	수 량	금 액
육상자위대	장비품 甲類		169	해상자위대	선 박	39척	586
	중특차	120량	98		3,000톤 호위함	4척	110
	장갑인원운반차	150량	31		2,000톤 호위함	7척	122
	106밀리무반동총	470정	13		1,600톤 잠수함	5척	112
	신기관총	1,028정	9		340톤 소해정	14척	61
	장비품 乙類		261		雜 船	42척	8
	야외무선기	−	72		항공기		
	일반통신기	−	52		대잠 헬리콥터	23기	64
	차 량	−	60		P2V-7	6기	35
	시설기재	−	45		초급연습기	15기	4
	항공기		71		중급연습기	18기	12
	소형 헬리콥터	39기	7		탄 약	1개월분	108
	중형 헬리콥터	43기	42	항공자위대	항공기		735
	대형 헬리콥터	42기	22		주력전투기(F-104	200기	640
	수리비		206		수송기	6기	48
	갑 류	−	73		구난헬리콥터	10기	17
	을 류	−	97		유지부품	−	536
	항공기	−	36		BADGE시스템		227
	탄 약		195		탄 약	1개월분	67

출처: 赤城正一,「日本の防衛産業」(東京: 三一書房, 1969), p.67.

〈7〉 2차방의 기간 중 주요 장비 국산화의 실태와 비율

(단위: %)

구 분	품 목	수 량	총액(백만 엔)	국산액(백만 엔)	국산율
무기·탄약	64식 7.62밀리 소총	4만3000정	2,618	2,618	100%
	62식 7.62밀리 기관총	1100정	733	733	100
	60식 106밀리 무반동총	450정	1,461	1,461	100
	64식 81밀리 박격포	200문	165	165	100
	61식 전차	130량	9,820	9,820	100
	60식107밀리자주박격포	6량	147	143	97
	60식 장갑차	120량	2,610	2,610	100
	64식대전차유도탄발사장치	9팀	69	69	100
	30형 로켓트발사기	6基	104	104	100
	탄 약	1만7412톤	30,297	28,225	99
함정	호위함	10척	56,546	41,291	73
	잠수함	4척	16,051	15,940	99
	소해정	11척	6,522	6,450	99
	구잠정	3척	1,990	1,781	89
	특무정	2척	240	240	100
	연습함	1척	3,422	3,388	99
항공기	KM2 연습기	15기	433	346	80
	T1B 연습기	6기	904	850	94
	P2V7 대잠기	6기	4,027	1,208	30
	F104J 전투기	30기	15,059	9,638	64
	YS11 수송기	6기	3,469	2,394	69
	MU2 수송기	3기	614	368	60
	H13 헬리콥터	42기	1,006	755	75
	S62 헬리콥터	12기	2,402	1,081	45
	HU1B 헬리콥터	36기	5,858	2,636	45
	V107 헬리콥터	16기	6,983	3,841	55
	HSS2 헬리콥터	25기	10,108	5,352	50

출처: 朝日新聞安全保障問題調査會, "日本の防衛と經濟", 「日本の安全保障」9卷(東京: 朝日新聞社, 1967), p.81.

〈8〉 3차방 장비의 주요 항목

구 분		주요 항목	원 안	결 정
육상자위대	공중기동력	MU-2 수송기	–	7기
		OH-6A 헬리콥터	–	55기
		HU-1B 헬리콥터	70기	53기
		V-107 헬리콥터	30기	30기
	지상기동력	61식 전차	400량	280량
		60식 장갑차	290량	156량
	대공화기	호 크	4개 대대	2개 대대
		L-90 기관총	35정	19정
	화 기	106밀리 자주형 반동포	150량	90량
		106밀리 무반동총	–	100문
		64식 소총	9만정	9만정
		62식 기관총	1400정	1000정
		30형 로케트	50기	49기
해상자위대	함 정	DE(호위함)	10척	8척
		DK(대잠호위함)	3척	3척
		DDH(헬리콥터적재호위함)	2척	2척
		DDG(대공미사일호위함)	1척	1척
		SS(공격형잠수함)	6척	5척
	항공기	대잠헬리콥터(HSS-2)	60기	28척
		대잠비행정	20기	4척
		대형대잠기(P2J)	70기	24척
항공자위대	항공기	F-X(차기전투기)	정비	정비
		T-X(차기훈련기)	정비	정비
		C-X(차기수송기)	정비	10기
		조기경계기	정비	10기
	대공미사일	나이키 허큐리즈	3개 대대	2개 대대 (1개 대대 준비)

* 원안: 2조7000억 엔의 방위청안에 따른 계획, 결정: 2조3400억 엔 결정 시의 장비계획.
출처: 朝日新聞安全保障問題調査會, "日本の自衛力", 「日本の安全保障」 8卷 (東京: 朝日
新聞社, 1967), p.105.

〈9〉 제1차 중기방 계획 완료(1990년) 현재 달성세력 비교

구 분		항 목	대강의 목표	중기방목표	1990년	1976년
육상자위대	병력	정 수	18만 명	18만 명	18만 명	18만 명
	기간부대	평시지역배치부대	12개 사단 2개 혼성단	12개 2개	12개 2개	12개 1개
		기동운용부대	1개 기갑사단 – 1개 특과단 1개 공정단 1개 교도단 1개 헬리콥터단	1개 – 1개 1개 1개 1개	1개 – 1개 1개 1개 1개	1(기계화) 1개(전차사단) 1개 1개 1개 1개
		나이키 부대	8개 고사특과군	8개	8개	8개
해상자위대	기간부대	대잠수상함부대(기동운용)	4개 호위대군	4개	4개	4개
		대잠수상함부대(지방대)	10개 대	10개	10개	9개
		잠수함부대	6개 대	6개	6개	5개
		소해부대	1개 소해대군	2개	2개	2개
		육상대잠기부대	16개 대	16개	16개	16개
	장비	대잠수상함정	약 60척	62척	62척	60척
		잠수함	16척	16척	16척	15척
		작전용항공기	약 220기	214기	* 209기	195기
항공자위대	기간부대	항공경계관제부대	28개 경계군	28개	28개	28개
		요격전투기부대	10개 비행대	10개	10개	10개
		지원전투기부대	3개 비행대	3개	3개	3개
		항공정찰부대	1개 비행대	1개	1개	1개
		항공수송부대	3개 비행대	3개	3개	3개
		경계비행부대	1개 비행대	1개	1개	–
		호크 부대	6개 고사군	6개	6개	5개(1개준비)
	장비	작전용항공기	약 430기	415기	* 424기	399기

* 해·공군의 작전항공기만 목표에 약 10기씩 부족.
출처: 防衛年鑑刊行會, 「防衛年鑑」(東京, 1991), p.447.

〈10〉 1970년 이후 일본 자위대 병력의 규모추이

(단위: 명)

구분	1970년	71년	72년	73년	74년	75년	76년	77년	78년	79년
육상	157,571	155,758	154,268	154,004	155,191	154,748	154,805	155,586	154,635	155,131
해상	36,869	37,687	37,839	38,121	39,458	39,963	39,010	40,527	40,669	40,816
항공	41,363	40,779	40,779	40,874	42,398	43,126	42,163	43,786	43,806	44,066
통막	78	77	78	81	83	83	83	83	83	83
합계	235,881	234,301	232,903	233,080	237,130	237,920	236,061	239,982	239,193	240,096

구분	80년	81년	82년	83년	84년	85년	86년	87년	88년	89년
육상	155,137	155,314	155,938	155,480	155,978	155,992	155,911	155,918	156,216	156,100
해상	42,101	42,455	42,106	43,636	43,981	43,855	43,608	44,376	44,410	43,967
항공	44,636	44,910	43,403	45,732	44,197	45,445	44,751	44,821	46,405	46,317
통막	83	83	82	129	129	129	152	155	160	160
합계	241,957	242,762	241,529	244,977	244,285	245,421	244,422	245,270	247,191	246,544

구분	90년	91년	92년	93년	94년	95년	96년	97년	98년	99년
육상	148,413	151,174	150,339	146,114	151,155	152,515	152,371	151,836	145,928	146,780
해상	42,245	43,538	42,238	43,032	43,748	44,135	43,6681	43,842	43,838,	43,323
항공	43,359	45,392	44,820	44,512	44,574	45,883	45,336	45,606	45,223	44,775
통막	160	160	160	160	160	160	1,334	1,356	1,379	1,437
합계	234,177	240,266	237,557	233,818	239,637	242,693	242,709	242,640	236,368	236,315

구분	2000년	2001년	2002년	2003년	2004년	2005년	2006년	2007년	2008년	2009년
육상	148,676	148,197	148,226	146,960						
해상	44,227	44,404	44,375	44,390						
항공	45,377	45,582	45,483	45,459						
통막	1,527	1,656	1,722	1,770						
합계	239,807	239,839	239,806	238,579						

출처: 朝雲新聞社, 「防衛ハンドブック」(東京, 1976), p.54; (東京, 1993) p.146; (東京, 2001), p.216; (東京, 2003), p.220; (東京, 2005), p.250의 자료로 구성.

찾아보기

(A)

D. Acheson   82
ACSA   234
AEW(공중조기경계기)   135, 141
APEC   212
ARF   232
M. Armacost 주일대사   213
ASEAN지역포럼(ARF)   226
ASIP(Aircraft Structural Integrity
    Program)   221
AWACS   219, 221, 223, 242, 243

(B)

BADGE조직
    (반자동경계관제조직)   121
J. Baker   210
BMD   286, 298. 309
F. Brady   214
J. Burton   29
George Bush   187, 210, 256, 261

(C)

C-130H   220
CALS/EC   249

(D)

Joseph Dodge   76
John F. Dulles   81, 88, 100

(E)

E3A(AWACS)   174
EASI-Ⅰ·Ⅱ   226
EASI-Ⅱ   210
C. Eichelberger   80
D. Eisenhower   110

(F)

F-2   223
FRAM(Fleet Rehabilitation
    And Modernization)   221
FSX   184, 196, 223, 289

(G)

GARIOA(Government And

CDS(Combat Direction System) 221
CH-47   220
C⁴ I   234
R. Cheney   210
Bill Clinton   232

Relief In Occupied Areas) 75
GHQ지령(SCAPIN) 73
R. Gilpatrick 국방차관 123
Antonio Gramsci 39

(H)

K. Holsti 32

(I)

IDDN(방위통합디지털통신망) 220

(J)

L. Johnson 133

(K)

KAL연락기 102
KC-767 253
G. Kennan 80
J. Kugler 38

(L)

Melvin Laird 137
Winston Lord 국무부 동아태
　담당 차관보 212

(M)

D. MacArthur 74, 78
MENTAL HEALTH CARE
　(정신건강) 248
H. Morgenthau 31, 312

MSA 87, 92, 99, 100, 119, 193

(N)

NATO식 계산방식 200
NEASD 232
NPO 248
Nye Initiative 227
Joseph Nye 226

(O)

ODA 274
A. F. K. Organski 38
OTH레이더 181, 220, 221

(P)

P-3C 219
Edwin W. Pauley 74
Pax Americana 80
Pax Britannica 80
Pax Nipponica 가능성론 195
PKF 224, 226, 261
PKO 216, 217, 224, 226, 229,
　230, 232, 234, 235, 261, 265
PXL(차기대잠초계기) 141, 201

(R)

R. Reagan 170, 179
L. Richardson 29, 27, 47, 30, 312
W. Robertson 88
James Rosenau 22, 37, 64, 65

K. Royall   75, 77

(S)

J. Schlesinger   159
SDI(전략방위구상)   179, 197
SLEP(Service Life
      Extension Program)   221
SM-3 미사일   253
Source Code(컴퓨터중추정보
처리프로그램)   187
SSM(함대함미사일)   135

(T)

T-28 훈련기   102
T-4(중등연습기)   220
TMD   225, 230, 232
H. Truman   82
TU-16 바쟈   174

(U)

UH-60J(구난헬리콥터)   220
UN평화유지활동   226
UN협력법   213
US-1A(구난비행정)   220

(W)

Caspar Weinberger   169, 185
WES(Weapon Entry System)   221
Willoughby소장   86

(ㄱ)

가이드라인   159, 192
가타야마(片山哲)   80
감시초계   154
개수비교 방식   59
건축물 기준법   269
걸프전   212. 216, 217, 225, 235
경계 지어진 다원주의   49
경기순환주기론   35, 65, 105
경제단체연합회(經團連)
                  20, 52, 87, 94, 96
경비5개년계획   100
경비대   86
경장갑기동차   281
경제   304
경제심의청   102
경제안정9원칙   76
경제우선주의정책   21, 65, 67,
                       114, 290, 301
경제적 억제요인   21, 28, 47, 65,
       68~71, 95, 108, 118, 145, 188,
          203, 205, 217, 238, 253, 288,
                       290, 295, 301
경제조치   101
경제협력법   88
경찰예비대   19, 77, 82, 84
경항공대   281
계속비   176
계속사업   199, 244
계전(繼戰)능력   181, 220, 241, 249
고공역(高空域) 방공용지대공유

도탄부대　154
고도네트워크환경　247
고등연습기(T-2)　140
고베지진　230
고사기관총　219, 240, 246
고이즈미(小泉純一郎) 수상　207, 261, 272, 286
고이즈미(小泉純也)　125
고전적 자유주의 사조　205
고정식 3차원 레이더장치　220, 240, 247
고정익초계기(P-3C)　246, 249, 282, 283
고정익초계기부대　281
곡사포　119
공격형 항공모함　289
공동훈련 정례화　192
공업총생산　104
공중급유·수송기(KC-767)　253, 281
공중급유기　244, 255, 298
관료역할론　47
관료적 포괄형 다원주의　49
관료정치모형　34, 35
관료제　21
관성항법장치　187
괌 독트린　133
광열수료(光熱水料)　220
9·11테러　255, 292
구난비행정 (US-1A 및 US-1A 개량)　241, 248
구난수색기(U-125A)　241, 248

구난용 항공기　127
구난체제　241, 248
구난헬리콥터(UH-60J)　241, 248, 281
국가 중심이론　47
국가치안성　82
국고채무행위　176
국내 정책결정자　26
국내정책 과정　34
국립항공연구소　99
국민보호법제정비본부　267
국민소득배증계획　109, 113
국민투표법　263
국방백서　133
국방의 기본방침　117, 126, 133
국방회의　117, 179
국방회의의원간담회　126, 138
국제 긴급원조활동　263
국제개발법　88
국제사회에서 일본의 역할에 관한 특별조사회　290
국제체제론　21
국제평화협력활동　250, 274, 276
국채상환기금　91
군국주의(militarism)　310
군비 증강모형　47
군비 확장　296, 309
군비 확장노선　46, 178
군비경쟁모형　21, 27, 37
군비누적론적 접근　54
군비억제요인　47

군비재고량   28, 30
군비축소   224, 295
군비투자의 피로   28
군비확장도   293
군사대국화   54, 56, 188
군사변환(transformation)구상   256
군사분야혁명(RMA)   294, 308
군사잠재력   16
군사적 케인즈주의   35, 68, 105,
   190, 205, 206, 208
군사적 합리성   192, 304
군사전문법정   268
군산당복합체(軍産黨複合體)   53
군산복합체(軍産複合體)
   21, 26, 35, 53
규격화된 군대(module army)   256
극동위원회   75, 77
근거리지대공유도탄   240, 246
글로벌 이니셔티브
   (Global Initiative)   212
금융대란   214
기능적 코퍼러티즘   49
기동타격대(striker)   256
기반적 방위력   144, 147, 148,
   156, 158, 173, 182, 192, 229
기반적 방위력구상   274
기술연구본부   120
기술적 시개수(試改修)   219
기술적 전력지수   17
기술파급효과   174
기업복지 코퍼러티즘   49

기업의 특수성론   47
기지주변대책비   223, 241, 249
긴키권보전구역 정비법   269

(ㄴ)

나이키   219
나카소네 개요(槪要)   137
나카소네(中曾根康弘)   133, 170
나카야마 외상   212, 224
나카타니 방위청장관   261
난민수송용 자위대기(機)   216
남사군도분쟁   211
네트워크환경   245
노동 없는 코퍼러티즘   49
노동미사일   207, 225, 236
노동의 한정적 참가형
   코퍼러티즘   49
노로타 방위청장관   261
니시무라(西村直已) 장관   139
닉슨 독트린   191
닉슨(R. Nixon) 대통령   133
닉슨·사토공동성명내용   137
닉슨쇼크   138
닛뻬이산교(日平産業)   96
닛케이지수   214

(ㄷ)

다국간주의   212
다국적군   213
다목적유도탄시스템   240, 246
다연발로켓시스템

220, 221, 223, 240, 246
다용도헬리콥터
   (UH-60JA, UH-1J)   281
단·근거리지대공유도탄   219
단거리지대공유도탄   246
단년도 방식   162, 163, 177, 279
단순 개수비교   16, 188
달러쇼크   138
대내정치과정   30
대량파괴무기   262, 277
대량파괴무기 확산에 대한
   안보구상(PSI)   282
대륙간 탄도미사일 ICBM   289
대소 3해협봉쇄   196
대외원조법   88
대외위기   207, 208, 293, 306
대잠수상함정
   (對潛水上艦艇)부대   154
대잠초계기(P-3C)   179
대잠초계기(P2V-7)   120
대잠헬리콥터   127, 220
대잠호위함   179
대전차유도탄발사기   124
대전차헬리콥터(AH-1S)
   220, 240, 246
대지(對地) 지원   154
대포동미사일   236
덧지라인   76
도로교통법   269
도로법   269
도시계획법   269

도시공원법   269
도시녹지보전법   269
동경선언   210
동기부여요인   65, 313, 204, 290
동맹이론   21, 26
동아시아 전방전개   232
동아시아전략보고(EASR)   227
동아시아지역의 전략구상
   (EASI-1)   210

(ㄹ)

라이센스 생산   119
라이센스협정   186
라이프사이클코스트   241, 249, 277, 283
로드맵   259
로켓트발사기   124
론－야스관계   170

(ㅁ)

마샬플랜   88
마스다(增田甲子七) 장관   134
마스바라(增原惠吉) 장관   139
마약단속법   269
마츠노(松野賴三) 장관   125
막료감부(幕僚監部)   161
멘터(Mentor)연습기   102
모택동의 티토화   74
몰타미소정상회담   209, 216
묘지·매장관련법   269
무기등제조법   87, 98
무기생산설비임시조치법   103

무기수출3원칙

　　　　107, 112, 190, 195, 296, 309

무기수출관리법　　　　　186

무라야마(村山富市) 수상　　225

무력공격사태법　　261, 266, 298

무력투사(武力投射)능력　　299

무상원조　　　　　　　125

무임승차　　　　　107, 311

무장공작선　　　　　　275

문민통제　42, 50, 59, 86, 130, 139,

　　　　157, 179, 197, 219, 229, 273

문화규범론　　　　　　54

물품서비스상호제공협정(ACSA)

　　개정안　　　　　236

물품역무융통협정(ACSA)　232

미 점령지구제(救濟)계획　75

미국의 요구　65~71, 95, 108, 118,

　　　144, 171, 188, 203, 204, 208,

　　212, 217, 238, 290, 295, 301

미국의 지역방위전략　　210

미군 재배치 계획

　　(global posture review)　256

미군주둔비 지원　　　180

미니 항모　　　　　140

미사와(三澤)기지　　179

미사일방위(MD)시스템　259

미사일호위함(DDG)　246

미일공동위원회　　　82

미일공동작전계획 5055　235, 257

미일관계민간회의　　134

미일동맹　　　　　259

미일방위협력소위원회　233

미일상호방위원조　　101

미일안보 재정의(再定義)　226

미일안보공동선언　　227

미일안보조약　　　86

미일안보협의위원회　233

미일안전보장고위사무레벨협의

　　(SSC: Security Subcommittee)

　　　　　　　257

미일안전보장협의위원회

　　(SCC: Security Consultative

　　Committee)　　257

미일합동위원회　　257

미츠야작전연구　　265

미키 다케오(三木武夫)　150

민수화　　　　　94

민족적 야심　　　205

민주화개혁(democratization)　74

(ㅂ)

반군사문화(anti-militarism or

　　pacifism)　46, 54, 57, 107, 217

반덴버그 결의　　　32

반작용계수　　　28, 29

반작용모형　　　27, 312

반전문화　　　　311

반침투적 코퍼러티즘　49

방면대　　　　　150

방사형 풍차　　　210

방위력정비계획(1차-4차)　115

방위 제 계획 작성 등에

관한 훈령　　　　　　　　162
방위2법　　　　　　　　　89
방위5개년계획　　　　100, 102
방위·경비 등에
　　관한 계획[年防]　　　162
방위계획의 대강　　117, 144, 146,
　　　　153, 157, 216, 218, 227,
　　　　　　　253, 262, 279
방위력의 자세 검토회의　　　228
방위력의 존재형태 검토회의　　270
방위력정비계획
　　　　70, 125, 132, 136, 305
방위력정비에 관한 시안　　97, 100
방위를 생각하는 회(會)　　　150
방위마이크로회선　　　　　175
방위문제간담회　　225, 228, 291
방위백서　　　　　　　　134
방위비개산요구액　　　　　170
방위생산에 관한 조사자료　　　97
방위생산위원회
　　　52, 87, 94, 97, 100, 102, 131
방위전관위원회(防衛專管委員會) 150
방위지출금　　　　　　　88
방위청　　　　　　　　　98
방위청 기술연구소　　　　120
방위청 설치법　　　　　　89
방위청의 성(省) 승격　　　263
방위출동　　　　　　　　269
방위통합디지털통신망(IDDN)
　　　　　　　　241, 247
방위핸드북(防衛ハンドブツク)　151

방위협력소위원회(SDC:
　　Subcommittee for Defense
　　Cooperation)　159, 192, 257
방지력　　　　　　　　　152
버려짐의 공포　　　　　　217
버블경제 붕괴　　208, 214, 224,
　　　　　　　290, 291, 295
범용호위함(DD)　　　　　282
병참지원　　　　　　　　261
보안군　　　　　　　　　82
보안대　　　　　　　　19, 86
보안청　　　　　　　86, 98, 102
보잉 767기　　　　　　　253
보통과부대　　　　　　　281
부담계수　　　　　　　　28
부시정부　　　　　　　　210
불량국가　　　　　　　　299
비군사화조치(de-militarization)　74
비무장중립론　　　　　　78, 82
비전론　　　　　　　　　125
비전투구역 지원　　　　　261
비핵3원칙　　　42, 59, 112, 135,
　　　　　　159, 219, 229, 273
비핵중급국가(非核中級國家) 135, 139

　　　　　　（ㅅ）

사린개스사건　　　　　　230
사막의 폭풍작전　　　　　213
사이버공격　245, 276, 283, 294, 308
사카타(坂田道太)
　　방위청장관　　　　134, 151

사태대처전문위원회　270
사토 에이사쿠(佐藤榮作)수상　132
산업구조연구회(產業構造硏究會)　96
산업구조의 특성론　47
삼림법　269
상비자위관　239, 243, 245, 281
상호방위원조법(MSA법)　87, 88
상호방위조약　31
선단(船團)공격능력　135
선박검사활동법　237
선제공격　298
성장신화　215, 290
세계경제주도전략　212
세출화(歲出化)　164, 176, 183, 200, 223, 252, 288
소군비주의(小軍備主義)　62, 106
소극안보정책
(Minimalist Security Policy)
　54, 58, 63, 107, 188
소맥자금　88
소모억제 175, 191, 198, 217, 217, 307
소모적 지출　199
소방법　269
소요적 방위력　173
소해·수송헬리콥터(MCH-101)　282
소해정 파견　213, 216
소해정부대　107, 154
소해헬리콥터　220
수도권근교녹지 보전법　269
수색 구조 활동　236, 264
수송기(C-1)　249

수송헬리콥터(CH-47J)　240, 248
수송헬리콥터(CH-47JA/J)　281
수출무역관리령　112
수치목표　212, 215
순환주기　21
스즈키(鈴木善幸)　168
슬림화　294
시게미츠(重光葵)　109, 116
시뮬레이션　283
시민사회의 '사적(私的)' 기구　39
신'방위계획의 대강'　227, 255
신냉전 구조　167, 17
신방위협력지침(가이드라인)
　227, 233, 235, 255, 257, 29
신소해·수송헬리콥터　246
신시대의 방위를 말하는 회　227
신중기방위력정비계획
　238, 245, 262, 280, 285, 288, 294
신중앙지휘시스템　241

(ㅇ)

아리타(有田喜一) 장관　135
아시다(蘆田均)　80
아시다메모랜덤　80
아이치 외상　138
아이치(愛知揆一)　99
아츠기기지　259
아카기(赤城宗德) 안보조사회장　138
아카기구상(構想)　121, 192
아태안보협력회의(CSCAP)　226
안보 재정의(再定義)　292

안보공동선언　　　　　　　235, 292
안보무임승차　　　　54, 67, 106, 168
안보사무레벨협의　　　　　　169
안보소동　　　　　　　　　　114
안보조약 개정 소동　　　　　111
안보협력대상지역(CSL)　　　256
안보협의위원회　　　　　159, 192
안전보장과 방위력에 관한
　　간담회　　　　　　　　　271
안전보장협의위원회(SCC)　　257
안전보장회의　　　179, 216, 218,
　　　　220, 228, 238, 242, 245,
　　　　250, 270, 272, 279, 284
암시(暗視)장치　　　　　　　248
양면게임　　　　　　　　171, 27
양산단가(量産單價)　　　　　249
양상·수륙격파능력　　　　　246
양상공격(攻擊)　　　　　136, 140
어항어장 정리법　　　　　　269
억제요인　　204, 208, 301, 311, 313
억지력　　　　　　　　　　　152
업무계획견적(業務計劃見積)　161
에자기(江崎眞澄) 장관　　　139
연계이론모형　　　　　　22, 64
연구개발비　　　　　　　　　251
연도업무계획[年業]　　　　　162
연루의 공포　　　　　　　　217
영세중립론　　　　　　　　　82
영일동맹(英日同盟)　　　　　80
예비자위관　　122, 239, 245, 248
예산개산요구(豫算槪算要求) 163, 177

53중업　　　　　　　　　　163
55년체제　　　　　　　　　109
56중업　　　　　　　　　　163
59중업　　　　　　163, 170, 180
오무라 방위청장관　　　　　201
오자와(小澤一郎) 자민당 간사장
　　　　　　　　213, 216, 290
오카다(岡田春夫) 의원　　　265
오키나와 시정권　　　　　　112
오키나와특별행동위원회(SACO) 232
오히라(大平正芳) 수상　　　168
연습기　　　　　　　　　　119
외국환관리법　　　　　　　112
요격전투기(F-4EJ펜텀)　　　140
요시다(吉田茂)수상　　　78, 79,
　　　　　　　　190, 294, 307
요시다 독트린　　　　106, 108
요시다(吉田英三)　　　　　86
요시다구상　　　　　　　　83
요시다노선　　　　　　111, 113
요시다메모랜덤　　　　　　82
요코다기지　　　　　　　　259
우에무라(植村甲午郎)　　　114
위기의식　　　　　　311, 312
유사 3법　　　　　　　　　265
유사3법　　　　　　　　　　261
유사법제　　　　　　　　　236
유사법제연구작업　　　　　165
유사사태 관련법　　　　　　264
유상원조　　　　125, 224, 244
유엔평화유지활동(PKO)　　　263

유엔평화협력법안	213
유효수요	206
의료법	269
이동식 경계감시시스템	
	220, 240, 247
이라크사태특별조치법	263
이슈 영역	38
이와쿠니기지	259
이지스시스템	253, 281
이지스함	242, 243, 261
이케다(池田勇人)수상	
	81, 99, 111, 123
이토(伊藤正義) 외상	169
인적 공헌	213, 307
일반 수입	125, 224, 244
일반세출 비율	244
일본 특수성론	48
일본3해협 봉쇄	305
일본위협론	215, 290
일본인 납치	207
일본인론	47
일본포기론	77
임검	237

(ㅈ)

자국방위	77
자동경계관제시스템	247, 281, 282
자동차 및 자동차부품 교섭	215
자마(座間)기지	259
자연공원법	269
자원가동률	38

자원배분	38
자원총량	38
자위관	122
자위기획본부	82
자위대	87
자위대법	89
자위론	78
자주방위 5원칙	135
자주방위구상	170, 178, 180
자주방위논쟁	132
자주방위론	82, 132, 134, 136,
	194, 196, 205, 305
자주방위론자	203, 290
작용·반작용모형	26, 27, 30
작전구상	160
작전협의기관	192
잠수함	119
잠재군사력	205
잠재적(possible) 위협	147
장거리 미사일	298
장거리 수송기	244, 255, 298
장거리 전략폭격기	289
장거리지대지미사일	289
장기계획사업	176
장기자주방위계획	133, 136
장비구입비	200, 251, 252
장비조달원(裝備調達源)	
	120, 143, 224, 255
장비품구입명세	123
장비화율	164, 223, 244
장사정정밀유도탄	

354

（長射程精密誘導彈）　288
재군비　75, 76, 82, 303
재난구원활동　264
재무장　77
재해구난　156, 247
재해파견즉응부대　247
저공침입　154
전략적 선택　78
전략전개거점(PPH)　256
전략폭격기　298
전방전개기지(FOB)　256
전수방위　42, 55, 59, 139, 182,
　　　219, 229, 273, 288, 289, 298
전시법 체제　261
전시지원협정(WHNS)　232
전자작전용기　289
전자장비　298
전자전데이터수집기(EP-3)　247, 283
전자전장치　187
전자주조레이더(Phased　Array
　　　Radar)　187
전쟁연합　35
전쟁잠재력　16
전투기탑재형전자방해장치
　　　（戰鬪機搭載型電子妨害裝置）　288
전투헬리콥터(AU-64D)　281
전후헌법체제의 개편　263
점령군최고사령부(GHQ)　73
점증론　125
점증방식　205
점증주의적 관료제모형　37

점진적 군사력 증강　217
점진적 증강노선　194, 195
정면장비(전방장비)　147, 175
정보통신네트워크　276, 283
정보화　294
정익(固定翼)의 대잠기(對潛機)　127
정찰기(RF-4)　247
정치경제적 순환주기　26
제 군사역할　290
제1분류　265, 268
제2분류　265
제3분류　265
제도론적 접근　54
제도조사위원회　115
제도중심이론　47
조기경계감시　154
조기경계관제기(E-767)　240, 282
조기경계기(E-2C)　247, 282
조난병사 수색・구난　234
조달실시본부　120
조직과정모형　21, 26, 34, 35
조직역량모델　17
족의원　51
주변사태 시 후방지원　263
주변사태법　234~236, 255, 265, 298
주변해역 방위　219
주요작전기지(MOB)　256
중국의 거대화　207, 306
중기능력견적［中能］　162
중기방위력정비계획　163, 169, 170,
　　　178, 180, 218, 227, 279, 284

중기업무견적
　　　(中期業務見積: '中業'　　163
중등제트연습기　　119
중립(불가침)조약　　31
중앙즉응집단　　281
중앙지휘소　　175
즉응예비자위관원　　239, 245, 281
즉응전개전력(卽應展開戰力)　　212
즉응태세　　181
지방대　　150
지원병제　　42
지원전투기(FST-2)　　140
지휘통신시스템　　245, 276, 283
집단안보론　　78
집단자위권　　42, 201, 224, 261, 263

(ㅊ)

차기지원전투기(FSX)　　179, 185
차선(次善) 조건　　195, 304
차악(次惡) 조건　　191, 292, 303
착상륙(着上陸) 침공 저지　　154
착상륙침공(着上陸侵攻)
　　　181, 220, 240
체공형(滯空型) 무인기　　283
초계헬리콥터(SH-60J 및
　　SH-60J 개량)　　246
초계헬리콥터(SH-60K)　　282
초음속고등연습기(T-2)　　127, 129
최대(最大) 조건　　198, 305
최악(最惡) 조건　　192, 292, 303
출동기본수당　　268

출동대기　　269
출동명령　　269

(ㅋ)

카네마루(金丸信) 방위청장관　　166
카노야(鹿屋)　　260
카와시마(川島正郎) 부총재　　138
카이후(海部俊樹)수상　　180, 213, 217
코사카(小坂善太郎)
　　　외교조사회장　　138
코트니캠프　　260
콤팩트화
　　　229, 230, 238, 239, 245, 253
쿠리스(慄栖弘臣)
　　　자위대통합막료의장　　166, 197
쿠리야마(栗原祐幸)　　185
쿠보(久保卓也) 방위청 방위국장　147
쿠보의 구상　　148
클린턴(Bill Clinton) 정부　　211
키무라 보안청장관　　116
키시　　109

(ㅌ)

타나카(田中角榮)수상　　139, 149
탄도미사일　　262
탄도미사일 확산　　277
탄도미사일공격　　281
탄도미사일방위시스템(BMD)
　　242, 249, 255, 262, 275, 293, 296
테러대책특별법　　261, 263, 292, 298
테러와 확산에 대한

안전보장구상(PSI) 284
토마호크 289
토지구획 정리법 269
토지수용법 269
통합막료조직 280
통합장기방위견적[統長] 162
통합중기방위견적[統中] 162
통항로(Sea Lane) 136
투자보증 101
투자사업의 진전지표 200
트루먼(H. Truman)선언 75
특근수당 268
특별정령 216
특수(特需) 계약고 90
특수발주 92
특수산업국유화법안(가칭) 103
특수수입(特需收入) 91

(ㅍ)

패밀리화 283
패턴화된 다원주의 49
패트리어트 미사일 174, 181, 219, 221
평화 시 방위력 149, 150
평화헌법 219
평화협력군 본대(PKF) 235
포츠담선언 73, 84
포츠담성령(省令) 73
플라자합의 196, 214

(ㅎ)

하시모토(橋本龍太郎) 내각 232
하야시(林敬三) 궁내부 차장 86
하천법 269
하타(羽田 孜) 수상 225
하토야마(鳩山一郎) 109
함대공유도탄탑재호위함(DDG) 127
함대함유도탄탑재호위함(DDA)
127, 140
합리적 수준의 경제복지
(a reasonable degree of economic well-being) 74
합리적 행위자모형 34, 35
핫토리(服部卓四郎) 86
항감성(抗堪性) 147, 152, 181, 220
항공경계관제부대 154, 281
항공기공업회 99
항공기부품간담회 99
항공기생산심의회 99
항공기제조법 98, 99
항공기제조사업법 87
항공단 150
항공방면대 150
항공수송임무 154
항공혼성단 150
항로대(Sea Lane) 43, 169
항만법 269
항모급 상륙함('오스미') 243
항복문서 73
해상경비대 77, 87
해상로(Sea Lane) 161, 171, 196, 219, 273, 274

해상로(Sea Lane) 방어　　　305
해상배치형상층(海上配置型上層)
　　시스템　　　249, 281
해상보안청　　　84
해상자위대　　　150
해상호위　　　154
해안법　　　269
해외병력투사(兵力投射)능력　　　298
해적대책　　　275, 296
해협봉쇄　　　171
핵개발 위헌론　　　161
헌법조사회　　　263
헤게모니　　　39
헬리콥터탑재호위함(DDH)
　　　127, 140, 246, 282
현재적(probable) 위협　　　147
현존무력　　　16
협력지원　　　264
협의(entente)조약　　　31
호소다 관방장관　　　296

호소카와(細川護熙) 수상　　　225
호위대군　　　150, 156
호위함　　　119
호위함대(미니 항모)　　　136
혼성단　　　245, 281
화기관제컴퓨터　　　187
확장적 국가개념　　　39
회전익 대잠기(對潛機)부대　　　154
회전익초계기부대　　　281
후나다(船田中)안보조사회장　　　133
후년도 부담률
　　　164, 182, 200, 244, 252
후년도부담액　　　176, 223, 288
후방보급체제　　　147
후방지역 지원　　　175, 219, 236, 261
후쿠다(福田赳夫)수상　　　165, 265
후텐마(普天間)기지　　　260
훈련지원함　　　127
히요시(日吉)방위청 방위국장　　　216

· 저자 ·

신경식　·약　력·

서울대학교 문리과대학 정치학과 졸(정치학사)
서울대학교 대학원 정치학과 수료(정치학 석사)
경원대학교 대학원 행정학과 수료(행정학 박사)
세기문화사 분석관(일본) 및 주일 삿뽀로(札幌) 영사
나사렛대 교수
국제문제조사연구소 연구위원(겸임)
한서대 교수

·주요 논저·

「A Critical Examination of Barrington Moore's Thesis Concerning
the Political Consequences of Modernization -With Particular
Reference to Japan-」
「일본의 군사력증강정책 결정에 관한 연구」
「일본의 방위정책 결정요인 분석」
「일본의 유사법제 내용과 정책적 파급영향」
「탈냉전이후 일본의 자위대 법제정비와 방위정책 전망」
『현대일본정치론』
『행정사무관리론』
외 다수

일본의 군사력 증강정책 연구

·초판 인쇄	2007년 3월 10일
·초판 발행	2007년 3월 10일
·지 은 이	신경식
·펴 낸 이	채종준
·펴 낸 곳	한국학술정보㈜
	경기도 파주시 교하읍 문발리 526-2
	파주출판문화정보산업단지
	전화　031) 908-3181(대표)·팩스　031) 908-3189
	홈페이지　http://www.kstudy.com
	e-mail(출판사업부)　publish@kstudy.com
·등　　록	제일산-115호(2000. 6. 19)
·가　　격	23,000원

ISBN　978-89-534-6483-4 93350 (Paper Book)
　　　　978-89-534-6484-1 98350 (e-Book)